国家社科基金
后期资助项目

清代前期政府与北京粮食市场研究

Research on Government and
Beijing Grain Market in Early Qing Dynasty

邓亦兵 著

社会科学文献出版社
SOCIAL SCIENCES ACADEMIC PRESS (CHINA)

国家社科基金后期资助项目
出版说明

　　后期资助项目是国家社科基金设立的一类重要项目，旨在鼓励广大社科研究者潜心治学，支持基础研究多出优秀成果。它是经过严格评审，从接近完成的科研成果中遴选立项的。为扩大后期资助项目的影响，更好地推动学术发展，促进成果转化，全国哲学社会科学工作办公室按照"统一设计、统一标识、统一版式、形成系列"的总体要求，组织出版国家社科基金后期资助项目成果。

全国哲学社会科学工作办公室

目 录

第一章 导论 ... 1
   第一节 学术研究回顾 ... 1
   第二节 本书简介 ... 9

第二章 需求与供给 ... 23
   第一节 粮食需求 ... 23
   第二节 粮食供给 ... 32

第三章 市场上的粮食交易 ... 43
   第一节 粮商及其商铺 ... 43
   第二节 交易方式 ... 56
   第三节 谋利方法 ... 68
   第四节 粮行经纪 ... 75

第四章 市场粮价分析 ... 79
   第一节 康熙时期 ... 79
   第二节 雍正时期 ... 88
   第三节 乾隆时期 ... 92
   第四节 嘉庆、道光时期 ... 104
   第五节 粮价变动分析 ... 110

第五章 市场运行特点分析 ... 119
   第一节 城市人口增加 ... 119
   第二节 粮食流通量 ... 120
   第三节 市场分布 ... 125
   第四节 京城与津、冀地区的关系 ... 140

第六章 供给与分配制度 ... 150
   第一节 供给制度 ... 150

第二节　分配制度 …………………………………………… 157
　　　第三节　制度弊端 …………………………………………… 164
第七章　政府参与交易 …………………………………………… 191
　　　第一节　官立米局 …………………………………………… 191
　　　第二节　政府采购 …………………………………………… 202
第八章　政府对市场的监管 ……………………………………… 210
　　　第一节　监管商人 …………………………………………… 210
　　　第二节　管理官兵 …………………………………………… 236
第九章　政府调控粮价 …………………………………………… 246
　　　第一节　平粜仓储粮 ………………………………………… 246
　　　第二节　平粜中的措施 ……………………………………… 263
　　　第三节　招商平粜 …………………………………………… 269
　　　第四节　调整俸米、甲米发放的时间 ……………………… 273
　　　第五节　政府调控粮价 ……………………………………… 278
第十章　政府、粮商、市场 ……………………………………… 291
　　　第一节　政府与粮商 ………………………………………… 291
　　　第二节　政府与市场 ………………………………………… 306
　　　第三节　双轨并行 …………………………………………… 314
结束语 ……………………………………………………………… 324
参考文献 …………………………………………………………… 326
鸣　　谢 …………………………………………………………… 335
清纪年表 …………………………………………………………… 336

图表目录

图 4-1　康熙四十三年至六十年各类粮价情况　　　　87
图 4-2　康熙五十年至五十九年各类粮价变动情况　　87
图 4-3　康熙四十三年至六十年干面、切面价格变动情况　88
图 4-4　康熙五十年至五十九年干面、切面价格变动情况　88
图 4-5　雍正时期米价变动情况　　　　　　　　　　92
图 4-6　乾隆时期各类粮价变动示意　　　　　　　　103
图 4-7　乾隆时期粮价补充示意　　　　　　　　　　103
图 4-8　嘉庆时期的粮价变动情况　　　　　　　　　107
图 4-9　嘉庆时期补充粮价变动情况　　　　　　　　107
图 4-10　道光时期的粮价变动　　　　　　　　　　　109
图 4-11　各时期稜米均价上涨情况　　　　　　　　　111
图 4-12　各时期老米均价上涨情况　　　　　　　　　111
图 4-13　各时期小麦均价上涨情况　　　　　　　　　111
图 4-14　各时期小米均价上涨情况　　　　　　　　　112
图 4-15　康熙、乾隆时期干面均价上涨情况　　　　　112
图 4-16　康熙、乾隆时期切面均价上涨情况　　　　　112
图 5-1　康雍时期粮食市场分布示意　　　　　　　　128
图 5-2　乾隆时期粮食市场分布示意　　　　　　　　131
图 5-3　嘉道时期粮食市场分布示意　　　　　　　　137
图 5-4　批发市场示意　　　　　　　　　　　　　　138
表 2-1　乾隆时期运丁在通州粜卖余米情况　　　　　36
表 4-1　康熙四十三年至六十年各类粮食价格　　　　84
表 4-2　康熙五十年至五十九年各类粮食价格　　　　85
表 4-3　雍正时期粮价情况　　　　　　　　　　　　91
表 4-4　乾隆时期粮价统计表　　　　　　　　　　　92

表 4－5　乾隆时期粮价补充表 …………………………………… 95
表 4－6　乾隆时期粮价变化情况 …………………………………… 96
表 4－7　嘉庆时期的粮价 …………………………………………… 104
表 4－8　嘉庆时期的补充粮价 ……………………………………… 106
表 4－9　道光时期的粮价情况 ……………………………………… 108
表 4－10　道光时期粮价上涨情况 ………………………………… 109
表 4－11　各时期粮食均价表 ……………………………………… 110
表 7－1　乾隆至道光年间政府采购粮食 …………………………… 203
表 9－1　清前期设置平粜米厂情况 ………………………………… 250
表 9－2　清前期平粜粮食数量情况 ………………………………… 252
表 9－3　清前期平粜粮价情况 ……………………………………… 258

第一章 导论

第一节 学术研究回顾

前人对粮食市场的研究很多,这里只能对与本书有关的研究进行概述。

一 漕运

于德源撰写了《北京漕运和仓场》。他在书中提出:"北京地区有文献记载的漕运始自东汉初年。"于德源对从东汉至清末的运河和漕运、仓储管理等方面进行了考察,其中特别考察了清代京城、通州二地区仓储规模、管理机构和收放制度。① 这些观点在本书都有引用。该书用历史学理论进行研究,虽然对历史发展脉络叙述得很清楚,但缺乏用经济学理论及数字分析漕运制度。该书对漕运中存在的弊端,引用近代史料进行了说明。本书研究的时间段是清代前期,笔者全面引用的是清代前期的史料,说明了制度腐败与粮食市场的关系,并在此基础上对有关问题进行探讨。

李文治等学者在《清代漕运》中指出:"漕运制度是在南北农村经济发展不平衡、京师需求大量粮食供应的条件下出现的。"提出"由于商品经济发展,商品粮在增加,京师粮食已另有途径解决。在这种情况下,即使黄河不决堤,漕运迟早也要走向历史尽头"。该书考证了各时期漕粮运京的数量、存储量,探讨了官兵俸甲米、政府采购仓粮对京师民食的调剂作用,② 这一部分对本书有很大帮助,但一些数字有误,本书进行了纠正。

---

① 于德源:《北京漕运和仓场》,同心出版社,2004,第425、326~336页。
② 李文治、江太新:《清代漕运》(修订版),社会科学文献出版社,2008,第1~2页。

倪玉平在《清代漕粮海运与社会变迁》中全面考证了漕运概念后，提出"本色漕粮的起运制度，实质上就是利用行政手段，强制进行粮食调配，维护特定阶级、特定区域的利益"。该书称："应该承认，清代的漕粮运输，在决定京畿地区和征漕省份之粮食市场的价格变动中起到了相当重要的作用，并在一定程度上调节着国内的粮食贸易价格。但这种调节作用完全是建立在行政权力强行干涉的基础上的。""围绕着这种制度，已经结成了巨大的利益集团，并在事实上成为阻止漕粮改制的重要力量。"并指出"漕运制度本身就具有一种反市场、反商品经济的特性"。"市场经济规律早就表明，要最终解决价格问题，只能用市场竞争的办法降低成本，而清代漕运制度的实践却正好与此相违背"。"漕运制度的这种反市场特性，决定着它必然会走向衰落"。该书总结了漕运制度崩溃的原因。① 这些结论本书都有借鉴，本书专门研究了政府对漕运制度方面的看法及变化，补充了倪书的不足。日本学者堀地明研究了回漕问题，② 文中引用台北"故宫博物院"和中研院史语所藏档案，以及中国第一历史档案藏档案，论述了回漕的直接原因、政府的对策，以及通过具体案例详细描述了回漕的过程和方法，无疑是一篇京师回漕问题研究的重要论文。遗憾的是论文对回漕原因的制度性缺陷、回漕在整体漕运制度中的作用等重要问题缺乏研究。本书准备在这些问题上进行探讨。

二 粮食供应

吴建雍是较早研究清代北京粮食供应的学者。他提出："流通于市面的粮食，一是由俸、甲米转卖而来的商品粮，一是由仓谷平粜而来的商品粮，一是由客商贩运而来的商品粮。"并指出："从总的趋势看，伴随着清代京师商品交换关系的发展，粮食供应也日趋商品化。"探讨了政府平抑粮价，调整俸、甲米支放时间的作用。同时，该文也举出个别粮价的例子，结论是："清前期京师粮价比较平稳，粮食供应大体能够得到保

---

① 倪玉平：《清代漕粮海运与社会变迁》，上海书店出版社，2005，第490~493页。
② 〔日〕堀地明：「清代嘉慶・道光年間における北京の回漕問題」，載『九州大学東洋史論集』45，九州大学文学部東洋史研究会，2018年3月。

障。"① 这些观点对本书十分有益，笔者在此研究的基础上进一步探讨，提出了新观点，也提出了不同意见。

日本学者堀地明的文章②，专门研究清代北京粮食流通问题，文中引用了中国第一历史档案馆和台北"故宫博物院"的档案，论述详细，对本课题的研究多有帮助。其文章稍显不足的是没有认识到京城的俸、甲米并非完全自由流通，还有民间商人贩运的麦子、杂粮等粮食品种的流通，而且内城与外城粮食流通种类有所不同，所以京城人口粮食的来源，也并非只有官米，还有商粮，两种类型的粮食流通性质、情况都不一样，笔者将在其研究的基础上，进一步探讨以上问题。

美国学者李明珠研究了直隶的粮食问题，并专章研究了北京粮食市场情况。她指出：皇帝和官员"理解并重视市场力量，但是他们并不把市场本身作为目标。他们更希望使用市场力量去促进商品流通，但是当市场力量受阻时，他们通常会毫不犹豫地介入其中，特别是对于能够引起政府高度关注的粮食市场"。"政府并没有试图取代市场，甚至都没有尽可能有效和低成本地控制和限制市场，平粜粮食的价格虽由官员确定，但通常都是按照市价来进行买卖。传统观念中，官方文献蔑视商人，视之为奸商，但始终承认其必要的作用。对待商人的态度是很矛盾的"。"贪污是粮食市场上政府干预的成本之一。当贪污成本上升到政府和商户都无法承担时，政府就会转变政策来减少这种状况的发生"。并且认为，政府控制商铺存粮量，使得粮店存量小，规模小，没有出现大粮商，提出了许多有见地的新观点。③ 本书多处引用李明珠的研究结论，并对其部分结论进行商榷。

赵蕙蓉研究了清末北京的粮食供应情况，指出，道光年间"京通各仓总共实贮粮 4702699 石。其中尤以通州各仓下降最为明显，从乾隆时贮粮 269 万余石，下降到六万余石"④。该文以举例方式，说明个别价格

---

① 吴建雍：《清代北京的粮食供应》，载北京社会科学院等编《北京历史与现实研究学术研究会论文集》，北京燕山出版社，1989。
② 〔日〕堀地明：「清代北京の食糧流通」，载『七隈史学』，第 19 号，2017 年 3 月。
③ 〔美〕李明珠：《华北的饥荒——国家、市场与环境退化》，石涛、李军、马国英译，人民出版社，2016，第 261、210、214 页。
④ 赵蕙蓉：《晚清京师的粮食供应——晚清北京社会问题剖析之一》，载《北京社会科学》1996 年第 1 期。

与物价普遍上涨的观点，还值得进一步讨论。

刘凤云探讨了俸米商品化的过程，但与吴建雍角度不同，其撰文指出："早在清军入关不久即康熙年间，米商即与旗人之间围绕着俸米形成了这种特殊的关系。米商赚钱的基本伎俩就是先以贱价买回八旗官兵的饷米，再趁其下季饷米尚未发放、旗人无米下锅之时以高价卖出，从中赚取差价。如果仅从商人的赢利方式角度思考的话，似也无可厚非，因为虽有巧取但不存在豪夺，且对双方而言都有利。所以，康熙年间发生的这种情况在雍正朝已处于政府的半准许状态。"并从旗人与商人的经济关系角度，分析了政府漕粮分配制度，提出"旗人与商人之间因俸米形成了经济关系，这种关系随着旗人向商人预支银两、寅吃卯粮，逐渐演变成债权与债务的关系"。故该文结论"可以说，俸米的收购卖出将旗人与商人系于同一经济链条上，商人的财力及资本通过这一链条渗透到旗人社会，对旗人的生计产生了影响。尽管最初他们对旗人的经济渗透力是有限的，而且商人的财富及资本的积累要受到政府相关政策的制约，但是，随着时间的推移，这一经济链条将他们之间联系得越来越紧，并导致了部分旗人的贫困化"[①]。这些观点本书有所借鉴，并提出了不同意见。他在另一篇文章中对京城的店铺和商人的经济活动进行了描述，其中涉及老米碓房的问题。[②] 文中引用的大部分史料是清代后期的，笔者认为不能说明清代前期的情况，所以笔者引用了前期史料做进一步讨论。

吴琦认为，以往的对漕运作用的研究，不是很全面，漕粮除了供应皇室政府官员及八旗兵丁之外还有稳定市场、救济灾民等作用，并提出："平粜稳定了京城的市场价格，限制了奸商的囤积居奇，对维持京城平民的生计具有积极意义。"认为政府越来越多地利用商人，"反映了商人的社会地位在日益上升，商人队伍不断壮大，成为清政府不可不重视的社会力量"[③]。虽然这些观点有一定道理，但笔者进行深入研究后，提出了不同意见。

日本学者细谷良夫《八旗米局考——清朝中期的八旗经济》，专文

[①] 刘凤云：《俸米商业化与旗人身份的错位——兼论商人与京城旗人的经济关系》，载《中国人民大学学报》2012年第6期。

[②] 刘凤云：《清代北京的铺户及其商人》，载《中国人民大学学报》2007年第6期。

[③] 吴琦：《清代漕粮在京城的社会功用》，载《中国农史》1992年第2期。

论述官立米局的设立、存废的详细过程。值得指出的是，作者根据《镶红旗档案》中的雍正十二年十二月十七日镶红旗满洲都统爱音图奏折，对官立米局营运推算，并列表说明。他认为：乾隆三年复设米局，开始时对商人购买有抑制作用，后来就不行了。米局籴买俸米，资本少，购入量少。虽然以后米局资本从白银六千两增加到一万两，又添设二局，且在米局购入时，不许商人购买，但米局仍不能与商人购入、囤积的数量对抗，米局实际上起不到平粜的作用。该文结论：八旗米局从雍正六年设立开始，至乾隆十七年废止。米局设立最初的目的是救济旗人，但对北京全城的米价平粜起到关键作用。米局为国家介入米的流通，具有调控经济的性质。① 这些论述及观点很有意义，笔者引用了文中的观点和所引史料，并同意其结论。

其他还有一些论著都提到各时期北京的粮食供应问题，只是时期与角度不同，这里从略。

三 粮价

黄冕堂引用大量刑部档案中反映的粮价，用列表方式说明了清代前期十几个地区的粮食价格。他提出："刑档中所反映的包括粮价在内的各种物价，常常与地方官向朝廷定期上报的粮价不完全吻合，比较普通的现象是官方上报的粮价欠准确或千篇一律，有时偏高，有时又偏低。"但该文"只以银一两换钱八百文这一个比数算"，各地银钱兑换比率不一样，不同时期、年代也不同，很难以同一个标准，或者两个价格比例计算。对京师粮价，该文举例乾隆九年和十八年的京师粮价记载，认为京城内粮价是比较低廉的。不过，他是按钱一千文兑银一两，未估计官俸银或元丝银与市场钱价的兑换量。他说京师"通用康熙时铸造的小制钱，常名京钱。京钱二文才能换大钱一文"。京师"使用的京斗"，"都比仓斗大三分之一"②。应该说，这部分粮价都是市肆米铺、面铺用的零售价格，不能代表京师的整体粮价情况。本书专门收集了档案中所藏京师粮价数据，虽然也不完全，但还可以反映

---

① 〔日〕細谷良夫：「八旗米局攷—清朝中期の八旗經濟をめぐって—」，載『集刊東洋學』，第31號，東北大學中國文史哲研究會，1974，第181~208頁。
② 黄冕堂：《清代粮食价格问题探轨》，见《清史论丛》，辽宁古籍出版社，1994。

出当时京城粮价变动趋势。

陈金陵用顺天府粮价说明，"道光以前京师粮价相对稳定"。"道光以后京师粮价上涨"，上涨之高，全国之冠。① 张瑞威则提出了相反的意见，他指出"由于政府的漕粮制度，使得京城的人口可以以非常低廉的价钱，便能享用产自江南的稻米"②。本书深入讨论了这个问题，提出了顺天府粮价不是京师粮价，不能说明京师的问题的观点。对张瑞威的看法，也提出了不同意见。

20世纪30年代，北平社会调查所汤象龙等学者组织人力抄录故宫档案中道光至宣统年间的粮价单，但是这批粮价资料，只有顺天府的，没有京师粮价的数字。

台湾学者王业键院士自20世纪70年代即已开始开展粮价单的收集等相关工作，所费时间超过三十年。1994年，他利用中国第一历史档案馆发行的《宫中粮价单》胶卷版327卷，结合台北"故宫博物院"所藏粮价清单，整理完成了粮价数据，后又建立了"清代粮价数据库"，2009年前后开始在网络上检索，供国内外学者使用。在此期间，也有一批学者收集了粮价单。③ 绝大多数的学者对粮价单的可靠性进行了研究，并指出了不足。④ 但是其中只有三年京师的粮价数字，所以要研究京师粮价，需重新收集粮价单，京师的粮价研究则要从头做起。

四 人口

韩光辉有多篇对北京人口的研究论著⑤，指出，顺治四年内城有395000人。乾隆四十六年，内城541000人，外城235142人，内外城共776142人。"清代北京城市总户口，清初约11.9万户，55.6万人，乾隆

---

① 陈金陵：《京师粮价及其他》，见中国人民大学清史研究所编《清史研究集》第六辑，光明日报出版社，1988年。
② 张瑞威：《十八世纪江南与华北之间的长程大米贸易》，载《新史学》第21卷第1期，2010年3月。
③ 马国英：《清代粮价研究综述》，未见刊稿，作者惠赠。
④ 〔日〕岸本美绪：《清代中国的物价与经济波动》，刘迪瑞译，社会科学文献出版社，2000，第6页；叶坦：《岸本美绪评清代物价史研究现状》，载《中国经济史研究》1991年第3期。
⑤ 韩光辉：《北京历史人口地理》，北京大学出版社，1996；《建都以来北京历代城市人口规模蠡测》，载《人口与经济》1988年第1期。

末年约 15.7 万户，74 万人；清末 13.9 万户，76.1 万人"①。韩光辉、贾宏辉撰文称："入关时八旗官兵共 17 万余丁，58 万人；出征的官兵外，居于北京者约 40 万人。""雍正、乾隆时期京师八旗官兵丁壮还在 19 万人上下，总人口 50 余万人。""清初，外城人口大约 15 万人，乾隆中增加到 23 万余人，光绪中则已增加到 30 万人。"② 王跃生经过考证说明，"当时京师常住人口应在 100 万左右"③。郭松义称："清代中叶，估计人数约在二三十万之间。"④ 这些人口数字研究可从粮食消费的角度，看京城粮食需求问题，笔者基本上引用了。

五　政府与市场

吴承明指出："封建政府采用均输、平准等办法，从供求上加以调剂，也不失为补救之道。维护市场平稳，对统治者十分重要，这就形成一种传统。"⑤ 本书运用吴承明的理论观点，对政府调控粮价、市场的供求关系进行了较深入的探讨。

其他一些文章也都对政府平粜调控粮价进行了肯定。⑥ 张瑞威提出新观点："施坚雅理论的弱点，是没有考虑政府政策对市场整合中的作用。"⑦ 彭凯翔对张瑞威的书评⑧，也提到"张著强调了政府尤其是中央政府的积极功能"。"在现有的清代粮食市场研究中，其实对政府角色的探讨不是非常充分，且多限于对仓储、调运及货币等议题作财政上的讨

---

① 韩光辉：《北京历史人口地理》，北京大学出版，1996，第 126 页。
② 韩光辉、贾宏辉：《从封建帝都粮食供给看北京与周边地区的关系》，载《中国历史地理论丛》2001 年第 3 辑。
③ 王跃生：《清代北京流动人口初探》，载《人口与经济》1989 年第 6 期。
④ 郭松义：《清代社会变动和京师居住格局的演变》，载《清史研究》2012 年第 1 期。
⑤ 吴承明：《市场理论和市场史》，见《市场·近代化·经济史论》，云南大学出版社，1996，第 220 页（原载《平准学刊》第 3 辑下册，1986）。
⑥ 赵恒捷：《中国历代价格学说与政策》，中国物价出版社，1999；陈金陵：《清朝的粮价奏报与其盛衰》，载《中国社会经济史研究》1985 年第 3 期；周志斌：《试论康雍乾时期清政府的粮价平抑政策》，载《学海》1995 年第 4 期；高翔：《论清前期中国社会的近代化趋势》，载《中国社会科学》2000 年第 4 期。
⑦ 张瑞威：《十八世纪江南与华北之间的长程大米贸易》，载《新史学》第 21 卷第 1 期，2010 年 3 月。
⑧ 彭凯翔：《评 Sui-wai Cheung, The Price of Rice: Market Integration in Eighteenth-Century China》，《新史学》第 21 卷第 1 期，2010 年 3 月。

论,倒也并不存在明显的干预或反干预倾向"。但他对过度干预提出了看法:"可以说,政府最大也是最困难的干预就是管住自己的手,而这一点仅靠中央政府的强势是难以实现的。"岸本美绪对张瑞威的中文书评①称:"著者认为,清朝利用大量剩余漕米,不仅能够在北京,而且在其他省份也顺利地实行平粜、赈恤政策。就这一点而言,不受米价变动影响的漕米收入强化了清朝财政体制,同时有助于维持社会稳定。但另一方面,漕运制度给清朝带来的负担也不容忽视。除了用来支付旗丁的兵粮以及维护运河河路的费用以外,利用漕船贩卖私盐等走私贸易也给清朝造成不少损失。""在题为政府在米粮贸易中发挥的作用(The Role of Govemment in the Rice Trade)的第五章中,著者讨论了18世纪清朝政府的粮食流通政策,这个问题一直为很多学者所关注。既往的论者一般对国家和市场这两项采用二元对立(dichotomous)的思考方式,即自动调节式市场只有在没有国家干预的情况下才能出现。但著者的看法与此不同,强调国家对长江流域米粮的自由流通所发挥的积极作用。本章分析了清朝对粮食流通所采取的各种政策,例如禁止囤积、平粜、禁止遏籴等。"罗威廉在对张瑞威的书撰写的书评中②称:"在最后一章,与那些在国家与市场之间严格使用二分法并认为自由的市场地位就是经济自由主义的学者的观点相反,张瑞威先生风趣地指出:18世纪中国区际自由贸易的存在,仅仅是由于那个时代三位强势帝王对经济进行积极干预以确保自由贸易进行的结果。"岸本美绪在对张瑞威的书撰写的书评中③称:"对于古典经济学式'市场整合'论者来说,活跃的交易活动导致市场均衡这样的看法被视为理所当然。他们往往对国家和市场这两项采用二元对立(dichotomous)的思考方式,这也是很自然的,因为古典经济学式市场概念的关键在于其自动调节机能,国家的角色与其说是在于直接干预市场调剂供求,不如说是在于为民间自由的经济活动准备基础设施,比如商业法律、统一度量衡等。与此不同,历史性形成的广域市

---

① 〔日〕岸本美绪对张瑞威著作的中文书评,载香港中文大学《中国文化研究所学报》,第53期,2011年7月,第330~336页。
② 〔美〕罗威廉:《评张瑞威著〈米价:十八世纪中国的市场整合〉》,罗畅译(待刊,罗畅提供)。
③ 〔日〕岸本美绪对张瑞威著作的中文书评,载香港中文大学《中国文化研究所学报》,第53期,2011年7月,第330~336页。

场不一定趋于均衡。广泛存在'遏籴'式行动方式表明,市场的扩大与地区间矛盾的加剧是分不开的。正因如此,像著者指出的那样,若不存在国家的干预,长距离贸易是难以发展的"。以上这些研究,对本书进行政府与北京粮食市场的探讨颇有启发意义,但是这些观点较宏观,没有具体的实例,且结论也有偏颇,笔者对此进行具体论述,并提出看法。

在理论方面,曹沛霖提出,政府与市场是一个跨学科研究的课题。政府与市场的关系既是经济学,也是政治学非常关注的研究对象。从经济学角度看,政府与市场几乎是一个永恒的研究命题。① 他进一步指出,对政府与市场的关系,人们不是从它们的作用,而是从它们的"缺限"中才得到较为深刻的认识。从市场的"缺限",想到政府的作用;从政府的"缺限",又想到市场的作用,最终经过数次往返来回地实践,人们才逐渐认识到"两只手"作用并存的重要性,指望依靠"两只手"的作用推动社会前进。② 国家在一定范围里可能并不反对市场的发展,相反,国家还对市场秩序进行必要管理和干预。而在资本主义确立之后,国家便把维护市场经济的秩序,推进市场经济发展作为自己直接的根本的使命。③ 这些理论有一定的借鉴意义,但缺乏结合京师的具体情况进行说明,本书在这方面专门进行了论述,说明西方经济理论还没有传入中国之前,清代前期政府是如何看待粮商和市场的,是如何随着市场变化而改变制度、政策的。同时,也具体论述了政府与粮商的关系,政府对粮商的看法等问题。

第二节 本书简介

一 问题的提出

清代前期京师有漕粮输入,政府对此也是高度重视。按理说,政府高官、八旗官兵都有配给的漕粮,是政府设计的供给制度安排,应该与市场粮价没有直接关系,可事实是,每当八旗官兵开仓支放粮食时,市

---

① 曹沛霖:《政府与市场》,浙江人民出版社,1998,前言第1页。
② 曹沛霖:《政府与市场》,浙江人民出版社,1998,导论第7页。
③ 曹沛霖:《政府与市场》,浙江人民出版社,1998,第52页。

场的粮价都会受到涨落影响。康熙帝就曾对此有疑问，笔者认为也应该解开这个谜团，由此产生了政府与北京粮食市场的研究。

北京在清代有重要地位，因为京师是中央政府所在地，所以政府行政能力比其他省区强大，各类具体制度的制订与执行，也与外省区不同，从而为我们观察清代政府与市场的关系提供了一个很好的视角，具有典型意义。清代京城的政治形势、各类事件，对市场经济发展有巨大影响，正是由于这个原因，笔者选择了政治背景变化较小的清代前期这一阶段来研究。另外，前人对这一时期政府与粮食市场的研究较少，更缺少涉及细节的探讨，因此以上这些问题是笔者选择这方面进行研究的原因。

二 研究范围、方法、概念

（一）范围

本书研究时间段限于清代前期，即 1644～1840 年，包括部分中期阶段。

北京，在清代前期称京师，档案中也称京城。本书使用北京的概念，主要是为了拉近历史与现实的距离，对现实有些借鉴意义。实际上，北京的地域范围不断扩大，本书研究仅限于当时京城的地域范围，专指内城区与外城区，不含关厢①。内城在九门和相连的城墙之内。九门从南面始为宣武门、正阳门、崇文门，东面为朝阳门、东直门，北面为安定门、德胜门，西面为西直门、阜成门。在内城，延续了前代遗留下的两圈城墙，以皇城为中心，在外有内城拱卫。外城在十门和连接的城基之内。十门从南面始为右安门、永定门、左安门，东面为广渠门、东便门，北面为崇文门、正阳门、宣武门，西面为西便门、广宁门（广安门）。其中宣武门、正阳门和崇文门及城墙是内外城的分界，以北为内城，以南为外城，所以外城也称南城。

顺天府下属宛平和大兴二县的地域与京城范围有重合，大致以中轴线为界，西边为宛平县，东边为大兴县。尽管顺天府的机构与宛平、大兴二县衙署都设在内城，但是二县知县只管理内外城以外的地区，而十六门以内地区为京师的范围。所以书中所称大兴、宛平都不是京师地区。

---

① 关厢指城门外大街和附近地区。

中央政府机构都察院下设五城巡城御史，职掌中、东、西、北、南五城的治安、司法、社会保障、经济、平治道路等"细事"。"京师城内斗殴钱债等细事，如原告被告皆旗人，则送部审理。如与民互告，仍听五城审结"。"京师内外十六门，令巡城御史不时巡查"①。在各类政书、档案所记载的资料中，政府往往命令步军统领、顺天府、五城御史三部门，负责京城的具体事务，尤其重视顺天府，京城的粮价多由顺天府府尹奏报。"清代京师，遇有重务，朝旨责成，实多顺府"②。由此可知，顺天府的管辖范围与京城不同，其粮价自然不是一回事。

（二）方法

吴承明先生指出："史料是史学的根本。绝对尊重史料，言必有证，论从史出，这是我国史学的优良传统。""我国早有史无定法之说，我赞成此说。""我认为，更重要的还是该方法本身的实用性和对所研究问题、现有资料的适用性。""我认为，作为经济史研究，应从历史上作实证分析，而不是全靠理论推导。"③ 侯家驹指出："关于经济史的功能，是双重的：一方面，是接受经济理论的指引，反映出以往经济发展过程实况，帮助读者明了目前经济环境；另一方面，则是归纳经济发展史实，以丰富甚或批判经济理论的内容。"④ 本书根据收集的大量史料，运用实证、归纳和统计学的方法，求证、推理，力求用定性与定量表达，得出接近史实的结论。

（三）概念

清代前期西方经济理论未传入中国，本书所引用的几个现代经济理论中的名词概念，需要进行说明。这里对一些理论概念作一综合表述，书中引用时，不再赘述。

1. 市场

在西方经济学中有各种关于市场的概念表述。从市场外部看，"所谓

---

① （清）昆冈等修，刘启端等纂《钦定大清会典事例》卷一〇三一，《都察院·五城·巡城职掌》，见顾廷龙主编《续修四库全书》第八一二册，《史部·政书类》，上海古籍出版社，2002，第348页。

② 吴廷燮等编纂《北京市志稿》第十三册，《职官表·序》，燕山出版社，1998，第2页。

③ 吴承明：《市场经济和经济史研究》，见《市场·近代化·经济史论》，云南大学出版社，1996，第46、50、291页（原文是1995年参加两经济史研讨会发言的综合）。

④ 侯家驹：《中国经济史》上卷，新星出版社，2008，第3页。

市场，是指市镇上的公共处所，那里有各种物品陈列着以待售卖"。"大都市，有多少种重要的贸易，便可以有多少市场。这种市场，可以有地址，亦可以没有"①。"市场就是供与求的交会点，这一说法比较贴切地道出了市场的特征"②。从市场内部看，"市场是指某一商品的买者和卖者为交换该商品所发生的联系过程中的一系列活动"③。"市场就是具有需求、支付能力和希望进行某种交易的人或组织"④。

中国的经济学家总结说："市场有广义和狭义之分：狭义的市场是指有形市场，即商品交换的场所。在这种市场上，商品价格是公开标明的，买卖双方在固定的场所进行交易。""广义的市场包括有形市场和无形市场。其中无形市场是指没有固定的交易场所，靠广告、中间商以及其他交易形式，寻找货源或买主，沟通买卖双方，促进成交。"⑤

综上所述，本书所谓粮食市场，指在京城范围内流通和交易的商品粮，其买卖交易过程与场所，也包括无固定场所的粮食交易，如走街串巷的小贩，或将粮食送到住户家门口的交易，既是广义又是狭义的市场，这可能也是当时市场的特征。

2. 资源配置、市场机制

吴承明对资源配置有很好的解释："资源配置主要有两个途径：一是主权者或国家制定计划，命令行之；一是通过交易，由市场调节。两者都是手段，原无绝对优劣之分。西方学者提出市场调节优于计划调节。"

---

① 〔英〕斯坦利·杰文斯：《政治经济学理论》，郭大力译，商务印书馆，1984，第81~83页，转引自胡代光、周叔莲、汪海波编著《西方经济学名著精粹》第1卷，经济管理出版社，1997，469页。

② 〔瑞士〕海因兹·斯瓦尔勒、〔联邦德国〕恩斯特·灿德：《推销术》，何涛译，农村读物出版社，1990，转引自胡代光、周叔莲、汪海波编著《西方经济学名著精粹》第1卷，经济管理出版社，1997，第470页。

③ 〔美〕斯坦利·费希尔等：《经济学》上册，宋炳良等译，中国财政经济出版社，1989，第72页，转引自胡代光、周叔莲、汪海波编著《西方经济学名著精粹》第1卷，经济管理出版社，1997，第471页。

④ 〔美〕里查德·黑斯等：《市场营销原理与决策》，韩佩璋等译校，机械工业出版社，1983，第21页，转引自胡代光、周叔莲、汪海波编著《西方经济学名著精粹》第1卷，经济管理出版社，1997，第469~470页。

⑤ 谢文蕙、邓卫编著《城市经济学》（第二版），清华大学出版社，2008，第113页。曹沛霖《政府与市场》，浙江人民出版社，1998，第40~41页，亦见类似记载。

"历史上，这两种调配资源的手段常是并存的，而依环境不同，常以一为主。"① 也就是说，政府与市场都可以配置资源。"作为经济资源配置的一种方法，市场有其自行调节、控制的内在机理和规律——市场机制。它实际上是以供求规律为内在依据，以价格变动为其外在指标，因此，所谓市场机制也就是价格机制。"② "所谓市场机制，是指市场各要素相互结合、相互影响、相互制约的运动过程。市场机制的基本构成要素是市场价格、市场供求、市场竞争。"③ 本书利用大量史料，实证市场机制，通过商人的贩运与经营，利用粮价配置资源。

3. 制度

关于制度一词，在笔者查阅的有关清代前期的政书、档案资料中，目前未发现有制度一词，常有定例和章程的称谓。定例涵盖的内容很宽泛，这里只列举与粮食市场有关的记载，作简要说明。首先，定例有规定之意："米局之米定例，不准卖与民人。"④ "户部议奏，八旗甲米定例，粳、稜、粟米，三色匀放。"⑤ "严饬各仓，遵照定例，按期开放，毋得仍前迟延。"⑥ "至京师五城各铺户，所存米麦杂粮等项，定例每种不得过八十石。"⑦ 其次，定例亦有法律、政令之意："著为定例，通传八旗一体遵行。"⑧ "国家立法调剂，原属因时制宜，非可援为定例。"⑨ "查例载各铺户所存米麦杂粮等项，每种不得过八十石，逾数囤积居奇者照违制律治罪。"⑩ "京城粗米，概不准贩运出城。如有违例私运出城者，

---

① 吴承明：《市场经济和经济史研究》，见《市场·近代化·经济史论》，云南大学出版社，1996，第291页（原文是1995年参加两经济史研讨会发言的综合）。
② 曹沛霖：《政府与市场》，浙江人民出版社，1998，第42页。
③ 卫兴华主编《市场功能与政府功能组合论》，经济科学出版社，1999，第153页。
④ 《朱批奏折》，见"雍正十三年六月二十五日署理正红旗汉军都统事务镶蓝旗汉军都统李禧奏折"，中国第一历史档案馆藏，档案号：04-01-30-0210-027。
⑤ 《清高宗实录》卷五一三，乾隆二十一年五月丙戌，中华书局，1986，第483页。
⑥ 《清高宗实录》卷一二五九，乾隆五十一年七月丙寅，中华书局，1986，第933~934页。
⑦ 《清仁宗实录》卷九一，嘉庆六年十一月壬寅，中华书局，1986，第212页。
⑧ （清）允禄等编《世宗宪皇帝谕行旗务奏议》卷七，见纪昀等编纂《景印文渊阁四库全书》，第413册，《史部·诏令奏议类》，台湾商务印书馆，2008，第531页。
⑨ 《清高宗实录》卷六〇七，乾隆二十五年二月乙巳，中华书局，1986，第820页。
⑩ 《军机处录副奏折》，见"嘉庆十一年十一月十四日大学士管理刑部事务董诰等奏折"，中国第一历史档案馆藏，档案号：03-2445-012。

除讯有回漕①情事，即照回漕定例办理。"② 再次，定例还有统一定价之意："朱伦瀚奏请，仿照官局二色米价，作一定例价值通行。"③ 最后，定例也是历年延续下来的称谓，"旗丁应带土宜一百二十六石，乃系历年定例"④。由此可以看出，定例也有现今所说的制度之意。

章程，指具体政策、规定，有临时之意。首先，章程有制度之意："国家立法，皆有一定章程。若辄议变通，必滋流弊。"⑤ 其次，章程有临时性："嘉庆二十三年奉上谕：润祥等议驳御史文溥条奏，八旗官员俸米请照大档甲米之例支领一折。所驳甚是。""其据实条奏，八旗官员支领俸米，向系分给米票，自行赴仓关支。自乾隆年间奏定章程，历今二十余年，相安已久。该御史忽欲更改旧章，请将各旗员俸米，由该旗添派参领等，全数领出，再行分给，是明为参领等开包揽克扣之门。"⑥ 最后，章程也有政策性："本日据都察院堂官巡城御史议奏，平粜章程，著照所议。"⑦ "本日户部具奏，拨米减价各章程。"⑧ "京城内外各米铺应囤粗细米若干石，议定章程纂入新例，以便遵行。"⑨ 这里用章程中的制度之意。

现代制度指人们要遵守的行为准则，一般由政府制订，自上而下实行。诺思认为，制度是一系列被制定出来的规则、守法程序和行为的道德伦理规范，其目的在于约束追求效用最大的利益的个人行为。而制度

---

① 每当运到京城的漕粮正额不足时，官兵需要买米填补缺额。商人就将囤积起来的米粮卖给漕运官兵、船户及兵丁，后者再将此粮作为漕粮返运回京、通二仓，这一过程称为回漕。
② （清）昆冈等修，刘启端等纂《钦定大清会典事例》卷七六五，《刑部·户律市廛·市司评物价》，见顾廷龙主编《续修四库全书》第八○九册，《史部·政书类》，上海古籍出版社，2002，第425~426页。
③ 乾隆官修《清朝文献通考》卷三七，"市籴六"，浙江古籍出版社，2000，第5197~5198页。
④ 《清高宗实录》卷一二三五，乾隆五十年七月丁卯，中华书局，1986，第593页。
⑤ 《清仁宗实录》卷二三二，嘉庆十五年七月甲寅，中华书局，1986，第112~113页。
⑥ （清）载龄等修纂《钦定户部漕运全书》卷六四，《京通粮储·支放粮米》，见顾廷龙主编《续修四库全书》第八三七册，《史部·政书类》，上海古籍出版社，2002，第363页。
⑦ 《清宣宗实录》卷五五，道光三年七月癸巳，中华书局，1986，第985页。
⑧ 《清宣宗实录》卷五五，道光三年七月丙戌，中华书局，1986，第977页。
⑨ 《军机处录副奏折》，见"道光十七年六月初七日给事中蔡赓飏等奏折"，中国第一历史档案馆藏，档案号：03-3783-034。

变迁则构成经济增长的源泉。① 吴承明亦称:"制度则是实施产权、约束个人和团体的行为,调节社会收入分配的成文的和不成文的规则,包括认可规则和约束行为的道德观等意识形态。"② 本书引用制度概念,根据史料说明政府设计粮食供给制度和分配制度。

4. 政府

有人指出,中国历史上并无"清政府"。"无论如何,在历史事实上清代只有朝廷而从来没有什么政府。""请史学家和大众传媒不要继续误用'清政府'一词了。"笔者认为,慎用"政府"一词是对的,但也并非不能使用"清政府"一词,只要做一番考证即可,这也是笔者考证"政府"一词的本义。

"政府"一词,在中国文献中最早的记载是唐天宝二年,"李林甫领吏部尚书,日在政府,选事悉委侍郎宋遥、苗晋卿"。胡三省注云:"政府,谓政事堂。"唐宋时,称宰相治理政务的处所为政府。此后各朝代,政府一词在各典籍文献中,基本都是指这个意思。也就是说,在中国古代有"政府"一词,不过与现代所指的"政府"不是一个概念。故历史上并无"清政府"一说,无疑是正确的。

在西方,"政府"一词的英文形式是 government,动词 govern 由希腊文 κυβερναμσσις(拉丁文形式是 kuberna tis)演化而来,意思是舵手,隐喻指"果敢地驾驭城邦",间接意思指"指导""支配""统辖"等。

在《英汉辞海》以及《简明不列颠百科全书》等辞书中,Government 有如下含义。(1) 对四肢的管理,对全身的控制;有道德的举动,合乎道德的行为。(2) 统治行为、支配过程:指权威领导和强有力的控制。(3) 统治的官位,统治的权威,统治的职能;管理官员的任期,统治期限。(4) 古代指由地方长官、行政首脑管辖的政治单位或行政区域。(5) 在同一结构内,一个词对另一个词在一定的格式或一定的语气上的影响,也叫支配关系;这种影响的作用、效力。(6) 不断行使权威,对一个政治单位行使职能;制定政府的政治职能,有别于执行政策决议。(7) 政府、政权。指一个政治单位凭借以行使权威和职能的组织

---

① 转引自郑备军《新经济史学方法论述评》,载《史学理论研究》1995年第1期。
② 吴承明:《经济学理论与经济史研究》,见《市场·近代化·经济史论》,云南大学出版社,1996,第111页(原载《经济研究》1995年第4期)。

机构。根据权力的内部分配，通常可以把这种机构（或组织）分成几部分；政治制度、法律、习惯的复合体，通过它使管理职能在一个具体的政治单位中得以贯彻。（8）政府也指组成一个政治单位或组织的管理机构的全体人员。如，构成一个政治单位的管理单位并组成工作机构的全体官员、政治官员和公务员，掌握国家主要行政部门或其他政治单位主要行政部门的小团体，负责指导和监督公共事务。除了以上内容外，还有一些意义。这说明在西语中，"政府"是一种十分宽泛的概念。按照莫利斯的观念，在14世纪以前，Government 主要意味着行使司法职权。在近代主要指代议制政府。因为代议制政府的基础是三权分立，所以说中国没有西方式的代议制政府。①

可见，政府概念有广义与狭义之分。广义的政府等同于国家，包括权力机关（立法机关）、行政机关（执法机关）、审判机关（司法机关）；狭义的政府是指国家行政机关，包括中央政府与地方政府，多数情况下是指代表国家的中央政府。通常情况下，人们是在广义的范围内运用政府的概念。②

近代以来，西方式"政府"概念引入中国，在近代的文献中，就有这种概念的"政府"出现，至今仍然如此。而这时的"政府"就是指国家行政机关，包括中央政府与地方政府。"政府"与"阶级"等词一样，是中性名词，不同性质的国家都可以使用。在中国，虽然古代与现代有很大区别，但并非不能使用"政府"一词。笔者认为，只要我们所指的"政府"有以上所说的固定概念，就完全可以使用，不应该称为"误用"。本书所指的政府以皇帝为首，由朝廷中央各部大臣及各地方官员组成，行使国家权力的机构。中央集权是其形式，专制体制是其本质。

5. 双轨制

据学界新近考证，中国社会科学院经济研究所已故前辈张纯音研究员于1979年发表在《学术月刊》第5期的《关于缩小工农业产品交换价差问题》一文最早提出了"价格双轨制"概念。之后，在1984年浙江莫干山会议上，双轨制这一思路成为中国渐进改革的标识，也就是价格

---

① 感谢北京社会科学院哲学研究所杜丽燕研究员提供的资料。
② 卫兴华主编《市场功能与政府功能组合论》，经济科学出版社，1999，第209页。

双轨制。① 综合学者研究，可以看出，双轨制是中国体制转轨时提出的新理论，外国不存在双轨制，"任何一本西方经典著作中都找不到的、极富中国特色的、具有开创性的价格双轨制"。② 双轨制是现代经济学的概念，是指两种不同制度在市场上并行的情况，如价格双轨制、生产资料双轨制、要素双轨制等。"双轨制运行到一定程度和经济发展到新的阶段就得改变，要实现并轨，否则市场就难以在价格机制的条件下发挥配置资源的主体作用"③。本书借用双轨制的概念，探讨在北京粮食市场中，政府与市场的关系问题。

三 本书概要

顺治元年清军攻入京城后，建国都于北京。当时皇室和一些高级官员抢占了明末宫殿、高官住宅，而普通政府官员及其家属，大批军队及其家属则没有住处。是时，一般政府官员及其家属，大批清军及其家属，只能挤进当时原居民住的四合院里。满、汉人民同居一处，纠纷不断。为了解决这类问题，政府下令内城原居民全迁到城外。④ 由此形成，旗人、民人分别在内城、外城居住的情况。据刘小萌研究，当时"隶属省府州县者为民人，隶属八旗者为旗人"⑤。在内城居住者为旗人，在外城居住者为民人。从民族成分看，在内城居住的旗人并非都是满族，因为八旗中有满洲人、蒙古人、汉人。迁至外城的民人，也并非都是汉人，所以实际是"旗民分城"。⑥

住处解决后，就开始解决粮食问题。政府继承明代的漕运制度，也继承了明代的粮储制度，并设计了漕粮供给制度。漕粮运到北京后，住

---

① 田伟：《双轨制改革的历史回顾及评价》，《理论学刊》2009年第4期；华生：《双轨制的历史使命和现实意义》，《当代财经》2012年第1期。
② 张梦薇：《谁首先提出了"价格双轨制"?》，《中华读书报》2008年10月15日，第3版。
③ 吴敬琏：《政治不改革经济改革也落实不了》，载《老年文摘》2012年3月5日，第3版。
④ 邓亦兵：《清代前期北京房产市场研究》，天津古籍出版社，2014，第30~31页。
⑤ 刘小萌：《清代北京旗人社会》，中国社会科学出版社，2008，第1页。
⑥ 刘小萌：《清代北京旗人的房屋买卖——根据契约文书进行的考察》，载《清史论丛》，辽宁古籍出版社，1996；亦见刘小萌《清代北京旗人社会》，中国社会科学出版社，2008，第28页。

在内城的政府官员及其家属，军队官兵及其家属，按官员级别无偿分给官员和八旗官兵，也就是无偿配给旗人粮食。在外城的原住民及百姓根据自己的饮食习惯，在市场上购买粮食。这些粮食主要依靠粮商从外地运入，百姓与商人在市场上买卖粮食，清之前的商品粮市场被保存下来。在清军还未进入北京时，政府就发布命令，禁止商民"于城内交易，但在城外互市"①。所以当时很少有商人在内城建立商铺。但是由于从南方运来的漕粮是原粮稻米，需要去壳后食用，所以旗人分到漕粮后，依靠碓房、碾房将原粮去壳，或麦子磨面后才能食用。碓房、碾房就是粮商开设的店铺，这些商人依靠收购旗人分得的粮食，再出售给旗人，或从加工粮食中收取费用等不同方式，赚取利润。这时，有旗人分的粮食多，自家吃不完，就把剩余粮食卖给商人；也有旗人为了换取日用银钱，将口粮卖给商人，待需要时再从粮商那里购买，由此在内城也产生了粮食市场。当时，在京城不仅有这两类固定的粮食交易场所，还有一种不固定的交易形式就是小贩沿街叫卖，将少量粮食送到居民家门口。

  首先本书主要从粮食市场和政府两个角度进行研究，探讨北京的粮食市场运行规律，研究政府的制度安排和对市场的监管，即政府配置粮食资源与市场机制配置粮食资源。第一，论述了市场的需求与供给，当时在北京的北方人习惯吃杂粮、麦子。京城各类人的饮食习惯，决定着市场上粮食的种类与供求。第二，论述了粮食交易中粮商的交易方式、谋利方法等，其中在京城从事粮食买卖活动的商人主要是山东、山西省人，嘉道以后，有部分河北省商人，特别是本地宛平、大兴的商人参与其中。第三，是粮价变化趋势，揭示了在清代前期的196年中，京城粮食价格不断上涨的趋势，其中小麦、小米上涨趋势明显，这与北方人口的增加和客观自然条件的变化有一定关系，市场机制在其中起到主要作用。第四，分析了粮食市场运行的特点，估计了粮食流通量，并附图说明市场分布的情况及京城与天津、直隶之间粮食流通的关系。

  其次，本书还论述了政府在其中的作用。政府设立的有关制度，继承明制，推行漕运制度，设立供给制度及分配制度。政府也参与了粮食

---

① 王先谦：《东华全录》，"顺治元年九月甲午"，见《清东华录全编》第二册，学苑出版社，2000，第207页。

交易，开设官米局，从事米粮交易；运用财政资金，从京外地区采购粮食。政府对商人粮食交易等经营活动，及官员违规等问题进行监管，有一定的纠错能力。政府还通过平粜、改变漕粮发放时间等方式，调控粮价。

最后是论述政府对粮商、对市场的看法及其之间的关系，得出结论：市场是在私有制条件下进行的，政府的供给和分配制度，不在市场交易的范围内。但是政府通过制度安排配置资源，不仅参与粮食交易，而且监管市场、调控粮价。因此，在清代前期北京粮食市场中，既有市场机制的调节，又有政府在其中起重要作用。不过，无论是政府还是市场都有自身优势，都不能单独解决京城的粮食问题，需要政府与市场共同起作用。但值得提到的是市场机制起到导向作用，政府的理念是因时制宜，因地制宜，因事制宜，因此随着市场的变化，政府的制度、监管政策及落实行为、调控粮价等也随之改变，这一过程贯穿整个清代前期。

四 学术理论价值和现实意义

近年来，北京史研究在宏观和微观方面都有较大的进展，但其中还缺少一些值得记述的历史细节，没有细节就没有历史，细节实在是很重要的。细节能反映历史的发展和变化，更具有说服力，特别是在经济史的研究中，只有用许多具体史实细节的连接，才能为人们呈现出比较丰富的历史画卷，也只有把握住这些细节，才能用经济理论的方法进行定量和定性分析。

另外，在北京史的研究中，也缺乏理论性的探讨。以往在这些方面的研究，一方面是对资料挖掘不够，另一方面是理论方面的探讨更欠深入。例如，在粮价方面，对清代前期北京的粮价问题，学者关注不多，造成这种情况大概是因为学者们普遍认为京城得益于漕运制度，没有市场机制自由调节的市场粮食价格所致，更使得一些外国学者研究清代北京粮价时，用全国粮价指数做标准进行讨论，这不能不说是极大的缺陷。实际上，京城虽有政府的高度介入，但内城漕粮入市，外城众多人口依靠粮食市场的历史事实，说明京师既有粮食市场，也有粮食价格，且粮价反映了北京市场上粮食的供求关系，这不仅是研究清代北京市场史的重要内容，也对清代整体粮价研究有一定意义，因此，北京粮价成为研究粮食市场的必要前提和基础。本书试图引用前人已经挖掘出的资料，和前人未引用过的史料，从描述历史细节出发，力求在理论上有所创新，为北京经济史、北京市场史研究添砖加瓦。

在清代前期的经济史研究中，较少有学者关注粮食市场和政府之间的关系问题，更缺乏从这两个角度进行详细而深入的探讨。这时的北京城市人口最多，各类商品的消费量也多，尤其是商品粮食流通量大，并且具有与其他城市不同的特殊性。这些，为我们进一步从这两个方面研究政府与市场问题提供了很好的视角。通过本书的研讨，不仅丰富了中国清代经济史研究的内容，且对学术和现实都有一定的借鉴意义。有政府通过制度配置粮食资源，也有市场机制自动调节配置资源，清代前期政府的独特管理模式和市场机制的作用，为维持地主制经济的运转发挥了巨大的作用。然而，到底应该建立怎样的政商关系？清代前期没有也不可能有标准答案，对这方面的思考留给了当今的学者。政府与市场的矛盾，使制度也受到市场机制的冲击，最终走向了并轨，以古鉴今，这也是本书的现实意义。

本书从需求、供给、交易、粮价和政府行为，即粮食市场和政府两个角度进行研究，探讨北京粮食市场的运行规律，研究政府的制度安排及对市场的监管，也就是政府配置粮食资源与市场机制配置粮食资源相结合。实践证明，京城的食粮供应，既不能完全靠政府，也不能完全靠市场，而是由政府和市场共同起作用的结果。这种运行状况，与现实经济学研究的双轨制度，有十分密切的关系，具有理论创新的意义。同时，本书也存在缺陷，没有从经济思想史的角度，进行深入研究。正如评审专家指出的："在中国古代，粮食很早就具有商品的属性，政府很早就对粮食市场实施干预，但是，在计划经济之前的几千年间，任何形式、任何程度的政府干预，似乎都没有否定粮食市场的基础性作用，更没有完全取消粮食市场的存在，由政府调拨取而代之。这种制度状况包括与之相关的理论主张，作为中国本土的经济思想，似乎在某些方面并不逊色于西方的市场经济理论及其对市场与政府关系的认识。如果作者认同这种判断，并沿着这个方向做进一步挖掘，或许将会获得更大的理论创新。"

本书从以下方面研究了实际情况，提出了笔者的观点：

①研究了清代前期北京粮食市场的供求关系，行商、坐贾的销售经

营状况，市场分布网络，粮价变动趋势和原因，估计了市场粮食流通总量，并做了示意图，做出不同以往的论证与考察，提出了新的观点。

②详细论述了市场主体粮商的经营活动，市场机制如何配置粮食资源，同时也说明了政府利用制度配置粮食资源的举措，政府对粮商看法的变化、具体措施，并提出自己的看法。

③政府制定、执行政策的目的，无非就是保障八旗官兵的生计，但市场对资源的调节自然存在，是为所有人服务的，这无疑与政府的目的不同。所以在政府推行政策中，按照当时实际情况出台政策，客观形势变化了，又调整执行政策的边界，可以说是不断适应市场的变化。

④政府有一定的纠错能力，并为官兵在执行政策中划清具体界限，囤积与否？出城、出境与否？这些界限使官兵能理解政府的意图，更好地执行政策，纠正政策执行中的偏颇。

⑤粮食市场在当时起到主导作用，政府顺应市场机制的变化而调控粮价，但也并非依靠统一市场价格来调控，而是派官员做市场调查，根据市场粮价的变化，平抑粮价。

⑥在京城市场上粮食供给方面，有政府规定的供给制度，同时还存在市场配置资源制度，实质是政府配置资源和市场配置资源两种不同经济制度并存的双轨制。双轨制是由政府巩固统治为目的，以权力占有、控制资源为主导而运行的一种经济制度。从统治者的角度看，政府必须设立这种制度，不建立是不行的。如果政府不继承明代的漕运制度，这些官员和军队就没有口粮，他们也无法在京城生存，所以政府延续中国传统的专制体制，设立制度，也是正常的。因此，双轨制度产生由政治体制决定的，也是必然的。

⑦双轨制不符合价值规律和商品经济的客观要求，人为建立制度产生了许多弊病，政府利用掌握的粮食资源，免费分配给官兵，造成京城旗人与民人在粮食分配中的不同待遇，旗人能享受免费的米粮，民人只能以市场价格购买商品粮，从而使京城的部分百姓不能过上平等安稳的生活。市场作为资源配置机制中最基本的是价格差，在没有政府干预的情况下，市场上商品价格的高低价差，促使商品流通，产生商人倒卖倒买，这种非正常的竞争手段，也使官员涉及其中，依靠寻租贪污国家财产。因此，双轨制度中任何一方面都存在明显的缺陷，都不能独立解决

京城百姓的粮食问题，在实践中不能长久延续，最后的结局就是并轨。应该看到，这一过程贯穿清代前期，也影响到后代。从现实看，中国既不是市场经济，也不是非市场经济，而是政府与市场共同配置资源，共同起作用的双轨制经济。

⑧从粮食供应的国有制度到与市场配置制度逐渐接近的过程看，其过程基本贯穿整个清代，时间漫长。这说明一项制度的存废，不仅需要得到实践的验证，还要不断修改完善，并不是永远不变的。政府利用权力配置资源，其行为准则是因时制宜。在客观上，市场力量一直起着方向性作用，政府从最早的主导，转为跟随，并不断修改制度，以期达到顺应市场的实际情况。对此，应全面、历史地进行评价，或可以肯定政府的因时制宜的理念，以及对市场的认识与利用。实践证明，清代前期京城的粮食供应，是由政府和市场共同起作用的结果。如果清政府行为不是创造制度占有资源，而是监管市场中不合理的现象，这种干预作用不过强，按照市场经济的发展规律，因时制宜，那么就可能解决好京城百姓生活的问题了。

⑨政府对粮商贩运经营，应该采取的是一种宽松的政策，放手让商人在市场上自由竞争，除了收税之外，商人经营粮食的价格多少？如何运输？怎样储存？应该完全由市场机制调节，政府只能监管，不应进行行政干预，也不应直接参与交易。在这方面，政府利用所控制的粮食资源，平粜、调整发放仓米的时间，间接调控市场粮价，实际上就是干预市场价格，但这种干预的能力并不是很强，因为市场有价格机制自动调节。清代前期政府的独特管理模式，为维持地主制经济的运转发挥了巨大的作用，然而，到底应该建立怎样的政商关系？清代前期没有标准答案，对这方面的思考留给了当今的学者。

⑩从清代前期政府与北京粮食市场的历史实际看，一项具体的制度改革，即漕运和供给制度，虽然已经表现出许多弊端，但是也因为形成了有稳定获得利益机制的官商集团，形成了群体化犯案的事实，使得制度改革十分艰难。然而，也正因为这些弊端的参与者，都力图从漕运中得到好处，追求个人利益最大化，致使漕粮制度受到破坏而崩溃。其次，市场与政府制度的矛盾，也使制度受到市场机制的冲击，最后走向并轨。清代前期政府与北京粮食市场的关系，为现今提供了重要借鉴。

第二章 需求与供给

清代前期京城旗人和其他人民，各食用什么种类的粮食？他们的饮食习惯是什么样的？各种粮食来源如何？都是研究粮食市场必须解决的问题。本章主要描述作为市场主体消费者对粮食的需求，与作为市场客体的粮食来源，也就是市场的供求关系。

第一节 粮食需求

一 粮食种类

1. 稻米类

清承明制，仍然实行漕运制度，由运河输入漕粮，京城仓储粮中，有粳米、稜米、粟米，白粮，即糯米、白粳米。①

老米

在人们的日常生活中，常常有老米称谓。老米的名称从何而来不得知，但从资料记载中，可以看到康熙时就已经有了。"京城商贾富殷者食老米、稜子米甚多"。② 乾隆时，朝鲜使臣记述，"或曰，老米者涝米也。拯于水谓之涝。凡仓庾积米者，必和水而涝之，待其干而储之，可得数十年不坏。中国用此法，每年粜陈而籴新，故民间为粮者，皆陈恶如此云。未知是否也"。③ 道光时人称："老米皆俸米、甲米也"。④ 关于俸米、

---

① （清）载龄等修纂《钦定户部漕运全书》卷六十，《京通粮储·俸甲米豆》，见顾廷龙主编《续修四库全书》第八三七册，《史部·政书类》，上海古籍出版社，2002，第310页。
② "步军统领隆科多奏报京城粮价情形折"，见中国第一历史档案馆编《康熙朝满文朱批奏折全译》，中国社会科学出版社，1996，第1606、1601页。（原文无年代记载）
③ 〔韩〕洪大容（1731～1783）：《燕行杂记》四，《饮食》，收入〔韩〕林基中编《燕行录全集》，第42册，〔韩〕东国大学校出版部，2001，第428～432页。
④ （清）李光庭：《乡言解颐》卷五，《物部下·开门七事》，中华书局，1982，第107页。

甲米的概念，李明珠认为："供应皇室、大臣的漕粮叫俸米。供应给旗人的叫甲米"。① 这种解释似不准确。据《钦定户部漕运全书》载："雍正元年奏准，官员两季俸米于二、八月初一日放起，兵丁三季甲米于三月、七月、十一月初一日放起，均限两个月放完"。② 可知，政府支给官员的漕粮称俸米，支给兵丁的漕粮称甲米。清末人撰书记载："京师贵人家以紫色米为尚，无肯食白粳者，惟南人居京者始食白米"。③ 夏仁虎在《旧京琐记》中曾说，"盖南漕入仓则一经蒸变即成红色，如苏州之冬籼"。④ 据以上史料可得知老米是变色的仓储米。仓储米，即带壳米，包括粳米、稜米、籼米、糯米、白粳米等，是运入京仓的稻米统称。在官员的粮价奏报中，老米与稜米被各单独列出来，而籼米是在乾隆三年才增加的，所以老米实际就是仓储中的变色粳米。此外，仓储米中还有籼米、糯米、白粳米，而糯米、白粳米，只是所占储量较少。张瑞威称："所谓老米、稜米和仓米其实就是粳米、籼米和小米。"⑤ 这是笼统的说法，似不准确。

仓米

嘉庆年间，有人称："仓米，俗称小米"。⑥《旧京琐记》载："京人多喜食仓米，亦谓之老米"。⑦ 两种记载不同，第一条记载，说仓米指小米，而第二条记载，说仓米指老米。一般来说，仓米，当指仓储米，而仓储米的种类有多种，包括老米和小米，所以仓米可以指小米，也可以指老米，应该是一种统称。

稜米

稜米即南方所产籼稻米。笔者没有查到有关稜米的记载。李明珠亦

---

① 〔美〕李明珠：《华北的饥荒——国家、市场与环境退化》，石涛、李军、马国英译，人民出版社，2016，第194页。
② （清）载龄等修纂《钦定户部漕运全书》卷六十，《京通粮储·俸甲米豆》，见顾廷龙主编《续修四库全书》，第八三七册，《史部·政书类》，上海古籍出版社，2002，第310页。
③ （清）震钧：《天咫偶闻》卷三，东城，北京古籍出版社，1982，第68页。
④ 夏仁虎：《旧京琐记》卷一，"俗尚"，北京古籍出版社，1986，第38页。
⑤ 张瑞威：《十八世纪江南与华北之间的长程大米贸易》，载《新史学》第21卷第1期，2010年3月。
⑥ 《军机处录副奏折》，"嘉庆十年十二月二十八日巡视南城礼科给事中明舒奏折"，中国第一历史档案馆藏，档案号：03-1842-066。
⑦ 夏仁虎：《旧京琐记》卷一，"俗尚"，北京古籍出版社，1986，第38页。

称："没有资料对稷米进行过明确的界定，但可以肯定它比白米、粳米、籼米更差"。① 从价格看，"稷米较之粳米价贱，而较之粟米价贵"。② 稷米比粳米价低是实，但稷米的价格并非总是比粟米价高，从乾隆时期看，两者的价格是互有消长的。

在市场上还有一种稻米，称为京米，在漕粮中并没有这一称谓，因此，京米可能就是本地所产稻米。"近京所种，统名京米。而以玉田县产者为良"。③ 乾隆《玉田县志》记载："谷宜黍、稷、麦，诸豆多，粳稻与他处无异。"④ 道光七年，"玉田县供应孝穆皇后陵寝新设官员俸米，既系赴通领取。所有帮丁应领应交款项，及应交该县席片，仓场咨准均照蓟遵丰之例办理"。⑤ 这说明玉田县还是有供官员的俸米。另据谈迁记载，"畿内间有水田，其稻米（价格）倍于南。闻昌平、居庸关外的保安、隆庆、阳和并艺水稻，其价轻"。⑥ 康熙时，京城周围县志记载，大兴县、宛平县、通州、延庆州、怀柔县都种稻，一般有水、旱二种。⑦ 康熙帝在丰泽园中种水稻，"明岁六月果先熟，米色微红，而粒长气香，而味腴，以其生自苑田，故名御稻米"。因为"北方地平，惟泽土宜旱稻。种类甚多"。"去都百里而遥，土风宜麦与稻"。"岁收稻数十万

---

① 〔美〕李明珠：《华北的饥荒——国家、市场与环境退化》，石涛、李军、马国英译，人民出版社，2016，第188页。
② （清）鄂尔泰等纂《清世宗实录》卷五一，雍正四年十二月辛酉，中华书局，1985，第761页。
③ （清）谢墉：《食味杂咏》，《南味五十八首》，道光壬辰扬州阮氏刊版。
④ 乾隆《玉田县志》卷之三，《赋役志·物产》，乾隆二十一年刻本，第21页。
⑤ （清）载龄等修纂《钦定户部漕运全书》卷六六，《京通粮储·钱粮事例》，见顾廷龙主编《续修四库全书》第八三七册，《史部·政书类》，上海古籍出版社，2002，第403页。
⑥ （清）谈迁：《北游录》，《纪闻上·水稻》，中华书局，1960，第314页。
⑦ 参见《康熙大兴县志》卷之三，《物产考·谷类》，第12页，见《中国地方志集成》，上海书店、巴蜀书社、江苏古籍出版社，2002。《康熙宛平县志》卷之三，《食货·物产》，第13页，见《中国地方志集成》，上海书店、巴蜀书社、江苏古籍出版社，2002。《康熙通州志》卷之一，《封域志·物产》，第20页，见《中国地方志集成》，上海书店、巴蜀书社、江苏古籍出版社，2002。《康熙延庆州志》卷之二，第8页，《食货·物产》，见《中国地方志集成》，上海书店、巴蜀书社、江苏古籍出版社，2002。《康熙怀柔县新志》卷四，《物产》，第13页，见《中国地方志集成》，上海书店、巴蜀书社、江苏古籍出版社，2002。

石"。① 雍正五年至七年，新营"成水田六千顷有奇。"所产稻"穗秸积于场圃，粳稻溢于市廛。上念北人不惯食稻，恐运粜不时售，大贾居积，则贱而伤农，于每岁秋冬发帑收籴，民获厚利"。② 六年，"直隶地方，新营水利，开垦稻田，产米甚多"。由于"直隶百姓不惯食稻米，"所以政府"发帑采买，利益民间。将所买稻米，运交通仓，以抵粟米支放"。十年，竟然发生"直隶州县采买稻米运通，竟有不从本地办买足数，将通州支放之米，私买抵兑，搀杂交收之弊"。③ 这说明京城周围地区所种稻米数量不少，进入市场售卖也是有的。到乾隆四年，"因直属歉收，停止采买。不敷支放"，"以稷抵稻支给。如直属稻米丰收，采买运通，仍以稻米抵给"。④ 是时，种植面积增加，昌平、平谷、顺义等县也相继种有稻田。⑤ 从水稻品种看，可与南方比美。"房山石窝稻色白，味香美为饭"。"《遵化州志》稻有东方稻、双芒稻、虎皮稻"。"《广平府志》产府西引滏水灌田，白粲不减江浙。"⑥ "凉水河者，出右安门西南凤泉东流迳万泉寺，分为二。"后"凉水河所经，漫流积涝，寖成沮洳。爰自凤泉至马驹桥浚河八千余丈，修葺桥闸凡九，新建闸五，即以浚河之土于右安门外筑甬道一千余丈，以便行人。其河旁稻田数十顷"。⑦ 应该说，京米并不比漕粮中各类稻米品质差，且因产地近京城，品质新鲜，尽管价高但购买者有之。

---

① 雍正《畿辅通志》卷五六，《土产》，雍正十三年版，见（清）纪昀等编纂《景印文渊阁四库全书》第五〇五册，《史部·地理类》，台湾商务印书馆，2008，第289页。
② 雍正《畿辅通志》卷四六，《水利营田》，雍正十三年版，见（清）纪昀等编纂《景印文渊阁四库全书》第五〇五册，《史部·地理类》，台湾商务印书馆，2008，第73页。
③ （清）托津等纂《钦定大清会典事例》卷一五八，《户部·仓庚》，嘉庆朝，见沈云龙主编《近代中国史料丛刊三编》第六十六辑，台北文海出版社，1991，第7065页。
④ （清）载龄等修纂《钦定户部漕运全书》卷六十，《京通粮储·俸甲米豆》，见顾廷龙主编《续修四库全书》，第八三七册，《史部·政书类》，上海古籍出版社，2002，第312页。
⑤ 于德源：《北京农业经济史》，京华出版社，1998，第301页；高福美：《清代直隶地区的营田水利与水稻种植》，载《石家庄学院学报》2012年第1期。
⑥ 雍正《畿辅通志》卷五六，《土产》，雍正十三年版，见（清）纪昀等编纂《景印文渊阁四库全书》第五〇五册，《史部·地理类》，台湾商务印书馆，2008，第289页。
⑦ 乾隆三十九年三月《重修马驹桥碑记》，见《北京图书馆藏中国历代石刻拓本汇编》清073辑，中州古籍出版社，1989，第124页。

2. 麦子与杂粮类

麦子

亦称小麦，以麦粒形式收获后磨成面粉，称干面；亦有面铺将面粉和水揉成面片，再切为条，即切面，供人们买食。该书将干面解释成干面条，似有误。① 原来仓储中没有麦子，乾隆十八年，"山东、河南漕粮外，有小麦、黑豆，两省通征正兑。改耗麦六万九千五百六十一石八斗四升有奇，豆二十万八千一百九十九石三斗一升有奇，皆运京仓"。② 嘉庆六年，"向来八旗兵丁皆系按季领米，或将麦、豆搭放，亦系随时调剂，尚属通融办理，于兵民皆有裨益"。③ 这说明自雍正十年之后，漕粮种类中增加了黑豆、小麦。

粟米，即小米。据史料记载，"通仓存贮粟米二十六万五千五百余石，俱系康熙五十七八等年之米"。④ 雍正十年六月初八日大学士鄂尔泰等奏称："城内养马，俱赖附近州县各庄头所种之豆，及山东、河南两省商贾贩卖之豆，遇豆稍缺，价即踊贵。"请将山东、河南两省"应交粟米内，每省改交豆，各五万石，运送至仓。"被批准，是年开始有黑豆运京仓。⑤

秫米

即高粱米，亦称高粱。

总之，在京城市场上流通的粮食有老米、稉米、京米、小米，还有麦子、高粱、黑豆等种类。

二 饮食习惯

据刘小萌研究，在北京内外城居住的人，"隶属省府州县者为民人，隶属八旗者为旗人"⑥。在内城居住者为旗人，在外城居住者为民人。从

---

① 〔美〕李明珠：《华北的饥荒——国家、市场与环境退化》，石涛、李军、马国英译，人民出版社，2016，第193页。
② （清）赵尔巽等撰《清史稿》卷一二二，《食货志三·漕运》，中华书局，1977，第955页。
③ 《清仁宗实录》卷八七，嘉庆六年九月庚子，中华书局，1986，第157页。
④ 雍正《漕运全书》卷二二，《京通粮储·历年成案》，见北京图书馆古籍出版编辑组编《北京图书馆古籍珍本丛刊》55，《史部·政书类》，书目文献出版社，1989，第547页。该书凡例中有"旧本修自康熙初年，兹续修至雍正十三年"。
⑤ （清）允禄等编《世宗宪皇帝谕行旗务奏议》卷十，见（清）纪昀等编纂《景印文渊阁四库全书》第413册，《史部·诏令奏议类》，台湾商务印书馆，2008，第550页。
⑥ 刘小萌：《清代北京旗人社会》，中国社会科学出版社，2008，第1页。

民族成分看，在内城居住的旗人并非都是满族，因为八旗中有满洲人、蒙古人、汉军。迁至外城的民人，也并非都是汉人。① 所以外城民人中有满人、蒙古人、汉人。从地方看，有北方人和南方人。这些人的饮食习惯，与该城市的粮食种类有重要关系。

顺治时，"北人饔餐，多屑麦、稷、荞、菽为馎饦及粟饭。至速客始炊稻，市仅斗升，其价甚昂。土人亦不之种。密县超化寺前一区二百亩始稻"②。康熙时，据商贩称："本年粮食丰收，小米、高粱、黑豆、麦子、面粉价皆贱。唯京城商贾富殷者食老米、稜子米甚多，自六月闭仓，七月五城所卖官米皆尽，故老米、稜子米涨价。"③ 这里所指的商贾富殷，应视为在京城居住的大商人、部分高官富户。雍正时，"凡京城居住之人，俱仰食仓内之米"④。居民应当包括城内旗人和城外民人。城内旗人依靠仓储米粮，他们常常将领到的部分俸米、甲米，拿到市场上变卖，所以民人也仰赖旗人出卖的仓储米。"兵丁等所藉以养家口者，米石甚属紧要"。"其不肖之徒不能谋生，一得米石全不计及家口，妄以贱价粜卖，一至不能接续之时，又以贵价籴买。如此则徒令逐末之民得其利耳"⑤。"兵丁等于京、通二仓支领米石时，每因脚价之费，卖米充用"⑥。乾隆时，"旗人平日多食老米，民人平日多食杂粮"⑦。政府"每岁约放粟米三十六万余石"，"旗人得粟米多系粜去"⑧。"无如兵丁只图省便，所关米石，若由仓卖至米局车脚浩繁，是以就近卖与商人，实得便

---

① 刘小萌：《清代北京旗人的房屋买卖——根据契约文书进行的考察》，载《清史论丛》，辽宁古籍出版社，1996；亦见刘小萌《清代北京旗人社会》，第28页。
② （清）谈迁：《北游录》，《纪闻上·水稻》，中华书局，1960，第314页。
③ "步军统领隆科多奏报京城米价情形折"，见《康熙朝满文朱批奏折全译》，中国社会科学出版社，1996，第1601页。
④ （清）鄂尔泰等修《八旗通志》初集，第二册，卷七十，《艺文志六·奏议二》，东北师范大学出版社，1985，第1351页。
⑤ 李洵、赵德贵、周毓方、薛虹主校点《钦定八旗通志》卷首九，"勅谕三"，吉林文史出版社，2002，第206页。
⑥ （清）允禄等编《世宗宪皇帝上谕旗务议覆》卷六，见（清）清昀等编纂《景印文渊阁四库全书》第413册，《史部·诏令奏议类》，台湾商务印书馆，2008，第406页。
⑦ 李洵、赵德贵、周毓方、薛虹主校点《钦定八旗通志》卷七七，"土田志十六"，吉林文史出版社，2002，第1321页。
⑧ （清）海望：《请乘时平粜以济兵民疏》，乾隆三年，载《皇清奏议》卷三五，第3页，见顾廷龙主编《续修四库全书》四七三，《史部·诏令奏议类》，上海古籍出版社，2002，第294页。

益。"① 副都统朱伦瀚奏称："附京远近旗民，以及外来游食百工、官丁、诸色人等，并非买食黍、粟、菽米，俱系口食老米、稜米。"② 有人称："京师例食老米，难下咽。"③ "饭米皆山稻老米，燥恶不堪食。"④ 而一般民人则以面食、杂粮为主。"京城地方食面、黍者甚众"，"京城米价视杂粮之丰歉为贵贱也"⑤。嘉庆时，"京城外附近居民向赖八旗兵丁余米，以资养赡。"⑥ 道光时，"民间口食米麦为先，豆石杂粮为次。农民盖藏豆石，除晒酱搀和面食，所用无多，余皆运至京城，卖于粮行店户。在京文武喂养骡马当差，豆料均需购买菽豆。虽五谷之一可济民食，究不若米粟于民间为得实用"⑦。《清稗类钞》载："京师大家向以紫色米为上，不食白粳，惟南人在京者，始购食白米。"⑧ "饭以面为主体而米佐之。""京人喜食仓米，亦谓之老米。盖南漕入仓，一经蒸变，即成红色。"⑨ 从以上记载看，旗人主要食用仓储漕米，喂马用黑豆。而民人不但食用漕米，还食用麦子、高粱、豆等杂粮。

对此，学术界也有不同看法。李明珠认为："有几种因素使得领俸粮者出售他们的俸粮，不管是否有盈余，他们往往偏爱当地产的新鲜粮食，而不喜欢陈旧的仓粮。"原文没有注明出处。之后，她又写道："旗人和其他北方人更偏向于北方的主粮，即粟米和高粱这样的粗粮，之后对小

---

① 李洵、赵德贵、周毓方、薛虹主校点《钦定八旗通志》卷七七，《土田志十六》，吉林文史出版社，2002，第1318页。
② 乾隆官修《清朝文献通考》卷三七，市籴六，浙江古籍出版社，2000，考5197~5198条。
③ （清）柴桑：《京师偶记》，见（清）王锡祺辑《小方壶斋舆地丛钞》第六帙，上海著易堂光绪十七年本，第6页。
④ 〔韩〕洪大容：《燕行杂记》四，《饮食》，收入〔韩〕林基中编《燕行录全集》第42册，第428~432页，〔韩〕东国大学校出版部，2001。亦见洪大容《湛轩书外集》卷十，《饮食》，收入〔韩〕林基中编《燕行录全集》第49册，第261~264页，韩国东国大学校出版部，2001（1783年为乾隆四十八年）。
⑤ 《军机处录副奏折》，见"乾隆四年八月二十四日御史沈嵛奏折"，中国第一历史档案馆藏，档案号：03-0736-031。
⑥ 《军机处录副奏折》，见"嘉庆十五年六月二十一日福建道监察御史兴安奏折"，中国第一历史档案馆藏，档案号：03-1632-030。
⑦ "道光十二年七月二十七日巡视南城给事中富兆奏折"，见中研院史语所藏明清史料，序号：219105-001。
⑧ 徐珂编撰《清稗类钞》第十二册，《植物类·京师米》，中华书局，1984，第5719~5720页。
⑨ 夏仁虎：《旧京琐记》卷一，北京古籍出版社，1986，第38页。

麦的偏好也较大，都超过了对大米的喜好。"她说这条资料转引自吴建雍文，即"直隶民食，首重高粱、粟米，其次则春麦、莜麦……运至直属，分发收贮"。这条史料原载《清高宗实录》乾隆九年①，原奏折大意为，直隶总督高斌称，直隶遇旱灾，连农民种地的种子都不敷，所以请从外省采买等事情。据此，李明珠总结说："北京居民消费了大量的本地粮食而非漕粮，其中包括直隶地区的高粱、粟米、小麦，以及后来种植的玉米。"② 倪玉平亦有此说。③

如前所述，直隶并不是京师，而是直隶省（主体部分相当于今河北省）。尽管直隶下属顺天府所辖的大兴、宛平两县与京师所在地区重合，但是从实录和有关奏折中的大量记载看，京师与大兴、宛平的重合区属于京师的范围。京师与直隶划分的界限十分清楚，京师专指内外城而言，而直隶则下辖许多府，各府属下又有州县，是不包含京师内外城地区的。再从管辖的官员看，京师外城的大兴和宛平地面，有顺天府府尹、五城御史（五城各设一人，亦称巡视某城监察御史）、五城司坊官等官员，他们专责京城事务。"当五城司坊官招领钱文时，该商等不肯承领，自必转禀五城御史。五城御史于各城所管地方，遇有凶窃事件，原许其专折入奏"④。李明珠所指奏折，是直隶总督高斌所奏，当专门指直隶省事，所以京师旗人和民人的主食，与直隶当有区别。其次，再看日本学者细谷良夫引《八旗通志》乾隆三年十一月户部奏言："且查旗人平日多食老米，民人平日多食杂粮。今若将口外采买之粮，全数交八旗米局粜卖。微论现今大档关放兵丁尚有应领甲米可资食用，窃恐高粱等项，旗人尚未食惯，来买者亦属无几。"⑤ 这说明至少在乾隆三年旗人是不习惯食高粱等杂粮的，不可能在五六年之后，饮食习惯就改变了。李明珠还引用

---

① 《清高宗实录》卷二一四，乾隆九年四月庚申，中华书局，1985，第750页。
② 〔美〕李明珠：《华北的饥荒——国家、市场与环境退化》，石涛、李军、马国英译，人民出版社，2016，第197页。
③ 倪玉平说："尤其应指出，八旗兵丁多不喜食大米。"不知道其引文有何依据？倪玉平《清代漕粮海运与社会变迁》，上海书店出版社，2005，第42～11页。
④ 《清高宗实录》卷一二一四，乾隆四十九年九月丁卯，中华书局，1985，第286页。
⑤ 〔日〕細谷良夫：「八旗米局攷——囲繞清朝中期の八旗経済」，載『集刊東洋学』1974年，第31号，197页。所引文见李洵、赵德贵、周毓方、薛虹主校点《钦定八旗通志》卷七七，吉林文史出版社，2002，第1321页。

的一条嘉庆时期的史料："素知旗民各户习食高粱等项。"注明资料来源是《朱批奏折·内政·赈济》第77盒，藏于中国第一历史档案馆，笔者在《军机处录副奏折》①中找到了这个记载。此奏折是盛京将军和宁所奏，内容是"奏请变通成例将赏借承德等州县被灾旗民口粮按高粱米价折给银两事"，很明显指的是承德地区的旗、民饮食习惯，与当时京师旗人饮食习惯不同，由此可知，虽然都是旗人，但分布在各地的旗人饮食习惯也是不一样的，所以不能认为，凡记载旗人事就指京师旗人。应该说，清代前期各时段，京城旗人、民人的饮食习惯都没有改变，只是市场上的各种粮食之间有一定的替代性，即现代经济学中的替代效应。当一种粮食价格上涨时，人们可以食用其他种类的粮食作为替代。当时，市场上的仓储米粮与小麦等杂粮有互为替代性，特别在某一种粮食短缺，或价贵时，这种替代性就更加明显了。乾隆三年，有人称："八旗兵丁仰给天庚，均系计口授食，按月开粮，非如五城居民，专赖粜食市米可比。"② 四年，"京城地方食面、黍者甚众，往往面、黍贵，米亦即昂"。"今岁四五月间，麦子稍歉，老米每石即贵钱四五百文。目下小米、高粱丰收，米价即平。京城米价视杂粮之丰歉为贵贱也。"③ 直隶总督在政府采购中称，"直隶地方多种高粱、黄豆等项，今若专买米谷，必致米谷价昂，而杂粮不售，于民无益。"他命令下属"各州县，凡有高粱、黄豆、黑豆等项，俱照时价一例购买，俟将来出借平粜渐易米谷"④。十六年，"京师辇毂之下，商民云集，每年所出仓粟不敷食用，尚赖各项杂粮添补。是以年谷顺成，杂粮价贱，则老米、稉米不能独昂。倘年成稍歉，四外杂粮运赴京师者少，则老米、稉米亦必涨价。"⑤ 正是各种粮食的替代性，使得部分京城居民的主食有暂时的变化，但不能代表他们饮食习

---

① 《军机处录副奏折》，见"嘉庆十七年十一月十六日盛京将军和宁奏折"，中国第一历史档案馆藏，档案号：03-1622-031。
② 李洵、赵德贵、周毓方、薛虹主校点《钦定八旗通志》卷七七，吉林文史出版社，2002，第1321页。
③ 《军机处录副奏折》，见"乾隆四年八月二十四日御史沈嵛奏折"，中国第一历史档案馆藏，档案号：03-0736-031。
④ 《孙文定公奏疏》卷八，《买粮禁酒疏》，敦和堂本，第9页（孙嘉淦在直隶总督任上的奏疏）。
⑤ 乾隆官修《清朝文献通考》卷三七，市粜六，浙江古籍出版社，2000，考5197～5198条。

惯改变了。

外来人口也带来粮食需求的一些变化,北方人多喜食面类、杂粮,而南方人则喜食新鲜大米。"京师贵人家以紫色米为尚,无肯食白秔者,惟南人居京者始食白米"①。大部分旗人及富贵人家则食仓储的老米、稜米等漕粮。官员中有在京任职的南方人,偏爱本地产的新鲜京米,而不喜欢陈旧的仓粮。这种"粮食消费结构,既反映了粮食市场的状况,又对粮食的流通产生着重要影响"②。

第二节　粮食供给

粮食供给方面,有政府提供的仓储米粮进入市场,也有商人贩运的粮食。

一　仓储米粮

仓储米粮进入市场买卖的第一种形式,是分配给官兵后,再由官兵卖出入市。"仓场米石,上储国用,下给兵粮,所关重大。"③仓储粮何时开始进入市场买卖,笔者没有见到资料记载,估计清代之前就已经有了。康熙时,"去冬因米价腾贵,以二月应给之米,于正月给发,米价随即稍减,可见八旗官兵,以所支之米,不运至家。惟图微利一时,即行变卖,及至此银费去,米价又贵"④。"八旗兵丁每人所得四十斛之米,人口多者适足养赡,人口少者食之不尽,必至售卖"⑤。雍正四年,"八旗兵丁,冀得善价,将所领之米,尽皆粜卖"⑥。"八旗治生苟且,糜费

---

① (清)震钧:《天咫偶闻》卷三,北京古籍出版社,1982,第68页。
② 吴建雍:《清代北京的粮食供应》,见北京社会科学院等编《北京历史与现实研究学术研讨会论文集》,燕山出版社,1989。
③ (清)鄂尔泰等修《八旗通志》初集,第二册,卷七十,《艺文志六·奏议二》,东北师范大学出版社,1985,第1352页。
④ 《清圣祖实录》卷二四一,康熙四十九年正月庚寅,中华书局,1985,第397页。
⑤ 王先谦:《东华全录》,康熙四十九年元月,见《清东华录全编》第四册,学苑出版社,2000,第254页。
⑥ 《清世宗实录》卷四一,雍正四年二月丁卯,中华书局,1985,第603页。

极多。官兵所给之米，辄行变卖"①。乾隆时，"兵丁只图省便，所关米石，若由仓卖至米局车脚浩繁，是以就近卖与商人，实得便益"②。"至米石一项，兵丁月粮，皆按时于京仓支领。每以所余，售粜市中米粮，多资其益"③。"京师五方聚集，食指浩繁，兵丁所得甲米，饔飧自给之余，或将剩米出粜，尚可润及闾阎，数十万户，仰资其利"④。"惟京城内外商贾、居民、百工、技艺人等最繁，皆赖天庾之米为食"⑤。嘉庆时，"支领官米，随即贱价售与铺家，只顾目前得钱使用，不肯稍为储蓄，而家中食米，转零星用贵价向铺户籴买，此皆失算之甚者"⑥。御史李培元称："我朝自开国以来，额设八旗甲兵，按月支给银米两项。原使各兵丁关支银两，可以制备衣甲，给领米石足以养赡身家，立法至为周备。该甲兵等总应将银米实领到家，节俭用度，其所领米石，如有敷余，亦当存贮，常令充赢。即或自行售卖，增补家计，亦属例所不禁。"⑦ 这时，市场上的米粮，基本上都依靠八旗官兵将俸米、甲米外卖。"京城向无米贩，全赖甲米转售，以裕民食"⑧。"向来京师粮石，全藉俸米、甲米，辗转流通。其资于商贩者本少"⑨。"京城米石全赖仓储收放，岁有定额，与外省随年岁丰歉为多寡者有间。"⑩ 七年因改甲米在"通仓支领，嗣以各甲在通守候，盘费缺乏，或因脚价倍多，多有在通贱售，而回京转以贵价籴买"⑪。十一年有商人"在东便门外椿树园地方开设光裕

---

① （清）王庆云：《石渠余纪》卷四，《纪旗人生计·附八旗赈务》，北京古籍出版社，1985，第199页。
② 李洵、赵德贵，周毓方、薛虹主校点《钦定八旗通志》卷七七，吉林文史出版社，2002，第1318页。
③ 《清高宗实录》卷七九一，乾隆三十二年闰七月辛亥，中华书局，1986，第706页。
④ 《清高宗实录》卷九九四，乾隆四十年闰十月丁未，中华书局，1986，第279~280页。
⑤ 《军机处录副奏折》，见"乾隆三十四年正月二十日掌京畿道监察御史屏治奏折"，中国第一历史档案馆藏，档案号：03-0755-035。
⑥ 《清仁宗实录》卷一○○，嘉庆七年七月癸未，中华书局，1986，第345页。
⑦ 《清仁宗实录》卷二五○，嘉庆十六年十一月丁酉，中华书局，1986，第384页。
⑧ 《清仁宗实录》卷八七，嘉庆六年九月庚子，中华书局，1986，第157页。
⑨ 《清仁宗实录》卷九九，嘉庆七年六月甲辰，中华书局，1986，第324页。
⑩ 《军机处录副奏折》，"嘉庆七年八月二十九日浙江道监察御史泰维岳奏折"，中国第一历史档案馆藏，档案号：03-1841-033。
⑪ （清）载龄等修纂《钦定户部漕运全书》卷六三，《京通粮储·俸甲米豆》，见顾廷龙主编《续修四库全书》第八三七册，《史部·政书类》，上海古籍出版社，2002，第346页。

米店，因该处与太平、万安、裕丰、储济四仓相近，每月初十日以后，各仓陆续开放，旗人关出米豆，或因雇运车脚需用钱文，或因人口无多，米豆敷用，将多余米豆就便在城外照时价售卖"①。"京师五方辐辏，商民云集，本处产粮既少，又无别项贩运粮石，专赖官员、兵丁等所余之米，流通粜籴，借资糊口"②。

康熙时，八旗官兵不将俸、甲米运到家就已变卖。雍正时对这种情况进行了一定的限制。到乾隆、嘉庆之际，旗人就直接在仓储地出卖。道光时，"各员俸票，多有向米铺，换食细米，或卖与米铺。花户、头役多索各铺户钱文，以致逾限未领"③。时人穆齐贤原为山东籍，祖先入旗为旗人。他在《闲窗录梦》中，记载了旗人领到俸薪、米票，或变现钱票，或从粮铺叫米的实际情况。④ 可以看到，这时旗人本身并不去仓粮领米，而是将自己的俸薪、米票，直接送到商铺那里，由商人去粮仓拿米。旗人需用时，或变现钱票，或直接由商铺送细米上门，已经成为常态。是时，京城周围地区的民人，也都依靠俸米、甲米生活。这也成为旗人生活中的一种形式，或许还是一些旗人家庭的一项重要的收入。正如道光时人所说："民间所食乃官兵余粒转粜者耳。"⑤《天咫偶闻》载："百官领俸米，券入手，以贱价售之米肆，而别籴肆米以给用。"⑥

仓储米粮进入市场买卖的第二种形式，是漕船到天津、通州等京城附近地区后，承担漕运的旗丁，或称运丁，将带来的余米出售，这也是仓储粮进入市场买卖的一种形式。原本漕运中允许漕船交给仓库一定数量的粮米后，余米由仓场还给运丁。"旗丁交仓余米，例系该仓查明给还

---

① 《军机处录副奏折》，见"嘉庆十一年二月二十二日刑部尚书长麟等奏折"，中国第一历史档案馆藏，档案号：03-2442-028。
② 《清仁宗实录》卷一九二，嘉庆十三年二月己巳，中华书局，1986，第533页。
③ （清）载龄等修纂《钦定户部漕运全书》卷六一，《京通粮储·俸甲米豆》，见顾廷龙主编《续修四库全书》第八三七册，《史部·政书类》，上海古籍出版社，2002，第330页。
④ （清）松筠（穆齐贤）记，赵令志等译《闲窗录梦译编》上、下，中央民族大学出版社，2011，第13、64页；第249页。俸米是"按官员等之品级，各给红票为凭，由仓领取"。红票亦称米票。（清）允禄等编《世宗宪皇帝谕行旗务奏议》卷七，诏令奏议类，见纪昀等编《景印文渊阁四库全书》第413册，《史部·诏令奏议类》，台湾商务印书馆，2008，第531页。
⑤ （清）李光庭：《乡言解颐》，中华书局，1982，第107页。
⑥ （清）震钧：《天咫偶闻》卷三，北京古籍出版社，1982，第68页。

第二章 需求与供给

该卫"①。雍正元年规定，将余米变现钱给旗丁，不给原粮。"给丁余米，给与价值，颗粒不许出仓"。四年改为"全粮过坝之帮，遇有存剩米石，必赴坐粮厅批照，然后准卖"②。"坐粮厅将旗丁余米，按数给照，令其俱赴官局变价，不得私相货卖。在卖米者易得现银，而偷卖官粮者，无借票混卖之弊也"③。京城"万方辏集，食指繁多，运丁之有余耗者，可以粜济民食，倘或全停米价恐贵"④。乾隆时，"向来漕运旧例，旗丁行月等米，于重运进京时，不许售卖，止许于回空途次粜卖，以作盘费。后经科臣条奏，欲稍弛其禁。而部臣以漕务关系重大，不便更张，未经准行"。乾隆四年，直隶总督奏请"旗丁余米，利于卖与民间"，奏请允许旗丁卖余米。乾隆帝认为，旧例或"可变通"，令官员提意见。⑤ 十七年，"粮艘抵通较早一月，余米较多，令事毕即于通州粜买。自是每年奏闻以为成例"⑥。之后多年，允许余米在通州粜卖。"所有余剩食米，自可听其在通出粜，不必过为苛禁"。"通州米石充裕，于京师民食，亦属有益"⑦。二十七年闰五月，"节年以来，屡经降旨，令旗丁余米，准其在通变卖，以资日用"⑧。余米粜卖对市场的影响很大，"京师今岁粮价甚平，若余米流通，于民食更为有益"⑨。"旗丁等既所乐从，而地方粮石益充，于市值民食，均为有益"⑩。"向来南粮抵通，有准卖余米之例"⑪。乾隆时期旗丁在通州粜卖余米情况参见表2-1。

---

① （清）杨锡绂撰《漕运则例纂》卷二十，《京通粮储·掣欠事例》，见四库未收书辑刊编纂委员会《四库未收书辑刊》壹辑，贰拾叁册，北京出版社，2000，第790页。
② （清）杨锡绂撰《漕运则例纂》卷二十，《京通粮储·余米簋羡》，见四库未收书辑刊编纂委员会《四库未收书辑刊》壹辑，贰拾叁册，北京出版社，2000，第799页。
③ "通州副将张汝林奏折"，见中国第一历史档案馆编《雍正朝汉文朱批奏折汇编》第33册，档案出版社，1986，第5~6页。
④ "雍正九年二月初六日湖广总督迈柱密奏折"，见中国第一历史档案馆编《雍正朝汉文朱批奏折汇编》第19册，档案出版社，1986，第968页。
⑤ 《清高宗实录》卷九九，乾隆四年八月甲午，中华书局影印本，1985，第497页。
⑥ （清）王庆云：《石渠余纪》卷四，《纪五城米局·八旗米局附》，北京古籍出版社，1985，第190页。
⑦ 《清高宗实录》卷五六六，乾隆二十三年七月丙戌，中华书局，1986，第172页。
⑧ 《清高宗实录》卷六六三，乾隆二十七年闰五月戊子，中华书局，1986，第421页。
⑨ 《清高宗实录》卷七〇九，乾隆二十九年四月辛丑，中华书局，1986，第919页。
⑩ 《清高宗实录》卷八八三，乾隆三十六年四月己亥，中华书局，1986，第527页。
⑪ 《清高宗实录》卷一三〇六，乾隆五十三年六月壬辰，中华书局，1986，第572页。

表 2-1 乾隆时期运丁在通州粜卖余米情况

次序	时间	均出自《清高宗实录》
1	四年八月	卷九九，乾隆四年八月甲午，第 497 页
2	二十三年七月	卷五六六，乾隆二十三年七月丙戌，第 172～173 页
3	二十四年六月	卷五八八，乾隆二十四年六月丙辰，第 533 页
4	二十六年六月	卷六三八，乾隆二十六年六月庚午，第 123 页
5	二十七年闰五月	卷六六三，乾隆二十七年闰五月戊子，第 421 页
6	二十九年四月	卷七〇九，乾隆二十九年四月辛丑，第 919～920 页
7	三十三年五月	卷八一〇，乾隆三十三年五月庚子，第 953 页
8	三十四年五月	卷八三五，乾隆三十四年五月己酉，第 150 页
9	三十五年闰五月	卷八六〇，乾隆三十五年闰五月庚戌，第 527 页
10	三十六年四月	卷八八三，乾隆三十六年四月己亥，第 836 页
11	三十七年五月	卷九〇八，乾隆三十七年五月乙未，第 151 页
12	四十年五月	卷九八二，乾隆四十年五月丙辰，第 110～111 页
13	四十一年五月	卷一〇〇九，乾隆四十一年五月乙未，第 551 页
14	四十三年四月	卷一〇五五，乾隆四十三年四月丙午，第 92 页
15	四十五年五月	卷一一〇六，乾隆四十五年五月乙酉，第 799 页
16	四十八年四月	卷一一七九，乾隆四十八年四月戊子，第 806 页
17	五十三年六月	卷一三〇六，乾隆五十三年六月壬辰，第 572 页
18	五十四年五月	卷一三二八，乾隆五十四年五月庚午，第 989 页
19	五十八年三月	卷一四二五，乾隆五十八年三月辛酉，第 68 页
20	五十九年四月	卷一四五一，乾隆五十九年四月丁丑，第 345 页
21	六十年四月	卷一四七六，乾隆六十年四月辛卯，第 725 页

资料来源：《清高宗实录》，中华书局，1986。

嘉庆仍其旧，"其各省旗丁兑剩余米，向准在通粜卖，原所以恤丁惠民"①。"京仓积贮充盈，民食饶足，漕船额外余米准在通州自行粜卖，是以商人贩运流通亦所不禁"②。道光时，"通州马头镇，武清县北蔡村，为南粮籴粜之区，大斗案犯包买旗丁余米"③。有人总结说："先

---

① 《清仁宗实录》卷一一〇，嘉庆八年三月戊戌，中华书局，1986，第 461 页。
② 《军机处录副奏折》，"嘉庆十五年三月十九日掌江西道监察御史陈超曾奏折"，中国第一历史档案馆藏，档案号：03-1753-059。
③ 《清宣宗实录》卷二七八，道光十六年二月丙寅，中华书局，1986，第 290～291 页。

是，旗丁余米必待回至天津售卖。十七年以粮艘抵通较早一月，余米较多，令事毕即于通州粜买。自是每年奏闻以为成例。"①"舟主籴米率百十石，南来则或籴于淮上，江来则籴于江、楚、皖。自北往南则籴于通州，或河西务。盖南则籴于米之所产，北则籴于米之所聚。不零籴，不路籴，零籴则银耗，路籴则价贵。"②笔者未查到运丁出卖米粮的数量，难以估计总量。

仓储米粮进入市场买卖的第三种形式是平粜。平粜和赈济都是政府主控的行为，但有不同，"平粜即减价销售，是漕粮进入市场的另一种方式"③。平粜面对市场，为依靠市场食粮的所有人，设米厂，减价平粜；而赈济针对的是灾民、穷民。顺治十年十月乙酉，"命设粥厂，赈济京师饥民"④。康熙"冬三月设厂煮饭，赈济穷民"⑤。赈济的目的是救济灾民，方法是设粥厂。煮赈，是政府的救荒方法之一，与平粜不同，故本文专指平粜，不涉及赈济。嘉庆时，每当米价上涨时，政府就用提前支放仓储粮，平价或减价粜卖等方法，平抑市场粮食价格。"京师为五方聚集之区，全赖米石流通，方资民食。从前每遇米价昂贵，即须设法平粜。今米价平减，最为便民。"⑥"因京城米价较昂，降旨于五城适中处所，分设厂座，发给米麦共十万石，平价粜卖。原期嘉惠穷黎，俾得籍资口食"⑦。"京城米价不无昂贵，闾阎口食给艰，自宜量为调剂。"⑧嘉庆十

---

① （清）王庆云：《石渠余纪》卷四，《纪五城米局·八旗米局附》，北京古籍出版社，1985，第190页。
② （清）姚文然：《舟行日记》节录，见贺长龄《清经世文编》卷四七，《户政二二，漕运中》，中华书局，1992，第1116页。
③ 〔美〕李明珠：《华北的饥荒——国家、市场与环境退化》，石涛、李军、马国英译，人民出版社，2016，第202页。
④ 《清世祖实录》卷七八，顺治十年十月乙酉，中华书局，1985，第619页。
⑤ （清）陆毅：《巡城琐记》光绪年间重刊本，第4页（作者为康熙年间京中城巡城御史）。
⑥ （清）祁韵士：《议驳粟米折钱折》，见"嘉庆四年六月二十六日奏折"，《己庚编》卷上，见《丛书集成续编》第五〇册，社会科学类，台北，新文丰出版公司影印本，1989，第536页。
⑦ 《清仁宗实录》卷一五九，嘉庆十一年三月乙亥，中华书局，1986，第46页。
⑧ （清）昆冈等修，刘启端等纂《钦定大清会典事例》卷一〇三四，《都察院·五城·米厂》，见顾廷龙主编《续修四库全书》第八一二册，《史部·政书类》，上海古籍出版社，2002，第381页。

六年五月，"以米价昂贵，命五城设厂平粜"①。二十二年六月，给事中贾声槐奏称："官员兵丁私卖米票，交铺户代领。"② 二十三年四月，政府"命拨京仓粟米一万石，交顺天府减价平粜"③。五月，"命再拨京仓麦五千石，粟米五千石，交大兴、宛平二县分厂减价平粜"④。在需要时，政府拨出少量仓储粮，在市场上平粜，已经形成一种常态。

二 商人贩运

康熙时，京城粟米赖口外输入，"河南、山东、直隶之民，往边外开垦者多。大都京城之米，自口外来者甚多。口外米价虽极贵时，秫米一石，不过值银二钱。小米一石，不过值银三钱。京师亦常赖之"⑤。这里的口外，当指张家口、古北口、喜峰口、热河一带地区。⑥ "京城地方人民辐辏，全赖米价平贱。"康熙帝问直隶巡抚赵弘燮："近日京中米价渐贵，不知何故？"他回复称："直隶粮食向来多由山东、河南客商贩卖。"⑦ 后来，康熙帝又问，陕西、山西、河南、山东等省麦子都丰收了，为什么京城麦价未见减少？并问"京师所赖者山东、河南之麦，此两省俱通水路，不知一年贩来几何？"命令官员将各商贾水路运来麦谷等粮数量按月上报。⑧ 随后，河南巡抚李锡奏报："豫省通北水路码头，本年六月份客商劳斌等，在豫买米麦杂粮共五万三千九百八十一石二斗六升，赴直隶、天津等处发卖。"⑨ 时人称："天津为卫，去神京二百余里，当南北往来之冲。京师岁食东南数百万之漕，悉道经于此。舟楫之所式

---

① 《清仁宗实录》卷二四三，嘉庆十六年五月戊子，中华书局，1986，第279页。
② 《清仁宗实录》卷三三一，嘉庆二十二年六月甲戌，中华书局，1986，第361页。
③ 《清仁宗实录》卷三四一，嘉庆二十三年四月壬午，中华书局，1986，第508页。
④ 《清仁宗实录》卷三四二，嘉庆二十三年五月丁未，中华书局，1986，第521页。
⑤ 《清圣祖实录》卷二四〇，康熙四十八年十一月庚寅，中华书局，1986，第393页。
⑥ 李洵、赵德贵纂，周毓方、薛虹主校点《钦定八旗通志》卷七七，吉林文史出版社，2002，第1320页。
⑦ "康熙四十八年十二月初四日直隶巡抚赵弘燮奏折"，见中国第一历史档案馆编《康熙朝汉文朱批奏折汇编》第2册，江苏古籍出版社，1986，第705～706页。
⑧ 《清圣祖实录》卷二六八，康熙五十五年五月壬申，中华书局，1985，第634页；卷二六九，康熙五十五年六月丁巳，第637页。
⑨ "康熙五十五年七月初七日河南巡抚李锡奏折"，《康熙朝汉文朱批奏折汇编》第7册，档案出版社，1985，第302～304页。

临，商贾之所萃集。"① "天津海税，向以奉天米豆运船为大宗。始自康熙年间，以津邑濒海，粮储不足，半资奉省米豆，准由商民运船往来，因收海税。"② 东北米豆经天津输入京城，这里的米，应为小米，豆是黑豆还是黄豆，不得而知。雍正四年，"今年直隶地方雨水过多，以致禾稼歉收，所恃者河南、山东之谷。今值种麦之时，其收获与否尚未可知。河南、山东虽有谷米亦暂且存储不肯粜卖，因此京师米价腾贵"③。可见，河南、山东的谷米不肯粜卖，商人就无法贩运粮食进京，京城米价则上涨。

乾隆三年九月，因畿辅地方有歉收，政府批准"商人出口往来贩运，以资接济"④。同时，"将天津、临清二关，及通州、张家湾码头等处米税，宽免征收"。于是"商贾闻风踊跃，往米贩运，民食无缺，已有成效"⑤。四年，因"直隶米价腾贵"，允许"商贾等，将奉天米石，由海洋贩运，以济畿辅民食"。后一年期限已满，又延长一年。⑥ 四年十月，"除奉天赴天津米船海禁"，其中规定，"奉天海洋运米赴天津等处之商船，听其流通，不必禁止"⑦。八年，"今年既多闰月，又值炎暑，商贩米粮，到来较迟"。"米价比往年增长"。⑧ 九年，"京城九门七市⑨，每

---

① "山东按察司副使薛柱斗之序"，康熙十三年，见（民国）《新校天津卫志》，《卷首·薛序》，第4页，见《中国方志丛书·华北地方·第一四一号》，台北，成文出版社影印本，1968。
② （光绪）《重修天津府志》卷三三，《经政七·榷税》，第4页，见《中国地方志集成·天津府县志辑（一）》，上海书店出版社影印本，2004，第655页。
③ 李洵、赵德贵、周毓方、薛虹主校点《钦定八旗通志》第一册，卷首九，"勅谕三"，吉林文史出版社，2002，第185页。
④ 《清高宗实录》卷七七，乾隆三年九月丙寅，中华书局，1985，第211页。
⑤ 《清高宗实录》卷七六，乾隆三年九月丁巳，中华书局，1985，第204页。
⑥ 《清高宗实录》卷九一，乾隆四年四月己亥，中华书局，1985，第401页。
⑦ 《清高宗实录》卷一〇三，乾隆四年十月戊子，中华书局，1985，第545页。
⑧ 《清高宗实录》卷一九四，乾隆八年六月己未，中华书局，1985，第493页。
⑨ 九门指内城各门，"内城街市铺面，入夕悬灯，仅许黄昏贸易。定更下梆之后，即不准开张，各铺皆熄灯闭户。九门提督每夜亲出巡查街道，自初传伺候，以及上轿出府，行至某处，某处地方各堆拨兵丁，节节传呼递报。凡一行一动，九门顷刻周知"。（清）黄竹堂著《日下新讴》，北京图书馆善本组辑录，载《文献》1982年第1期。"步军统领即古之执金吾也，今俗称为九门提督"。（清）姚元之《竹叶亭杂记》卷一，中华书局，1982，第22页。七市或指外城七门附近市场。

遇秋成，外来各种粮食，俱系车马载运，投店卖钱"①。十六年，"京师米粮价值，缘秋雨数次，道途泥泞，四乡杂粮尚未运至"②。这里的四乡杂粮，显然是商人贩运的杂粮未至，影响京城米价变化。同时，政府允许从奉天海运船户"自行贸易"。"查现在天津商船约有三百余支，应编立字号，约以三十船为一起，陆续给票开行，将船户姓名，领装豆数，咨明奉天查验，按起发运，更番往来，以免守前待后之累。其未经轮到之先，仍听自行贸易，则船户不以运载官豆为苦"③。二十三年，"京师米价较上年稍为昂贵"。"现在距秋收之期尚蚤，商贩未至，阛阓米少，铺户或乘此居奇，日渐增长"④。二十五年，据山东巡抚阿尔泰奏报，"东省临清关自二月初旬开坝以来，共验放过商船麦石八万余石，杂粮九万余石，俱经飞挽北上"。"查北上商贩运米船只，自去岁至今春，实不为少"。"谷麦关系民食，全资商贩流通，源源接济，市价自就平减"⑤。三十一年，刑部尚书舒赫德奏称："（今年）山东省并直隶河间、静海等处，偶有被水，客商铺面人等，不无有心观望，希图长价。""每年奉天及口外地方于七八月间新粮登获之时，随将旧贮杂粮出粜，即有客商陆续贩运至京。今秋奉天等处雨泽稍稀，上年所积陈粮，该处人民不行出卖，客商无从兴贩，是以京城米价骤有增加之处。"⑥ 三十二年闰七月，步军统领衙门奏称："近日米价稍昂，实因雨水稍多，道路微有泥泞，以致商贩难以运行接济。"⑦ "京师因道途泥泞，通州交仓余米，商贩等艰于挽运，是以上月米价稍昂。"⑧ 四十年六月，政府发现京城粮价稍昂，

---

① 王先谦：《东华全录》，乾隆九年十月壬子，见《清东华录全编》第六册，学苑出版社，2000，第234页。
② "乾隆十六年七月二十三日舒赫德奏折"，见台北"故宫博物院"编辑《宫中档乾隆朝奏折》第一辑，台北"故宫博物院"，1982年，第231页。
③ "乾隆十六年七月十八日直隶总督方观承奏折"，见《宫中档乾隆朝奏折》第一辑，台北"故宫博物院"，1982年，第180~181页。
④ 《清高宗实录》卷五六六，乾隆二十三年七月丙戌，中华书局，1986，第172页。
⑤ 《清高宗实录》卷六〇九，乾隆二十五年三月戊辰，中华书局，1986，第843页。
⑥ 《军机处录副奏折》，"乾隆三十一年九月三日刑部尚书舒赫德奏折"，中国第一历史档案馆藏，档案号：03-0864-066。
⑦ "京师米价昂贵请将八月分甲米于七月开放"，（清）多罗定郡王等纂《金吾事例·章程》，卷一，咸丰年间刻本，第44页。
⑧ 《清高宗实录》卷七九一，乾隆三十二年闰七月癸丑，中华书局，1986，第706页。

探究原因"或因近京二麦稍歉,而河南、山东两省,据该抚臣奏报麦收丰稔,商贩自即源源北上,京城粮价,不应尚未就平"。或因"上年河间、天津一带歉收较甚,而地方官所办,未尽确实,致商运多趋该处,未能直达京师"①。四十三年,"向来京师市肆麦石,大半由豫、东二省,商贩前来,以资民食。今年河南、山东二省,春膏未渥,麦收未免歉薄,恐北来贩运,不能源源接济,将来京师麦价,未免渐昂,自应预为筹办"②。"凡山东、河南及直隶之大名、天津,江南之徐州等处,出产麦石,各处商人每年自二月开河以后,陆续装运来通,数至五六十万不等。该州东关有永茂、永成、福聚、涌源四大堆房,每石无论停储久暂,得价一分,租给商人堆储,陆续卖给京城及通州本地铺户。当年销售大半,至次年新麦运到,则将上年之麦,全行粜完,从无堆积,此历年兴贩销售之成规也"③。"京畿种麦本少,即遇二麦丰收之岁,亦藉商贩流通,客麦愈多,则市值愈减,乃一定之理"④。四十九年,"向来京师需用麦石,俱藉豫、东二省接济"⑤。五十二年,京师麦价上涨,"商民自行粜买",政府令"听其自便,以资流通"。⑥"河南、山东等处,商贩麦船到通者已有三万四千七百余石"⑦。五十三年,"京城米麦,全藉各处商贩,源源运赴,接济粜售"⑧。河北大名县商人耿德甫,"在大名贩麦一千石,装船三只,到通州巨顺碓房卸卖。即于通州买船二只,雇杨文斗、万顺看守,尚未觅定水手、舵工,仍住巨顺号"⑨。

嘉庆时,有"至奉天、豫、东商运杂粮,在京外各处售卖"。由于该年"三省麦收丰稔,水陆运载,自必源源而来"⑩。十年五月,广宁门内德成、德聚粮店,购买"涿州成泰粮店姚姓","麦子一百

---

① 《清高宗实录》卷九八五,乾隆四十年六月癸巳,中华书局,1986,第141页。
② 《清高宗实录》卷一○五四,乾隆四十三年四月癸巳,中华书局,1986,第81页。
③ 乾隆四十三年《查办堆房堆贮客麦疏》,刑部尚书胡季堂、户部侍郎金简奏折,见乾隆《通州志》卷之十,《艺文志·疏议》,清乾隆四十八年刻本,第23页。
④ 《清高宗实录》卷一○五八,乾隆四十三年六月辛丑,中华书局,1986,第148页。
⑤ 《清高宗实录》卷一二○五,乾隆四十九年四月癸卯,中华书局,1986,第118页。
⑥ 《清高宗实录》卷一二七八,乾隆五十二年四月庚子,中华书局,1986,第112页。
⑦ 《清高宗实录》卷一二八○,乾隆五十二年五月戊寅,中华书局,1986,第152页。
⑧ 《清高宗实录》卷一三○一,乾隆五十三年三月乙酉,中华书局,1986,第505页。
⑨ 《清高宗实录》卷一三一二,乾隆五十三年九月癸亥,中华书局,1986,第699页。
⑩ 《清仁宗实录》卷九九,嘉庆七年六月甲辰,中华书局,1986,第324页。

六十余石"。①

道光十三年正月,朝鲜国使者金景善写道:"食后,与诸人出正阳门外,于路上见骆驼数百匹,载米而去,驱者不过数人。时方河冰未解,不能行舟,故陆运入于米铺云。"② 十九年,御史高枚奏称:"京城粮食昂贵,民食维艰。近日河南商人运麦子十数万石到天津,可冀价渐平复。"③ 由此可见,清代前期京城的杂粮,全部依靠商人贩运,来源地有奉天、山东、河南、直隶部分地区,及口外等地。

小 结

一般来说,一方水土养一方人,京城的仓储漕粮,尽管都变色了,但旗人仍然喜欢吃。这种饮食习惯与长期的漕粮供应分不开,由此养成了这一种口味。外来人口的饮食习惯是从原籍地养成的,他们来到京师,也为京城的粮食需求带来一些改变,其中南方人来京后,喜食新鲜大米,他们对京米的需求就是一例。乾隆以后,市场上小麦量的增加,也与北方人流入有一定关系。总之,京城内各类人的饮食习惯,特别是吃什么主食,决定着市场上粮食的种类与供求。当客观情况改变时,口味也会随之暂时相适应,这使得粮食的替代性随之产生。

各时段商人贩运麦子、杂粮入京的事实说明,京城民众所需的麦子、杂粮等,基本依赖各地商人从奉天、河南、山东等地贩入,而这部分粮食始终是市场上麦子、杂粮的主要来源。而稻米类粮食主要依靠政府的供给制度。

---

① 《军机处录副奏折》,"嘉庆十年六月初五日步军统领禄康等奏折",中国第一历史档案馆藏,档案号:03-2439-003。
② 〔韩〕金景善(1788~?)《燕辕直指》卷之五,收入〔韩〕林基中编《燕行录全集》第72卷,〔韩〕东国大学校出版部,2001,第70页。
③ 《清宣宗实录》卷三二四,道光十九年七月丁巳,中华书局,1986,第1095页。

第三章 市场上的粮食交易

市场主体之一是商人，商人的运销与经营方式，以及在商品交易中起作用的经纪人，是本章所述的内容。

第一节 粮商及其商铺

早在明代，崇文门外就有大粮商。"京师如米贾祝氏，自明代起家，富逾王侯，其家屋宇至千余间，园亭环丽，人游十日，未竟其居"①。"崇文门外板井胡同，有祝姓，人称米祝。盖自明代巨商，至今家犹殷实，京师素封之最久者，无出其右。祝氏园向最有名，后改茶肆，今亦毁尽"②。此外，还有郭姓商人开设的六必居粮店，嘉靖九年，被山西人"用价银共三千两整，倒得前手字号六必居郭姓粮店。倒得后改开今业"③。清代前期粮商仍然活跃在京城内外。

一 碓房、碾房

碓房是专门将带壳稻米用捣米的器具捣去米壳然后出售的商人店铺。碾房是将小麦、杂粮等碾磨成粉的商铺。"碾房与碓房一样，是专门加工粮食的，如将麦子或一些杂粮碾磨成面粉"④。从功能看，碓房、碾房应当是零售粮食的商铺。雍正元年，吏部左侍郎巴泰奏称，漕粮中的粟米运到京师后，发给官兵，"系舂过之粮"。但剩余之米则难贮藏，因"有

---

① （清）昭梿：《啸亭续录》卷二，"本朝富民之多"，中华书局，1980，第434页（作者生于乾隆四十一年，卒于道光九年）。
② 震钧：《天咫偶闻》卷六，"外城东"，北京古籍出版社，1982，第153页（《宸垣志略》谓在先农坛西；《藤阴杂记》谓在安定门西，皆非也。）（作者咸丰七年生，民国九年卒）。
③ 王惠恩：《介绍几件六必居文书》，《中国历史博物馆馆刊》2000年第2期。
④ 郭松义：《清代北京的山西商人——根据136宗个人样本所作的分析》，载《中国经济史研究》2008年第1期。

谷之米，可以久贮，春过之粮，易于红朽"①。由于脱壳米难于久贮，而带壳粮食可以较长期存贮，所以仓储的米粮是带壳稻谷。内外城都有许多开设碓房、碾房的商人。八旗官员所领俸米、甲米，基本上就是仓储稻谷，需要自行舂碓，即用捣米的器具，捣去米壳。"八旗官兵自定鼎以来，居住内城，所关粮米原系自行舂碾，未见有雇旁人者。乃数十年来，享国家升平之福，惮劳苦而习宴安，遂有山东、山西两省来历不明之人，入京开设碓、碾。而旗人所关之粮，交与舂碾，久久习熟，竟有关米出仓，并不载运回家，而直送至碾、碓，听其销算者"②。"数十年来"似可以看成从康熙年间开始的。通州百姓李道就在普济闸地方开碾房。③碾房与当地人习惯食麦杂粮有关，如档案中记载，设立经营碓房、碾房的主要是山东和山西两省商人。

乾隆二年，有记载称，"内外城碓房不下千余所"，④且"碓房所售乃多细米"。⑤史料记载说明，自乾隆之后出现碓房的名称，而且碓房数量很多，不论内城、外城都有。"京城附近居民贸易者多，耕种者少，粜卖官米，原以接济民食，使人人得沾减价之实惠。内外城碓房不下千余所，率每日买米舂碓，肩挑出门，沿街货卖，少藉余利，以资糊口。而民间买米之人，有离厂遥远，老幼妇女，每藉小贩到门，就便买食。此等小铺正须有米舂碓，然后米仓流通，价不昂贵"⑥。"五城内外，大小行铺，同风相应，兼之通衢僻巷，多设碓房，既收舂斛之利，更为敛囤之区。"⑦但没有史料记载商人的籍贯。据中国第一历史档案馆藏档案载

---

① "雍正元年十月初五日总理事务王大臣允禩等奏折"，见中国第一历史档案馆编《雍正朝汉文朱批奏折汇编》第2册，江苏古籍出版社，1986，第69~70页。
② "镶红旗汉军副都统革职留任尚崇坦奏折"，见中国第一历史档案馆编《雍正朝汉文朱批奏折汇编》第32册，江苏古籍出版社，1986，第218~219页。
③ "无时间，步军统领隆科多奏折"，见第一历史档案馆编《康熙朝满文朱批奏折全译》，中国社会科学出版社，1996，第1636页。
④ 乾隆官修《清朝文献通考》卷三十六，"市籴五"，浙江古籍出版社，2000，考5187~5188条。
⑤ 李洵、赵德贵、周毓方、薛虹主校点《钦定八旗通志》卷七七，土田志十六，吉林文史出版社，2002，第1318页。
⑥ 乾隆官修《清朝文献通考》卷三六，"市籴五"，浙江古籍出版社，2000，考5187~5188条。官米即漕米。
⑦ 乾隆官修《清朝文献通考》卷三七，"市籴六"，浙江古籍出版社，2000，考5197~5198条。

第三章 市场上的粮食交易

当时有旗人五勒棍布购买正黄旗常清祖遗房一处，共 2 间，开设碓房，坐落在护国寺东边路南。① 如果这所房子仍然开设碓房，可能是出租给商人经营。据刘小萌研究，位于宣武门内的通泰号，又称玉皇阁通泰号，存有借据，最早的为乾隆五十七年，晚至光绪年间。② 这个在宣武门内玉皇阁地面开设的通泰号，是商人张三开设的碓房。③ 但张三是何省人不明。另外，在乾隆年间，德胜门也有粮商开设碾房。④ 同期，山西祁县人郝良立等四人合伙开粮店，"郝还与同县人郭大另外开了一家粮店"⑤。

嘉庆时，"车大在朝阳门外并通州两处开设碾房"⑥。十三年，广兴⑦购买"大沟巷碓房六间"。"隆福寺碓房四间"⑧。十四年，在通州粮仓吏胥舞弊案中，据宗人府查复，"和郡王绵循历年余剩俸米"，卖与"白庙（北路西）纪姓增盛（店）碓房"⑨。这些经营碓房商人的省籍不确知。

道光时，大兴县民梅善自盖瓦房三间，开设碓房生理，坐落东四牌楼隆福寺西口外北边路东。⑩ 十六年，张瑞秀称："系捐职从九（品），向在四五府小府地方居住，并开有碾房生理。"⑪ 十八年正月初一

---

① 所引房契藏于中国第一历史档案馆藏清代档案，此档案号为 17 卷 2 号、16 卷 1 号。
② 刘小萌：《清代北京旗人社会》，中国社会科学出版社，2008，第 290、313 ~ 319 页。
③ "道光十一年九月十二日御史韩大信奏折"，载《历史档案》1994 年第 3 期。
④ 郭松义：《清代北京的山西商人——根据 136 宗个人样本所作的分析》，载《中国经济史研究》2008 年 1 期。
⑤ "刑法部档案·刑罚类"第 00927 号，转引自郭松义《清代北京的山西商人——根据 136 宗个人样本所作的分析》，载《中国经济史研究》2008 年 1 期。
⑥ 《军机处录副奏折》，见"嘉庆十一年十一月十四日大学士管理刑部事务董浩等奏折"，中国第一历史档案馆藏，档案号：03 - 2445 - 012。
⑦ 广兴，嘉庆十一年曾任崇文门税官。后被派往山东办案，因贪腐受贿被拿问，抄家产。所涉史实见于《清仁宗实录》卷二○四，嘉庆十三年十二月壬寅、乙巳，中华书局，1986；中国第一历史档案馆编《嘉庆道光两朝上谕档》第 11 册，广西师范大学出版社，2000，第 622 ~ 623 页。
⑧ 《内务府奏案》，见"嘉庆十三年十二月二十六日总管内务府奏折"，中国第一历史档案馆藏，档案号：05 - 0540 - 084。据民国地图所示："大沟巷，内三区，东四。南通猪市大街，北通隆福寺街。"
⑨ 《王贝勒贝子售卖俸票情形清单》，载《历史档案》1990 年第 2 期。
⑩ 《清代房契》，中国社会科学院近代史研究所图书馆藏。
⑪ "道光十六年九月一日巡视西城察院奏折"，见中研院史语所藏明清史料，序号：147399 - 001。

日,"西安门内大街路南碓房失火"①。另据时人穆齐贤日记②记载,碓房六处,西城石老娘胡同宝兴局,也称宝兴碓房;三泰碓房孙姓正掌柜,住孟端胡同;正阳门外新丰口胡同有德成号碓房;杨梅竹斜街朱家胡同有复成号碓房;还有天福号碓房。这些碓房经营人都是山东商人。

时人李光庭称:"碓房多山东登州人。"③ 后人也称:"北京民食,向恃南漕,昔有碓房,皆山东人,专司碓米,代汉官旗员领碓俸米,兼营放款,其势力最伟。"④ 应该说,碓房多由山东商人经营是事实。但是如果说,"山东商人经营一千多个粮店,这些粮店被称为碓房"⑤ 似不准确,因为乾隆时"内外城碓房不下千余所",并不全是山东商人经营的,也有山西商人在经营。山西祁县商人开设天复昌碾房;徐沟商人石大"开碾房";"祁县人王治泰,原开粮行生理,因遭遇亏空关张,只好降格以求,到德胜成碾房成为一名伙计"。"马田永,祁县人,开粮店为生,粮店关张后,情绪低落,一直闲住"⑥。有研究者认为,"据文献记载,清代北京的粮食业最初掌握在山西人手中。但是随着山东人的插足,山西人逐渐失去了对粮食业的垄断地位"⑦。该文并未指出出自何文献,似与档案记载不相符。

二 米铺

米铺,包括杂粮铺、米店、粮店,均是零售粮食的商铺。"米铺",或称"老米碓房",实际上就是经营米粮的坐贾铺户。康熙年间,在皇城

---

① 《内务府奏案》,见"道光十八年正月二十四日管理官房租库事务敬征奏折",中国第一历史档案馆藏,档案号:05-0699-016。
② (清)松筠(穆齐贤)记,赵令志等译《闲窗录梦译编》上、下册,中央民族大学出版社,2011。
③ (清)李光庭:《乡言解颐》卷五,《物部下·开门七事》,中华书局,1982,第107页。
④ 吴廷燮等编纂《北京市志稿·货殖志》,燕山出版社,1998,第474页。
⑤ 〔美〕李明珠:《华北的饥荒——国家、市场与环境退化(1690—1949)》,石涛、李军、马国英译,人民出版社,2016,第213页。
⑥ 郭松义:《清代北京的山西商人——根据136宗个人样本所作的分析》,载《中国经济史研究》2008年第1期。
⑦ 刘凤云:《清代北京的铺户及其商人》,载《中国人民大学学报》2007年第6期。

内外、京城内外都有米铺。① 雍正时，亦有"铺户贾人"，购买八旗兵甲米。② 乾隆八年，山西汾州府汾阳县民周二称，在朝阳门外，"新桥地方开杂粮米铺生理"③。三十八年，正阳门外有天丰粮店。④ 有吴桥人于腾宵，"在长巷头条胡同得源店，失去银四百五十两零"。其"在家乡水泊地方领原任甘肃知州侯作吴银七千两，（在京）伙开福来号估衣铺带杂粮店生理"⑤。五十二年，据官员在京城内外，"查封米、麦共计六万余石，铺户共有数百余家"⑥。米铺向米局购米，再将购得的带壳米，即粗米，舂碾去壳成细米，零星贩出。

嘉庆五年，"罗兴琬祖遗粮店，坐落彰仪门内大街路北"⑦。六年八月二十四日，"通州义盛号米铺人董四"到山西榆次县人孙二在朝阳门外开设的米局，"买粗米二十石。公义号米铺人施姓"，到孙氏米局买粗米二十石。"广义号米铺人张姓"，亦买孙氏米局粗米十八石。⑧ 六至八年，保定府人王二偷盗丰益仓米三次，每次都"卖给添顺字号粮食店"。⑨ 八年《重修临襄会馆碑》显示，有顺成粮店、庆元粮店等粮行各商号。其中有"粮行各□□□（原刻字不清）""粮行各"三字为大号，估计以下记载了不少粮行各商号名称，因抄写横竖不一，无法计算商号

---

① "康熙四十三年九月十四日胤祉等奏折"，见中国第一历史档案馆编《康熙朝满文朱批奏折全译》，中国社会科学出版社，1996，第343页。
② 《清世宗实录》卷七，雍正元年五月丙戌，中华书局，1985，第143页。
③ "乾隆八年六月十八日舒赫德奏折"，见张伟仁编《明清档案》，台湾中研院史语所现存清代内阁大库原藏明清档案，编号：A123~64，B69257~69258。
④ 《正阳门外粮食市火神庙碑记》记载，当时"都城人稠户密"，其"北至天丰粮店"。《正阳门外粮食市火神庙碑记》为乾隆三十八年五月刻，见《北京图书馆藏中国历代石刻拓本汇编》，清073，中州古籍出版社，1989，第83页。
⑤ "乾隆四十六年十一月十六日巡视中城给事中富盛、何珮奏折"，见张伟仁编《明清档案》，台湾中研院史语所现存清代内阁大库原藏明清档案，编号：A236~55，B132883~132884。
⑥ 《军机处录副奏折》，见"乾隆五十二年五月十四日定亲王绵恩奏折"，中国第一历史档案馆藏，档案号：03-0765-018。
⑦ 《清代档案》，"嘉庆五年十二月二十五日罗兴琬等卖房契"，见中国第一历史档案馆藏，23卷5号。
⑧ 《军机处录副奏折》，见"嘉庆六年八月二十六日步军统领明安等奏折"，中国第一历史档案馆藏，档案号：03-2431-036。
⑨ 《军机处录副奏折》，见"嘉庆八年六月二十二日巡视北城御史济兰等奏折"，中国第一历史档案馆藏，档案号：03-2350-030。

数量。不过这些都是山西临汾、襄阳两地经营粮食的商人。① 十年，有广宁门内"德成粮店铺户郭奎义，德聚粮店铺户吴沛元"，将麦子卖给"涿州成泰粮店姚姓"。② 十一年正月，"南城地方阎王庙前街"，有张姓米铺。③ 二月，有"南城复兴米店"。④ 同月，巡视南城礼科给事中明舒等奏称，在广渠门外抓获马大等拉运小米出京一案。据马大称："我在马驹桥地方开吉成号杂粮铺生理，向在各城门外米店贩买小米回铺给附近农民食用，不止一次。上年十二月二十五日，我在东便门外椿树园地方董畛米店，买得小米三十七石一斗二升，雇高通葛大张二车三辆，装载拉运。"又据董畛称："我在东便门外椿树园地方开设光裕米店，因该处与太平万安裕丰储济四仓相近，每月初十日以后，各仓陆续开放，旗人关出米豆，或因雇运车脚需用钱文，或因人口无多，米豆敷用，将多余米豆就便在城外，照时价售卖。我用现钱零星收买，陆续卖给城外各铺户乡农食用。"当时东便门外椿树园有一个院子，其内"房屋共十九间，都是高大的"。据高大供称，其中自己开天合号，又有万恒号安大、天聚号邢大、隆昌号李二、天源号高大、隆合号孙二、世兴号吴二，一共八家，都租房开设的米铺。"每逢买米一石，给高大制钱五文，作为房租"⑤。同年十一月，官兵又在朝阳门外抓获送"米铺十九家，广宁门内拿送米铺八家，门头等村拿送米铺四家，共被拿米铺三十一家"。其中有彭大开设隆丰米店，王万全开设永兴米店、兴胜号杂米铺，岳四开设隆昌米店，王显益开设庆泰米店，高玉开设万兴米店，侯起富开设义恒米店，龚廷锡开设庆丰米店，王三开设云懋号粮店，要三开设亨顺号粮店，"铺民车大，既在朝阳门开设米店，又在通州开设碾房"。这些米铺基本

---

① 〔日〕仁井田陞辑「北京工商ギルド资料集」，（二），『东洋文献センター丛刊』，第25辑，东京大学东洋文化研究所附属东洋学文献センター刊行委员，1976年，第157~161；200~202页。
② 《军机处录副奏折》，见"嘉庆十年六月初五日步军统领禄康等奏折"，中国第一历史档案馆藏，档案号：03-2439-003。
③ 《军机处录副奏折》，见"嘉庆十一年正月十一日巡视南城礼科给事中明舒等奏折"，中国第一历史档案馆藏，档案号：03-2442-002。
④ 《军机处录副奏折》，见"嘉庆十一年二月初九日都察院左都御史英善等奏折"，中国第一历史档案馆藏，档案号：03-2194-011。
⑤ 《军机处录副奏折》，见"嘉庆十一年二月二十二日刑部尚书长麟等奏折"，中国第一历史档案馆藏，档案号：03-2442-028。

第三章 市场上的粮食交易

是零星出售的。"岳四开设隆昌米店,现存粗稉米四百四十六石,细稉米一百八十石,小米三百石,内已经卖与种菜园之李大粗稉米一百五十石,卖与王二粗稉米一百五十石,卖与天宁寺稉米六十石,小米一百四十石。""王万全开设永兴米店,现存粗稉米一百三十石,细稉米一百一十石,内已经卖与普济堂细米一百石"。"王显益开设广泰米店,现存稉米二百三十五石,仓米八十石,小米一百八十石,内已经卖与善果寺稉米一百石、小米一百石,卖与秦姓仓米五十石、稉米三十石"。"高玉开设万兴米店,现存稉米一百九十五石,小米一百四五十石,仓米三十石,老米三十五石,内已经卖与种菜园之马姓稉米五十石"。"要三开设亨顺号粮店,现存高粱一百八十石,麦子一百七十五石"。还有稉米,因"已经卖完甫向光裕米局买得稉米三十九石"。"盖大向种地亩,并开设万盛号米店,除所存黑豆二百七十石不在例禁外,现存麦子八百五十石,内种地收获七百一十九石零,高粱二百七十石,内种地收获一百四十一石零"。除去种地收获,还有余存稉米二百一十石,其中"已经卖与工头张德米四十五石"。盖大又"买得万恒米局稉米四十石"。这些铺户的粮食处于流转贩卖中。① 十二年,广兴购买"铁铲靶聚隆粮店房三十四间半""栏杆市源昌号粮食店房十七间""琉璃厂米铺房二间半"。十三年,有"交道口南边切面铺房一间"②。十四年,山东福山县人刘大与高添凤,"在灯市口伙开天得兴米铺一座。言明赔赚均分,我得身股一股,高添凤本钱作为一股"③。十五年,巡视西城礼科给事中庆明等奏称,抓获"右安门内义成粮店奸商陈永等,运米出城"。该店"现存粳稉粗米约计六七百石,已属违例囤积。且追出账簿二本,内开交易字号多系京汛以外洪门、黄村、庞各庄、固安县等处。一年之内约出粳、稉米数千石,更为贩运出境确据"④。同年,又查获"自新街口起至西直门止,共

---

① 《军机处录副奏折》,见"嘉庆十一年十一月十四日大学士管理刑部事务董诰等奏折",中国第一历史档案馆藏,档案号:03-2445-012。
② 《内务府奏案》,见"嘉庆十三年十二月二十六日总管内务府奏折",中国第一历史档案馆藏,档案号:05-0540-083、05-0540-084。
③ "嘉庆十四年六月初一日步军统领禄康奏折",载《历史档案》1990年第2期。
④ 《军机处录副奏折》,见"嘉庆十五年二月十八日巡视西城礼科给事中庆明等奏折",中国第一历史档案馆藏,档案号:03-2143-022。

有米铺三十二座"。"西直门外共有米铺二十座"①。十七年九月一日，《新建宛平县城隍行宫山门碑记》碑阴刻有捐资商号一百二十余家，其中就有粮店。② 十八年五月初十日，"有武清县属河西务地方开设粮店之赵九等，在京城广渠、东便二门内粮店陆续买米，贩运出境，至该处销售之事"。"广渠门内开铺卖米出城出境之王呈云"等，"东便门内开铺卖米之高明祥"在西直门外，卖米之铺户李二、段廷喜等人。"赵九在武清县河西务开张永和粮店，本年三月在广渠门内天泰号王呈云粮店内买稉米十五石，谦益号刘善相米铺，四次买稉米九十七石。又于家维民人贾大买谦益号粮店内稉米二十二石。于家维民人杨七买广渠门内兴义号赵大成粮店稉米老米四十石。杨七又在东便门内买未传之广盛、广兴、永德兴粮店稉米四十八石。又通州双树村民人刘大，在东便门内高明祥吉兴粮店买稉米二十六石。又东便门外南花园民人宋九买吉兴祥粮店稉米十六石，毛二买稉米十五石。据供系铺户包送出城至河西务等处。凭经纪赵五、邓四评价，贩卖属实。""又讯得京汛四王府等处民人李大、高五、杨三、杨二、艾大"等人"在西直门李二永义公粮店、段廷喜广隆粮店，许佩永泰粮店，各买米三四斗不等，亦系铺户包送出城。该城门官兵知情放出。""广渠门内天泰店等十铺，东便门内广顺和店等七铺。"③ 十九年，王二"在广渠门内天泰号王大米店内打杂"。山东福山县人姜二，"在广渠门内开广兴粮店为生"④。同年三月，天津武清县王二等人，"来京贩运米石，在左安门内陞元粮店杜德仁铺内，并永兴粮店杜大铺内，每次买米二三石至四五石不等，俱系铺户杜德仁等包运出城，放在陞和粮店内堆贮，驮至武清县贩卖"。另有"张大开设元兴粮店"。⑤

---

① 《申禁城内米石不许出城城外米石不许出境》，见（清）多罗定郡主等纂《金吾事例·章程》，卷一，咸丰年间刻本，第62页。

② 《新建宛平县城隍行宫山门碑记》嘉庆十七年九月一日，碑在北京西城区西黄城根，见《北京图书馆藏中国历代石刻拓本汇编》，清078，中州古籍出版社，1989，第105页。

③ 《军机处录副奏折》，见"嘉庆十八年五月初十日步军统领吉纶等奏折"，中国第一历史档案馆藏，档案号：03-1848-040。

④ 《军机处录副奏折》，见"嘉庆十九年闰二月十三日步军统领英和等奏折"，中国第一历史档案馆藏，档案号：03-1849-002。

⑤ 《军机处录副奏折》，见"嘉庆十九年三月二十日步军统领英和等奏折"，中国第一历史档案馆藏，档案号：03-2230-011。

二十年，俞琇称，"我系山东宁海州人，在北新桥开天源号米铺"①。

道光二年，"副指挥沈云呈报，在永定门外协同营捕拿获张五等押送出城米车二辆"。据当事人周若旭称，他"在前门外珠市口开设复兴粮店生理"②。四年，官兵报称，广安门外桥边开城门后，"即见有驴驮米石，络绎出城"。抓获运米人查验，所运米"系去皮稊米"，他们是"广安门内开设云生号、云聚隆号粮店出贩之米"。云生号粮店是马大开设的，"积米大小二十二囤"。云聚隆号粮店是杨三开设的，"积米大小二十囤"③。十一年八月，巡视西城御史琦琛等奏称，本月二十六日，"前往西直门外，查至八里庄地方，见有骆驼一只，骡驴十余头，驮载布袋，自东而西"。"拦住查看，除黑豆、麦面外，其余均系糙稊米共计十二石有零。当向运米人闫四等究出，系西直门内万和、永裕、广兴隆、丰隆、永和等铺发卖之米"④。十月，山西阳曲县人李二，"来京在广安门内开广兴粮店生理"⑤。十三年正月十九日，朝鲜使臣"与诸人出正阳门外，于路上见骆驼数百匹，载米而去，驱者不过数人。时方河冰未解，不能行舟，故陆运入于米铺云"⑥。据道光十三年七月《华嘉寺碑》碑刻，碑阴记有复兴面斤铺。⑦ 十五年八月，给事中富彰奏报："东直门出米甚多，均由各粮店发给，陆续运至长营村地方，再递运至通州城大斗铺，以便上船交纳。"⑧ 十六年四月，据有人奏报，太平、南新、禄米等仓革职花户多名，"现在朝阳门内豆瓣胡同，设立三合永字号下处"⑨。十七

---

① 《军机处录副奏折》，见"嘉庆二十年七月二十六日步军统领英和等奏折"，中国第一历史档案馆藏，档案号：03-2477-075。
② "道光二年闰三月巡视南城察院奏折"，见中研院史语所藏明清史料，序号：128550-001。
③ 《朱批奏折》，见"道光四年三月十一日巡视西城御史祥安奏折"，中国第一历史档案馆藏，档案号：04-01-01-0665-018。
④ 《军机处录副奏折》，见"道光十一年八月二十八日巡视西城御史琦琛等奏折"，中国第一历史档案馆藏，档案号：03-4043-068。
⑤ 《军机处录副奏折》，"道光十一年十月初六日步军统领耆英等奏折"，中国第一历史档案馆藏，档案号：03-3762-008。
⑥ 〔韩〕金景善：《燕辕直指》卷之五，收入〔韩〕林基中编《燕行录全集》第72卷，〔韩〕东国大学校出版部，2001，第70页。
⑦ 该碑在北京西城区华嘉胡同，见《北京图书馆藏中国历代石刻拓本汇编》，清080，中州古籍出版社，1989，第47页。
⑧ 《清宣宗实录》卷二七〇，道光十五年八月乙卯，中华书局，1986，第157页。
⑨ 《清宣宗实录》卷二八一，道光十六年四月己未，中华书局，1986，第330页。

年六月，山西阳曲县人高霭，"来京在朝阳门外大街裕泰粮店管事"。铺中"实存粗老米四百三十余石"①。据日本学者仁井田陞调查后称：道光十四年，《重修临襄会馆碑》碑刻有"粮行募化众善捐资各铺号开列于左"。② 这些都是山西临汾、襄阳两地经营粮食的商人。万丰粮店"在彰仪门大街路北"③。

再以"六必居"商号为例，据史料记载，明代嘉靖九年，"用价银共三千两整，倒得前手字号六必居郭姓粮店。倒得后改开今业"。买房时，六必居经营的是粮食，估计是杂粮，因"六必居"字号是向顾客说明本店备有多种杂粮，或具体指六种杂粮。到乾隆六年，六必居建酱厂，说明这时增加了制酱业，即"改开今业"。④ 乾隆八年八月《重修临襄会馆碑》碑刻中，碑阴记有六必居商号，还是首事。⑤ 嘉庆十七年八月《宛平县城隍庙碑》碑刻中，记有六必居、六珍号。⑥ 据邓拓遗稿抄录六必居原始资料记载，道光时，赵珏、赵瑜、赵贺年、赵庆年"四宅共备本银一万二千两，今在京都前门外粮食店街西开设六必居、六珍号油盐杂粮铺生理"⑦。

三 米局

史料中有私立米局、私局、米局等称谓，同时也有官立米局的记载。私立米局是何时开始设立的，目前笔者没有找到确切资料记载，但史料

---

① 《军机处录副奏折》，见"道光十七年六月初七日给事中蔡赓飏等奏折"，中国第一历史档案馆藏，档案号：03－3783－034。
② 〔日〕仁井田陞辑「北京工商ギルド資料集」，（二），『東洋文献センタ－叢刊』，第25辑，東京大学東洋文化研究所附属東洋学文献センタ－刊行委員，1976年，第157～161；200～202页。
③ （清）杨静亭《都门纪略》，《都门杂记》古迹，第十八页，见《中国风土志丛刊》14，广陵书社，2003，第45页。
④ 王惠恩：《介绍几件六必居文书》，载《中国历史博物馆馆刊》2000年第2期（资料来源：山西临汾市尧庄乡杜村村收购。该地是六必居铺主赵氏家乡）。
⑤ 〔日〕仁井田陞辑「北京工商ギルド資料集」，（二），『東洋文献センタ－叢刊』，第25辑，東京大学東洋文化研究所附属東洋学文献センタ－刊行委員，1976年，第157～161页。
⑥ 《宛平县城隍庙碑》嘉庆十七年八月，碑在北京西城区西黄城根北街保安寺，见《北京图书馆藏中国历代石刻拓本汇编》，清078，中州古籍出版社，1989，第103页。
⑦ 刘永成：《"六必居"的材料证明了什么？》，载《中国古代史论丛》1981年第2辑。

第三章　市场上的粮食交易

中记载康熙时期，就有商人收购八旗俸米、甲米，只是未见私立米局的名称。

乾隆时期，据嘉庆十一年二月二十二日，东便门外椿树园地方房主高大供称："我们开设米店房屋，从前原系山东人殷大父子在彼开店买米。殷大于前年回山东原籍，我将房屋租住，随自开天合号米铺。"① 如果前追两辈，至少也是乾隆时期，山东人殷氏父子，就在东便门外椿树园地方开设粮店，收买俸米、甲米了，实际起到的是米局作用，由此也可以说，私立米局比官立米局出现更早。四年，"通州米局铺户，多有贿嘱仓役撞斛多量等弊，应令仓场严行察治"②。乾隆三十四年正月，御史屏治奏称，在通州城内，"有民人私立米局十有余座。此等米局并非卖米行店，专为囤积俸米而设，终年闭户，临时开张"③。"查通州民人向来私立米局十二座，专为囤积俸米而设，每季八旗俸、暨王俸，计数十万石，半系卖与米局。"④ 私立米局平常存储米谷，并不开门。在八旗开放仓米时才开张，伴随仓米支放而营业，专门零星收购八旗官兵的俸米、甲米，待仓粮支放之后，再向外批发。这类情况在嘉庆、道光年间更加明显。

嘉庆五年，祁韵士说："现朝阳门外，接近仓廒已有开设米局十余处。"⑤ 六年，卖米之山西榆次县人孙二，"在朝阳门外开设米局生理"⑥。十年，在广渠门外，官兵曾经抓获"高通等米车三车，共三十七石一斗二升零"。其米均购自"东便门外椿树园米局"。⑦ 这里一个院子里有十九间房，就有八家开设米局，所存米数"计一百四十石，及数十石不

---

① 《军机处录副奏折》，见"嘉庆十一年二月二十二日刑部尚书长麟等奏折"，中国第一历史档案馆藏，档案号：03－2442－028。
② 《清高宗实录》卷八七，乾隆四年二月甲辰，中华书局，1985，第355页。
③ 《军机处录副奏折》，见"乾隆三十四年正月二十日掌京畿道监察御史屏治奏折"，中国第一历史档案馆藏，档案号：03－0755－035。
④ 《清高宗实录》卷八二七，乾隆三十四年正月丁未，中华书局，1986，第21页。
⑤ 《议奏仓场两议俸米折》，嘉庆五年十月二十八日，载（清）祁韵士《己庚编》卷下，见《丛书集成续编》第五〇册，社会科学类，台北，新文丰出版公司，1989，第598～599页。
⑥ 《军机处录副奏折》，见"嘉庆六年八月二十六日步军统领明安等奏折"，中国第一历史档案馆藏，档案号：03－2431－036。
⑦ 《军机处录副奏折》，见"嘉庆十年十二月二十八日巡视南城礼科给事中明舒奏折"，中国第一历史档案馆藏，档案号：03－1842－066。

等"。后来有人称："京师各城外开设米局，由来已久，俱系民间自行开设，听其买卖。又东便、朝阳各门外米局，每逢各仓开放，城外甲米陆续承买，随时出粜。"① 十月，有官员奏报："朝阳门外逼近各仓，开设米局甚多。""朝阳门外北河沿起至东便门外一带地方，共有米局九十七家。"其中有邢大等开设七十八家米局，又有王大等开设的十八家米局。即王大开设永通米局，刘二开设万通米局，吴大开设兴泰米局，胡大开设大成米局，李大开设天顺米局，齐六开设玉和米局，张二开设万兴米局，许四开设广丰盛米局，陈大开设顺和米局，毕大开设庆和米局，齐三开设义成米局，畅大开设同义米局，要大开设庆来米局，张大开设恒昌米局，王三开设永来米局，吴大开设裕合米局，陆大开设隆盛米局，陆二开设隆元米局。② 还有张二、李大伙开万兴米局，杨义开设元丰米局，郑元吉开设恒源米局，王三开设永来米局，胡大开设大成米局。③ 十三年，据步军统领"衙门查得朝阳门外向设有太平、储济、裕丰、大万安、小万安五仓坐落北左二营地方，其附近仓廒河沿等处，向来开设米局甚多，左营地方开有米局二十九座。北营地方开有米局三十七座"④。同年广兴购买的米局，在内城有西堂子胡同永吉米局房二间，西堂子胡同公顺米局房三间，西堂子胡同同聚米局房二间，西堂子胡同义□米局房三间，西堂子胡同全顺米局房二间，西堂子胡同恒隆兴隆米局房十四间，金鱼胡同恒源米局房四间，金鱼胡同西德盛米局房六间，金鱼胡同逢源米局房六间。⑤ 十四年，在通州粮仓吏胥舞弊案中，"据宗人府查复，和郡王绵偱历年余剩俸米俱卖与东四牌楼（北十一条胡同西口外路东）孙姓广聚米局"⑥。在通州，高添凤称："我又于九年上开设德

---

① 《军机处录副奏折》，见"嘉庆十一年二月二十二日刑部尚书长麟等奏折"，中国第一历史档案馆藏，档案号：03-2442-028。
② 《军机处录副奏折》，见"嘉庆十一年十月二十一日步军统领禄康奏折"，中国第一历史档案馆藏，档案号：03-1600-026。
③ 《军机处录副奏折》，见"嘉庆十一年十一月十四日大学士管理刑部事务董诰等奏折"，中国第一历史档案馆藏，档案号：03-2445-012。
④ 《近仓米局全得挪移》，见（清）多罗定郡主等纂《金吾事例·章程》，卷一，咸丰年间刻本，第62页。
⑤ 《军机处录副奏折》，见"嘉庆十四年正月初六日内务府大臣英和等奏折"，中国第一历史档案馆藏，档案号：03-1790-003。
⑥ 《王贝勒贝子售卖俸票情形清单》，载《历史档案》1990年第2期。

第三章　市场上的粮食交易

和米局，收买各官俸票赴仓领米，粜卖赚钱使用。"①

道光时，在北新仓花户张凯涉舞弊案中，有"张三碓房囤积过多，恐致招人耳目，复转卖与东四牌楼灯市口裕顺米局及合顺成米局二处"②。"万安仓已革花户许九"，曾在八年十二月间，"商同张老各入本钱，在西安门外伙开裕诚米局"③。穆齐贤记录了与他生活有关系的西城米局，即三盛米局，在三道栅栏，经营人华年。集成居米店，掌柜赵姓。石老娘胡同宝兴米局，也称宝兴碓房，铺主鹤年。广安伯街米店，铺主椿年。④ 道光十三年七月《华嘉寺碑》碑刻，碑阴刻有米局。⑤

通常，私立米局主要经营批发业务，将米粮卖给米铺。西直门内铺户称："系买自东、西两市各米局，零星售卖粜卖，实不敢发卖粗米。"⑥ 东、西两市，当指东四和西四牌楼市场。⑦ "每逢各仓开放"，私立米局收买俸米、甲米后，"随时出粜"给"小本铺户"⑧。"王三开设云懋号粮店，现存小米二百八十石，黑豆二百石，计存米逾额一百二十石，又因铺内稉米卖完，甫向德润米局买得稉米九十六石，万恒米局买得稉米五十八石。""王大开设永通米局，现存仓米七百五十石内，已经卖与西顶并六里屯地方同裕等四家杂粮铺，各一百五十石，尚未拉去。传讯同裕等四家米铺属实。""吴天开设兴泰米局，现存仓米五百五十石，内有已经卖与兴胜号杂米铺一百石，田大、白二、五二各一百石。""郑元吉开设恒源米局，现存仓米一百六十石，稉米一百四十石，老米七十七石，小米十石，又另存仓米六百石，系广育勉善两堂买备，每日煮粥，施舍

---

① 《高添凤及张连芳等七人供单》，载《历史档案》1990年第2期。
② "道光十一年九月十二日御史韩大信奏折"，载《历史档案》1994年第3期。
③ "道光十一年八月三十日大学士卢荫溥奏折"，载《历史档案》1994年第3期。
④ （清）松筠（穆齐贤）记，赵令志等译《闲窗录梦译编》下册，中央民族大学出版社，2011，第167、164、204页。
⑤ 该碑在北京西城区华嘉胡同，见《北京图书馆藏中国历代石刻拓本汇编》，清080，中州古籍出版社，1989，第47页。
⑥ 《申禁城内米石不许出城城外米石不许出境》，（清）多罗定郡主等纂《金吾事例·章程》卷一，咸丰年间刻本，第64页。
⑦ "臣等遣人往京城内米铺访问粮价，东西四牌楼、南城粮价大约相同，皇城内粮价稍贵"，"康熙四十九年六月二十二日胤祉等奏报京城粮价并阴雨情形折"，见中国第一历史档案馆编《康熙朝满文朱批奏折全译》，中国社会科学出版社，1996，第686页。
⑧ 《军机处录副奏折》，见"嘉庆十一年二月二十二日刑部尚书长麟等奏折"，中国第一历史档案馆藏，档案号：03-2442-028。

贫民暂铺内，陆续取用。"①

可见，米局的功能是零星收购，批发卖出。时人穆齐贤记录了与他生活有关系的在西城的部分米局情况，其中石老娘胡同宝兴米局，也称宝兴碓房，铺主鹤年。又记载，道光八年六月二十八日，"至三盛店，叫送米。""晚，华年送米来。"三盛米局在西城三道栅栏，亦称三盛店。②这里的米局也称碓房，可见米局内有舂米器具，可将粗米舂碓成细米。米局可以起到零星售卖的米铺作用。前述碓房已经有收购俸米、甲米，及出售细米的功能了。因此，道光年间，碓房、米局与米店（米铺）的功能已经有合一趋势了。

从目前笔者掌握的资料看，碓房、米局大概以山东籍商人为主，开设米铺的商人以山西籍为主，当然也有山东、河北等粮商，其中值得注意的是有本地人参与，即大兴县和宛平县人。有人说："内外城的米铺及碓房却靠俸米发展起来。"③ 这里，内城商铺、碓房是靠俸米、甲米发展起来的。而外城的米铺、米店并非都是依靠俸米、甲米发展起来的，因为外城商铺主要是以商人贩运的杂粮、麦子为主体发展起来的，还有部分是自己种植的杂粮、麦子，自营商铺。吴桥人于腾宵，"在家乡水泊地方领原任甘肃知州侯作吴银七千两，（在京）伙开福来号估衣铺带杂粮店生理"④。

第二节 交易方式

一 收购俸米、甲米

康熙时，"八旗官兵以所支之米，不运至家，惟图微利一时，即行变

---

① 《军机处录副奏折》，见"嘉庆十一年十一月十四日大学士管理刑部事务董诰等奏折"，中国第一历史档案馆藏，档案号：03-2445-012。
② （清）松筠（穆齐贤）记，赵令志等译《闲窗录梦译编》上册，中央民族大学出版社，2011，第13、64页。
③ 刘凤云：《俸米商业化与旗人身份的错位——兼论商人与京城旗人的经济关系》，载《中国人民大学学报》2012年第6期。
④ "乾隆四十六年十一月十六日巡视中城给事中富盛、何珮奏折"，见张伟仁编《明清档案》，台湾中研院史语所现存清代内阁大库原藏明清档案，编号：A236~55，B132883~132884。

卖"①。雍正时，"米价腾贵，八旗兵丁冀得高价，将米不行留余，尽皆粜卖。于第三季领米之前，必至乏食。其时又行倍价籴买"②。乾隆时，"查行户囤积居奇，实为民害，但官兵关领俸、甲米石，转为售卖，亦势所不免"③。"八旗支放甲米，向有定期，开仓日米多，市价平减，奸商乘机囤积，放完后米少，抬价居奇，以致日长"④。"每年春秋二季，领俸米人员，多在通州售卖"⑤。嘉庆时，"京员或自行到仓支领，或交米票，向铺户折换细米"⑥。可见，八旗官兵领得俸米、甲米之后，卖与商人铺户，康熙时就已经出现。原因之一，官兵运米到城内的家，需要自己出运费，如果不想出运费，只能直接卖与铺户。"兵丁等于京、通二仓支领米石时，每因脚价之费，卖米充用"⑦。"旗人愿卖，自宜拉运出仓，乃希省脚费"⑧。"该旗人等赴通关领，需用脚价，既不免增多，设囚盘费缺乏，竟在通变卖"⑨。"该兵丁等领米之后，不能独雇车辆，即日运归，势不得不于附近米铺，暂行寄贮，或就肆中舂碓，皆情事所必然"⑩。原因之二，官兵图方便卖给商人。康熙时期，有这种专门为旗人舂碓米谷的铺户，是与"八旗官兵，以所支之米，不运至家"，"即行变卖"⑪有关。官兵"就近卖与商人，实得便益"。"碓房所售，乃多细米。关仓

---

① 《清圣祖实录》二四一，康熙四十九年正月庚寅，中华书局，1985，第397页。
② 李洵、赵德贵、周毓方、薛虹主校点《钦定八旗通志》第一册，"勅谕三"，吉林文史出版社，2002，第185页。
③ 乾隆官修《清朝文献通考》卷三七，"市粜六"，浙江古籍出版社，2000，考5197~5198条。
④ 《清高宗实录》卷四○九，乾隆十七年二月戊申，中华书局，1986，第361~362页。
⑤ （清）杨锡绂撰《漕运则例纂》卷二十，《京通粮储·支放粮米》，第27页，见四库未收书辑刊编纂委员会编《四库未收书辑刊》壹辑，贰拾叁册，北京出版社，2000。
⑥ （清）祁韵士：《议奏仓场两议俸米折》，嘉庆五年十月二十八日，见祁韵士《己庚编》卷下，收入《丛书集成续编》第五○册，社会科学类，台北，新文丰出版公司，1989，第598页。
⑦ （清）允禄等编《世宗宪皇帝上谕旗务议覆》卷六，诏令奏议类，见纪昀等编纂《景印文渊阁四库全书》第413册，《史部·诏令奏议类》，台湾商务印书馆，2008，第406页。
⑧ 《清高宗实录》卷四○八，乾隆十七年二月辛丑，中华书局，1986，第536页。
⑨ 《清仁宗实录》卷一一四，嘉庆八年六月壬申，中华书局，1986，第517页。
⑩ 《清仁宗实录》卷二九一，嘉庆十九年五月丙午，中华书局，1986，第974页。
⑪ 《清圣祖实录》卷二四一，康熙四十九年正月庚寅，中华书局，1985，第397页。

后，来买米接济者，皆便于碓房买用"①。官兵"图简便"，在通州将领米票据，"卖给民局，则大票中分出小票，自行支领"②。原因之三，旗人不善谋生。"致有不善谋生之人，并不计其米之接续，辄以贱价粜卖，及至缺乏，又以贵价籴买"③。"八旗不善营生之人，不计口粮能否接继，贱价粜卖于前，贵价籴买于后"④。"支领官米随即贱价售与铺家，只顾目前得钱使用，不肯稍为储蓄。而家中食米，转零星用贵价，向铺户籴买"⑤。

方式之一是收买票据。康熙时，"通州中南仓长于德瑞盗白米一百六十石"。从他身上搜出印票，他说："我将米交付冯二，更换官用口袋，每石以银一两三钱卖给吴昭齐。我遂将二百两银，及领米印票一并交付书办张达景等。"⑥ 虽然这里是间接出卖米票，但说明在康熙时米票已经可以与商人换米了。雍正时，"支放八旗官员俸米，向来俱按官员等之品级，各给红票为凭，由仓领取"⑦。乾隆时，"八旗王公汉官俸米，以及官员随甲坐甲饷米，均在通仓支领"。"八旗并内务府官员，应领俸米，各旗都统，仍出给本旗总领，交押旗参领章京。先赴通仓换票。该仓即按照各佐领官员数目，每员各换给米票一张，交该参领等领回，发交各佐该领，散给应领俸米官员，令其自行赴仓关支，则随到随领"⑧。乾隆五十七年四月，米局商人谢君美⑨赴通仓领米，以往"赴仓领米者，往

---

① 李洵、赵德贵、周毓方、薛虹主校点《钦定八旗通志》卷七七，"土田志十六"，吉林文史出版社，2002，第1318页。
② 《清高宗实录》卷四○八，乾隆十七年二月辛丑，中华书局，1986，第356页。
③ （清）允禄等编《世宗宪皇帝谕行旗务奏议》卷六，（清）纪昀等编纂《景印文渊阁四库全书》，第413册，《史部·诏令奏议类》，台湾商务印书馆，2008，406页。
④ 《军机处录副奏折》，见"乾隆五十二年六月八日镶蓝旗满洲都统永琅等奏折"，中国第一历史档案馆藏，档案号：03-0765-024。
⑤ 《清仁宗实录》卷一〇〇，嘉庆七年七月癸未，中华书局，1986，第345页。
⑥ "康熙五十五年九月十四日步军统领隆科多奏折"，见中国第一历史档案馆译编《康熙朝满文朱批奏折全译》，中国社会科学出版社，1996，第1142页。
⑦ （清）允禄等编《世宗宪皇帝谕行旗务奏议》卷七，（清）纪昀等编纂《景印文渊阁四库全书》，第413册，《史部·诏令奏议类》，台湾商务印书馆，2008年，531页。
⑧ （清）托津等奉敕纂《钦定大清会典事例》卷一五七，《户部·仓庚》，嘉庆朝，见沈云龙主编《近代中国史料丛刊三编》第六六辑，台北，文海出版社，1991，第7030页。
⑨ "谢君美米局入官各色米一千二百余石。"（清）潘世恩等纂《钦定户部漕运全书》卷六五，《京通粮储·发粜仓粮》，见故宫博物院编《钦定户部漕运全书》故宫珍本丛刊第321册，海南出版社，2000，第32页。

往给与仓书、斗级、花户钱文,即得好米"。谢君美不肯给仓书、斗级、花户钱文,"又欲支领好米",于是彼此"争执殴打"。谢君美被捕入狱,但"被花户董得禄用灰土揉按两眼",后因伤监毙。后经审查,对相关人员定罪。① 这事件反映出,当时许多官员不亲自到仓领米,将"米票私给碓房、米局",再由"铺户包揽旗员俸米,兵丁甲米,与仓书、斗级、私自交结,赴仓支领,希图从中取利"②。嘉庆时,"满汉各员应领俸米,应照旧定章程,分给各员米票,自行赴仓支领。其每石例给个儿钱及票钱,共制钱二十文,令各该员封交领米家人,于赴仓时,面交该监督取具收票"③。"八旗官员支领俸米,向系分给米票,自行赴仓关支。自乾隆年间奏定章程,历今二十余年,相安已久"④。"官员兵丁私卖米票,交铺户代领"⑤。由于官员赴仓领米,仓中花户多违例不给好米,所以他们"将米票转售米铺"。商人买得米票,就使费贿赂仓中花户,领得好米后,贿赂之费即加入米价之中出售。⑥ 另从《嘉庆十四年通州粮仓吏胥舞弊案》⑦ 中显示,在通州售卖米票的亲王有礼亲王昭梿、睿亲王端恩郡王、豫亲王裕丰、肃亲王永锡、仪亲王永璇、成亲王永瑆、怡亲王奕勋、郑亲王乌尔恭阿。郡王有顺承郡王伦柱、克勤郡王尚格、庆郡王永璘。贝勒有绵誉、绵志、永珠、绵懋、奕纶、奕绮。贝子有奕绍。他们在通州领票,除留用米石之外,余米都出卖给通州米局。"礼亲王昭梿报称:自嘉庆十一年起共五次,将票卖在通州"。"顺承郡王伦柱报称:近年来俱将米票卖在通州"。在京卖粮票的有和郡王绵循、荣郡王绵亿。"荣郡王绵亿报称:历年均系由通仓照票关出,除留食用外,余剩米

---

① 《清高宗实录》卷一四〇〇,乾隆五十七年四月庚子,中华书局,1986,第793~794页。
② 《清高宗实录》卷一四〇〇,乾隆五十七年四月乙巳,中华书局,1986,第799~800页。
③ (清)载龄等修纂《钦定户部漕运全书》卷六三,《京通粮储·支放粮米》,见顾廷龙主编《续修四库全书》第八三七册,《史部·政书类》,上海古籍出版社,2002,第350页。
④ (清)载龄等修纂《钦定户部漕运全书》卷六四,《京通粮储·支放粮米》,第20页,见顾廷龙主编《续修四库全书》第八三七册,《史部·政书类》,上海古籍出版社,2002,第363页。
⑤ 《清仁宗实录》卷三三一,嘉庆二十二年六月甲戌,中华书局,1986,第361页。
⑥ 《军机处录副奏折》,见"嘉庆七年八月二十九日浙江道监察御史泰维岳奏折",中国第一历史档案馆藏,档案号:03-1841-033。
⑦ 吕小鲜:《嘉庆十四年通州粮仓吏胥舞弊案》,《历史档案》1990年第1期。

石俱卖与灯市口义合米局吴姓自行运京。""续据宗人府查复，和郡王绵循历年余剩俸米俱卖与东四牌楼（北十一条胡同西口外路东）孙姓广聚米局，及白庙（北路西）纪姓增盛（店）碓房"①。高添凤就是这次购买米票的人。他原是通州粮仓的吏胥，历年承买米票。"向领米人每石索钱二三百至四五百文不等，放给好米并满量斛面，每石约多出米二三升"。"又于九年上开设德和米局，收买各官俸票赴仓领米，粜卖赚钱使用"。据充当中仓甲斗头役张连芳供称，高添凤是通州人，在"旧南门内居住"。有米局人收买俸票到仓领米，每石给钱二三百，或四五百文不等。他就放给新米，每石多出米二三升不等。"我承办十余年来都是如此，约每年多出米四五百石"②。

道光时，"各仓开放满汉俸米，责成各仓监督，于开斛五日之先报部，行文八旗及领俸各衙门换票支领"③。"各员俸票，多有向米铺换食细米，或卖与米铺。花户、头役多索各铺户钱文，以致逾限未领"④。时人穆齐贤记录了出卖米票兑换钱文、钱票事。"从前，三哥请余将伊应得之老米二斛，送至三盛店，卖得现钱几千文，先行使用"。二月二十七日，"德惟一阿哥来，携二姑爷应得俸米，即江米四斛一斗六升、白米十八斛五斗四升、糙白米一斛三斗、粟米十三斛，共三十七斛之俸米票单。阿哥请余将此米单转往丰昌号出售"。二月二十九日，"至丰昌号将德惟一阿哥交托之二姑爷之钤印俸米单交于萧掌柜，云欲在伊铺中变卖，伊允之。余本季俸米十四斛二斗五升，亦交与该店，得钱二十六千四百文"。九年三月初七日，"至丰昌号。余额俸米十四斛二斗五升，此季米十三斛三斗八升，另外一斛乃糙米。将俸米卖出，共卖得二十四千八百文"。八月二十六日，"入城，（德惟一）阿哥将二姑爷之俸米票单给余，请送至丰昌号交易"。九月初四日，"余至丰昌号，将二姑爷之俸米三十七斛之米票单交付，每斛给价三千二百文，共得一百十五千五百五十八文。顺便将余之俸米十四斛二

---

① 吕小鲜：《嘉庆十四年通州粮仓吏胥舞弊案》，《历史档案》1990 年第 2 期。
② 吕小鲜：《嘉庆十四年通州粮仓吏胥舞弊案》，《历史档案》1990 年第 2 期。
③ （清）昆冈等修，刘启端等纂《钦定大清会典事例》卷一八六，《户部·仓庾》，见顾廷龙主编《续修四库全书》第八〇一册，《史部·政书类》，上海古籍出版社，2002，第113页。
④ 载龄等修纂《钦定户部漕运全书》卷六一，《京通粮储·俸甲米豆》，见顾廷龙主编《续修四库全书》第八三七册，《史部·政书类》，上海古籍出版社，2002，第330页。

升五斗亦给该铺,每斛给价千九百文,共计二十六千四百文。还所欠该铺之五千文"①。此外在十年二月初一日,三月十三、十四、十七、十八日,也都记载了兑换俸米事。丰昌号在朝阳门内弓匠营,可能就是米局。可见,在旗人生活中,用米票直接兑换钱文是常事。正如近代人所称:"百官领俸米,券入手,以贱价售之米肆,而别籴肆米以给用,此固由不善治生。而京仓之花户,巧于弄法。领官米者,水土搀和,必使之不中食,而米肆所私售则上色米也。故凡得券者,亦不愿自领,米肆遂得与花户辈提其奇赢,共渔厚利,此固法之所无如何者也。"②

方式之二是放债预售。雍正二年三月,副都统觉罗佛伦讲述了放债违例牟利的事情。他称:"有一种放债长短钱者,佐领催伙同放债人,根据各佐领兵丁钱粮在此一月内所余情形,与放债人商量,在领取钱粮之前借贷,若借贷一两银钱,其利息可坐扣一百钱至二三百钱。领取钱粮之日,领催到部领回钱粮,而钱粮不到兵丁之手,即给于借贷人。"还有"开仓之前,不肖之徒伙同领催,巧买兵丁米石。若一石米以时价折算,应为一两四五钱银,但伊等在兵丁领取米石之前,只以五六钱银买下一石米,若以七八钱银买下一石米,则曰价昂贵。自闭仓后,卖米人无米时,即以一两七八钱银,或以二两银买米而食之。若无银买米时,又求领催,不论利息多贵,亦必借贷"③。"有佐领、骁骑校,但思网利,串通领催人等,指称他人名色,或于该管佐领,或于其弟兄所管佐领下,借放印子银两。有十个月扣完者,亦有十二个月扣完者,每月关领钱粮之时,勒令清偿,不许暂缓。因而将利作本,利又加利,以致兵丁生计,往往因此匮乏"④。雍正五年,顺承郡王锡保等奏称:"贾富成私买甲米,

---

① (清)松筠(穆齐贤)记,赵令志等译《闲窗录梦译编》,中央民族大学出版社,2011,第64、187、23、97、142、144页。
② (清)震钧《天咫偶闻》卷三,"东城",北京古籍出版社,1982,第68页。
③ "雍正二年三月二十六日副都统觉罗佛伦奏请禁止放债违例牟利等事折",《雍正朝满文朱批奏折全译》,黄山出版社,1998,第739~740页。
④ (清)鄂尔泰等修《八旗通志》初集,第二册,卷七十,《艺文志·奏议》,东北师范大学出版社,1985,第1352页。印子钱,也称印子银,是清代民间借贷款的一种形式。放债人发放贷款时,先将本金打折后付给借款人,即扣除利息。然后,与借贷人约定,按日归还本金,到期还完。因为每次归还都要在折子上盖一印记,所以人们就把它叫做印子钱,多属小商小贩的主要借贷方式。

放印子钱。"① "有射利之铺户、土豪人等,交结队目,广放营债,以取重利。兵丁堕其术中,借银到手,随意花费。及至领饷之时,不足以饱债主之豁壑,此实兵丁等,暗中耗费,以致窘乏之由也。"② 十二年,监察御史惠中奏称:"八旗近公署之处,开设铺面,货卖暖酒者甚多。凡该班传事之不肖兵丁,每乘间聚饮,酗酒斗殴,甚属不合。且兵丁等所赖以谋生者,惟此钱粮,或于未关钱粮时,即入铺内赊饮,既关之钱粮之后,遂还去大半,甚至将一月所得之钱粮,尽还酒铺者有之,实与兵丁生业无益。"③ 前述开设碓房商人,因旗人"交与春碾,久久习熟,竟有关米出仓,并不载运回家,而直送至碾碓,听其销算者,以致无籍奸民得以施其盘剥之计,除一石止春八斗外,或用大斗小升,多入少出,或因先借后还,贵价贱折,甚至有寄放既多乘便买尽,而飘然远遁者"。④

乾隆时,有"山东民人开铺放债,置买兵丁饷米,图取重利"。"旗下贫穷人等,因一时缓急之事,是以重利借贷,徒使牟利小人得计。因循日久,旗人生计益至窘迫,甚属无益"⑤。三年三月御史李慎奏称:"京城内外有印子钱文生理一道,多系山西人,携带重本,至京营运。其法以钱十千给人,日取钱四十文,至三百日而本利俱完。人因利钱不重,又可日用零那,故取之者众。彼图现在出放既有生息,又可兴利,故业此者多。臣详细访查,此项生理竟有四千余家,其中本大者有钱万串,次者亦有七八千串,再次亦不下三四千串。截长补短,每家可有钱五六千串。"⑥ "八旗俸饷米石逾期半月有余,甫行开放。旗人不能计日支领,大半转向铺家,加利赊借"⑦。四十四年,"杨老等乘官仓发米,向旗人

---

① (清)允禄等编《清雍正上谕内阁》第三函,内务府藏雍正九年刻本(康熙六十一年到雍正七年上谕)。
② 《清世宗实录》卷八五,雍正七年八月甲辰,中华书局,1985,第130~131页。
③ (清)允禄等编《世宗宪皇帝谕行旗务奏议》卷十二,(清)纪昀等编纂《景印文渊阁四库全书》第413册,《史部·诏令奏议类》,台湾商务印书馆,2008,第589~590页。
④ "镶红旗汉军副都统革职留任尚崇坦奏折",见中国第一历史档案馆编《雍正朝汉文朱批奏折汇编》第32册,江苏古籍出版社,1986,第218~219页。
⑤ 李洵、赵德贵、周毓方、薛虹主校点《钦定八旗通志》第一册,卷首十一,"勒谕五",吉林文史出版社,2002,第230~231页。
⑥ 《军机处录副奏折》,见"乾隆三年三月十六日御史李慎奏折",中国第一历史档案馆藏,档案号:03-0768-013。
⑦ 《清高宗实录》卷六六,乾隆三年四月丁亥,中华书局,1985,第68~69页。

第三章　市场上的粮食交易

放账□（原文字不清）利，以九百作为一千，朝借暮还，重利盘剥"①。五十九年，"米商铺户，囤积居奇，遇有兵丁等需用银钱之处，向其借贷，辄将未领米石，先期贱价押买，谓之短米，及届各仓放米之期，该铺户等，串通领催车户，及仓书斗级包揽冒领，或参佐领等素与往来，曲为徇隐，殊干严禁"②。

还有领催串通商人放债。嘉庆年间，"八旗甲兵米石多由领催串通铺户放债挟买，巧图重利"。"旗人率先豫借米铺钱文，至领米时，则由领催串通铺户汇总代领，克扣折算。及至甲兵等食米缺乏，又转向铺户，按市价买用"③。"旗人领米均交领催包办，米铺关领，除食米外，其余米即由铺户自行售卖，价值亦随便开算，并不平照市价。推原其故，皆因平日兵丁无钱，向领催挪借。领催无钱，又向米铺转借，方借钱时，即指领兵米折钱归款。在铺户见以米作抵，有恃无恐，且有重利可贪，是以允借。兵丁等但图一时借贷之利，便不计后来折算之吃亏。且既交领催包领，其车脚之多寡，市价之贵贱，皆由领催开销，兵丁亦无从细悉"。"即如近日刑部办理领催春庆与开米碓房之宋联玉一案。先因包与铺家领米，是以借给京钱四百吊，写票七百二十吊，续借三百吊，写五百吊，三分起息，是其明证"④。

更有商人预卖旗人俸米、甲米的情况。"八旗领米之领催家人赴通，直投米局歇宿，一切酒食、盘费及仓内领米使用，皆出自米局。此外，每石仍给领催一钱，名曰外续。又给家人银六分，名曰内续。各局预期私相议定米价，贵则每石不过一两二钱，平则一两，贱则八钱，其给价银成色九三钱，则八折扣算，此系向来局中买米之常价也。更有旗员于未放米前期邀同领催赴局预卖，种种受其扣克之害，若辈势众，竟成垄

---

① （清）载龄等修纂《钦定户部漕运全书》卷六一，《京通粮储·俸甲米豆》，见顾廷龙主编《续修四库全书》第八三七册，《史部·政书类》，上海古籍出版社，2002，第321页。
② （清）昆冈等修，刘启端等纂《钦定大清会典事例》卷一〇三八，《都察院·五城·囤积》，见顾廷龙主编《续修四库全书》第八一二册，《史部·政书类》，上海古籍出版社，2002，第416页。
③ 《清仁宗实录》卷二五〇，嘉庆十六年十一月丁酉，中华书局，1986，第384页。
④ 《军机处录副奏折》，见"嘉庆十九年十一月初五日监察御史王嘉栋奏折"，中国第一历史档案馆藏，档案号：03-1721-059。

断。其余卖米行店，亦不敢争买。而领米之旗员至通各局，先有接应，支借钱文，任情花费，一入其局，势不能不卖矣。及领催家人等因贪其小利，亦未有不怂恿卖与米局者。"① 这是商人结交、贿赂八旗领催及其家人，垄断收购市场。乾隆三十七年，商人陈廷鉴借出"钱八吊六分，行息后，又用钱十吊，预买得刘兴孝老米八石，按季归还"。四十年二月，他"用钱十三吊，预买得该旗陈起佐领下马甲袁宗和老米八石"。三月，他"借给正白旗汉军马甲孙四钱五十三吊，五分起息"。六月，他"借给正蓝旗汉军周大儒佐领下马甲刘福太钱二十四吊，分季还老米十六石。又借给马甲刘青太钱九吊，还老米六石"。七月，他"借给该旗马甲徐大有钱十五吊，预买老米十石，稜米五石"。山西商人李天维"借给正蓝旗满洲法宪阿佐领下护军明金，钱五十吊，约三十六个月，按月还银一两，共银三十六两，并给米二十四石。又借给正蓝旗满洲图米善佐领下领催五十四京钱十六吊，言明还钱十三吊，还稜米五石，库银六两"。大兴商人梁三"借给正蓝旗汉军佟士礼佐领下马甲佟金钱五吊，还老米二石，稜米二石"。他们"以五六分重利，借给马甲刘兴孝等钱文，又以贱价预买旗人米石库银，从中渔利，辗转盘剥"②。

嘉庆时，镶蓝旗满洲左领富尔松阿承袭之前，其父鄂福历年积欠账目十余家。三年，"凭中与平日熟识开碓房之吕三，商立合同，每季领出俸银俸米，交与吕三代还诸账"。"讯据吕三呈出合同二纸，一系指俸银变钱，代还二十三家账目。一系指俸米领出归还食米，俱系鄂福同子富尔松阿所立"③。另据步军统领英和等奏称，嘉庆八年至十年，大兴县商人赵维屏，曾"在海运仓充当挖勺头目"，与众花户俱有交往。他在东直门外菜市开铺放债。"在北新、储济二仓放账。北新仓众花户该欠赵四（赵维屏）钱一万余吊。储济仓该欠赵四（赵维屏）钱三千余吊。每逢开仓的月分，北新仓归还赵四（赵维屏）钱五六百吊。储济仓归还赵四（赵维屏）钱三四百吊不等"。"每逢放米时，将廒内米石挖出，打做天

---

① 《军机处录副奏折》，见"乾隆三十四年正月二十日掌京畿道监察御史屏治奏折"，中国第一历史档案馆藏，档案号：03-0755-035。
② 《军机处录副奏折》，见"乾隆四十年闰十月十七日福隆安奏折"，中国第一历史档案馆藏，档案号：03-0526-046。
③ 《军机处录副奏折》，见"嘉庆五年三月二十日巡视西城御史达灵阿奏折"，中国第一历史档案馆藏，档案号：03-2180-016。

堆，将好米堆在一面，次米堆在一面。有要吃好米的人，每石索要使费钱九十文"。所有欠钱"每月俱是二分或二分四厘行息"。从要好米的人那里"约计得钱二三十千吊，给众抬夫挖夫作为工食之用"①。"近来旗人领米均交领催包办，米铺关领，除食米外，其余米即由铺户自行售卖，价值亦随便开算，并不平照市价。推原其故，皆因平日兵丁无钱向领催挪借。领催无钱又向米铺转借，方借钱时即指领兵米折钱归款。在铺户见以米作抵，有恃无恐，且有重利可贪，是以允借。兵丁等但图一时借贷之利，便不计后来折算之吃亏。且既交领催包领，其车脚之多寡，市价之贵贱，皆由领催开销，兵丁亦无从细悉。而领催与铺家平时既有银钱交往，即难保无勾串分肥等弊"。例如，领催春庆包与开米碓房之宋联玉领米，"以借给京钱四百吊，写票七百二十吊，续借三百吊，写五百吊，三分起息"就是明证。②

道光时，据御史赵光称："近年通州一带，多有地匪奸商，于沿河开设银钱字号，名为大斗铺。有兴隆、万隆等号，交结粮帮丁舵及拨船水手，重利盘剥。平日称贷，专指粮到清偿，通同作弊，偷买偷卖，囤积回漕。"③ 所谓回漕，即一些商贩将京城市场上的米粮，实际是官兵出卖的漕粮，贩运出城，汇集到漕船停泊口岸，"其京城以外，天津以北，便于回漕之处"④，卢沟桥附近之黄土铺地方，"京城以外，天津以北，其米石囤积之处"⑤。"有奸商自漕船回空以后，雇觅贫民男妇，升斗肩负，零运出城，于于家卫以南及杨村一带沿途僻静村庄，洒散囤积"，⑥ 以备回漕。张瑞威称："所谓'回漕'的问题，在整个十八世纪中一直是一种谣言。笔者相信，由于北京和通州的漕米价格低廉，间被偷运回南，殊不出奇，但鉴于交通费用的高昂，加上官员的严密监察，贩运的路程

---

① 《军机处录副奏折》，见"嘉庆十九年六月初五日步军统领英和等奏折"，中国第一历史档案馆藏，档案号：03-2233-005。
② 《军机处录副奏折》，见"嘉庆十九年十一月初五日监察御史王嘉栋奏折"，中国第一历史档案馆藏，档案号：03-1721-059。
③ 《清宣宗实录》卷二四九，道光十四年二月甲子，中华书局，1986，第765页。
④ 《清宣宗实录》卷一九六，道光十一年九月丙辰，中华书局，1986，第1090页。
⑤ 《军机处录副奏折》，见"道光十一年九月初六日礼科掌印给事中王去锦奏折"，中国第一历史档案馆藏，档案号：03-3119-042。
⑥ 《清宣宗实录》卷二八四，道光十六年六月壬申，中华书局，1986，第389~390页。

不会太长而且偷运量也不可能太大。"① 据以上史料记载，回漕实际存在，但漕粮并不运回南方，只运至通州附近地区囤积，再运回京、通二仓而已。也可知凡是回漕的米粮，一般非新粮，米色不纯，破坏漕粮制度，也是制度弊端。

二 购买平粜米

雍正四年，"各仓米石平价发粜"，"今闻清河本裕仓发粜米石，奸胥恶役串通铺户，贱买贵粜，此仓卖完，又领别仓发卖，是为富户生利也"②。乾隆二十六年，有铺户"诱买无赖穷民，给予零星价值，令其赴粜。粜得之米，仍入行铺之手，聚少成多，重利可致。粜系贫民，而利归商贩，狡狯之术，禁遏宜严"③。四十年五月十六日，住在鸦儿胡同的宛平县人于二，乘附近的"广化寺内开厂平粜"之际，与山西人徐世仓商量收购稷米转贩。于二叫街坊小孩"陆续赴厂替买"，"每米一斗多给京钱二十文，于十六、十七、十八三日共买得稷米三石七斗，堆存徐世仓家"。十八日晚，于二、徐世仓"将米转卖与北药王庙地方开米粮铺的冯永吉，讲定每斗价钱二百九十二文，共钱十千零九十四文"。于二每斗赚钱五十二文。④ 官厂"平粜不过三两日，囤积已至二三石"，获利不少。⑤ 嘉庆十一年，"有牟利奸商，往往于平粜之时，私令人假作贫民分投赴厂粜买，囤积居奇"⑥。直隶献县人谢兴来京佣工，与在京赶车的枣强县人张四相识。四月三十日，"北城米厂轮粜仓麦"。谢兴买得官麦二斗，待携铺房碾磨时，路遇张四。张四告以磨面不如转卖，于是谢兴将麦转卖给张四。五月，谢兴之母郭氏"赴厂买得官麦三斗"，谢兴又卖

---

① 张瑞威：《十八世纪江南与华北之间的长程大米贸易》，载《新史学》第21卷第1期，2010年3月。
② 《清世宗实录》卷四〇，雍正四年正月癸亥，中华书局，1985，第601页。
③ （清）托津等奉敕纂《钦定大清会典事例》卷一六〇，《户部·积储》，嘉庆朝，见沈云龙主编《近代中国史料丛刊三编》第六十六辑，台北，文海出版社，1991，第7194页。
④ 《军机处录副奏折》，见"乾隆四十年五月二十日工部尚书福隆安奏折"，中国第一历史档案馆藏，档案号：03-0758-016。
⑤ "乾隆四十年五月巡视北城御史张三宾、监粜御史王麟、李殿图奏折"，见《明清档案》，中研院史语所现存清代内阁大库原藏明清档案，编号：A224~51，B125969。
⑥ 《清仁宗实录》卷一五九，嘉庆十一年三月乙亥，中华书局，1986，第46页。

给张四。随后张四"向孙蔚文铺内,赁得口袋一条,转付谢兴,令其收买。初三日该厂轮值妇女粜卖,谢兴街邻陈张氏等共买得官麦三石五斗,因无处磨面,向谢兴之母郭氏谈及,谢兴即向陈张氏等零星收买,每斗许多给京钱四十文,次日即将所买街邻官麦三石五斗,一并用口袋储好,正欲雇车拉送,即被巡查官役等拿获"。另有枣强县人石鹏,来京在王三皮作坊佣工。四月,王三令石鹏买中城平粜官米二斗,麦四斗。又叫街坊王霍氏等人代买官米。"二十一、二十五等日交给王霍氏钱文,令石鹏在途中守候,王霍氏带同伊姊吕霍氏伊女王氏,两次赴厂买米六斗"。前后"共十人赴厂买米一石。王三每斗各给钱五十文"。五月初三日,王霍氏等人仍赴厂买官米一石,行至途中,被官兵抓获。① 道光四年,京城平粜米粮时,"向有各铺户计诱贫民,雇令代买,以遂其囤积之私。更有无赖棍徒,包庇寄顿"②。可见,雇贫民、流民、妇女等人,零星赴厂买粜米,然后再从他们手中收买,集中起来囤积,待价转贩,也成为商人收购平粜米的一种方式。

三 贩卖麦豆杂粮

顺治六年,巡仓御史称:"漕粮、杂粮起卸,原各有地,如通州东门外,天下漕粮毕集之所。"③ 康熙时因为仓储粮没有麦子,④ 市场主要依靠商人从口外运入小麦、小米,⑤ 也从豫、东二省贩入麦子。⑥ 乾隆时,更是如此。京师市场的麦子,"大半由豫、东二省,商贩前来,以资民食"⑦。有官员调查,在通州东关有永茂、永成、福聚、涌源四大堆房,堆储张圣如等二百二十余家商人,从各处贩来的小麦五十三万九千余石,

---

① "嘉庆十一年五月十八日刑部奏折",见中研院史语所藏明清史料,序号:181279-001。
② 《清宣宗实录》卷六五,中华书局,1986,道光四年二月乙巳,第22~23页。
③ 雍正《漕运全书》卷十八,《京通粮储·历年成案》,见北京图书馆古籍出版编辑组编《北京图书馆古籍珍本丛刊》055,《史部·政书类》,书目文献出版社,1989,第430页。
④ "乾隆十八年,改征小麦,运京仓"。《清史稿》卷一二二,《食货志》,中华书局,1977,第955页。
⑤ 《清圣祖实录》卷二四〇,康熙四十八年十一月庚寅,中华书局,1985,第393页。
⑥ 《清圣祖实录》卷二六八,康熙五十五年五月壬申,中华书局,1985,第634页;《清圣祖实录》卷二六九,康熙五十五年六月丁巳,中华书局,1985,第637页。
⑦ 《清高宗实录》卷一〇五四,乾隆四十三年四月癸巳,中华书局,1985,第81页。

陆续卖给京城，及通州本地铺户。① "近京地方高粱、谷、豆将次登场。数日来天气晴霁，道路渐就干燥，杂粮得以挽运到京"②。小米由商人从口外，即张家口、古北口、喜峰口、热河一带，及山东、河南等地贩入。嘉庆六年，"杨正楷、王万全俱籍隶山西，向在广宁门内开设粮铺。又有山西人任峙向在广宁门外开设粮铺生理，陆续收买米石，以备零星转卖"③。通常这些麦豆杂粮，先运到通州等粮食集散大市场，然后京城的粮铺从贩运商那里购买，再由粮铺、杂粮铺，或批发兼零售，或零售卖给以面、杂粮为主食的京城百姓。

此外，还有沿胡同、街巷挑担贩卖粮食的小贩。乾隆"地方有此零星贩卖之人，则街衢巷陌，俱可以食官米之利，而市米不能坐索高价矣。市米之价平，而嗷嗷人口可以无忧艰食矣"。"内外城碓房不下千余所，率每日买米舂碓，肩挑出门，沿街货卖，少藉余利，以资糊口。而民间买米之人，有离厂遥远，老幼妇女，每藉小贩到门，就便买食。此等小铺正须有米舂碓，然后米仓流通，价不昂贵。且皆系本少利微，原无多囤居奇之事"④。"串米，穿街叫喊，北城居多，因有俸米也"⑤。此等小商贩也可以赚得少量利润。

第三节 谋利方法

一 赚取差价

粮商赚取差价的方法，第一，低价收购俸米、甲米，高价出售。雍

---

① 《查办堆房堆贮客麦疏》，乾隆四十三年刑部尚书胡季堂、户部侍郎金简奏折，见乾隆《通州志》卷之十，《艺文·疏议》，清乾隆四十八年刻本，第 23~27 页。
② 《军机处录副奏折》，见"乾隆三十二年闰七月二十二日舒赫德奏折"，中国第一历史档案馆藏，档案号：03-0865-074。
③ "嘉庆六年十二月十一日步军统领明安等奏折"，见中研院史语所藏明清史料，序号：159166-001。亦见《军机处录副奏折》嘉庆六年，无名人奏折，中国第一历史档案馆藏，档案号：03-2431-056。
④ 乾隆官修《清朝文献通考》卷三十六，"市籴五"，浙江古籍出版社，2000，考5187~5188条。
⑤ 燕归来簃主人辑《燕市负贩琐记》，张江裁编，李淑贞等编辑《丛书集成三编》第83册，《史地类·都会》，台湾新文丰出版公司，1997，第509页。

正时,"每年开仓放米之时,铺户贾人俱纷纷买米积贮,俟价昂时籴卖,颇有碍于兵丁生计"①。"老米每石官价银一两,市价至一两六七钱不等。粟米每石官价银六钱,市价至一两一二钱不等"②。商人可以从每石老米、粟米中赚取差价银六七钱不等。"铺户所买官米,除捣碓折耗人工费用外,每石照官价量加银一二钱,押柴发卖"③。如果减去粗米捣碓折耗和人工费用,铺户大概每石可获得米市价比官价所高的四钱。乾隆三年"四月开仓时,每米一石价不过制钱七八百文"。开仓之后,"现今市价每米一石已值制钱一千三四百文不等,较之从前每石约贵制钱五六百文"④。商人可以取得差价每石约制钱五六百文。十六年二月,"京师现在米价,老米每石一两六钱五分。稷米、仓米每石一两五钱五分。老米尚不甚贵,且买食者少。稷米、仓米买食者多,时价稍贵。请照乾隆十三年例,酌减定价。每石老米一两四钱,稷米、仓米一两二钱,银钱兼收,收钱易银解部"⑤。老米每石差价银二钱五分。稷米、仓米每石差价银三钱五分。同年,提前发放秋季官兵俸米、甲米。放米后,"市价每石减四五钱不等"⑥。说明开仓之前与之后米价差约银四五钱。三十七年五月,"据吉梦熊奏报粮价单,麦价较上月减一钱,面价减一文,而高粱则较上月增一钱,黑豆增一钱五分,所增之数,转浮于所减,此乃奸商居奇垄断,其居心甚为可恶"⑦。麦子每石差价银一钱。面价每斤差价制钱一文。高粱每石差价银一钱。黑豆每石差价银一钱五分。四十年五月,宛平县人于二,叫街坊小孩"陆续赴厂替买","每米一斗多给京钱二十文","三日共买得稷米三石七斗"。于二等人"将米转卖与北药王庙地方开米粮

---

① (清)允禄等编《世宗宪皇帝谕行旗务奏议》卷一,(清)纪昀等编纂《景印文渊阁四库全书》第413册,《史部·诏令奏议类》,台湾商务印书馆,2008,第483页。
② "雍正无年月日巡视中城掌浙江道监察御史臣杨士鉴奏折",见中国第一历史档案馆藏,《雍正朝汉文朱批奏折汇编》第33册,江苏古籍出版社,1986,第354页。
③ "雍正无年月日巡视中城掌浙江道监察御史臣杨士鉴奏折",见中国第一历史档案馆藏,《雍正朝汉文朱批奏折汇编》第33册,江苏古籍出版社,1986,第354页。
④ 《军机处录副奏折》,见"乾隆三年七月十三日鸿胪寺少卿查斯海奏折",中国第一历史档案馆藏,档案号:03-0735-025。
⑤ 《清高宗实录》卷三八三,乾隆十六年二月癸未,中华书局,1986,第30页。
⑥ "乾隆十六年七月二十三日和硕履亲王允祹等奏折",见台北"故宫博物院"编辑《宫中档乾隆朝奏折》第1辑,台北"故宫博物院",1982,第229页。
⑦ 《清高宗实录》卷九〇九,乾隆三十七年五月己未,中华书局,1986,第174页。

铺的冯永吉，讲定每斗价钱二百九十二文，共钱十千零九十四文"。于二每斗赚钱五十二文。① 五十二年六月，"兹据五城等处，呈报实在粮价，每粗稉米一仓石，制钱一千五百四十文，今较市价酌减一百文"②。七月，"按所报实在中等时价，豫麦每石大制钱二千五百三十文，令酌减一百三十文。奉（天）麦每石大制钱二千三百八十文，今酌减一百八十文，交铺户照粜米章程，一体出粜"③。粗稉米差价制钱每石一百文。河南运京麦每石差价制钱一百三十文。奉天运京麦每石差价制钱一百八十文。"官兵支领俸粮，甫经出仓，或以急用需银，或以车脚未便，立即转卖，以至尽落行贩之手，私囤暗聚，平时既藉称丰歉，低昂价值。又复窥伺将及关米之时，故为大减其价，以贱买现关之米，一过关米，遂任意腾贵。五城内外，大小行铺，同风相应，兼之通衢僻巷，多设碓房，既收春斛之利，更为敛囤之区"。"附京远近之旗民，以及外来之游食百工、官丁、诸色人等，并非买食黍粟菽米，俱系口食老米、稉米。此二色米于在京行铺市价，绝无关涉，乃伊等并无越疆隔省，水陆载运之劳，只于官兵转行售卖之米，盘取剥利"④。嘉庆五年，"查京城现在粮价，每粳米一石，市价制钱一千九百文，今酌减制钱二百文，以一千七百文出粜。所有市麦价每石制钱二千八十文，今酌减制钱二百八十文，以一千八百文出粜"⑤。粳米每石差价制钱二百文。麦子每石差价制钱二百八十文。六年，"八月二十四日，有通州义盛号米铺人董四买我粗米二十石。公义号米铺人施姓，买我粗米二十石，俱每石价钱三千五百文。广义号米铺人张姓，买我粗米十八石，每石价钱四千二百文，给了发帖三张"⑥。"听其贱卖于

---

① 《军机处录副奏折》，见"乾隆四十年五月二十日工部尚书福隆安奏折"，中国第一历史档案馆藏，档案号：03-0758-016。
② 《清高宗实录》卷一二八二，乾隆五十二年六月辛亥，中华书局影印本，1986，第187页。
③ 《军机处录副奏折》，见"乾隆五十二年七月二十七日留京王大臣永琅等奏折"，中国第一历史档案馆藏，档案号：03-0765-036。
④ 乾隆官修《清朝文献通考》卷三十七，"市粜六"，浙江古籍出版社，2000，考5197~5198。
⑤ （清）祁韵士：《奏平粜米麦折》，嘉庆五年闰四月初四日，见《己庚编》卷下，"振绮堂丛书"，载新文丰出版公司编辑《丛书集成续编》第五〇册，《社会科学类·财政》，台北，新文丰出版公司，1989，第592页。
⑥ 《军机处录副奏折》，见"嘉庆六年八月二十六日步军统领明安等奏折"，中国第一历史档案馆藏，档案号：03-2431-036。

前，贵买于后，辗转折耗，无怪生计日形穷蹙"①。道光四年，台湾"米多价贱"，政府招募商人运米，"鹿耳门、鹿子港两处米价，每石二两六七八钱不等。淡水一处米价每石二两四五钱不等。脚价每石俱六七钱不等"。官为收买"每石以库平纹银三两六钱为率"②。以粳米估算，政府收购价比台湾鹿耳门、鹿子港两处米价每石多一两左右，比淡水米价每石高一两一二钱，减去运费，商人运米每石约可得五六钱左右。十一年九月，御史韩大信奏称，北新仓退役花户张凯，勾结该仓现任花户刘太等人通同舞弊，"将好豆用水侵坏，任意搀合搭放。领豆者因不堪食用，令其更换"。张凯"又指赴宣武门内玉皇阁地面开通泰碓房之张三处，商酌领取。及到碓房，张三又复多方勒折，巧为扣算"。"以在仓之豆，大钱不过八百余文，欲换伊碓房好豆，总须大钱二千四百余文，统计仓豆须三石方换伊碓房好豆一石"③。他们每石获利大钱约一千六百文。

其次是利用平粜仓米，赚取平粜米价与市场价之差。乾隆三年三月，有官员发现"发米日多，而市价并不稍减，转或加增，其中必有居奇之人，籴买官米，展转粜买，获重利以肥身家"④。四月，因"有奸民图利，串通胥役，转相贩卖，甚至运往通州，售为烧锅之用"。发生"离厂稍远之贫民，奔赴稍迟，即不得升斗，且有守候终日，忽然停止粜卖，贫民含怨空回"。步军统领鄂善、侍郎讬时即时将这类商贩查拿。政府将"不能督率司坊等官，亲加查察，一任弊端叠出，怠玩已极"的官员"交部严加议处"⑤。给事中马宏琦奏称："五城各厂日粜粳米仅一二石，而气头廒底减色之米，粜至百余石。此米舂碓折耗价，与粳米无异，而出粜较多者，缘粳米向有囤积，严禁各官规避处分，不许多粜。小民守候终日，不得升斗。是欲禁囤积，而奸民愈得居奇。夫平粜本为拯穷，莫若使穷民以所粜之余，零星售卖，街衢巷陌，俱食官米之利。"政府有

---

① 《清仁宗实录》卷二五〇，嘉庆十六年十一月丁酉，中华书局，1986，第384页。
② （清）载龄等修纂《钦定户部漕运全书》卷七四，《采买搭运·采运米石》，见顾廷龙主编《续修四库全书》第八三七册，《史部·政书类》，上海古籍出版社，2002，第546页。
③ "道光十一年九月十二日御史韩大信奏折"，载《历史档案》1994年第3期。
④ 王先谦：《东华全录》乾隆三年三月乙卯，见《清东华录全编》第六册，学苑出版社，2000，第93页。
⑤ 《清高宗实录》卷四一，乾隆二年四月丁丑，中华书局，1985，第733页。

关部门官员议论后，认为，"内外城碓房不下千余所，每日舂碓挑卖，凡民间离厂稍远老弱妇女，每藉小贩到门买食。若官米不许转卖，则价值更昂"。所以决定"嗣后囤积至四五十石，及买作烧锅之用，俱行严禁。其肩挑背负不过数石者，概免查究。盖禁囤户，亦必筹民食，并非私盐四十斤之比也"①。"每日买米者，千百成群，甚之妇女孩童，沿街穷乞，半系铺户之所催觅，积升成斗，积斗成石，循环运转，好米尽归铺户。虽禁其明买，而实不能禁其暗收。且买米者私售于铺户，既已多增价值，至铺户转卖于人，又复加倍增添。此价之所以辗转高昂而不能下也"②。商人每次雇妇女孩童赴平粜厂买米，再从她们手中收购，将零集整，再抬价转贩。乾隆八年六月，前述在朝阳门外新桥地方，开杂粮米铺的山西汾州府汾阳县民周二说："本月十六日，有街坊魏二、孙成蛟陆续在弥勒寺官米局买了官老米五石，卖给小的。小的共给了他们价钱十吊。小的将米零星卖出去了，每石赚大钱五十余文。"第二天，在齐化门外新桥龙王庙地方居住的大兴县民康白子，"约会街坊，同到弥勒院官米厂内，每人买了二斗老米，每斗使钱一百八十文，回家归并了一石四斗"。也卖给周二米铺，说好价钱"二千八百钱"。但周二说，每石二千钱。③尽管周二与康白子所说价格不同，但周二米铺从各街坊人中所购老米，再出售，肯定能赚取不少钱。道光四年二月，"据京城现报粮价，粳米每石银二两七钱，合计制钱二千七百文。今请酌减制钱八百文，以一千九百文出粜。稷米每石银二两五钱，合计制钱二千五百文。今请酌减制钱一千文，以一千五百文出粜"④。在市场上，商人每贩卖一石粳米，即可得制钱八百文；贩卖一石稷米，可获得制钱一千文。尽管平粜价格与市场差价并非全部由商人所得，但可以肯定的是，商人能够从中赚取一部分，或者大部分获利，这主要得益于平粜米价与市场米价的差额。

---

① （清）王庆云：《石渠余纪》卷四，纪五城米局（八旗米局附），北京古籍出版社，1985，第189页。
② "雍正无年月日巡视中城掌浙江道监察御史杨士鉴奏折"，见《雍正朝汉文朱批奏折汇编》第33册，江苏古籍出版社，1986，第354页。
③ "乾隆八年六月十八日舒赫德奏折"，见《明清档案》台湾中研院史语所现存清代内阁大库原藏明清档案，编号：A123~64，B69257~69258。
④ 《军机处录副奏折》，见"道光四年二月初四日协办大学士户部尚书英和等奏折"，中国第一历史档案馆藏，档案号：03-3362-012。

二 赚取利息

粮商赚取利息，即预先支付给贷款人银两，待其后期还账，从中赚取利息。雍正五年五月，总查仓事务御史殷式训奏称，"通州历来有放债之人，盘剥取利，实为漕运之蠹"。盘剥对象是旗丁，"将六、七当十，又加重利之银，成千累百，保借入手，随意花费，及至债主逼迫展转推延，惟思盗卖偿还"。"查京、通各仓皆有放债之人，昔年亦有盗卖还债之事"。"现在所领脚价等银，多填此种豁壑，竟有祖父保借之债，子孙尚在受逼偿还，一本数十利，犹不能清者"。放债则是"有势力之人，或称世宦大家本银，盘踞近地，惟图利己，不顾害漕"①。正如有人指出的，在漕米进京之前，已有漕丁预先支取铺户商人的银两，同意以漕船回空之余米抵完铺户垫付，与商人形成较为固定的以赊贷为形式的债权和债务关系。②

乾隆三年三月，有御史奏称："京城内外有印子钱文生理一道，多系山西人，携带重本，至京营运。其法以钱十千给人，日取钱四十文，至三百日而本利俱完。人因利钱不重，又可日用零那，故取之者众。彼图现在出放既有生息，又可兴利，故业此者多。"据调查"此项生理竟有四千余家，其中本大者有钱万串，次者亦有七八千串，再次亦不下三四千串。截长补短，每家可有钱五六千串"③。其三百天利率达20%，还属于"利钱不重"。四月，陕西道御史常龄疏称："八旗俸饷米石逾期半月有余甫行开放。旗人不能计日支领，大半转向铺家，加利赊借。"④ 四十年，有陈廷鉴、山西民人李天维、大兴县民梁三，重利放债。他们先后借给镶白旗汉军马甲刘兴孝钱"八吊六分。行息后，又用钱十吊预买得刘兴孝老米八石，按季归还"。"又用钱十三吊，预买得该旗陈起佐领下马甲袁宗和老米八石"。"借给正白旗汉军马甲孙四钱五十三吊，五分起

---

① "雍正五年五月二十五日总查仓事务御史殷式训奏折"，见中国第一历史档案馆编《雍正朝汉文朱批奏折汇编》第9册，江苏古籍出版社，1986，第846页。
② 刘凤云：《俸米商业化与旗人身份的错位——兼论商人与京城旗人的经济关系》，载《中国人民大学学报》2012年第6期。
③ 《军机处录副奏折》，见"乾隆三年三月十六日御史李慎奏折"，中国第一历史档案馆藏，档案号：03-0768-013。
④ 《清高宗实录》卷六六，乾隆三年四月丁亥，中华书局，1985，第68~69页。

息"。用钱七千五百文，买得镶白旗"马甲刘大顺库银一分五两，系步甲金大做保"。"借给正蓝旗汉军周大儒佐领下马甲刘福太钱二十四吊，分季还老米十六石。又借给马甲刘青太钱九吊，还老米六石"。七月，"借给该旗马甲徐大有钱十五吊，预买老米十石，稜米五石"。"以五六分重利借给马甲刘兴孝等钱文，又以贱价预买旗人米石库银，从中渔利，辗转盘剥"。另有李天维"借给正蓝旗满洲法宪阿佐领下护军明金，钱五十吊，约三十六个月，按月还银一两，共银三十六两，并给米二十四石。又借给正蓝旗满洲图米善佐领下领催五十四京钱十六吊，言明还钱十三吊，还稜米五石，库银六两"。梁三借"给正蓝旗汉军佟士礼佐领下马甲佟金钱五吊，还老米二石，稜米二石"。此外，他们"俱有零星借放重利钱文，及典买米石、库银等项，不可胜数"①。四十四年，"杨老等乘官仓发米，向旗人放账□（取?）利，以九百作为一千，朝借暮还，重利盘剥"②。一天的借贷利率为11%。政府严行示禁，违禁予买者责处，用过铺户银钱不准偿还，所有参与者各治罪。③，并且令兵丁所"用过铺户银钱，不准偿还"④。

前述在嘉庆八年至十年，充当海运仓挖勺头目的赵维屏，后来辞了夫头，仍在仓当差。其父赵吉在世时，开设了"大恒号放账局子，在东四牌楼"。另"一个永利钱铺，在北新桥，共有本银二三万两"。以后赵维屏继承钱铺和账局。他伙同别人开庆和当铺一座，"入本钱京钱三万吊"。将大恒号账局挪到庆和当铺内，改名为永合堂账局。后来因放账利息比开钱铺高，他便把永利钱铺关了，将本钱归并在永合堂账局内。之前他开设过永兴钱铺一座，后关闭。永兴钱铺原有"永怀堂账局，本钱京钱三万吊"，因钱铺已关，"连本带利共京钱四万七千吊，也并入永合

---

① 《军机处录副奏折》，见"乾隆四十年闰十月十七日福隆安奏折"，中国第一历史档案馆藏，档案号：03-0526-046。
② （清）载龄等修纂《钦定户部漕运全书》卷六一，《京通粮储·俸甲米豆》，见顾廷龙主编《续修四库全书》第八三七册，《史部·政书类》，上海古籍出版社，2002，第321页。
③ （清）载龄等修纂《钦定户部漕运全书》卷六三，《京通粮储·支放粮米》，见顾廷龙主编《续修四库全书》第八三七册，《史部·政书类》，上海古籍出版社，2002，第351页。
④ （清）托津等奉敕纂《钦定大清会典事例》卷一五六，《户部·仓庾》嘉庆朝，见沈云龙主编《近代中国史料丛刊三编》第六六辑，台北，文海出版社，1991，第6979页。

堂账局内",归并账局后已经有十余年了。他放账间有二分利息的,但印子钱居多,因印子钱利息最多。他说:"近年因仓内打天堆的人夫,并无工食,所以向关好米的人索钱,每季打天堆二十余日,人夫四五百名,每名每日只不过京钱二三百,仅谷食用,不能再少。开除之外余剩的钱每季实止京钱四五十千文,或一二十千文,是我使用。"① 嘉庆十九年,御史王嘉栋奏称,"近来旗人领米均交领催包办,米铺关领,除食米外,其余米即由铺户自行售卖,价值亦随便开算,并不平照市价"。"皆因平日兵丁无钱向领催挪借,领催无钱又向米铺转借,方借钱时即指领兵米折钱归款。""近日刑部办理领催春庆与开米碓房之宋联玉一案,先因包与铺家领米,是以借给京钱四百吊,写票七百二十吊,续借三百吊,写五百吊,三分起息,是其明证"。又揭发"内城有西人开设饭食、布货等铺,专放旗债,每制钱七八百文折银一两,甚至有对扣者,名为指买钱粮。每逢卯期借主偕本人同往支领,即以所领之银抵款归结。兵丁无钱,只得又借下月钱粮,克复如前,积习相沿,为累滋甚"②。

第四节 粮行经纪

在京各行皆有经纪,也称牙行,在粮食交易中起到中介作用的经纪,称粮行。不同种类的粮食有不同的粮行,例如:米行(或称为斗行)、杂粮行、白米行等,主要分布在五城,在内城米行经纪比较多。③ 杂粮行等经纪,主要为外来粮商与本地粮商说和粮价。在京城"客商贩运米豆,皆须投托牙行"④。乾隆时,京城粮行分别上中下三则,"顺天府督粮通判册开","经纪共一千七十二名,共征牙行税银一千八百两五钱,解交直隶布政司"。大兴两县牙行上中户"共征行税银二千二百两有零"。宛平县牙行上中户"共征行税银二千三百两有零"。"牙行经纪给

---

① 《军机处录副奏折》,见"嘉庆十九年六月十四日",中国第一历史档案馆藏,档案号:03 - 2233 - 023;03 - 2233 - 024。
② 《军机处录副奏折》,见"嘉庆十九年十一月初五日监察御史王嘉栋奏折",中国第一历史档案馆藏,档案号:03 - 1721 - 059。
③ "乾隆十六年七月二十日顺天府府尹颜汝修奏折",见台北"故宫博物院"编辑《宫中档乾隆朝奏折》第1辑,台北"故宫博物院",1982,第192页。
④ 《清高宗实录》卷一六六,乾隆七年五月壬戌,中华书局,1985,第97页。

发行帖，钤盖印信，有名可考，有册可稽，有数可查，有额可征。此之谓行税"①。如果按直隶粮行1072名，征银1800.5两，估计大兴县粮行一千三百余人，宛平县一千三百七十余人。尽管大兴、宛平的经纪不一定都在京城内外，但是内外城粮食交易量大，需要的经纪人应当很多。据户部左侍郎署步军统领英廉调查：在正阳门和东直门外，京城最大的牙行和铺户等大商人，"每月于附近庙中会议一次"，商量给粮食定价。②粮商贩运粮食，先在通州聚集，这里已经成为京城外围的主要粮食市场，具有集散、批发和零售于一体的功能，有大粮食堆房，粮商或自己运粮到京城，或等待京城大粮铺前来批发，所以通州的粮行也应当不少。

政府设立牙行，并向其收税。"向例在京各项经纪一牙一帖"，"复定为五年编审一次，将各牙实在情形，查明报部"③。"直隶米行经纪，谓之斗行，择诚实乡民报充，官给印斗，评价过斛，市集人多，不能违众把持，民情称便"④。乾隆"三十年议准，凡在京各牙行领帖开张，五年编审一次，通融抵补，给帖输税"⑤。

粮食交易没有经纪不行，但经纪存在也有一些弊病。经纪与官员勾结偷盗、贪污仓米。前述康熙时通州中南仓长于德瑞盗米案中，盗出白米，经冯二卖给宣武门外的米铺。"冯二系卖米经纪人"，将盗出白米的样本交米铺查看。⑥雍正时，仓场总督李瑛贵勾结通州经纪宛君甫等五人。李瑛贵令宛君甫等十个经纪头目，在大通桥设局，"立柜收钱。除每船要仓买钱两吊八百文外，又要钱一千二百余文"。同时，"每船看米多寡要钱，四千、三千、二千不等"。因当年米石进仓比往年迟至两月，他要求经纪"每船多要钱八千余文"，命大通桥立柜"每船要仓费二千八

---

① 《军机处录副奏折》，见"乾隆六年二月十三日户科掌印给事中邵锦涛奏折"，中国第一历史档案馆藏，档案号：03-0628-008。
② 《清高宗实录》卷八四三，乾隆三十四年九月是月，中华书局，1986，第267页。
③ 乾隆官修《清朝文献通考》卷三十二，"市籴一"，浙江古籍出版社，2000，考5151条。
④ 《清高宗实录》卷六八六，乾隆二十八年五月辛未，中华书局，1986，第689页。
⑤ （清）托津等奉敕纂《钦定大清会典事例》，卷一九七，《户部·杂赋》，嘉庆朝，见沈云龙主编《近代中国史料丛刊三编》第六辑，台北，文海出版社，第9127~9128页。
⑥ "康熙五十五年九月十四日步军统领隆科多奏折"，见中国第一历史档案馆编《康熙朝满文朱批奏折全译》，中国社会科学出版社，1996，第1142页。

百文，并经纪盘费雇人钱一千二百文"。将八十千钱送到他家。① 设在灯市口大街镶白旗的米局，"听凭米局五品官冯骁，任意赊与铺家米石值银一千余两，内二百七十余两有票帖，九百余两无票帖，只信经纪"。②

乾隆时，在直隶歉收地方，有粮食正常流通，但"各处奸牙，闻此风声，并非水次，曾无外贩，亦复故昂其价，而附京附省为尤甚"。"此等奸牙囤户，风闻邻省需米，借端昂价，冀以居奇牟利，实属可恶"③。也有御史奏称，京城百姓食粮，藉俸、甲卖出流通，"于是市胥牙侩贱买贵卖，既得居奇"。每有狡黠铺户，"勾串领催及在仓斗级人等，非以米色低潮，即以车脚昂贵，多方哄诱，务令贱值售与，或密行囤积，或四出获利，奸商内外把持"，致京城米贵。④ 政府下令对"奸商牙贩囤积居奇，抬价病民者，自应严加查察随时惩治"⑤。嘉庆时，在京城广渠门和东便门内粮店陆续买米，凭经纪赵五、邓四，评价贩卖，包送出城，至河西务等处。⑥

小 结

综上所述，可以看出当时京城内外从事粮食买卖活动的商人主要是山东、山西省人，嘉道以后，有部分河北省商人，特别是本地宛平、大兴的商人参与其中。他们主要建立碓房、米局、米铺，经营以稻米类为主，还有麦子及各类杂粮。粮商利用旗人出售俸米、甲米，和政府平粜仓米的方式，收购仓谷，同时也向官兵放债或预付款项，然后兑换成米粮。"本朝轻薄徭税，休养生息百有余年，故海内殷富，素封之家，比户

---

① "雍正元年八月初一日多罗贝勒阿布兰等奏折"，见中国第一历史档案馆编《雍正朝汉文朱批奏折汇编》第1册，江苏古籍出版社，1986，第745~747页。
② "雍正九年二月十六日镶白旗汉军副都统補熙奏折"，见中国第一历史档案馆编《雍正朝汉文朱批奏折汇编》第19册，江苏古籍出版社，1986，第1027页。
③ 《清高宗实录》卷七六八，乾隆三十一年九月丁丑，中华书局，1986，第431页。
④ 《军机处录副奏折》，见"乾隆五十二年五月十七日左副都御史刘权之奏折"，中国第一历史档案馆藏，档案号：03-0765-020。
⑤ 《军机处录副奏折》，见"乾隆五十二年六月八日镶蓝旗满洲都统永琅等奏折"，中国第一历史档案馆藏，档案号：03-0765-024。
⑥ 《军机处录副奏折》，见"嘉庆十八年五月初十日步军统领吉纶等奏折"，中国第一历史档案馆藏，档案号：03-1848-040。

相望，实有胜于前代。京师如米贾祝氏……"① 其实米贾祝氏并非因清朝税轻而成，相反祝氏在明代就是巨富了，清代没有出其右者。② 可见，清代前期政府对粮商囤积粮食数量的限制，使他们无法成为明代那样的巨富粮商。正如李明珠指出的，"在粮食贸易上皇帝绝对不会允许颇具影响力和财力的大粮商出现"③。但是，清代京城虽未出现巨富大粮商，却有众多小商人参与，商籍范围扩大了，也是明代不能比拟的。

  粮食交易中的经纪人，在带给购粮人方便之时，也是违法的主要参与者，可见粮食交易中的经纪人，在市场上的作用是利弊两方面的。

---

① （清）昭梿：《啸亭续录》卷二，中华书局，1980，第434页（生于乾隆四十一年，卒于道光九年）。
② （清）震钧：《天咫偶闻》卷六，外城东，北京古籍出版社，1982，第153页。《宸垣志略》谓在先农坛西；《藤阴杂记》谓在安定门西，皆非也。作者咸丰七年生，民国九年卒。
③ 〔美〕李明珠：《华北的饥荒——国家、市场与环境退化》，石涛、李军、马国英译，人民出版社，2016，第214页。

第四章 市场粮价分析

在清代前期长达196年的时间里，市场粮价有较长期的变动趋势，但由于数据记载资料缺失，本节无法将数据制作成统一表格，只能分时段进行统计。

第一节 康熙时期

一 数据质量分析

（一）康熙四十三年至四十九年及六十年粮价

一般来说，"粮价奏报持续了二百多年，其真实性与皇帝本人和地方官吏的重视程度息息相关"①。康熙帝最关心粮价数据的准确性，关注粮价是不是涨了的问题，所以这里对粮价可靠性的考察，也是以康熙帝的认识为准。四十三年二月，"京城米价腾贵"。②九月初二日，胤祉等报粮价称："臣等遣人往市肆访问，言粮价大跌，较前甚贱。"康熙帝回答："粮价较朕所闻相差甚多，为何？又闻干麦面每斤十四钱。"③九月初八日，胤祉等又奏报："臣等所奏粮价，仓斗值数，集市现行斗大小各异。再者，精米与粗米价亦异同。想其中稍有误差耳。"康熙帝并不满意，要求："再行写明粮、面价报来。"④九月十四日，胤祉等"遣人往正阳门外大米铺，及皇城内外米铺、市肆小面米铺等地访问，各地大同小异"。康熙帝仍然不太相信，他"问送果品库使，言干面十六钱、切

---

① 王玉茹、罗畅：《清代粮价数据质量研究——以长江流域为中心》，载《清史研究》2013年第1期。
② 《清圣祖实录》卷二一五，康熙四十三年二月丙申，中华书局，1985，第182页。
③ "康熙四十三年九月初二日胤祉等奏报粮价折"，见中国第一历史档案馆编《康熙朝满文朱批奏折全译》，中国社会科学出版社，1996，第342页。
④ "康熙四十三年九月初八日胤祉等奏报粮价情形折"，见中国第一历史档案馆译编《康熙朝满文朱批奏折全译》，中国社会科学出版社，1996，第342~343页。

面十四钱等语。这因何异样？著问之"①。从此时开始，由康熙之子胤祉、胤禛、胤祺、胤祐、胤禩、胤禟、胤祹、胤祯八人共同奏报粮价，粮食取样地点十分详细，其中有内城中的东四牌楼、西四牌楼、皇城内、正阳门外和市肆小面米铺等各市场的粮价。刚开始胤祉等的奏报有些不认真，但康熙帝非常注意粮价，反复询问之后，胤祉等不再敷衍奏报了，所以重新恢复的粮价数字可靠性比较强。四十五年八月十二日，对胤祉等奏报京城内外粮价数字，康熙帝又提出问题："今年收成十分，而粮价为何不贱？尔等其详细打听报来。"回报称："询问此前米价不减情由，据商人言：正当秋禾收割之间，欲争粮价，故如此耳，别无他故。今割禾将完，故现粮已跌落，以后又减价。"另一方面，胤祉等又"遣人问仓场大臣富宁安等：今年粮米甚好，但各类粮价仍不减，其故何在？据富宁安等详称：粮船久未至，今正急调船来，故无商船输运民粮。再此地新禾虽割，但仍未打竟，故以前数日粮价不减"②。由此可见，胤祉等粮价奏报的数据还是可信的。四十六年七月二十一日，胤祉等奏报粮价时不仅说明麦价稍涨，且说明了解的原因。"惟麦价稍涨，问其缘由，言今值诸粮入仓之际，且逢雨季，租车钱加增，故麦价随之稍涨"。康熙帝又问："今年麦子大收，朕亲眼所见，今为何反而涨价？著尔等详查奏来。"③ 胤祉等复报："臣等即遣人往京城内外粮铺访问，据商人等言：今年六月初旬收麦之际，麦价甚贱。六月末七月初，正值雨季，道路泥泞，车辆租价，稍有增加。再每年秋粮收获前些，我等商人必争麦价，这半余月麦价必稍涨。今秋粮尽收，道路复干，麦价从此渐跌。""现麦时价，较前下跌，每仓石银九钱八分，亦有九钱五分者。据众商言：自今往后，不仅麦价，诸粮价值，亦将渐跌。"康熙帝批道："对于此事，朕有所怀疑。"④ 应该说，各位皇子认真调查详细奏报，但康熙并非只听汇报，还有自己的思考。而

---

① "康熙四十三年九月十四日胤祉等奏折"，见中国第一历史档案馆译编《康熙朝满文朱批奏折全译》，中国社会科学出版社，1996，第343页。
② "康熙四十五年八月十二日胤祉等奏报京城内外粮价折"，见中国第一历史档案馆译编《康熙朝满文朱批奏折全译》，中国社会科学出版社，1996，第452页。
③ "康熙四十六年七月二十一日胤祉等奏报审案并粮价情形折"，见中国第一历史档案馆译编《康熙朝满文朱批奏折全译》，中国社会科学出版社，1996，第532页。
④ "康熙四十六年七月二十九日胤祉等奏报麦价上涨缘由折"，见中国第一历史档案馆译编《康熙朝满文朱批奏折全译》，中国社会科学出版社，1996，第535页。

且他的粮价数据来源也是多方面的，所以不易被下人蒙蔽。以下就是最好的例子。四十八年十一月，康熙帝问大学士："今京城米价甚贵，朕闻小米一石，须一两二钱。麦子一石，须一两八钱。"① 十二月初四日，又问："近日京中米价贱贵，不知何故？尔细细访察奏闻。"直隶巡抚赵弘燮奏报："闻京城开放官米，米价就贱。""将二月放米之期，暂改放于十二月一次，则客米既来，官米又放，米价自必平贱，而京城千百万生民，俱沐皇恩无尽矣。"② 四十九年六月二十二日，康熙又命胤祉等奏报粮价。胤祉等不仅具体调查了粮价，而且说明了原因。"臣等遣人往京城内米铺访问粮价，东西四牌楼、南城粮价大约相同，皇城内粮价稍贵，故将米价为何不降，如此昂贵缘由，详问铺人。铺人言：现正粮价昂贵之时，兹值雨季，车租钱贵，且收新粮前争取好价值，故如此耳"③。这次康熙并未提出异议，说明他认为粮价数据还是可靠的。六十年四月，"米价甚贵"，康熙帝命户部右侍郎兼管仓场张伯行奏报粮价。④ 张伯行奏称："兹据五城御史移称，初开厂时，据大、宛两县报称：粗老米每石一两二钱。稉米每石一两一钱。仓米每石九钱。今又报称粗老米每石一两三钱。稉米每石一两二钱。仓米每石一两。所报米价日见其长。"⑤ 从开仓粜卖前后的粮价数据变动，可见张伯行转两县奏报的粮价是可信的，同时也表明康熙末年京城粮价奏报已经开始转述大兴、宛平两县上报的粮价了。

（二）康熙五十年至五十九年粮价

从康熙五十年以后，粮价由步军统领奏报，虽然地点记载比较粗略，统称京城内外，但所奏报的粮食种类比较齐全，应该说粮价质量还是比较可信的。只是由于步军统领隆科多的奏折都未注明年份和月日，给粮价分析带来困难。因隆科多康熙"五十年，授步军统领。五十九年，擢

---

① 《清圣祖实录》卷二四〇，康熙四十八年十一月庚寅，中华书局，1985，第393页。
② "康熙四十八年十二月初四日直隶巡抚赵弘燮奏折"，见中国第一历史档案馆编《康熙朝汉文朱批奏折汇编》第2册，档案出版社，1985，第705~706页。
③ "康熙四十九年六月二十二日胤祉等奏报京城粮价并阴雨情形折"，见中国第一历史档案馆译编《康熙朝满文朱批奏折全译》，中国社会科学出版社，1985，第686页。
④ 《清圣祖实录》卷二九二，康熙六十年四月丙辰，中华书局，1985，第841页。
⑤ 《雨雪粮价单》，"康熙六十年五月二十七日户部右侍郎兼管仓场张伯行奏折"，中国第一历史档案馆藏，序号：12-05-0002。

理藩院尚书，仍管步军统领"①。另据杨珍研究，康熙帝任命隆科多为步军统领后，"对他严格要求，关怀备至"。"隆科多善于根据玄烨的好恶标准，及时校正自己的政治立场。"② 所以他奏报的康熙五十年到五十九年的粮价，从中可以看出一些粮价数据的背景。

首先，隆科多奏报粮价多在新粮食收获、旧粮食价格下降的时刻，如"新谷已下来，开始上市粜卖"，或在"近来粮价略减"，或在"本年谷物丰稔，市井太平"时奏报粮价。还在天气有利时奏报粮价，"窃照本月初六日申时降雨，至酉时一阵盆倾雨。初七、初八日天皆凉爽，夜间凉爽如秋。此三日老米价降五分"。在这个时间节点上粮价数据自然会比较低。

其次，他经常在开仓发放粮食之后奏报市场粮价。"由于开仓，粮价较前下落"。"自初八日开始开仓放米，粮价再减"。"本月二十二日始开仓向兵丁放米，三日之间，老米、稄子米价较前渐有回落。老米、稄子米减价，则所有粮价俱随之减"。"将秋季拨给之官兵米石，于五月内俱行拨给。又令出仓米交付五城，以低于时价粜卖，故而粮价甚平"③。

这不能不说，隆科多关于京城粮价奏报，有报喜不报忧的嫌疑。在隆科多任步军统领的期间内，康熙帝虽未对隆科多奏报的数据深究，但也不能说明隆科多的粮价数据是十分可靠的，只能看成比较靠谱而已。

据罗畅研究指出：各地上报的粮价单，是"市场价格"无疑，但是批发价，还是零售价？"对这个问题，学术界还存在着争论。全汉昇与Wilkinson（威尔金森）认为是零售价格，王业键则认为是批发价格"。他据乾隆朝的一些奏报数据，"认为是零售价格"，并称"康熙帝显然更关心的是零售价而不是批发价"④。

关于粮价数据的市场性质，笔者认为应该具体情况，具体分析，不能笼统称是批发价还是零售价，因为各地区的具体情况是不同的。这里以康熙朝北京粮价数据为例进行分析。四十三年九月十四日，胤祉等皇

---

① （清）赵尔巽等撰《清史稿》卷二九五，列传八二，中华书局，1998，第10353页。
② 杨珍：《康熙朝隆科多事迹初探》，见《清史论丛》，辽宁古籍出版社，1994。
③ "步军统领隆科多奏报京城粮价情形折"，见中国第一历史档案馆编《康熙朝满文朱批奏折全译》，中国社会科学出版社，1996，第1591、1599、1601、1603页。
④ 罗畅：《清代乾隆朝长江流域粮价研究》，载《中国经济史研究》2015年第2期。

子，向康熙帝上奏京城粮价。他们"遣人往正阳门外大米铺，及皇城内外米铺、市肆小面米铺等地访问，各地大同小异。正阳门外米铺价：老米每仓石一两二钱、稜米每仓石一两一钱、小米每仓石一两二钱、高粱每仓石八钱、黑豆每仓石一两二钱、干麦面每斤二十钱、切面每斤十七钱。皇城内外米铺价：老米每仓石一两二钱八分、稜米每仓石一两一钱五分、小米每仓石一两三钱、高粱每仓石八钱、黑豆每仓石一两二钱、干麦面亦每斤二十钱、切面亦每斤十七钱。市肆及小米面摊价：老米每仓斗一钱三分、稜米每仓斗一钱二分、小米每仓斗一钱四分、高粱每仓斗九分、黑豆每仓斗一钱二分、干麦面每斤二十二钱、切面每斤十八钱"①。

据此数据分析老米每仓石价格：正阳门外大米铺1.2两，皇城内外米铺1.28两，市肆及小米面摊1.3两。正阳门外最低，皇城内外比正阳门外高0.08两，市肆及小米面摊比正阳门外贵0.1两，市肆及小米面摊比皇城内外贵0.02两。

稜米每仓石价格：正阳门外大米铺1.1两，皇城内外米铺1.15两，市肆及小米面摊1.2两，正阳门外最低，皇城内外与市肆及小米面摊各差价0.05两。

小米每仓石价格：正阳门外大米铺1.2两，皇城内外米铺1.3两，市肆及小米面摊1.4两，正阳门外最低，皇城内外与市肆及小米面摊各差价0.1两。

高粱每仓石价格，正阳门外0.8两，皇城内外0.8两，市肆及小米面摊0.9两。

黑豆每仓石价格，三处都是1.2两。

干面价格，正阳门外20钱，皇城内外20钱，市肆及小米面摊22钱。

切面价格，正阳门外17钱，皇城内外17钱，市肆及小米面摊18钱。

由此可知，老米、稜米、小米的价格都是正阳门外最低。正阳门外是大型米铺，价格最低，说明有批发功能。皇城内外米铺比正阳门外大米铺价高，但比市肆及小米面摊价低，说明这里有二级批发的功能。由于清代前期旗人多居住在内城，而其他人居住在外城，所以内外城人们

---

① "康熙四十三年九月十四日胤祉等奏折"，见中国第一历史档案馆译编《康熙朝满文朱批奏折全译》，中国社会科学出版社，1996，第343页。

所食用的粮食类型是不同的。高粱、麦子价格正阳门外与皇城内外米铺相同；干面、切面价格正阳门外与皇城内外米铺相同，这与内城旗人较少购买有关。"京城商贾、富殷者食老米、稜子米甚多"①。而吃高粱、干面、切面的人居住在外城，他们多在市肆及小米面摊上零星购买，所以那里的零售价格较高。黑豆价格三处都一样，说明从市肆及小米面摊购买黑豆的居民较少，市肆及小米面摊也基本不去具有批发功能的大米铺购买黑豆，所以价格一样。正阳门外大米铺主要的批发功能是针对外城居民的。皇城外米铺，即东四牌楼、西，为内城粮食市场。② 皇城内老米、小米、黑豆、切面价格比内城粮食市场高，说明皇城内旗人购买较多，需要从东四牌楼、西四牌楼米铺批发。因此，总体上说批发价格比零售价格低，以低数据奏报可能是官员的大多数，所以笔者基本上认同王业键认为是批发价格的判断。至于康熙帝关心的是批发价还是零售价，没有准确的史料证明，但如果更关心零售价格，那么在胤祉等皇子奏报时，他应当特别问及市肆及小米面摊的零售价格，然而他并没有进一步提及。

二 数据统计

康熙四十三年至六十年各类粮食价格，参见表4-1，表中只反映了七年的粮价。从康熙五十年至五十九年，九年间隆科多共报23次粮价，因奏折无时间，这里以奏折次序为准，列出各种粮食价格，如表4-2。以下将表4-1和表4-2的各项粮食价格具体分析。

表4-1　康熙四十三年至六十年各类粮食价格

单位：两/石；文/斤

年代/粮食名称	老米	稜米	仓米	小米	高粱	黑豆	黄豆	绿豆	麦子	干面	切面
康熙四十三年九月	1.26	1.15		1.3	0.83	1.2				20.7	17.3
康熙四十五年八月	1	0.9	0.7	0.98	0.55	0.58				12	18

---

① "步军统领隆科多奏报京城粮价情形折"，见中国第一历史档案馆译编《康熙朝满文朱批奏折全译》，中国社会科学出版社，1996，第1601页。
② "康熙四十九年六月二十二日胤祉等奏报京城粮价并阴雨情形折"，见中国第一历史档案馆译编《康熙朝满文朱批奏折全译》，中国社会科学出版社，1996，第686页。

第四章　市场粮价分析

续表

年代/粮食名称	老米	稷米	仓米	小米	高粱	黑豆	黄豆	绿豆	麦子	干面	切面
康熙四十六年七月	0.88	0.8	1	0.92	0.65	0.75	1	1.3		18	16
康熙四十八年十一月				1.2					1.8		
康熙四十九年六月	1.175	1.05		1.375	1	1.25			1.2	24	22.5
康熙六十年四月	1.2	1.1	0.9								
康熙六十年五月	1.3	1.2	1								

注：
①粮价单位：每仓石以银两计量；干面、切面单位：每斤以铜钱计量。
②市肆及小米面摊粮价，原文用的是仓斗，换算成仓石，即10仓斗＝1仓石；原文仓米，即带壳谷子。

资料来源：
①"胤祉等奏报京城内外粮价折"，见中国第一历史档案馆译编《康熙朝满文朱批奏折全译》，中国社会科学出版社，1996，第343、452、533、686页。
②《清圣祖实录》卷二四〇，康熙四十八年十一月庚寅，中华书局，1986，第393页。
③《雨雪粮价单》"康熙六十年五月二十七日户部右侍郎兼管仓场张伯行奏折"，中国第一历史档案馆藏，序号：12-05-0002。

表4-2　康熙五十年至五十九年各类粮食价格

单位：两/石；文/斤

奏折次序	好老米	次老米	稷米	仓谷米	小米	高粱	黑豆	好麦子	次麦子	黑高粱	黍	好小米	次小米	新麦子	粗黍	干面	切面
1	1.2	1.1	1.2	0.7	1.1	0.62	0.72	1.3	1.2							26	22
2	1.3				1.4	0.88											
3	1.1	1.05	1	0.6	1.15	0.63	0.67		1.18	0.52						23	20
4				0.75		0.58					0.73			0.65			
5	1.2	1.1	0.95	0.75	1.15	0.64	0.72	1.4								26	23
6	1.15	1.05	1	0.85	1.5	0.96	0.98	1.4	1.2							27	23
7	1.15	1.05	0.95	0.75	1.3	0.66	0.75	1.2			0.7					25	22
8	1.05	1	0.85	0.7	1.08	0.62	0.7	1.2								22	20
9	1.2	1.05	1	0.65	1.17	0.7	0.72	1.4	1.3							26	23
10	1.2	1.1	1	0.7	1.06	0.62	0.65	1.3	1.2							26	22
11	1.05	1	0.9	0.75	1.4	0.92	0.8	1.32	1.2							25	22

续表

奏折次序	好老米	次老米	稜米	仓谷米	小米	高粱	黑豆	好麦子	次麦子	黑高粱	黍	好小米	次小米	新麦子	粗黍	干面	切面
12	1.1	1	0.9	0.8	1.5	0.95	0.96	1.35	1.25							27	23
13	1.2	1.18	1.1	0.72	1.15	0.63	0.68		1.2	0.52						23	20
14	1.15	1.1	1	0.6	1.15	0.62	0.67		1.18	0.52						23	20
15	1.15	1.1	1	0.9	1.5	1.04	0.94	1.3	1.2							26	22
16	0.95	0.86	0.83	0.7	1	0.6	0.68	1.05								22	19
17	1.1	1.07	0.95	0.73	1.12	0.68	0.68	1.15								21	19
18	1.22	1.2	1.1	1	1.2	0.74	0.72	1.2								24	21
19	1.15		1	0.9	1	1	0.93	1.3	1.2			1.6	1.4			26	22
20	1.2		1	1	1.8	1.1	0.92	1.4	1.2							28	24
21	1.1	1.05	0.95	0.8	1.15	0.75	0.72	1.2						1		24	21
22	1.1	1.05	1	0.78	1.15	0.76	0.7	1.2						1.05		24	21
23	1.1	1.05	1	0.78	1.25	0.73	0.7	1.3								26	22

注：
①粮价单位：每仓石以银两计量；干面、切面单位：每斤以铜钱计量。
②原文稜子米，即稜米；原文仓谷米，即谷子，为带壳小米。市肆及小米面摊粮价，原文用的是仓斗，换算成仓石，即 10 仓斗 = 1 仓石。
③这里以隆科多奏折次序为准，列出各种粮食价格。
资料来源：
"步军统领隆科多奏报京城粮价折"，见中国第一历史档案馆译编《康熙朝满文朱批奏折全译》，中国社会科学出版社，1996，第 1587~1606 页。

根据以上表 4-1、表 4-2 数据制出各类粮食价格变动趋势图。

据表 4-1、表 4-2 数据所示，老米：最高价 1.3 两，最低价 0.86 两，价差 0.44 两。稜米：最高价 1.2 两，最低价 0.8 两，价差 0.4 两。仓米：最高价 1 两，最低价 0.6 两，价差 0.4 两。麦子：最高价 1.8 两，最低价 1 两，价差 0.8 两。小米：最高价 1.8 两，最低价 0.92 两，价差 0.88 两。高粱：最高价 1.1 两，最低价 0.55 两，价差 0.55 两。黑豆：最高价 1.25 两，最低价 0.58 两，价差 0.67 两。干面：最高价 28 文，最低价 12 文，价差 16 文。切面：最高价 24 文，最低价 16 文，价差 8 文。可见，老米、稜米、仓米价差相比不大，麦子、小米和干面高低差价比较大。从图 4-1、图 4-3 中也可以看出，小米价格比较高；麦价则自

第四章 市场粮价分析

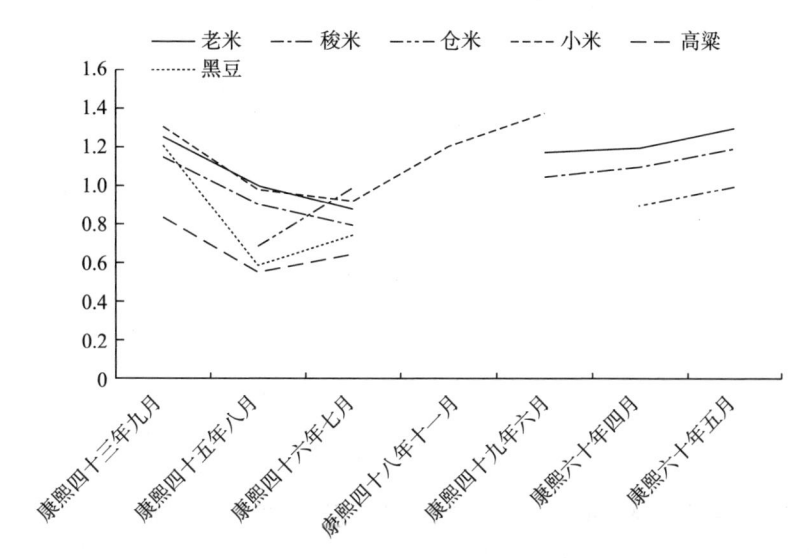

图 4-1 康熙四十三年至六十年各类粮价情况

康熙四十六年、四十八年、四十九年开始有报价后，就高于除小米之外的各类粮价，其他粮食价格变动比较平稳。再根据两表数据大致计算出康熙年间各类粮食价格年平均数：老米 1.03 两，稄米 1.01 两，仓米 0.83 两，麦子 1.28 两，小米 1.2 两，高粱 0.76 两，黑豆 0.86 两，干面 21.72 文，切面 16.89 文。麦子和小米的价格也是最高的。因此，可以得出结论：在康熙年间，老米、稄米、仓米、高粱、黑豆、切面的价格变动均不大。麦子和小米的价格，不仅比其他各粮价高，而且有上升趋势。

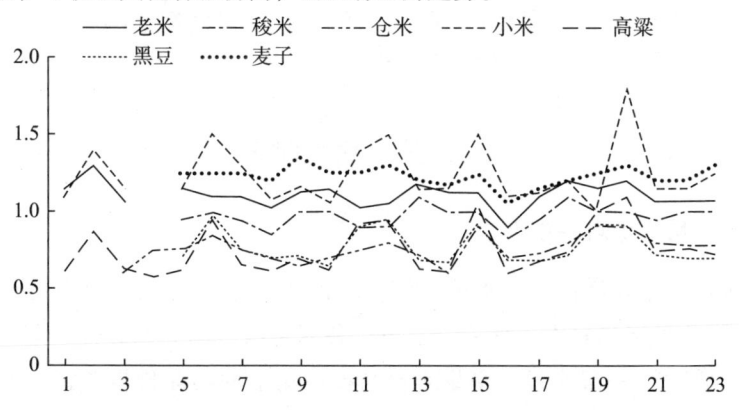

图 4-2 康熙五十年至五十九年各类粮价变动情况

注：下面数字为步军统领隆科多京城粮价奏折序号。

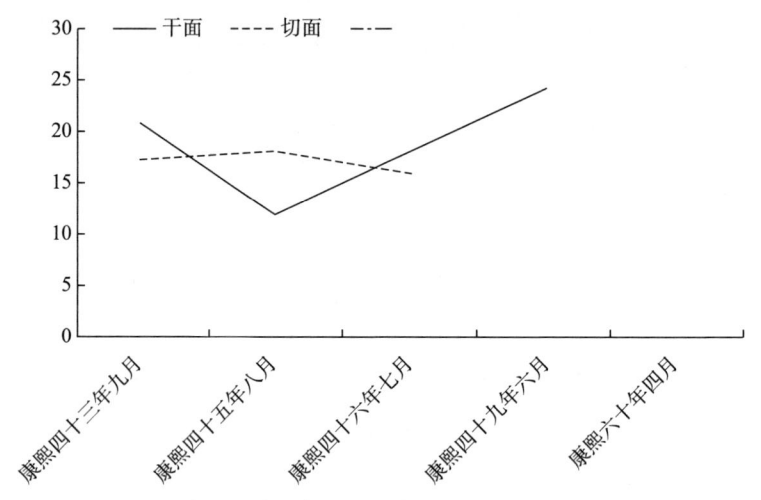

图 4-3 康熙四十三年至六十年干面、切面价格变动情况

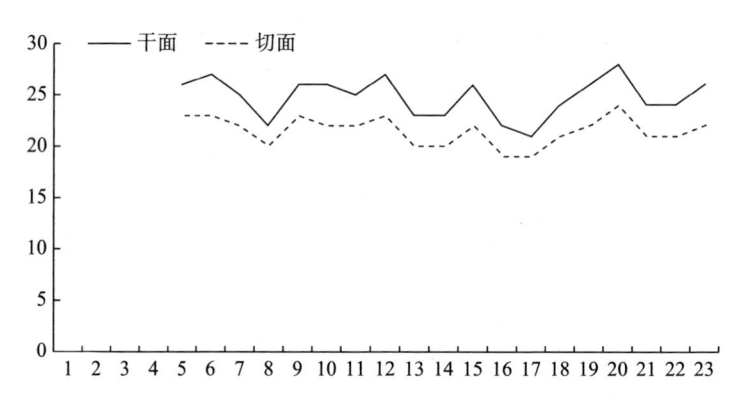

图 4-4 康熙五十年至五十九年干面、切面价格变动情况

注：下面数字为步军统领隆科多京城粮价奏折序号。

第二节 雍正时期

一 粮价史料分析

康熙末年到雍正初年米价上涨，政府出卖仓中变色米每石的价格竟达到，"京城老米每石一两六钱五分，稷米每石一两五钱五分，粟米每石一两二钱"①。一般来说，平粜米价当比市场上的实际价格要低，所以这

---

① "雍正二年二月二十八日仓场总督法敏等奏折"，见中国第一历史档案馆编《雍正朝汉文朱批奏折汇编》第 2 册，江苏古籍出版社，1986，第 638 页。

时的市场米价，老米每石是市场价格一两六钱五分，稷米每石是市场价格一两五钱五分，粟米每石是市场价格一两二钱。有人奏称，"老米每石官价银一两，市价至一两六七钱不等。粟米每石官价银六钱，市价至一两一二钱不等"。"铺户所买官米，除捣碓折耗人工费用外，每石照官价量加银一二钱，押槩发卖"①。如果从这种情况看，大概每石米市价比官价高二钱。可估计雍正初年的老米每石价格一两八钱五分，稷米每石的价格一两七钱五分，粟米每石价格一两四钱。尽管不知道各月份具体米价数据，但从出槩米价可以看出，雍正初年延续了康熙末年米价上涨的趋势，且比康熙年间米价更高。以下描述也从侧面证明了这一点。雍正元年二月初六日，中城巡城御史莫尔浑奏称："米价上涨，皇帝轸恤百姓生计，命开仓米，低于时价槩卖，米价得平。"② 同年二月初九日，西城巡城御史鄂齐善奏称："近几年直隶附近地方粮食歉收，京城米价较前上涨。"③ 同年三月十六日，东城巡城御史富贵奏称："年前粮价腾贵"，政府"开仓卖米，更低于时价，使粮价骤减，民得裨益"④。雍正元年七月初七日，"遣官赴盛京、江西、湖广，籴米运京师"⑤。"去年因米价腾贵，蒙我皇上特发仓粮槩卖，米价得平。"⑥ 二年二月二十八日，仓场总督法敏等奏称，据大兴、宛平两县奏报，"京城老米每石一两四钱，稷米每石一两二钱，粟米每石八钱五分"⑦。二年老米、稷米、粟米的价格也都比康熙年间高，之后有所下降，三年、四年是渐升趋势。三年八月十

---

① "雍正无年月日巡视中城掌浙江道监察御史臣杨士鉴奏折"，见中国第一历史档案馆编《雍正朝汉文朱批奏折汇编》第 33 册，江苏古籍出版社，1986，第 354 页。
② "雍正元年二月初六日巡城御史莫尔浑奏折"，见第一历史档案馆译编《雍正朝满文朱批奏折全译》上册，黄山书社，1998，第 26 页。
③ "雍正元年二月初九日西城巡城御史鄂齐善奏折"，见第一历史档案馆译编《雍正朝满文朱批奏折全译》上册，黄山书社，1998，第 30 页。
④ "雍正元年三月十六日东城巡城御史富贵奏折"，见第一历史档案馆译编《雍正朝满文朱批奏折全译》上册，黄山书社，1998，第 49~50 页。
⑤ 王先谦：《东华全录》雍正元年七月甲申，见《清东华录全编》第五册，学苑出版社，2000，第 33 页。
⑥ "雍正二年二月二十八日仓场总督法敏等奏折"，见中国第一历史档案馆编《雍正朝汉文朱批奏折汇编》第 2 册，江苏古籍出版社，1986，第 638 页。
⑦ "雍正二年二月二十八日仓场总督法敏等奏折"，见中国第一历史档案馆编《雍正朝汉文朱批奏折汇编》第 2 册，江苏古籍出版社，1986，第 638 页。

六日，仓场总督奏称："今年雨水过多，米价腾贵。"① 四年正月三十日，"近日米价渐贵，兵丁米粮支放，不必待至三月。著仓场侍郎于二月初十日起，即行支给"②。同年二月初四日，上谕："今年直隶雨水过多，二麦收获与否，尚未可知。因此京师米价腾贵，朕特降旨，将三月应领米粮，令其于二月支放。"③ 同年五月二十九日，上谕："闻京城近日米价腾贵。"④ 同年六月十三日，正蓝旗蒙古族副都统岳兴阿奏称："由于现今米价稍许昂贵，经圣主洞察后，即将七月份兵丁应领取之米，谕令于六月份开仓发放两个月之米。又为继续供给，谕令发放自八月十五日以后之两个月之米。自此之后，米价多为下跌，于官兵颇有裨益。……彼不肖之徒领米后即卖米，而商人以廉价买入，囤积不卖。由于买者多，卖米少，故而米价昂贵。"⑤ 五年三月及闰三月，米价又上涨，"闻老米市价一两八钱"⑥。这时的米价已比较高，之后又渐趋下降，至七年二月，仓场总督岳尔岱等奏称："京城米价，老米每石一两五分，稷米每石九钱，粟米每石七钱五分。"⑦ 说明米价已经比较低了。八年正月三十日，据报"米价甚贱"⑧。"春间市价老米每石银一两，稷米每石银八钱，粟米每石银六钱。"之后到这年底，十二月十六日，仓场总督岳尔岱等奏称，"京城米价腾贵"。据户部等衙门调查议复，"老米每石银一两四钱，稷米每石银一两二钱，粟米每石银九钱，较春间价值浮贵"⑨。九年三月

---

① （清）允禄等编《清雍正上谕内阁》第二函，内务府藏雍正九年刻本（康熙六十一年到雍正七年上谕）。
② 《清世宗实录》卷四〇，雍正四年正月癸亥，中华书局，1985，第601页。
③ 《清世宗实录》卷四一，雍正四年二月丁卯，中华书局，1985，第603页。
④ 《清世宗实录》卷四四，雍正四年五月庚申，中华书局，1985，第664~665页。
⑤ "雍正四年六月十三日正蓝蒙古族副都统岳兴阿奏折"，见中国第一历史档案馆译编《雍正朝满文朱批奏折全译》下册，黄山书社，1998，第1352页。
⑥ （清）昆冈等修，刘启端等纂《钦定大清会典事例》卷一〇三四，《都察院·五城·米厂》，见顾廷龙主编《续修四库全书》第八一二册，《史部·政书类》，上海古籍出版社，2002，第377页。
⑦ 雍正《漕运全书》卷二一，《京通粮储·历年成案》，见北京图书馆古籍出版编辑组编《北京图书馆古籍珍本丛刊》055，《史部·政书类》，书目文献出版社，1989，第528页。
⑧ 《清世宗实录》卷九〇，雍正八年正月己亥，中华书局，1985，第217页。
⑨ 雍正《漕运全书》卷二二，《京通粮储·历年成案》，见北京图书馆古籍出版编辑组编《北京图书馆古籍珍本丛刊》055，《史部·政书类》，书目文献出版社，1989，第541页；亦见《清世宗实录》卷一〇一，雍正八年十二月庚戌，中华书局，1985，第338~339页。

第四章 市场粮价分析

十三日,据御史王玠奏称,"京师春初米价稍昂"[①]。十二年六月初三日,太常寺少卿雅尔呼达奏陈,"米粮略有价昂"[②]。由此估计,米价自八年上涨后,是下降趋势,但下降的浮度不大。

二 统计表图

据以上数据试作表、图,如表4-3、图4-5:

表4-3 雍正时期粮价情况

单位:两/石

序号	年、月	老米	稜米	粟米(小米)
1	雍正元年	1.85	1.75	1.4
2	雍正二年二月	1.4	1.2	0.85
3	雍正五年三月和闰三月	1.8		
4	雍正七年二月	1.05	0.9	0.75
5	雍正八年春间	1.00	0.8	0.6
6	雍正八年十二月十六日	1.4	1.2	0.9
	平均价格	1.42	1.17	0.9

资料来源:
① "雍正二年二月二十八日仓场总督法敏等奏折",见中国第一历史档案馆编《雍正朝汉文朱批奏折汇编》第2册,江苏古籍出版社,1986,第638页。
② "雍正二年二月二十八日仓场总督法敏等奏折",见中国第一历史档案馆编《雍正朝汉文朱批奏折汇编》第2册,江苏古籍出版社,1986,第638页。
③ (清)昆冈等修,刘启端等纂《钦定大清会典事例》卷一〇三四,《都察院·五城·米厂》,见顾廷龙主编《续修四库全书》第八一二册,《史部·政书类》,上海古籍出版社,2002,第377页。
④ 雍正《漕运全书》卷二一,《京通粮储·历年成案》,见北京图书馆古籍出版编辑组编《北京图书馆古籍珍本丛刊》055,《史部·政书类》,书目文献出版社,1989,第528页。
⑤ 雍正《漕运全书》卷二二,《京通粮储·历年成案》,见北京图书馆古籍出版编辑组编《北京图书馆古籍珍本丛刊》055,《史部·政书类》,书目文献出版社,1989,第540~541页;亦见《清世宗实录》卷一〇一,雍正八年十二月庚戌,中华书局,1985,第338~339页。
⑥ 雍正《漕运全书》卷二二,《京通粮储·历年成案》,见北京图书馆古籍出版编辑组编《北京图书馆古籍珍本丛刊》055,《史部·政书类》,书目文献出版社,1989,第540~541页;亦见《清世宗实录》卷一〇一,雍正八年十二月庚戌,中华书局,1985,第338~339页。

---

① (清)鄂尔泰等修《八旗通志》初集,第二册,卷六九,东北师范大学出版社,1985,第1343页;亦见(清)允禄等编《清雍正上谕内阁》第五函,内务府藏雍正九年刻本(该套书记载年代:雍正九年至乾隆八年)。
② "雍正十二年六月初三日太常寺少卿雅尔呼达奏折",见中国第一历史档案馆译编《雍正朝满文朱批奏折全译》下册,黄山出版社,1998,第2269页。

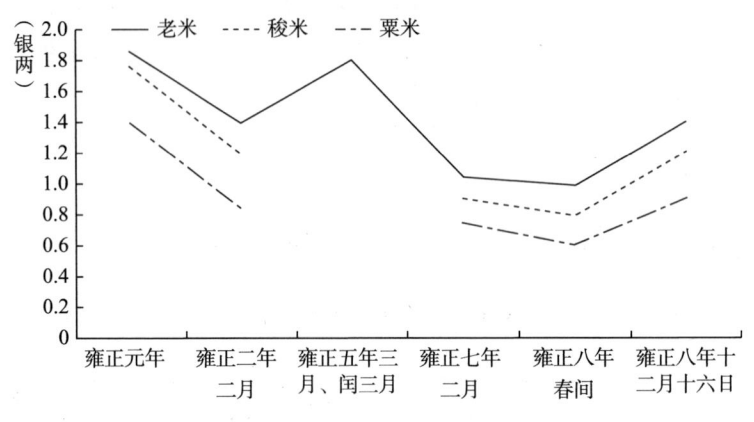

图 4-5 雍正时期米价变动情况

第三节 乾隆时期

一 数据统计

乾隆朝的粮价根据已经掌握的数据列表如下（见表 4-4）。

表 4-4 乾隆时期粮价统计表

单位：两/石，文/斤

时间	京米	老米	稄米	仓米	小米	小麦	高粱	黑豆	干面	切面
乾隆八年七月	1.9	1.41	1.33	1.14	1.5	2.2	1.15	0.95	32	30
乾隆八年八月	1.75	1.32	1.14	0.93	1.45	2.1	1.1	1	31	29
乾隆八年九月	1.7	1.38	1.2	0.99	1.5	2.1	1.1	1.3	31	29
乾隆十二年八月	1.6	0.97	0.97	1.1	1.15	2	0.75	0.94	30	28
乾隆十六年二月		1.65	1.55							
乾隆十六年七月		1.93								
乾隆二十三年		1.18								
乾隆二十五年二月	3.8	1.89	1.76	1.575	1.75	2.85	1.5	2	22	20.5
乾隆三十二年七月					1.44	2	1	1		
乾隆三十二年闰七月					1.72	2.1	1.19	1.05		
乾隆三十四年正月		1.85								
乾隆三十七年三月	2.25	1.7	1.42	1.37	1.95	1.75	1.35	1.35		

续表

时间	京米	老米	稌米	仓米	小米	小麦	高粱	黑豆	干面	切面
乾隆三十七年四月	2.25	1.7	1.42	1.37	1.95	1.66	1.44	1.49		
乾隆三十七年五月	2.25	1.65	1.37	1.32	1.95	1.6	1.3	1.3		
乾隆三十七年六月	2.25	1.65	1.37	1.32	1.9	1.57	1.25	1.3		
乾隆四十三年二月	1.9	1.6	1.25	1	1.42	1.7	0.96	1	17	16
乾隆四十三年三月	1.9	1.6	1.25	1	1.42	1.8	0.9	1.05	18	17
乾隆四十三年七月	1.9	1.5	1.2	1	1.42	1.98	0.9	1.07	21	20
乾隆四十五年						1.8				
乾隆四十九年四月	1.9	1.55	1.3	1.3	1.8	2.4	1.06	1.07		
乾隆四十九年五月	1.9	1.55	1.3	1.3	1.78	2.4	1.06	1.06		
乾隆四十九年六月	1.9	1.55	1.3	1.3	1.73	2.4	1.05	1.04		
乾隆四十九年七月	1.9	1.55	1.3	1.3	1.7	2.4	1.03	1.02		
乾隆五十年						2.56				
乾隆五十一年五月	1.9	1.7	1.52	1.2	1.76	2.5	1.21	1.48	27	26
乾隆五十一年六月	1.9	1.6	1.4	1.2	1.76	2.3	1.21	1.36	26	25
乾隆五十二年六月	1.9	1.64	1.04	1.2	1.7	2.19	0.91	1.05	24	23
乾隆五十二年七月	1.9	1.6	1	1.2	1.7	2.14	0.91	1.05	23	22
乾隆五十二年八月	1.9	1.6	1	1.2	1.7	2.14	0.91	1.05	23	22
乾隆五十三年正月	1.9	1.55	1	1.2	1.7	2.12	0.91	1.05	23	22
乾隆五十三年二月	1.9	1.55	1	1.2	1.7	2.17	0.91	1.1	23	22
乾隆五十五年正月	1.9	1.55	1	1.2	1.7	2.22	0.91	1.2		
乾隆五十五年二月	1.9	1.58	1	1.2	1.7	2.22	0.91	1.2		
乾隆五十五年三月	1.9	1.6	1	1.2	1.7	2.22	0.91	1.2		
乾隆五十七年五月	1.9	1.7	1.05	1.2	1.8	2.15	1.08	1.2	24	23
乾隆五十七年六月	1.9	1.7	1.05	1.2	1.8	2.15	1.08	1.2	24	23
乾隆五十七年七月	1.9	1.7	1.05	1.2	1.8	2.15	1.08	1.2	24	23
乾隆五十七年八月	1.9	1.67	1.05	1.2	1.8	2.1	1.08	1.2	24	23
乾隆五十七年十二月	1.9	1.67	1.05	1.2	1.8	2.1	1.08	1.2	24	23
乾隆五十八年正月	1.9	1.67	1.05	1.2	1.8	2.1	1.08	1.2	24	23
乾隆五十八年六月	1.9	1.67	1.05	1.2	1.8	2.02	1.08	1.2		
乾隆五十九年四月	1.9	1.67	1.05	1.2	1.8	2.02	1.05	1.2		
乾隆五十九年五月	1.9	1.67	1.05	1.2	1.8	2.02	1.02	1.2		
乾隆六十年十二月	1.9	1.68	1.05		1.8	2.04	1.04	1.28		

续表

时间	京米	老米	稉米	仓米	小米	小麦	高粱	黑豆	干面	切面
均价	1.97	1.60	1.19	1.20	1.70	2.11	1.06	1.18	24.52	23.31

注：

粮价单位：每仓石以银两计量；干面、切面单位：每斤以铜钱计量。

资料来源：

①中国第一历史档案馆藏档案：《雨雪粮价单》《军机处录副奏折》《朱批奏折》。

②（清）庆桂等纂修《清高宗实录》卷三八三，乾隆十六年二月癸未，中华书局，1985，第 30 页。

③"乾隆十六年七月二十日蒋炳、顾汝修奏折"，见国立故宫博物院编辑《宫中档乾隆朝奏折》第一辑，台北"故宫博物院"影印本，1982，第 192 页。

④乾隆二十三年，（清）潘世恩等纂《钦定户部漕运全书》卷五七，《京通粮储·余米粜变》，故宫博物院编《钦定户部漕运全书》，"故宫珍本丛刊"第 320 册，海南出版社，2000，第 318 页。

⑤乾隆三十七年、乾隆四十九年、乾隆五十五年数字，据粮价来源自台湾中研院王业健院士网络版的清代粮价资料库：http://140.109.152.38/DBIntro.asp。这三年的数据中没有干面、切面，可能被略去了。

⑥乾隆四十三年七月粮价，来自"乾隆四十三年七月十一日直隶总督周元理奏折"，见《军机档》20580，藏于台北故宫博物院。转引自〔美〕李明珠《华北的饥荒——国家、市场与环境退化》，石涛、李军、马国英译，人民出版社，2016，第 193～194 页。

⑦乾隆四十五年、五十年的数据来自于潘世恩等纂《钦定户部漕运全书》卷六五，《京通粮储·发粜仓粮》，故宫博物院编《钦定户部漕运全书》"故宫珍本丛刊"第 321 册，海南出版社，2000，第 27、28 页。

关于表 4-4 中的数据需要首先说明这六点。

①乾隆二十五年之前的奏折中，所报粮价是月底、中旬、月初，或者是上半月、下半月不同价格，统计中作平均值。

②有的原数据无上报时间①，进一步将此粮价清单与乾隆八年七月二十五日粮价清单②比较，数据相同，因此可以判断该粮价清单奏折的时间应为乾隆八年八月中旬。

③有个别奏折中提到绿豆、黄豆、谷子（未脱壳小米）价格，这里略去。

④乾隆五十二年七月初一日，"粮价：上白麦每仓石价银二两一钱

---

① 《朱批奏折》，中国第一历史档案馆藏，档案号：04-01-39-0016-038。

② 《雨雪粮价单》，"乾隆八年七月二十五日顺天府府尹蒋炳奏折"，中国第一历史档案馆藏，序号：12-07-0603。

四分，较上月减五分。"① 乾隆五十二年八月初一日，"粮价：上白麦每仓石价银二两一钱五分，较上月价同"②。以上奏报的数据显示，同月麦价有不同。姑且认为是官员写错了。这里按五十二年七月初一日的先报数统计。

⑤乾隆五十八年正月与乾隆五十八年二月奏折数据相同，而且都有与上年十二月粮价的比较，因为五十八年二月奏折中有"大兴、宛平二县将本年正月分各项价值开报前来"③。而五十八年正月奏折中没有标明是哪个月，故以五十八年二月奏折为准。④

⑥有人引用档案史料："乾隆九年六月，京师皇城内的白米每石仅卖一两二钱五分。乾隆十八年，京师的仓粮变卖，每石米麦甚至得价只有银子一两。"⑤ 由于乾隆九年，"京师粮价增长"⑥。且白米不在本文统计的粮食种类内；乾隆十八年的米麦价格，是"仓粮"，即政府平粜仓储粮的价格，自然比市场价格低。本文统计的粮价指的是市场价格，所以平粜价格也不在统计范围内。

另据其他资料记载，作补充表（见表4-5）。

表4-5 乾隆时期粮价补充表

单位：文

时间	老米	稷米	粟米	小麦
乾隆二十四年三月	1550	1340	1170	2125
乾隆二十七年	1690	1426	1373	1900

---

① 《雨雪粮价单》，"乾隆五十二年七月初一日顺天府府尹奏折"，中国第一历史档案馆藏，序号：12-07-2885。

② 《雨雪粮价单》，"乾隆五十二年八月初一日顺天府府尹奏折"，中国第一历史档案馆藏，序号：12-07-2890。

③ 《军机处录副奏折》，"乾隆五十八年二月户部左侍郎蒋赐棨等奏折"，中国第一历史档案馆藏，档案号：03-0947-047。

④ 《雨雪粮价单》，"乾隆五十八年正月户部左侍郎蒋赐棨奏折"，中国第一历史档案馆藏，序号：12-07-3223。

⑤ 黄冕堂：《清代粮食价格问题探轨》，见《清史论丛》，辽宁古籍出版社，1994。

⑥ （清）潘世恩等纂《钦定户部漕运全书》卷六五，《京通粮储·发粜仓粮》，故宫博物院编《钦定户部漕运全书》，"故宫珍本丛刊"第321册，海南出版社，2000，第23页。

续表

时间	老米	稂米	粟米	小麦
乾隆三十五年	1791	1267	1700	2074
乾隆四十年	1618	1202	952	
乾隆四十九年				2361
乾隆五十二年六月		1540		
乾隆五十三年三月				2170
乾隆五十五年		1400		
乾隆五十七年	1400	1350		2120

资料来源：均自（清）潘世恩等纂《钦定户部漕运全书》卷六五，《京通粮储·发粜仓粮》，故宫博物院编《钦定户部漕运全书》故宫珍本丛刊，第 321 册，海南出版社，2000，第 25~32 页。

表 4-5 中的数据，由于笔者没有当年大制钱与银的换算比例，所以这里以大制钱表示。有些奏折中只写制钱，并没有标明是大制钱，本表省略。应该说，补充表的粮价数据都是政府在平粜前，即在以低于市场价格的定价前，听取下层官员奏报的价格，也就是说，这时奏报的市场价格是为政府定价作准备的，所以可靠性比较强。

一般来说，每当粮价上涨时，乾隆帝上谕、官员奏折都会论及，这样的情况往往很集中的表现在一些年份中，这里将这类史料集中制作表 4-6，作为粮价表数据的补充。

表 4-6 乾隆时期粮价变化情况

序号	时间	粮价情况	资料出处
1	乾隆二年	"因近京歉收，米价昂贵。"	（清）载龄等修纂《钦定户部漕运全书》卷六十，《京通粮储·俸甲米豆》，见顾廷龙主编《续修四库全书》第八三七册，《史部·政书类》，上海古籍出版社，2002，第 311 页
2	乾隆三年二月三十日	"近来京中米价渐昂。"	《朱批奏折》，中国第一历史档案馆藏，档案号：04-01-35-1380-012
3	乾隆三年七月十三日	"今岁春间米价甚昂。"	《军机处录副奏折》，中国第一历史档案馆藏，档案号：03-0735-025

续表

序号	时间	粮价情况	资料出处
4	乾隆四年八月二十四日	"京城地方食面、黍者甚众，往往面、黍贵，米亦即昂。今岁四五月间，麦子稍歉，老米每石即贵钱四五百文。"	《军机处录副奏折》，中国第一历史档案馆藏，档案号：03-0736-031
5	乾隆八年六月己未	"米价比往年增长"，"黑豆价值，近亦渐贵。"	《清高宗实录》卷一九四，乾隆八年六月己未，中华书局，1985，第493页
6	乾隆八年七月二十五日	"本年六月间京师粮价稍昂。"	《朱批奏折》，中国第一历史档案馆藏，档案号：04-01-24-0027-012
7	乾隆八年八月十三日	"查城市各色粮价较之七月下旬亦渐次平减，不至昂贵。"	《朱批奏折》，中国第一历史档案馆藏，档案号：04-01-24-0027-009
8	乾隆八年十月十七日	"近闻京师黑豆价值昂贵。"	《清高宗实录》卷二〇三，乾隆八年十月丙寅，中华书局，1985，第613页
9	乾隆八年十一月二十一日	"近来京师黑豆价昂。"	《清高宗实录》卷二〇五，乾隆八年十一月庚子，中华书局，1985，第638页
10	乾隆八年十二月初十日	"京师米价昂贵。"	《清高宗实录》卷二〇六，乾隆十六年三月丙午，中华书局，1986，第49页
11	乾隆九年二月十八日	"户部议奏，京师上年豆价昂贵，已酌发京仓官豆平粜。今黑豆市价尚昂。"	《清高宗实录》卷二一一，乾隆九年二月丙寅，中华书局，1985，第710页
12	乾隆九年	"京师粮价增长。"	（清）潘世恩等纂《钦定户部漕运全书》卷六五，《京通粮储·发粜仓粮》，故宫博物院编《钦定户部漕运全书》，"故宫珍本丛刊"第321册，海南出版社，2000，第23页
13	乾隆十年十一月初六日	"朕闻京师豆价日昂。"	《清高宗实录》卷二五二，乾隆十年十一月癸酉，中华书局，1985，第255页
14	乾隆十一年	"查京师九月各项粮价俱平减，较之八月价值约略相同。"	《朱批奏折》，中国第一历史档案馆藏，档案号：04-01-01-0137-010

续表

序号	时间	粮价情况	资料出处
15	乾隆十一年	"近日京城米价较昂。"	（清）托津等奉敕纂《钦定大清会典事例》卷一五八，《户部·仓庾》，嘉庆朝，见沈云龙主编《近代中国史料丛刊三编》第六六辑，台北文海出版社，1991，第7078页
16	乾隆十三年六月二十八日	"目今京师米价渐昂。"	《清高宗实录》卷三一七，乾隆十三年六月辛巳，中华书局，1985，第214页
17	乾隆十五年	"近来京师米价稍昂。"	（清）托津等奉敕纂《钦定大清会典事例》卷一六〇，《户部·积储》，嘉庆朝，见沈云龙主编《近代中国史料丛刊三编》第六六辑，台北，文海出版社，1991，第7190~7191页
18	乾隆十六年二月十五日	"京师米价较上年渐觉昂贵"。"老米尚不甚贵，且买食者少，秔米、仓米买食者多，时价稍贵。"	《清高宗实录》卷三八三，乾隆十六年二月癸未，中华书局，1986，第30页
19	乾隆十六年三月十四日	"虽据奏米价渐次平减，但较往年尚觉昂贵。"	《清高宗实录》卷三八四，乾隆十六年三月辛亥，中华书局，1986，第52页
20	乾隆十六年五月初八日	"八旗兵丁喂养驼马，需用黑豆，甚关紧要。现今市价昂贵。"	《清高宗实录》卷三八八，乾隆十六年五月甲辰，中华书局，1986，第96页
21	乾隆二十三年七月初一日	"比来京师米价稍昂。"	《朱批奏折》，中国第一历史档案馆藏，档案号：04-01-35-1154-043
22	乾隆二十三年七月初二日	"京师米价较上年稍为昂贵。"	《清高宗实录》卷五六六，乾隆二十三年七月丙戌，中华书局，1986，第172页
23	乾隆二十四年三月初十日	"京师现在麦价稍昂。"	《清高宗实录》卷五八二，乾隆二十四年三月庚寅，中华书局，1986，第444页
24	乾隆二十四年三月二十二日	"京师现在米价稍昂。"	《清高宗实录》卷五八三，乾隆二十四年三月壬寅，中华书局，1986，第456页
25	乾隆二十四年四月初九日	"闻民间米价，迩来已渐就平减。"	《清高宗实录》卷五八四，乾隆二十四年四月己未，中华书局，1986，第475页

第四章 市场粮价分析

续表

序号	时间	粮价情况	资料出处
26	乾隆二十四年九月二十八日	"近闻京城内外，米粮价值照常，惟麦、面、豆、草各项，未能平减。"	《清高宗实录》卷五九七，乾隆二十四年九月乙亥，中华书局，1986，第663页
27	乾隆二十四年十一月二十八日	"现在时近年节，粮价未能即就平减。"	《清高宗实录》卷六〇一，乾隆二十四年十一月甲戌，中华书局，1986，第747页
28	乾隆二十五年二月三十日	"所有现在麦价，尤当日就平减。乃据顺天府尹奏报，现今时价较上半月每石加增三钱。"	《清高宗实录》卷六〇七，乾隆二十五年二月乙巳，中华书局，1986，第820页
29	乾隆二十七年四月初五日	"现今市价，仍与三月中旬相同。""上年三、四月米价较今尚减。"	《清高宗实录》卷六五八，乾隆二十七年四月戊辰，中华书局，1986，第361页
30	乾隆二十七年闰五月十八日	"近日京城面价稍昂。"	《清高宗实录》卷六六三，乾隆二十七年闰五月庚辰，中华书局，1986，第416页
31	乾隆二十七年六月初八日	"豆价现在增长。"	《清高宗实录》卷六六四，乾隆二十七年六月甲午，中华书局，1986，第425页
32	乾隆二十八年二月初一日	"近来京师黑豆价值未能平减。"	《清高宗实录》卷六八〇，乾隆二十八年二月己丑，中华书局，1986，第603页
33	乾隆二十八年六月初七日	"去冬因京师米麦等项，价值稍昂。"	《清高宗实录》卷六八八，乾隆二十八年六月癸巳，中华书局，1986，第706页
34	乾隆三十一年九月初十日	"据方观承覆奏，大、宛二县粮价增昂情形折。"	《清高宗实录》卷七六八，乾隆三十一年九月丁丑，中华书局，1986，第431页
35	乾隆三十一年九月初三日	"臣前于八月内因京城所报米豆各价比较上月增至一二钱不等。"	《军机处录副奏折》，中国第一历史档案馆藏，档案号：03-0864-066
36	乾隆三十二年闰七月	"数日来天气晴霁，道路渐就干燥，杂粮得以挽运到京，米价自日就平减。至现在京师米价稍昂。"	《军机处录副奏折》，中国第一历史档案馆藏，档案号：03-0865-074
37	乾隆三十二年闰七月二十二日	"裘曰修等奏，京师因道途泥泞，通州交仓余米、商贩等艰于挽运，是以上月米价稍昂。"	《清高宗实录》卷七九一，乾隆三十二年闰七月癸丑，中华书局，1986，第706页

续表

序号	时间	粮价情况	资料出处
38	乾隆三十二年闰七月二十四日	"舒赫德奏，京师近日粮价比较上月稍增。""现今接奉皇上恩旨，将八月份米于本月二十五日，预行开仓支放。官兵等俱已赴仓支领。现在各色米价每石较前减价六百五十文至二百文不等。小米减银一钱，高粱豆谷亦俱有减无增。"	《京师米价昂贵请将八月分甲米于七月开放》，（清）多罗定郡主等纂《金吾事例》章程，卷一，咸丰年间刻本，第44页
39	乾隆三十四年正月二十日	"今据五城所报，粗老米价每石纹银已至一两八九钱不等，其价虽非过昂，亦属稍贵。"	《军机处录副奏折》，中国第一历史档案馆藏，档案号：03-0755-035
40	乾隆三十四年九月初二日	"据顺天府尹蒋元益奏报，八月份米粮价值、单内所开数目，俱较上月稍增。"	《清高宗实录》卷八四二，乾隆三十四年九月辛巳，中华书局，1986，第247页
41	乾隆三十六年四月初十日	麦价"至今市价不致过昂"	《清高宗实录》卷八八二，乾隆三十六年四月庚辰，中华书局，1986，第818页
42	乾隆三十七年五月二十五日	"据吉梦熊奏报粮价单，麦价较上月减一钱，面价减一文，而高粱则较上月增一钱，黑豆增一钱五分。"	《清高宗实录》卷九〇九，乾隆三十七年五月己未，中华书局，1986，第174页
43	乾隆三十九年九月初七日	"据英廉奏，京城粮价，近来渐有加长，米谷、麦、豆各长至一、二、三钱不等。"	《清高宗实录》卷九六六，乾隆三十九年九月丁巳，中华书局，1986，第1115页
44	乾隆四十年五月十一日	"近日京师粮价，较上年四、五月稍增。"	《清高宗实录》卷九八二，乾隆四十年五月丁巳，中华书局，1986，第112页
45	乾隆四十年六月十七日	"前因五月间京城望雨，米价未免稍昂。"	《清高宗实录》卷九八五，乾隆四十年六月癸巳，中华书局，1986，第141页
46	乾隆四十三年四月初三日	"京师尚未得有透雨，市间粮价，恐未免稍昂。"	《清高宗实录》卷一〇五四，乾隆四十三年四月癸巳，中华书局，1986，第80页
47	乾隆四十三年六月初八日	"本年四五月内，雨泽稀少，直隶二麦歉收，粮价（麦价）渐昂。"	台湾国立故宫博物编辑《宫中档乾隆朝奏折》第43辑，台北"故宫博物院"，1985，第377页
48	乾隆四十五年八月初六日	"查大、宛两县，现报麦价，较通州昂贵"。	《清高宗实录》卷一一一二，乾隆四十五年八月壬子，中华书局，1986，第868页

续表

序号	时间	粮价情况	资料出处
49	乾隆四十七年十一月初二日	"本日李世杰奏到九月份粮价单内,其黑豆一项,市价自五钱起至八九钱不等,价值尚称平减。目下京师黑豆,价值颇昂,较之豫省计增至一倍有余。"	《清高宗实录》卷一一六八,乾隆四十七年十一月乙未,中华书局,1986,第661页
50	乾隆五十一年六月十二日	"据吴省钦奏,京城粮价渐增,而米豆二价,尤为翔贵。""至所称黑豆一项,每仓石例价八钱,请于市价现昂时,将此次官豆,酌量增作一两四钱之处。"①	《清高宗实录》卷一二五六,乾隆五十一年六月甲申,中华书局,1986,第878页
51	乾隆五十一年十一月十七日	"本年夏间,因京城米价稍昂。"	《清高宗实录》卷一二六九,乾隆五十一年十一月丁亥,中华书局,1986,第1106页
52	乾隆五十二年四月初三日	"现在京城缺雨,麦价较昂。"	《清高宗实录》卷一二七八,乾隆五十二年四月庚子,中华书局,1986,第112页
53	乾隆五十二年六月初二日	"京城米价微觉稍减。麦价每斤已减制钱四五文。"	《军机处录副奏折》,中国第一历史档案馆藏,档案号:03-0917-041
54	乾隆五十二年六月初三日	"京师三四月间,麦面价值昂贵。"	《清高宗实录》卷一二八二,乾隆五十二年六月己亥,中华书局,1986,第177页

注:①这里的"每仓石例价八钱",指的是官仓原来规定的价格。"此次官豆,酌量增价作一两四钱",指政府根据当时的市场价格调节后平粜的价格。由于市场黑豆价格比较高,所以官方平粜黑豆时,也增加了价格。

二 数据分析

首先,从乾隆时期北京粮价的奏报中,可以看出在乾隆初年至二十七年的时段,官员是根据大兴、宛平两县上报粮价清单奏报的,其中有的标明月初、中旬、月底,有的标明上半月和下半月等不同数据,应当说更接近市场实际。二十七年,上奏报的时间改变了,"市上时价,长落无常。三月中旬之价如此,其为贵价平价,究难意定。应将上年三月粮价,先行较对,方可折中,以定行止。著传谕在京王大臣,前后比较,如果上年三月较今尚减,则官粜未便即停。倘与现在平粜后,价值相等,则市价已平，毋庸再为减粜。著即查明具奏。寻奏，上年三、四月米价较今尚减，官粜未便即停。报闻"①。之后的奏报只就本月价格，或与上月比较，或与上年同月价格比较，显然不如之前的奏报数据接近实际。

其次，从官员的奏折中也可看到错误，如前述乾隆五十二年同是七月的麦价，出现不同的数据。这种情况的出现，说明下级官员对奏报粮价的敷衍态度，而上级官员竟也允许这种错误的出现，可见，粮价奏报至少有走过场的情况。连乾隆帝对上报粮价也表示怀疑："京畿连岁丰稔，本年收成，又复有八九分，市集价值不应转贵于前。看来大、宛两县，向来所报粮价，率皆以多报少，即如夏月户部奏豆价，其明验也。"② 因此，可以得出结论，官员上报的粮食价格有偏低现象，粮价数据使人难以置信。

再次，在表4-4乾隆时期的粮价统计表中，二十五年二月各类粮价都比较高，京米3.8两，老米1.89两，稷米1.76两，仓米1.575两，小米1.75两，麦子2.85两，高粱1.5两，黑豆2两，达到目前统计到的乾隆时期各类粮食的最高价格，之后的各类粮价曲线几乎没有起浮，比较平直，显然这种涨落并不能有说服力。岸本美绪指出：粮价数据统计中，"出现了几乎所有县每个月的价格完全没有变化这样令人难以置信的数据"。因此认为，"对各资料做具体的分析探讨应该是必要的"③。黄冕堂指出："刑档中所反映的包括粮价在内的各种物价，常常与地方官向朝廷定期上报的粮价不完全吻合，比较普通的现象是官方上报的粮价欠准确或千篇一律，有时偏高，有时又偏低。"④ 尽管笔者将中国第一历史档案馆中目前公开的粮价数据都收集到了，但是仍然缺失较多，十分遗憾！也说明这个粮价数据统计是不可信的，因此需要增加其他资料，并结合定性分析进行部分弥补。表4-4、表4-5合并数字共有55条，减去一条重复的，共为54条。表4-6为54条，又与表4-5重合情况有1条，为54条，其他各条记述的粮价多数是涨价记录。如在表4-6中明确记

---

① 《清高宗实录》卷六五八，乾隆二十七年四月戊辰，中华书局，1986，第361页。
② 《清高宗实录》卷七六七，乾隆三十一年八月丙寅，中华书局，1986，第424页。
③ 〔日〕岸本美绪：《清代中国的物价与经济波动》，刘迪瑞译，社会科学文献出版社，2010，第6页。
④ 黄冕堂：《清代粮食价格问题探轨》，见《清史论丛》，辽宁古籍出版社，1994。

载米价上涨有 25 条，麦价上涨 13 条，黑豆价上涨 13 条，还有 3 条是记述粮价普遍上涨的，所以在表 4-6 的 54 条中基本上都是上涨状态。

根据乾隆各类粮价数据制作变动图如下（图 4-6、图 4-7）：

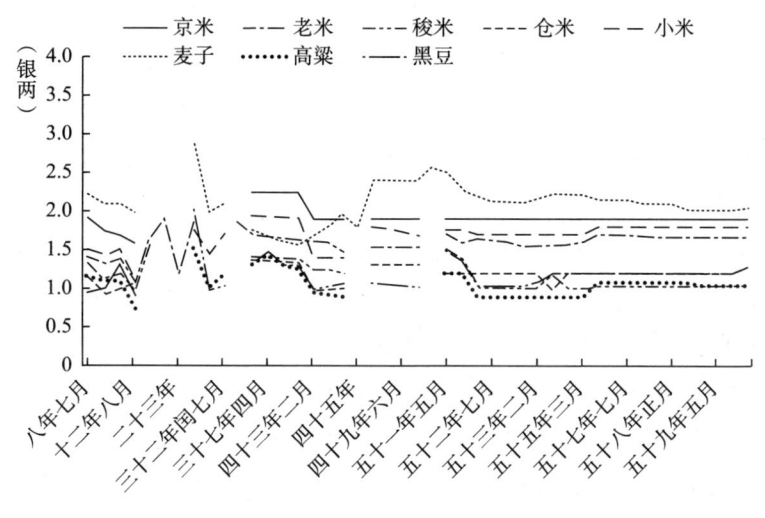

图 4-6　乾隆时期各类粮价变动示意

从图 4-6，图 4-7 可以直观地看出，波峰中的老米、稉米、麦子的涨价情况。可见，麦子价格高于所有粮食价格，其下依次为老米、小米、黑豆等价格。

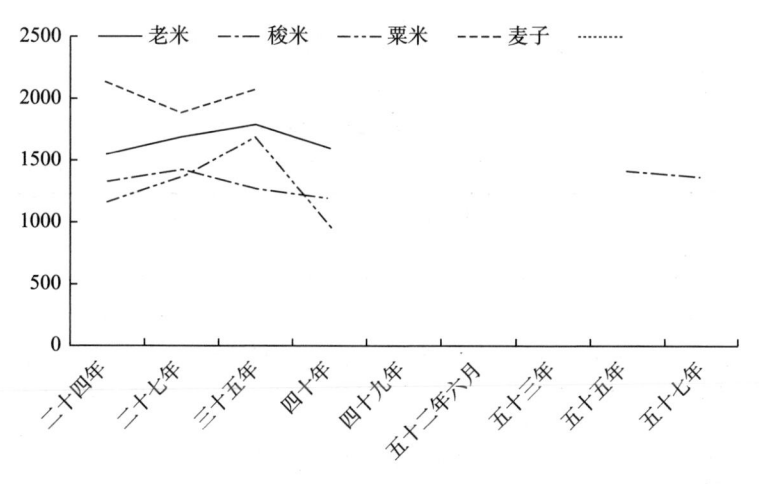

图 4-7　乾隆时期粮价补充示意

乾隆朝还有 11 份未注明上报时间，亦无上报人的粮价奏折①。从表 4-4 中可以得到的信息是，粮食每石均价：老米 1.60 两，稜米 1.19 两，仓米 1.20 两，小米 1.70 两，小麦 2.11 两，高粱 1.06 两，黑豆 1.18 两，干面每斤 24.52 文，切面每斤 23.31 文。正如全汉昇研究指出："到了乾隆时代，米价却一反过去比较低廉的情况而开始长期波动。"② 黄冕堂亦指出："康熙后 20 年左右迄于雍乾之交，全国粮价均呈持续上涨趋势。"③ 从现有的史料记载看，雍正时期京米已经在市场上交易了，乾隆二十五年二月京米价格每石高达 3.8 两之后，几乎永久定格在 1.9 两，令人难以置信。但目前笔者未找到其他关于京米的价格数字，或者是文字描述，无法弥补统计数字。从水稻品种看，京米可与南方媲美。"房山石窝稻色白，味香美为饭"。"《遵化州志》稻有东方稻、双芒稻、虎皮稻"。"《广平府志》产，府西引滏水灌田，白粲不减江浙"④。应该说，京米不比漕粮的质量差，且因产地近而品质新鲜。可以肯定的是京米完全受市场调节，政府并没有调控，所以价格应当是比较高的。

第四节 嘉庆、道光时期

一 嘉庆时期粮价统计

笔者根据已经掌握的数据列表，见表 4-7。

表 4-7 嘉庆时期的粮价

单位：两/石

时间	麦子	京米	老米	稜米	粟米	高粱	黑豆
嘉庆元年正月	2.04	1.9	1.68	1.05	0.8	1.04	1.28

① 散见《军机处录副奏折》档案号：03-0975-015；03-9982-095；03-0975-024；03-0975-025.1；03-0975-026；03-0975-027；03-0975-028；03-0975-029 与此相同档号的奏折共四份，合计十一份。《朱批奏折》中有一份档案号：04-01-30-0314-039。
② 全汉昇：《乾隆十三年的米贵问题》，见全汉昇《中国经济史论丛》（二），中华书局，2012。
③ 黄冕堂：《清代粮食价格问题探轨》，见《清史论丛》，辽宁古籍出版社，1994。
④ 雍正《畿辅通志》卷五六，土产，见（清）纪昀等编纂《景印文渊阁四库全书》第五〇五册，《史部·地理类》，台湾商务印书馆，2008，第 289~505 页。

续表

时间	麦子	京米	老米	稉米	粟米	高粱	黑豆
嘉庆元年四月	2.04	1.9	1.68	1.07	1.78	1.03	1.25
嘉庆元年五月	2.03	1.9	1.66	1.07	1.78	1.03	1.25
嘉庆二年正月	2	1.9	1.66	1.06	1.69	0.92	1.14
嘉庆二年二月	2	1.9	1.65	1.04	1.69	0.92	1.14
嘉庆二年三月	1.99	1.9	1.64	1.04	1.69	0.92	1.12
嘉庆二年四月	1.99	1.9	1.64	1.04	1.69	0.92	1.12
嘉庆二年六月	1.97	1.9	1.62	1.06	1.68	0.9	1.12
嘉庆二年闰六月	1.97	1.9	1.62	1.04	1.68	0.89	1.11
嘉庆二年七月	1.97	1.9	1.62	1.02	1.68	0.91	1.14
嘉庆二年九月							1.11
嘉庆三年四月	2.03	1.88	1.49	0.93	1.62	0.95	1.16
嘉庆三年五月	2.02	1.88	1.49	0.92	1.62	0.94	1.16
嘉庆三年六月	2.05	1.9	1.49	0.92	1.62	0.94	1.16
嘉庆三年七月	2.09	1.9	1.49	0.92	1.56	0.96	1.16
嘉庆三年八月	2.07	1.9	1.49	0.92	1.58	0.95	1.16
嘉庆五年十月							1.15
嘉庆八年二月	2.7	2.8	2.54	2.64	2	1.7	1.75
嘉庆八年三月	2.75	2.8	2.55	2.1	2.65	1.75	1.8
嘉庆八年八月	2.7	2.5	1.8	1.4	2.75	1.4	1.5
嘉庆八年九月	2.7	2.5	1.8	1.4	2.7	1.35	1.45
嘉庆九年八月	2.6	2.5	1.45	1.3	2.5	1.25	1.25
嘉庆九年九月	2.6	2.5	1.4	1.3	2.4	1.2	1.2
嘉庆十年八月	2.8	2.5	1.7	1.4	2.45	1.07	1.3
嘉庆十年九月	2.85	2.5	1.8	1.45	2.45	1.07	1.3
嘉庆十四年八月	3.1	2.65	2.3	1.7	2.3	1.2	1.4
嘉庆十四年九月	2.9	2.65	2.1	1.5	2.3	1.2	1.3
嘉庆十八年八月	3.05	2.65	2.1	1.4	2.62	1.24	1.32
嘉庆十八年九月	3.1	2.65	2.1	1.4	2.62	1.24	1.32
嘉庆二十二年六月	3.54	2.65	2.05	2.05	3.08	1.23	2.17
嘉庆二十二年七月	3.58	2.8	2.2	2.08	3.12	1.91	2.22
嘉庆二十二年八月	3.6	2.9	2.3	2.1	3.15	2.34	2.25
平均值	2.49	2.27	1.80	1.34	2.11	1.18	1.35

资料来源：

①嘉庆五年，（清）祁韵士《己庚编》卷下，嘉庆五年闰四月初四日《奏平粜米麦折》，见《丛书集成续编》第五〇册，社会科学类，台北，新文丰出版公司，1989，第592~593页。

续表

②中国第一历史档案馆藏《雨雪粮价单》,《军机处录副奏折》。"嘉庆二年九月二十五日和珅奏折",《和珅秘档》(八),国家图书馆出版社,2009,第183页。

③嘉庆二十二年六月、嘉庆二十二年七月、嘉庆二十二年八月,粮价来源自台湾中研院王业健院士网络版的清代粮价资料库:http://140.109.152.38/DBIntro.asp,由罗畅博士提供并协助将其转换为农历。

另据其他资料记载作嘉庆补充粮价表,见表4-8。

表4-8 嘉庆时期的补充粮价

单位:文/石

时间	麦子	老米	稜米	粟米	仓米
嘉庆五年闰四月	2800	1900			
嘉庆七年二月			2900	2600	
嘉庆十一年三月	2800	1600			
嘉庆十一年	2800	1850			1850
嘉庆十二年	3350	2200	1700		
嘉庆十四年	3800				
嘉庆十五年	2900				
嘉庆十六年		2200	1700		
嘉庆十八年	2700				

资料来源:

①嘉庆五年数据,见(清)祁韵士《己庚编》卷下,嘉庆五年闰四月初四日《奏平粜米麦折》,见《丛书集成续编》第五〇册,社会科学类,台北新文丰出版公司,1989,第592~593页。

②嘉庆七年二月数据见《钦定辛酉工赈纪事》卷三十,嘉庆七年刻本,见李文海等主编《中国荒政全书》第二卷,北京古籍出版社,2002,第451页。

③嘉庆十一年三月、十六年数据见(清)潘世恩等纂《钦定户部漕运全书》卷六四,《京通粮储·仓粮拨赈》,故宫博物院编《钦定户部漕运全书》故宫珍本丛刊,第321册,海南出版社,2000,第17~18页。

④嘉庆十四年数据见《军机处录副奏折》,见"嘉庆十四年八月二十五日兼管顺天府府尹邹炳泰等奏折",中国第一历史档案馆藏,档案号:03-1938-021。

⑤嘉庆十一年、十二年、十五年数据见(清)昆冈等修,刘启端等纂《钦定大清会典事例》卷一〇三三,《都察院·五城·米厂》,见顾廷龙主编《续修四库全书》第八一二册,《史部·政书类》,上海古籍出版社,2002,第381~382页。

⑥嘉庆十八年数据见(清)载龄等纂修《钦定户部漕运全书》卷六五,《京通粮储·发粜仓粮》,第23~24页,见顾廷龙主编《续修四库全书》第八三七册,《史部·政书类》,上海古籍出版社,2002,第391~392页。

另据统计数据作以下粮价变化图(见图4-8、图4-9)。

从嘉庆元年到三年,官员上报的粮价数据变化极小,图4-8的曲线前半部分基本平直，所以这段时间的数据的真实性值得怀疑。因为乾隆时期出现官员以多报少，故嘉庆八年之后，粮价有涨有落，可能比较接近实际。尽管笔者将中国第一历史档案馆中目前公开的粮价数据都收集到了，但是仍然缺失很多，十分遗憾！所以笔者又作了补充粮价表4-8。从图4-8、图4-9中直观地显示各类粮食价格变化趋势。

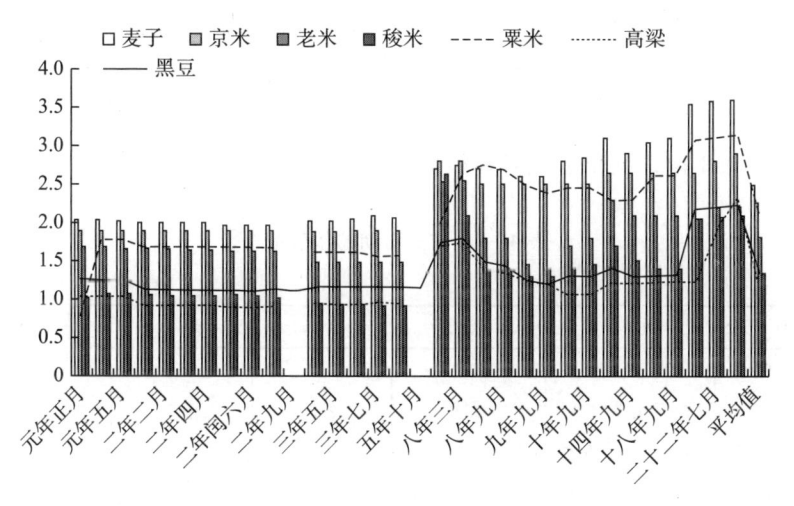

图4-8 嘉庆时期的粮价变动情况

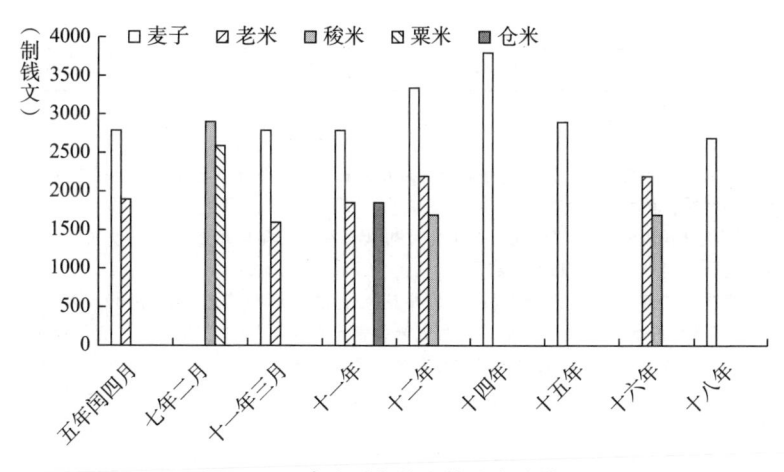

图4-9 嘉庆时期补充粮价变动情况

二 道光时期粮价统计

道光时期京城粮价奏报清单，笔者没有查到，这里只列出一些零星记载。道光三年,"粳米每石著减制钱五百文,以一千八百文出粜。稷米每石著减制钱六百文,以一千二百文出粜"①。市场老米的价格,每石2300文,稷米每石1800文。四年二月,京城所报粮价:"粳米每石银二两七钱,合计制钱二千七百文。""稷米每石银二两五钱,合计制钱二千五百文。"② 十一年九月,"向来京师米价每石只制钱一千五百文,入秋以来忽然昂价至每石制钱三千五百余文,已增价两倍有余。"③ 十三年二月十四日,"京城米价日渐增昂,每石竟须制钱四千数百文,小民日用倍形拮据。"④ 如果按照三年七月、四年二月的银钱比例,均为钱1000文,相当于银1两,列出道光时期粮价(见表4-9)。

表4-9 道光时期的粮价情况

单位:银两

序号	时间	老米	稷米	麦子	小米
1	道光三年七月	2.3	1.8		
2	道光四年二月	2.7	2.5		
3	道光十一年九月	3.5			
4	道光十二年四月	5.17	4	8.5	7.2
5	道光十二年六月	5.17	4	8.5	7.2
6	道光十二年七月	5.87	5.2		7.6
7	平均数	4.12	3.5	8.5	7.33

资料来源:
① 《清宣宗实录》卷五五,道光三年七月丙戌,中华书局,1986,第978页。
② 《军机处录副奏折》,见"道光四年二月初四日协办大学士户部尚书英和等奏折",中国第一历史档案馆,档案号:03-3362-012。
③ 《军机处录副奏折》,"道光十一年九月初六日礼科掌印给事中王云锦奏折",中国第一历史档案馆,档案号:03-3119-042。
④ "道光十二年八月顺天府奏折",见中研院史语所藏明清史料,序号:176605-001。(奏为酌定京城粮价事)道光十二年,四月老米、麦子都是平均价;六月同,七月粮价为二十日之前和之后的平均价格。因其他年月没有仓米、高粱、黑豆的粮食价格,表中从略。
⑤ 《清宣宗实录》卷二三二,道光十三年二月乙卯,中华书局,1986,第468页。

---

① 《清宣宗实录》卷五五,道光三年七月丙戌,中华书局,1986,第978页。
② 《军机处录副奏折》,见"道光四年二月初四日协办大学士户部尚书英和等奏折",中国第一历史档案馆,档案号:03-3362-012。
③ 《军机处录副奏折》,见"道光十一年九月初六日礼科掌印给事中王去锦奏折",中国第一历史档案馆,档案号:03-3119-042。
④ 《清宣宗实录》卷二三二,道光十三年二月乙卯,中华书局,1986,第468页。

第四章 市场粮价分析

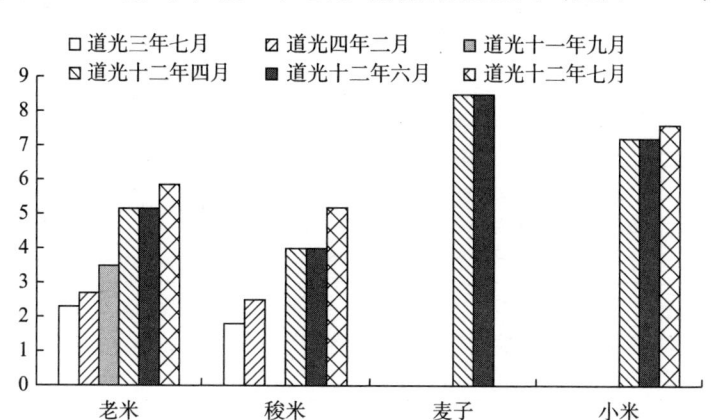

据表4-9的数字,做以下道光时期粮价变化图(见图4-10)。

图例:
- 道光三年七月
- 道光四年二月
- 道光十一年九月
- 道光十二年四月
- 道光十二年六月
- 道光十二年七月

图4-10 道光时期的粮价变动

另据其他史料制作粮价上涨情况表(见表4-10)。

表4-10 道光时期粮价上涨情况

序号	时间	涨价情况	出处
1	道光二年十一月	"五城米价腾贵","京师五城地方,于本年七八月以后各项粮价加增。"	《清宣宗实录》卷四五,道光二年十一月庚寅,中华书局,1986,第796页
2	道光三年七月	"京畿雨水过多,粮价增昂。"	《清宣宗实录》卷五五,道光三年七月癸巳,中华书局,1986,第985页
3	道光四年	"现在豆麦均属昂贵。"	(清)载龄等修纂《钦定户部漕运全书》卷六一,《京通粮储·俸甲米豆》,见顾廷龙主编《续修四库全书》第八三七册,《史部·政书类》,上海古籍出版社,2002,第330页
4	道光十一年八月	"都城近日米价腾贵,较两月以前几增一倍。"	《军机处录副奏折》,中国第一历史档案馆,档案号:03-4043-068
5	道光十二年七月	"本年京师亢旱,畿辅一带,二麦歉收。""外来饥民携男负女,沿街乞食,京师粮价上涨。"	"道光十二年八月顺天府奏折",见中研院史语所藏明清史料,序号:176605-001

续表

序号	时间	涨价情况	出处
6	道光十三年二月	"京城米价日渐增昂,每石竟须制钱四千数百文。"	《清宣宗实录》卷二三二,道光十三年二月乙卯,中华书局,1986,第468页
7	道光十五年十月	"现届支领俸甲米石之时,其米较前多出数倍,何以市面价值反增长至一千数百文之多。"	《军机处录副奏折》,中国第一历史档案馆,档案号:03-3430-069
8	道光十九年七月	"京城粮食昂贵,民食维艰。"	《清宣宗实录》卷三二四,道光十九年七月丁巳,中华书局,1986,第1095页

第五节 粮价变动分析

根据以上各时期粮价变动的统计和描述,在这里探求价格变动的趋势。以下将康熙、雍正、乾隆、嘉庆、道光各时期粮食均价列表进行比较。

表4-11 各时期粮食均价表

单位:两/石,文/斤

时间	老米	稜米	仓米	小米	小麦	高粱	黑豆	干面	切面
康熙时期	1.03	1.01	0.83	1.2	1.28	0.76	0.86	21.72	16.89
雍正时期	1.42	1.17		0.9					
乾隆时期	1.60	1.19	1.20	1.70	2.11	1.06	1.18	24.52	23.31
嘉庆时期	1.80	1.34		2.11	2.49	1.18	1.35		
道光时期	4.12	3.5		7.33	8.5				

注:粮价单位:每仓石以银两计;干面和切面单位:每斤以铜钱文计。

根据表4-11中的数字,作各时期稜米均价上涨图(见图4-11);作各时期老米均价上涨图(见图4-12);作各时期小麦均价上涨图(见图4-13);作各时期小米均价上涨图(见图4-14)。

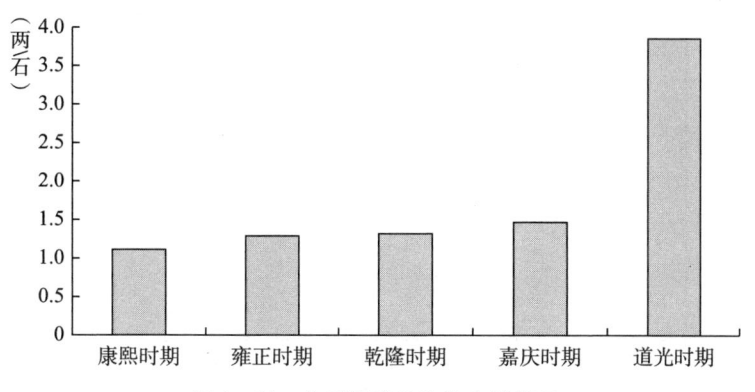

图 4-11　各时期稷米均价上涨情况

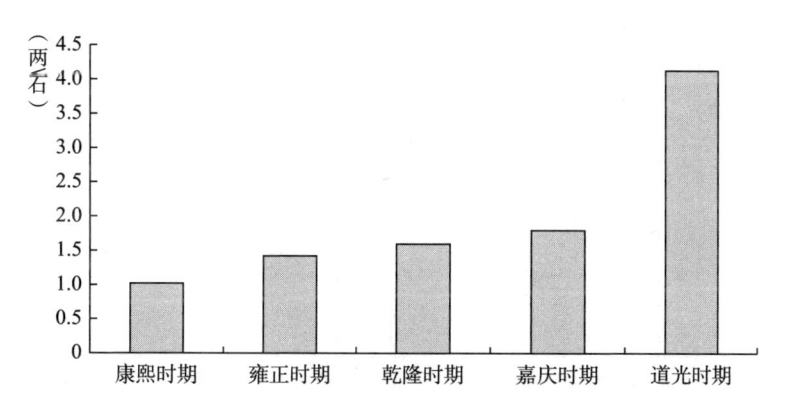

图 4-12　各时期老米均价上涨情况

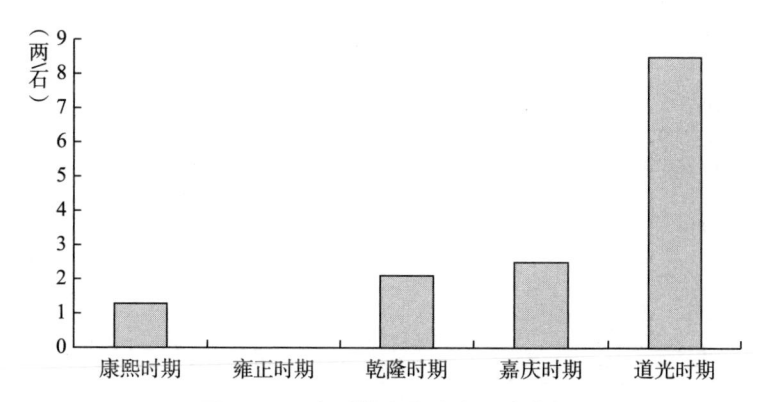

图 4-13　各时期小麦均价上涨情况

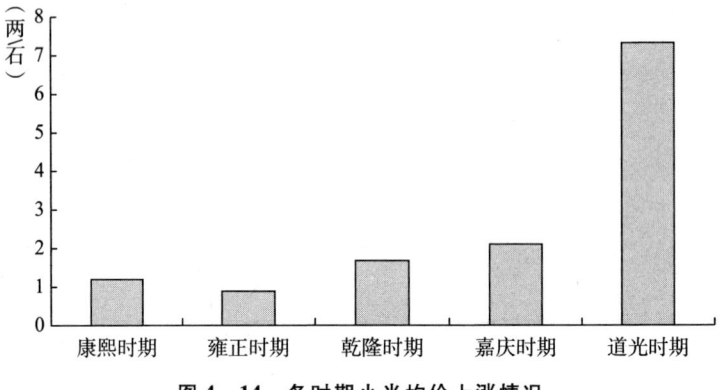

图4-14 各时期小米均价上涨情况

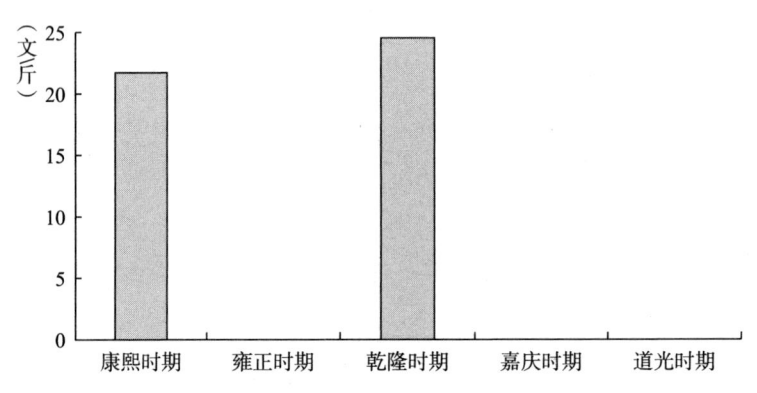

图4-15 康熙、乾隆时期干面均价上涨情况

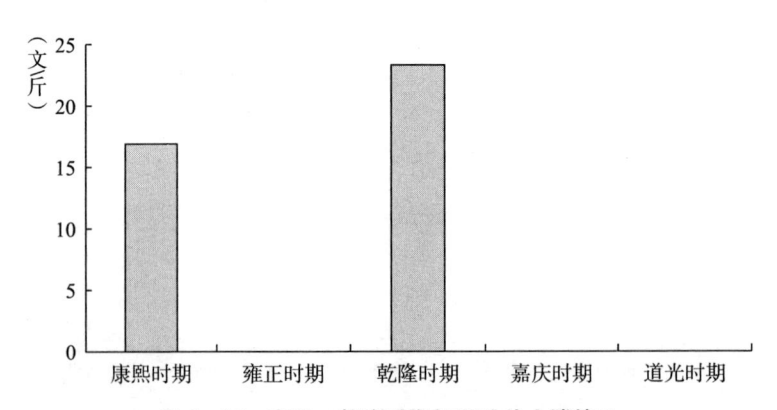

图4-16 康熙、乾隆时期切面均价上涨情况

由制作的表4-11、图4-11至图4-16可知,到嘉庆时期,老米、稉米、小米、小麦、高粱、黑豆的均价都比以前各时期上涨了,其中涨

幅较大的是小麦、小米、老米。道光时期老米、小麦、小米的价格更是比康熙时期上涨了三至五倍，文字记载也是相同的，可知粮价是普遍上涨的。

一 小麦、小米

顺治年间，就有民间贩运杂粮的船只进入通州，商人在通州"东门新开店房"，设立杂粮铺买卖粟米等杂粮的情况。当时在河道中产生商船与漕艘并排行驶，相互拥挤的情况。① 应该说，民间贩运杂粮的船只，在运河上往来始终没有停止过。

康熙四十六年，小麦丰收，但京城小麦、小米价格上涨，经官员派人前往京城内外粮铺查访。据商人称："今年六月初旬收麦之际，麦价甚贱。六月末七月初，正值雨季，道路泥泞，车辆租价，稍有增加。再每年秋粮收获前些，我等商人必争麦价，这半余月麦价必稍涨。今秋粮尽收，道路复干，麦价从此渐跌。"② 康熙帝询问大臣："小米一石，须一两二钱。麦子一石，须一两八钱。"你们"与九卿会议，如何可以平价？"从此，政府开始注重商人从口外运入小麦、小米问题。③ 因为当时漕粮仓储中并没有小麦④，所以小麦、杂粮来源全部依靠市场供应，杂粮中包括小米、黑豆等。五十五年五月，陕西、山西、河南、山东等省小麦丰收，但京师麦价未见减少。康熙帝问：京师向来依靠山东、河南的小麦输入，二省与京师"俱通水路"，两省麦子丰收，京师麦价未见减少，不知原因？或许因为"沿途富商大贾豫行收买，以致京师麦价不减？"于是令河南、山东巡抚统计本省"由水路北来卖与商贾麦谷数目"，"每月缮折"上奏。⑤ 这年六月份，河南巡抚李锡奏称："客商劳斌

---

① 雍正《漕运全书》卷十八，《京通粮储·历年成案》，见北京图书馆古籍出版编辑组编《北京图书馆古籍珍本丛刊》055，《史部·政书类》，书目文献出版社，1989，第430页。
② "康熙四十六年七月二十九日胤祉等奏报麦价上涨缘由折"，见中国第一历史档案馆译编《康熙朝满文朱批奏折全译》，中国社会科学出版社，1996，第535页。
③ 《清圣祖实录》卷二四〇，康熙四十八年十一月庚寅，中华书局，1985，第393页。
④ "乾隆十八年，改征小麦，运京仓。"《清史稿》卷一二二，《食货志》，中华书局，1977，第955页。
⑤ 《清圣祖实录》卷二六八，康熙五十五年五月壬申，中华书局，1985，第634页；卷二六九，康熙五十五年六月丁巳，第637页。

等,在豫买米麦杂粮共五万三千九百八十一石二斗六升,赴直隶、天津等处发卖。"① 山东巡抚奏报:"自五十五年六月初七日起至七月二十五日止,共奏报过北来粮食四十三万四千九十七石零。"以后因"商贩稀少",就停止奏报了。河南巡抚称:"自五十五年六月起至十二月止,共奏报过北来粮食二十三万二千七百三十九石零。"两省共运"六十六万六千八百三十六石零。"其中二省商贩在沿途出售"六万九千四百八十一石"②。五十六年二月份,"自河南水路北来米麦杂粮共一万六千六百二十五石零。自山东水路北来米麦共七千七百七十石。豫、东两省北来米麦杂粮通共二万四千三百九十五石零"③。可知,从豫、东两省输入直隶、京师的小麦、粟米等粮食,每年有五六十万石,也就是说,小麦、小米的供应,受到市场上商人贩运量的影响。此外,还受到一些客观因素影响。"据商人等言:今年六月初旬收麦之际,麦价甚贱。六月末七月初,正值雨季,道路泥泞,车辆租价,稍有增加。再每年秋粮收获前些,我等商人必争麦价,这半余月麦价必稍涨。今秋粮尽收,道路复干,麦价从此渐跌。"④ 路况和车辆租价也影响麦子和杂粮的价格。此后,小麦、小米市场价格上涨,成为贯穿京城粮的价变动的一条主线。

雍正元年二月初九日,西城巡城御史鄂齐善奏陈,近几年直隶附近地方粮食歉收,"京城米价较前上涨"⑤。四年二月,因直隶地方雨水过多,"以致禾稼歉收,所恃者河南、山东之谷。今值种麦之时,其收获与否尚未可知。河南、山东虽有谷米亦暂且存贮不肯粜卖,因此京师米价腾贵"⑥。直隶地方禾稼主要是小麦、粟米、高粱类,虽有小部分水稻,但很难影响京城的米价,以上奏折中所称的米,并不是稻米,而是粟米,

---

① "康熙五十五年七月初七日河南巡抚李锡奏折",见《康熙朝汉文朱批奏折汇编》第7册,档案出版社,1985,第303页。
② "康熙五十六年二月二十五日直隶巡抚赵弘燮奏折",见中国第一历史档案馆编《康熙朝汉文朱批奏折汇编》第7册,档案出版社,1985,第744~746页。
③ "康熙五十六年三月二十三日直隶巡抚赵弘燮奏折",见中国第一历史档案馆编《康熙朝汉文朱批奏折汇编》第7册,档案出版社,1985,第796~797页。
④ "康熙四十六年七月二十九日胤祉等奏报麦价上涨缘由折",见《康熙朝满文朱批奏折全译》,中国社会科学出版社,1996,第535页。
⑤ "雍正元年二月初九日西城巡城御史鄂齐善奏折",见第一历史档案馆译编《雍正朝满文朱批奏折全译》上册,黄山书社,1998,第30页。
⑥ 李洵等:《钦定八旗通志》第一册,卷首九,吉林文史出版社,2002,第186页。

这是自然灾害使京城麦子、小米的供应量减少,从而价格上涨。

乾隆十八年,政府开始存储麦子。① 二十四年三月,政府已经为缺麦做了准备,"令豫省采购数万石运京"。"东省产麦较多,地方价值尚平,自亦可量为办运"。乾隆帝令根据山东等当地调运小麦情况,"如麦石尚属充裕,即可购拨四五万石,由水路运至京师。倘因购运稍难,或由德州就近陆运。至景州、河间一带,交方观承委员接收平粜。在近京地方,既有此麦石以济民食,则京城麦价,亦可渐平"②。仓储虽有小麦六万九千余石,但漕麦不能如稻米那样,可以通过政府的调节得到控制,因为"每日需麦较多,各仓现有之麦,尚不敷用"③。"京畿种麦本少,即遇二麦丰收之岁,亦藉商贩流通,客麦愈多,则市值愈减,乃一定之理。"④ 另一方面,在人们饮食需求之外,"京师百万户,食麦者多,即市肆日售饼饵,亦取资麦面"⑤。也就是说,小麦除了直接供人们食用之外,还为食品手工业提供原料。按照一般市场规律,商业用面粉的价格当比食麦价高,这不仅提升了京城对市场上麦子的需求,也提升了麦价。政府"再拨采买麦三万石,减价平粜"。四十四年,"拨麦二万石",平粜,又"将上年仓存余麦二万石,再行拨发五城出粜"⑥。但都未能解决缺麦问题。当时,在通州的八十余名粮商说:"我等历年贩运麦石来通消售,仰沐皇恩,俱系稍有身家之人,断不敢有心观望,故意迟延。实缘商人众多,情形不一,有粮数稍多,消而未尽者;有本客去岁到通,未及消完,复置办新粮,尚未到来者;有因事回家将粮暂交行户存储者;又有京通铺户已经批定,尚未运去者,种种悉属实情,并非有意囤积。况因今岁正月至今已消去一十一万有余,五月内尚有消售批买之麦,俱

---

① "乾隆十八年,改征小麦,运京仓。"赵尔巽等撰《清史稿》卷一二二,《食货志三·漕运》,中华书局,1977,第955页。
② 《清高宗实录》卷五八三,乾隆二十四年三月丁酉,中华书局,1986,第453页。
③ 《清高宗实录》卷一〇五五,乾隆四十三年四月丁未,中华书局,1986,第96~97页。
④ 《清高宗实录》卷一〇五八,乾隆四十三年六月庚子,中华书局,1986,第146~147页。
⑤ 《清高宗实录》卷一〇五八,乾隆四十三年六月庚子,中华书局,1986,第146~147页。
⑥ (清)昆冈等修,刘启端等纂《钦定大清会典事例》卷一〇三四,《都察院·五城·米厂》,见顾廷龙主编《续修四库全书》第八一二册,《史部·政书类》,上海古籍出版社,2002,第379页。

有账簿可查,承买铺户可证,不能隐讳等语。"在通州坐贾铺户冯慎修等人也说:"本年正月直至五月,我等俱有籴买客人麦石,零星消售。"贩运小麦的商人和铺户所称相同,而且这些商人"连名具呈,情愿将现存麦二十万石,照依时价,每市石减二钱,在京、通两处,自往招商,作速粜卖,以两月为期,全行消售。"乾隆帝上谕:"止令减价一钱,宽限四个月。"① 最终,市场上的麦子供求关系趋于平衡,价格下降。五十二年,京城麦价上涨,主要由于河南、山东客商运来的麦二十余万石,在德州一带船只因河水稍浅,受到阻滞。经政府疏通后,解决了这个问题。② 嘉庆五年,政府曾经减价平粜麦子四万石。③ 可见这时的麦价也比较高。道光十九年七月,"近日河南商人运麦子十数万石到天津,可冀价渐平复"④。一般来说,每年二月河水解冻后,载麦船只来到通州,一般可运来五六十万石,至第二年新麦运到时,全部销售完。⑤ 估计京城每年销售小麦五六十万石左右。据官方文献记载:"各省漕粮运京仓者为正兑,运通仓者为改兑,额征数目,遇有升坍,随时增减。今按道光九年额征之数开载。"山东、河南两省每年额征小麦共约为六万九千五百六十一石。⑥ 如果这些小麦全部进入市场,再从京城市场已有的小麦五六十万石折中约为五十五万石,减去官方额征数字,约为七万石,可知商人每年运入京城的小麦约为四十八万石。由于小麦、粟米等杂粮运到市场的数量少,京城市场上的小麦供不应求,决定麦价升高,这是市场供求关系决定的。市场机制配置小麦、粟米等杂粮资源,这些小麦、部分粟米,主要依靠商人从外省运京销售。因此,清代前期京城的麦价主要依

---

① 乾隆四十三年《查办堆房堆贮客麦疏》,"刑部尚书胡季堂、户部侍郎金简奏折",见乾隆《通州志》卷十,《艺文·疏议》,清乾隆四十八年刻本,第23~27页。
② 《军机处录副奏折》,"乾隆五十二年四月二十二日工部尚书金简奏折",中国第一历史档案馆藏,档案号:03-0765-013。
③ (清)昆冈等修,刘启端等纂《钦定大清会典事例》卷一〇三四,《都察院·五城·米厂》,见顾廷龙主编《续修四库全书》第八一二册,《史部·政书类》,上海古籍出版社影印本,2002,第381页。
④ 《清宣宗实录》卷三二四,道光十九年七月丁巳,中华书局,1986,第1095页。
⑤ 乾隆四十三年《查办堆房堆贮客麦疏》,"刑部尚书胡季堂、户部侍郎金简奏折",见乾隆《通州志》卷十,《艺文·疏议》,清乾隆四十八年刻本,第23~27页。
⑥ (清)潘世恩等纂《钦定户部漕运全书》卷一,《漕粮额征·兑运额数》,见故宫博物院编《钦定户部漕运全书》"故宫珍本丛刊"第319册,海南出版社,2000,第12~13页(按一石等于十斗换算,最后略去石以下数字)。

靠市场机制调节，且有不断上升的趋势，这也是麦价高于其他各类粮食价格的主要原因。

二 价格联动性

乾隆三年，"八旗兵丁仰给天庾，均系计口授食，按月开粮，非如五城居民，专赖粜食市米可比。且查旗人平日多食老米，民人平日多食杂粮"①。四年，"京城地方食面、黍（玉米）者甚众，往往面、黍贵，米亦即昂"②。"今岁四五月间，麦子稍歉，老米每石即贵钱四五百文。目下小米、高粱丰收，米价即平。京城米价视杂粮之丰歉为贵贱也"③。"直隶地方多种高粮、黄豆等项。今若专买米谷，必致米谷价昂，而杂粮不售，于民无益"④。京城"商民云集，所出仓谷，不敷食用，每赖杂粮接济"⑤。十六年，"因雨多路泞，京外商贩杂粮难到，米价仍增"⑥。"自夏徂秋雨水连绵，道途泥泞，杂粮不能上市，各铺米石短少，是以日渐昂贵"⑦。三十二年，"数日来天气晴霁，道路渐就乾燥，杂粮得以挽运到京，米价自日就平减。至现在京师米价稍昂"⑧。"直隶迤南各属，今年虽二麦歉收，然乡村人众，粗粝自甘，尚可兼食杂粮，以资糊口"⑨。道光四年，户部奏称："其漕麦一项，俟三月抵通后，即照例于粟米内尽数抵放。务令杂粮一律流通，市价不致腾贵。"⑩ 由此可知，各

---

① 李洵、赵德贵、周毓方、薛虹主校点《钦定八旗通志》卷七七，吉林文史出版社，2002，第1321页。
② 《军机处录副奏折》"乾隆四年八月二十四日御史沈嵀奏折"，中国第一历史档案馆藏，档案号：03-0736-031。
③ 《军机处录副奏折》"乾隆四年八月二十四日御史沈嵀奏折"，中国第一历史档案馆藏，档案号：03-0736-031。
④ （清）孙嘉淦《孙文定公奏疏》卷八，敦和堂本，第9页。
⑤ （清）王庆云《石渠余纪》卷四，北京古籍出版社，1985，第190页。
⑥ 《清高宗实录》卷三八五，乾隆十六年三月乙丑，中华书局，1986，第63页。
⑦ "乾隆十六年七月二十日蒋炳、顾汝修奏折"，见《宫中档乾隆朝奏折》第一辑，台北"故宫博物院"，1982，第192页。
⑧ 《军机处录副奏折》，"乾隆三十二年闰七月二十二日刑部尚书舒赫德奏折"，中国第一历史档案馆，档案号：03-0865-074。
⑨ 《清高宗实录》卷一〇五八，乾隆四十三年六月庚子，中华书局，1986，第146~147页。
⑩ （清）载龄等纂修《钦定户部漕运全书》卷六一，《京通粮储·俸甲米豆》，见顾廷龙主编《续修四库全书》，第八三七册，上海古籍出版社，2002，第330页。

种粮食之间具有替代性,即现代经济学中的"替代效应"。当一种粮食价格上涨时,人们可以食用其他种类的粮食作为替代。"京师辇毂之下,商民云集,每年所出仓粟不敷食用,尚赖各项杂粮添补。是以年谷顺成,杂粮价贱,则老米、稜米不能独昂;倘年成稍歉,四外杂粮运赴京师者少,则老米、稜米亦必涨价"①。正是这种替代性,决定了各类粮食价格互联互补的关系,其中一种粮食涨价,其他粮食价格也联动上涨,相反,一种粮食降价,其他粮食价格也会下降,这也是市场机制的作用。

小 结

在清代前期196年中,京城粮食价格是不断上涨的趋势,其中小麦、小米上涨趋势明显,这与北方人口的增加和客观自然条件的变化有一定的联系。

市场机制的作用,从市场粮食价格中,可以看到市场通过价格配置粮食资源,"市场价格反映了资源的稀缺程度。市场最终会使资源流向最稀缺的地方"②。当市场上某种粮食供不应求时,价格就会上升,反之,价格就会下跌。价格上升时,会引导商人贩运更多的粮食进入市场;价格下跌时,会引导商人减少贩运,或者停止运入粮食。

---

① 乾隆官修《清朝文献通考》卷三十七,市籴六,浙江古籍出版社,2000,考5197~5198条。
② 吴敬琏:《政治不改革经济改革也落实不了》,载《老年文摘》2012年3月5日,第3版。

第五章　市场运行特点分析

本章分析粮食市场运行特点，主要有城市人口、粮食流通量、市场分布等情况，以及京城粮食市场与津、冀地区的关系。

第一节　城市人口增加

市场特点之一，是城市人口的增加。应该说，清代前期北京的人口在全国各城市中是最多的。"据史料记载：崇祯二年，北京城市人口约计70万人"[①]。韩光辉指出，明代天启元年，南城有4.33万户21.65万人，内城有人约48.35万人。清代前期，北京城市人口不会比明代减少。清政府对北京城市人口数量进行了有效控制，韩光辉对比进行了详细研究，这里不赘述。据他研究指出，清代前期与后期北京城市人口数量（不含流动人口），没有很大变化。乾隆四十六年，内城人口541100，外城人口235142，内外城人口776242。光绪八年，内城人口479400，外城人口296711，内外城人口776111。政府采取离散、迁移等措施，保证了北京内外城市人口基本在776000左右。[②] 当时内城是八旗住户，各时期的外来人口多居外城。"历来服官者、贸易者、往来奔走者、不知凡几"[③]。王跃生指出，清代中期，城区居民"与流动人口之比为2∶1。"[④] 另据郭松义研究，"清代中叶，估计人数约在二三十万之间"[⑤]。若加上这部分外来人口，清代前期北京当有近百万人。乾隆时，有记载："京师数百万户口食所需，不知凡几。"[⑥] 若以乾隆时期的人口数量估计，当时大约70%的人口住在内城，30%的人口住在外城。一般来说，30%的人口主

[①] 转引自韩光辉《北京历史人口地理》，北京大学出版社，1996，第110页。
[②] 参阅韩光辉《北京历史人口地理》，北京大学出版社，1996，第107、121页。
[③] 李华：《明清以来北京工商会馆碑刻选编》，文物出版社，1980，第29页。
[④] 王跃生：《清代北京流动人口初探》，载《人口与经济》1989年第6期。
[⑤] 郭松义：《民命所系：清代的农业和农民》，中国农业出版社，2010，第392页。
[⑥] 乾隆官修《清朝文献通考》卷三十六，浙江古籍出版社，2000，考5187条。

要食用市场中交易的粮食,而内城八旗人口食用政府分配的漕粮。康熙、雍正时,已经有官兵将分到的粮食,不运回家,直接卖给商铺,当时内城的商铺还较少。到乾隆时,内城商铺增加,五十二年,官员调查有存粮的铺户就有数百余家,这是比较可信的。① 到嘉庆、道光时,内城旗人自己不去仓粮领米,而是将自己的俸薪、米票,直接送到商铺那里,由商人去粮仓拿米。旗人需用时,或变现钱票,或直接由商铺送细米上门,已经成为常态。② 这说明旗人中已经有相当部分依靠市场了,也可以说,这时的百万人口中的大部分是依靠市场配置粮食生活,更能说明当时北京粮食的需求量,在全国各城市中是最多的,这种市场特点也是独一无二的。

第二节　粮食流通量

人口增加的同时,市场上的粮食流通量也相应增加,这是市场的第二个特点。

对俸米、甲米流入市场的数量,前人多有估计。吴建雍认为,俸米、甲米流入市场,"构成了市场上商品粮的主体"。"漕粮以外的商品粮,在清代已成为北京市场粮食的不可缺少的组成部分"。他认为,"至少有百分之四十的俸甲米即大约120余万石粮食进入市场。可以说,这部分粮食实质上构成了市场上商品粮的主体"。他估计有120余万石进入市场。③ 于德源指出:"这些俸、甲米几乎有一半以上转卖给了京师米商铺户。"④

据笔者看到的史料记载:"八旗甲米每月二十万石,共计无闰之年每

---

① 《军机处录副奏折》,"乾隆五十二年五月十四日定亲王绵恩奏折",中国第一历史档案馆,档案号:03-0765-018。
② (清)松筠(穆齐贤)记,赵令志等译《闲窗录梦译编》上、下,中央民族大学出版社,2011,第13、64、249页。俸米是"按官员等之品级,各给红票为凭,由仓领取"。红票亦称米票。(清)允禄等编《世宗宪皇帝谕行旗务奏议》卷七,见纪昀等编纂《景印文渊阁四库全书》第413册,《史部·诏令奏议类》,台湾商务印书馆,2008,第531页。
③ 吴建雍:《清代北京的粮食供应》,见北京社会科学院等编《北京历史与现实研究研讨会论文集》,燕山出版社,1989。
④ 于德源:《北京漕运和仓场》,同心出版社,2004,第383页。

年二百四十万石有。有闰之年每年二百六十万石。八旗王公官员俸米每年约共三十余万石。"① 笔者进一步估算俸米、甲米入市数量。康熙时,"京师大小汉官,向例岁支俸米十二石。雍正三年,以汉官携带家眷者多,俸米不敷日食,命按照大小汉官俸银数目给米。后又命加倍支给俸银、俸米"②。乾隆年间,"每季开仓,八旗及内务府兵丁应关之米,计数十万石,除伊等存留食用外,其粜卖者亦不过三分之一"③。"每放米之时,仓内所出,官兵留食者约三四分,官局收买者约二三分,余俱在外流通,民间藉以接济"④。嘉庆时,"向来京师粮石,全藉俸米、甲米,辗转流通。其资于商贩者本少。至奉天、豫、东商运杂粮,在京外各处售卖,例不征税。本年该三省麦收丰稔,水陆运载,自必源源而来"⑤。一般来说,官米局收买后,也要出售,所以应视为进入市场的米粮。每季甲米出仓数十万石,粜卖三分之一,估计在市场上流通的甲米,占出仓米的60%~70%。"每季八旗俸米暨王俸约数十万石,内卖与通局囤积者不下一半,其余到京粜卖者,为数无几,是以京城内外虽逢开放俸米之际,而市面米价竟不能稍减者,皆此故也"⑥。私米局出现后,仍然是"每季八旗俸、暨王俸,计数十万石,半系卖与米局"⑦。估计有50%的俸米在市场上流通。又据宗人府查复,和郡王绵循"历年每季应关俸米一千一百八十七石五斗,自食四五百石,剩米出卖"⑧,出卖率为60%。若按前述,每年出仓甲米240万石,出仓俸米30万石计算,俸米和甲米共约270万石。若按俸米、甲米60%进入市场,流通量约有162万石。

小麦入市量。早在康熙时期,小麦价格的上涨趋势已经受到政府关

---

① 《军机处录副奏折》"乾隆五十二年五月十七日左副都御史刘权之奏折",中国第一历史档案馆藏,档案号:03-0765-020。
② (清)吴振棫:《养吉斋丛录》卷二十五,北京古籍出版社,1983,第260页。
③ 李洵、赵德贵、周毓方、薛虹主校点《钦定八旗通志》卷七七,吉林文史出版社,2002,第1322页。
④ 乾隆官修《清朝文献通考》卷三七,浙江古籍出版社,2000,考5197~5198。
⑤ 《清仁宗实录》卷九九,嘉庆七年六月甲辰,中华书局,1986,第324页。
⑥ 《军机处录副奏折》,"乾隆三十四年正月二十日掌京畿道监察御史屏治奏折",中国第一历史档案馆藏,档案号:03-0755-035。
⑦ 《清高宗实录》卷八二七,乾隆三十四年正月丁未,中华书局,1986,第21页。
⑧ 吕小鲜:《王贝勒贝子售卖俸票情形清单》,载《历史档案》1990年第2期。

注,因京仓未储小麦,故小麦供给完全依靠市场,价格也由市场调节。乾隆十八年,政府开始改征小麦,山东、河南两省征"麦六万九千五百六十一石八斗四升有奇"①。但漕麦不能如稻米那样,可以通过政府的调节得到控制。"每日需麦较多,各仓现有之麦,尚不敷用"②。加之"京畿种麦本少,即遇二麦丰收之岁,亦藉商贩流通,客麦愈多,则市值愈减,乃一定之理"③。是时,政府"再拨采买麦三万石,减价平粜"。四十四年,"拨麦二万石"平粜,再"将上年仓存余麦二万石,再行拨发五城出粜"④。但都未能解决缺少小麦问题。根据乾隆四十三年、五十二年两次麦价上涨的实例,可以具体说明市场上小麦供需状况。"向来京师市肆麦石,大半由豫、东二省,商贩前来,以资民食"⑤。"京城之麦,全藉山东、河南商贩运售。今岁豫、东两省,麦竟无收,尤不可不多留有余,以备来岁青黄不接时之接济"。"直隶迤南各属,今年虽二麦歉收,然乡村人众,粗粝自甘,尚可兼食杂粮,以资糊口"⑥。这说明豫、东二省的麦子实际专供京城百万户食用,基本不供给直隶乡村。

乾隆四十三年六月初八日,直隶总督转述通永道刘峨的禀报内容称,在通州东关,有"永茂、永成、福聚、勇源等号堆坊内,现贮客麦,自数百石以至数千石不等,共计客商二百二十余人,计麦约有二十万石"⑦。初十日,政府"派金简、胡季堂前往通州,确实查办"⑧。十二日,金简、胡季堂回复称:"缘通州地方为水陆总汇之区,凡山东、河南及直隶之大名、天津、江南之徐州等处,出产麦石。各处商人每年自二月开河以后,陆续装运来通,数至五六十万不等。""当年销售大半,至次年新麦运到,则将上年之麦,全行粜完,从无堆积,此历年兴贩消售

---

① 赵尔巽等撰《清史稿》卷一二二,《食货志·漕运》,中华书局,1977,第955页。
② 《清高宗实录》卷一○五五,乾隆四十三年四月丁未,中华书局,1986,第96~97页。
③ 《清高宗实录》卷一○五八,乾隆四十三年六月辛丑,中华书局,1986,第148页。
④ (清)昆冈等修,刘启端等纂《钦定大清会典事例》卷一○三四,《都察院·五城·米厂》,见顾廷龙主编《续修四库全书》第八一二册,《史部·政书类》,上海古籍出版社,2002,第379页。
⑤ 《清高宗实录》卷一○五四,乾隆四十三年四月癸巳,中华书局,1986,第81页。
⑥ 《清高宗实录》卷一○五八,乾隆四十三年六月庚子,中华书局,1986,第147页。
⑦ "乾隆四十三年六月初八日直隶总督周元理奏折",见台湾国立故宫博物院编《宫中档乾隆朝奏折》,第43辑,台北"故宫博物院",1985,第377页。
⑧ 《清高宗实录》卷一○五八,乾隆四十三年六月戊戌,中华书局,1986,第144页。

之成规也。此次堆贮麦石,系乾隆四十二年商人张圣如等二百二十余家,自各处贩运麦五十三万九千余石。去年消去二十四万四千六百有奇,结至年底,存剩二十九万四千四百余石。今年三月起至五月底止,尚有运到麦二万五千八百余石。自本年正月至今又消去一十一万零二百四十余石,现在存麦二十一万零九百八十余石"。四十年,运到小麦"五十五万四千余石",至四十一年春夏之交,全部销售完。四十一年,运到小麦"六十四万余石",到四十三年,又运到"二万五千余石",至六月调查时,存麦"二十一万零九百余石"。① 这说明每年二月河水解冻后,麦船来通州,一般可运来五六十万石,至第二年春小麦运到时,全部销售完。五十二年四月,"现在京城缺雨,麦价较昂"②,"京师市集麦价昂贵"③。"京师三四月间,麦面价值昂贵。"④ 从而影响到五、六、七月的麦价,到八月麦价才逐渐下降。四月二十一日,政府又派金简前往通州调查⑤。第二天,金简回奏,"通州堆房共有四家,并无颗粒存贮。此外各铺户所贮少者四五石,多者亦不过三十余石,约计现存麦共只一百八十余石"。因为"前两年河南、山东一带歉收,无麦运京,通州并无存留旧麦,是以近日粮价不无昂贵。"另据各堆房、铺户商人称,"本年自二月十三日开关起,至四月二十日止,河下共来麦十二万五千余石。此项麦石到时,俱即陆续发贩运京,并为(未?)在通零星磨面之用。迄今两月有余,堆房发卖已完,各铺户存贮零星麦石,不过本地销售等语"。商人还称,"探听得德州一带现有河南、山东客商运来麦二十余万石,只因河水稍浅,不无阻滞"。若"各商麦船俱运抵通,粮价自日平减"⑥。据此估计

---

① 乾隆四十三年《查办堆房堆贮客麦疏》,"刑部尚书胡季堂、户部侍郎金简奏折",见乾隆《通州志》卷十,《艺文·疏议》,清乾隆四十八年刻本,第23~27页。
② 《清高宗实录》卷一二七八,乾隆五十二年四月庚子,中华书局,1986,第112~113页。
③ 《清高宗实录》卷一二七九,乾隆五十二年四月己未,中华书局,1986,第136~137页。
④ 《清高宗实录》卷一二八二,乾隆五十二年六月己亥,中华书局,1986,第176~177页。
⑤ 《清高宗实录》卷一二七九,乾隆五十二年四月己未,中华书局,1986,第136~137页。
⑥ 《军机处录副奏折》,"乾隆五十二年四月二十二日工部尚书金简奏折",中国第一历史档案馆,档案号:03-0765-013。

五月、六月、七月可能共销售三十万石，京城每年市场销售小麦约五六十万石左右。

粟米入市量。乾隆三年，"京仓向因粟米不敷支放。""以存仓稗米代粟搭放。"政府"每岁约放粟米三十六万余石"，"旗人得粟米多系粜去。"① 十八年，因"每年应需四十万余石，不敷所放之数，往往以稗代粟，仓无存积，而价值日昂。"或"以豆抵粟"，"自十九年为始，豫、东二省，应运黑豆，酌半改征粟米"②。三十六年、三十七年、四十年、四十三年，粟米价格上涨，政府"拨京仓粟米五万石，发五城接粜。""拨京仓粟米五万石，发五城平粜"。拨"粟米五万石，照市价酌减出粜"。支放"粟米二万石，减价出粜"③。一般来说，政府以稗代粟，或者以豆抵粟，或者用仓储小米平粜后，粟米价格都下降了，说明政府仓储小米基本可以供应市场所需。按照每年政府支放粟米三十六万余石，如果按官兵分得粟米后卖出率为60%，估计约有22万石进入市场流通，仍有粟米供不应求的情况，部分粟米依靠商人从外省运入。

张瑞威说李明珠和德雷诺威估计"每年经以上这两个途径流入当地市场的漕粮，加上每年冬天在京城开设的粥厂，约共二百万石之巨"④。笔者认为，平粜和赈济虽然都是政府主控的行为，但有不同，赈济的目的是救济灾民，是政府的救荒方法之一，平粜则是政府拨出仓粮，用低于市场价格的方式，在市场上出售。赈济的粮食很难大量进入市场，所以可以略去不计。即便是平粜粮食进入市场，数量也很少，如果按市场俸米、甲米流通量每年约162万石计算，平粜量最多只占约3%，说明政府平粜粮食数量少，作用有限，不可高估。

---

① （清）海望：《请乘时平粜以济兵民疏》乾隆三年，载《皇清奏议》卷三五，见顾廷龙主编《续修四库全书》第四七三册，《史部·诏令奏议类》，上海古籍出版社，2002，第294页。
② 《清高宗实录》卷四四三，乾隆十八年七月壬午，中华书局，1985，第775页。
③ （清）昆冈等修，刘启端等纂《钦定大清会典事例》卷一〇三四，《都察院·五城·米厂》，见顾廷龙主编《续修四库全书》第八一二册，上海古籍出版社，2002，第379页。
④ 张瑞威：《十八世纪江南与华北之间的长程大米贸易》，载《新史学》第21卷第1期，2010年3月。

总计，俸米、甲米（主要是稻米）入市量约为 162 万石，小麦约为 55 万石，小米约为 22 万石，以上三项相加，估计约为 239 万石。因为京城市场上的各种粮食之间具有替代性，即现代经济学中的"替代效应"。当一种粮食价格上涨时，人们可以食用其他种类的粮食作为替代。所以可以认为，京城市场粮食流通总量约为 239 万石，其中各类粮食所占比例是变动的。

第三节 市场分布

市场特点之三是市场分布。首先，看康雍时期粮食市场分布。按理说，住在内城的官兵食漕粮，没有市场交易，粮价应该与外城市场粮价没有直接关系，但是实际并非如此。康熙时，内城八旗官兵分到漕粮后，只能依靠自己将原粮（漕粮是带壳稻谷），捣去米壳，再食用。"八旗官兵自定鼎以来，居住内城，所关粮米原系自行舂碾，未有雇见旁人者"。后来"有山东、山西两省来历不明之人，入京开设碓、碾"。八旗官兵则将漕粮交给碓房、碾房等商铺，不再自行舂碾。① 以后，有商人设立米局，平常存储米谷，并不开门。在官方开仓放米时才开张，伴随仓米支放而营业，专门零星收购八旗官兵的俸米、甲米，待仓粮支放完毕，再向外销售。每当开仓放粮时，市场粮价都会受到影响，对此康熙帝疑惑不解，令皇子们到各处调查情况。

康熙四十三年九月十四日，胤祉等向康熙帝上奏京城粮价。他们"遣人往正阳门外大米铺，及皇城内外米铺、市肆小面米铺等地访问，各地大同小异。正阳门外米铺价：老米每（原缺仓字）石一两二钱、稄米每仓石一两一钱、小米每仓石一两二钱、高粱每仓石八钱、黑豆每仓石一两二钱、干麦面每斤二十钱、切面每斤十七钱。皇城内外米铺价：老米每仓石一两二钱八分、稄米每仓石一两一钱五分、小米每仓石一两三钱、高粱每仓石八钱、黑豆每仓石一两二钱、干麦面亦每斤二十钱、切面亦每斤十七钱。市肆及小米面摊价：老米每仓斗一钱三分、稄米每仓斗一钱二分、小米每仓斗一钱四分、高粱每仓斗九分、黑豆每仓斗一钱

---

① "镶红旗汉军副都统革职留任尚崇坦奏折"，见中国第一历史档案馆编《雍正朝汉文朱批奏折汇编》第 32 册，江苏古籍出版社，1986，第 218~219 页。

二分、干麦面每斤二十二钱、切面每斤十八钱。"① "臣等遣人往京城内米铺访问粮价，东西四牌楼、南城粮价大约相同，皇城内粮价稍贵。"②可见，老米每仓石价格：正阳门外大米铺1.2两，皇城内外米铺1.28两，市肆及小米面摊1.3两。正阳门外最低，皇城内外比正阳门外高0.08两，市肆及小米面摊比正阳门外贵0.1两，比皇城内外贵0.02两。稷米每仓石价格：正阳门外大米铺1.1两，皇城内外米铺1.15两，市肆及小米面摊1.2两，正阳门外最低，皇城内外与市肆及小米面摊各差价0.05两。小米每仓石价格：正阳门外大米铺1.2两，皇城内外米铺1.3两，市肆及小米面摊1.4两，正阳门外最低，皇城内外与市肆及小米面摊各差价0.1两。高粱每仓石价格，正阳门外0.8两，皇城内外0.8两，市肆及小米面摊0.9两。干面每斤价格，正阳门外20文，皇城内外20文，市肆及小米面摊22文。切面每斤价格，正阳门外17文，皇城内外17文，市肆及小米面摊18文。黑豆每仓石价格，三处都是1.2两。

根据市场上的各类粮食价格，可以大致分析出各市场分布与功能，即批发和零售市场的位置。老米、稷米、小米的价格都是正阳门外最低，说明正阳门外是粮食聚集地，有批发功能是粮食批发市场。皇城内老米、小米、黑豆、切面价格比内城粮价高，说明皇城内旗人从商铺购买粮食，而皇城内米铺则需要从东四牌楼、西四两牌楼米铺批发粮食，因而形成东四牌楼、西四牌楼粮食批发市场。

又因为零售商铺的粮食价格高于批发市场的价格，其粮食来源是需要从东四牌楼、西四牌楼市场批发购买粮食，所以内城零星分布的市肆小面米铺，即以碓房、碾房、米铺③为代表的粮食零售网。康熙时期，有专门为旗人舂碓米谷的铺户，与"八旗官兵，以所支之米，不运至家"，"即行变卖"④有关。雍正时，亦有"铺户贾人"，购买八旗兵甲

---

① "康熙四十三年九月十四日胤祉等奏折"，见中国第一历史档案馆译编《康熙朝满文朱批奏折全译》，中国社会科学出版社，1996，第343页。
② "康熙四十九年六月二十二日胤祉等奏报京城粮价并阴雨情形折"，见中国第一历史档案馆译编《康熙朝满文朱批奏折全译》，中国社会科学出版社，1996，第686页。
③ 米铺，包括杂粮铺、米店、粮店，均是零售粮食的商铺。"米铺"，或称"老米碓房"，实际上就是经营米粮的坐贾铺户。
④ 《清圣祖实录》卷二四一，康熙四十九年正月庚寅，中华书局，1985，第397页。

米。① 漕粮自大通桥，沿东护城河，直接运入东直门、朝阳门各仓。朝阳门内北侧有富新仓、兴平仓；朝阳门外有太平仓、万安仓；东直门内有海运仓、北新仓；东便门外有裕丰仓；护城河北岸有储济仓、裕丰仓。在这些米仓周围，分布着大量碓房、碾房等零售商铺。"旗人所关之粮，交与舂碾，久久习熟，竟有关米出仓，并不载运回家，而直送至碾、碓，听其销算者"②。在外城，宣武门外有粮商开设的米铺。③ 是时，常有装运米粮的车辆经过正阳门外大道。"有车户装运米石，过珠市口，人稠势挤，车猝覆，压伤一人，臂骨中断焉"④。居住在外城的百姓，多食用麦子、高粱、干面、切面，所以这类市肆小面粮铺是零售网点，小米铺、摊贩直接从正阳门外购进粮食。

根据以上史料绘制出康雍时期市场分布示意图5-1。图5-1中所示，康熙、雍正年间，批发市场，在内城的东四、西四牌楼，在外城正阳门外粮食街。是时，以碓房、碾房、米铺为代表的粮食零售网点，分布在粮仓附近，以后渐布内城其他地区，所以康雍时期零售商铺分布零散，这主要是受到政府政策的影响。在外城，由于迁往这里居住的民人都从市场上购买粮食，所以零售网点比较均匀。

其次，是乾隆时期市场分布。

乾隆时期的内城，延续了康熙、雍正时的东四、西四牌楼原来的粮食批发市场，"米谷积千仓，市在瞻云坊外"⑤。瞻云坊，即西单牌楼。灯市口原来有数家米铺，乾隆十八年发展到"七十余家"。官员请设官牙管理米价。⑥三十四年九月十二日，步军统领英廉派人调查，"京师内

---

① 《清世宗实录》卷七，雍正元年五月丙戌，中华书局，1985，第143页。
② "镶红旗汉军副都统革职留任尚崇坦奏折"，见中国第一历史档案馆编《雍正朝汉文朱批奏折汇编》第32册，江苏古籍出版社，1986，第218~219页。
③ "康熙五十五年九月十四日步军统领隆科多奏折"，见中国第一历史档案馆译编《康熙朝满文朱批奏折全译》，中国社会科学出版社，1996，第1142页。
④ （清）陆毅：《巡城琐记》，光绪年间重刊本，第15页（作者为康熙年间中城巡城御史，记所经管之事）。
⑤ （清）潘荣陛：《帝京岁时纪胜》十二月，"皇都品汇"，北京古籍出版社，1981，第42页。自序于乾隆二十三年。
⑥ 《军机处录副奏折》，"乾隆十八年五月四日巡视东城户科给事中特吞岱、云南监察御史张湄奏折"，中国第一历史档案馆档案号：03-0747-018。

图 5-1 康雍时期粮食市场分布示意①

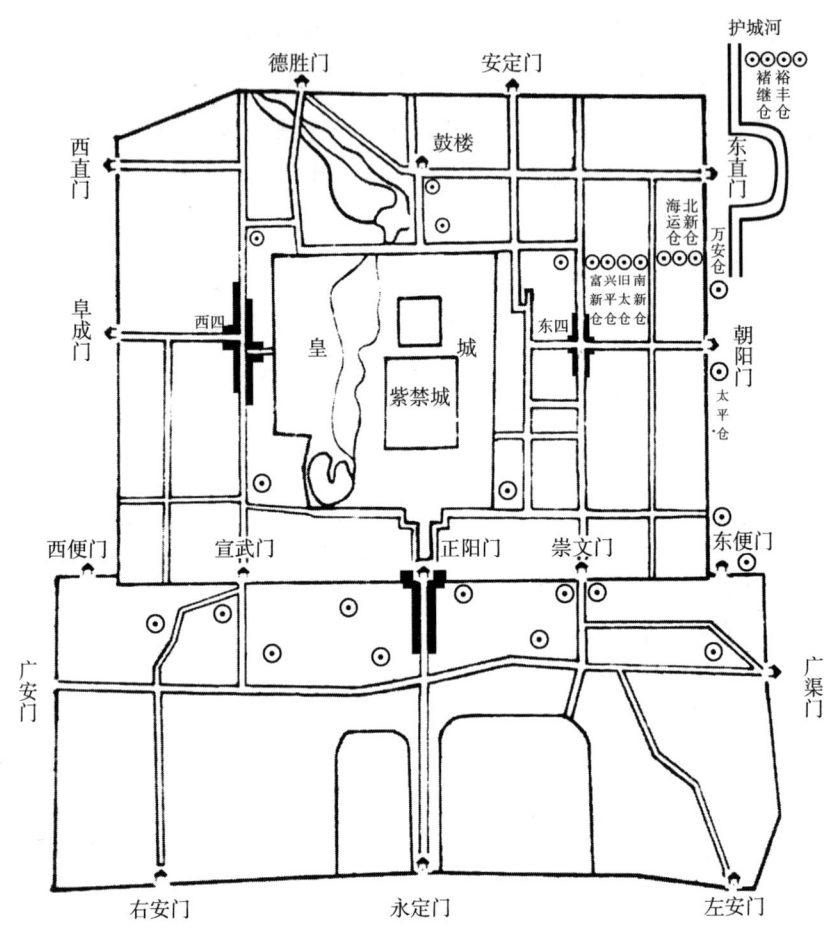

图例：⊙ 为零售商铺
　　　 ⏄ 为批发市场

城米市四处，各门城外粮市七处"②。内城米批发市场共四处，即东四、西四、灯市口、西单牌楼，其中东四牌楼、西四牌楼是延续康雍时已有

---

① 本书绘制的粮食市场分布示意各图，得到许檀教授、赵伟洪博士的指点，吕洁女士帮助绘画，并参考了高松凡《历史上北京城市市场变迁及其区位研究》，载《地理学报》1989 年 6 期中的北京城图，在此一并致谢！
② 《朱批奏折》，"乾隆三十四年九月十二日署理步军统领英廉奏折"，中国第一历史档案馆藏，档案号：04-01-35-1165-030。

批发市场。嘉庆时,有记载东便门外椿树园地方有一个大院,据房主称,"我们开设米店房屋,从前原系山东人殷大父子在彼开店买米。殷大于前年回山东原籍,我将房屋租住,随自开天合号米铺"。这里共有8家商铺。① 如果上追两辈,至少是乾隆时期,山东殷大父子就在东便门外椿树园地方开设粮店,收买俸米、甲米,实际就是米局,具有批发兼零售功能。由于从通州运输漕粮的路线在东直门、朝阳门外,其附近地区分布了一些粮仓,其中有裕丰仓(护城河北岸)、储济仓(裕丰仓北侧),在这些粮仓周围都有许多商铺,也形成了分布在一条街的零售兼批发的市场。在宣武门外,"市近米盐喧耳畔,客疏尘土积堂坳"。② 综上所述,除康雍时的正阳门外,乾隆时增加东直门外、宣武门外、朝阳门外、东便门外成为批发市场,另两处估计是崇文门外和西直门外,嘉庆时,"西直门外共有米铺二十座"③。可能也是批发市场。道光时崇文门外已经是批发市场了,但是乾隆时这两处是否已经是批发市场,尚待更具体的史料证明,笔者在图4-16已经标注了。

有关零售市场的记载是在乾隆二年,"内外城碓房不下千余所",④且"碓房所售乃多细米"。⑤ 从中可以看出,乾隆时期出现的碓房数量比康雍时多了,不论内城、外城都有。"五城内外,大小行铺,同风相应,兼之通衢僻巷,多设碓房,既收舂斛之利,更为敛囤之区"⑥。笔者估计,大概每三四条胡同就有一家碓房、碾房或米铺。八年,山西汾州府汾阳县民周二称,在朝阳门外,"新桥地方开杂粮米铺生理"⑦。三十八

---

① 《军机处录副奏折》,"嘉庆十一年二月二十二日刑部尚书长麟等奏折",中国第一历史档案馆藏,档案号:03-2442-028。
② (清)钱大昕:《自珠巢街移居宣武门外题壁》,载《潜研堂诗集》卷四,见顾廷龙主编《续修四库全书》,《集部·别集类》,上海古籍出版社,2002,第276页。
③ 《申禁城内米石不许出城城外米石不许出境》,(清)多罗定郡王等纂《金吾事例》章程,卷一,咸丰年间刻本,第64~65页。
④ 乾隆官修《清朝文献通考》卷三十六,浙江古籍出版社,2000,考5187~5188条。
⑤ 李洵、赵德贵、周毓方、薛虹主校点《钦定八旗通志》卷七七,吉林文史出版社,2002,第1318页。
⑥ 乾隆官修《清朝文献通考》卷三十七,市浙江古籍出版社,2000,考5197~5198。
⑦ "乾隆八年六月十八日舒赫德奏折",见张伟仁编《明清档案》台湾中研院史语所现存清代内阁大库原藏明清档案,序号:A123~64,B69257~69258。

年，正阳门外有天丰粮店。① 五十二年，据官员在京城内外，"查封米、麦共计六万余石，铺户共有数百余家"②。不过，其他买卖各类商品的商铺在内城是比较少的。③

根据以上史料，绘制出乾隆时期市场分布示意图（见图 5-2）。图中所示，乾隆时期内城批发市场增加了东直门、朝阳门附近，在裕丰仓（护城河北岸），储济仓（裕丰仓北侧），沿护城河北的一条街。外城批发市场比康雍时期有所扩大，在宣武门外、东直门外、朝阳门外、东便门外等都形成了批发市场，西直门外、崇文门外当时是否已经形成批发市场，待更具体史料证明。零售市场的商铺数量比康雍时期有较大增加，散布内外城。

最后，是嘉道时期市场分布。

嘉庆时期批发市场分布，比乾隆时有所扩大。是时有内务府官员购买了正在经营的米局，其中有西堂子胡同永吉米局房屋二间，西堂子胡同公顺米局房屋三间，西堂子胡同同聚米局房屋二间，西堂子胡同义□米局房屋三间，西堂子胡同全顺米局房屋二间，西堂子胡同恒隆兴隆米局房屋十四间，金鱼胡同恒源米局房屋四间，金鱼胡同西德盛米局房屋六间，金鱼胡同逢源米局房屋六间。④ 可见，继东四牌楼，灯市口附近的西堂子胡同、金鱼胡同一带也形成米局集中地，成为米粮零售兼批发交易市场，这可能是米市大街地名的来历。道光时人也有相同记载："米市（一概老米），在东、四牌楼南。"⑤ 康熙、雍正以来，内城粮食批发

---

① 《正阳门外粮食市火神庙碑记》记载，当时"都城人稠户密"，其"北至天丰粮店"。《正阳门外粮食市火神庙碑记》，乾隆三十八年五月刻，见《北京图书馆藏中国历代石刻拓本汇编》清 073，中州古籍出版社，1989，第 83 页。

② 《军机处录副奏折》，"乾隆五十二年五月十四日定亲王绵恩奏折"，中国第一历史档案馆藏，档案号：03-0765-018。

③ "兹查得城内开设猪、酒等项店座七十二处。又指称售卖杂货，夜间容留闲杂人等居住店座四十四处。又专租人居住店座十五处。伏查城内开设店座，宵小匪徒易于藏匿，除将猪、酒等项店座，应准其开设外，其指称卖物容人居住店座四十四处，专租人居住店座十五处，均饬令移于城外。"《京城内禁止开设店座》，（清）多罗定郡主等纂《金吾事例》章程，卷三，咸丰年间刻本。

④ 《军机处录副奏折》，"嘉庆十四年正月初六日内务府大臣英和等奏折"，中国第一历史档案馆藏，档案号：03-1790-003。

⑤ （清）杨静亭：《都门纪略》，见张智主编《中国风土志丛刊》14，广陵书社，2003，第 102 页（原著道光二十五年，见自序）。

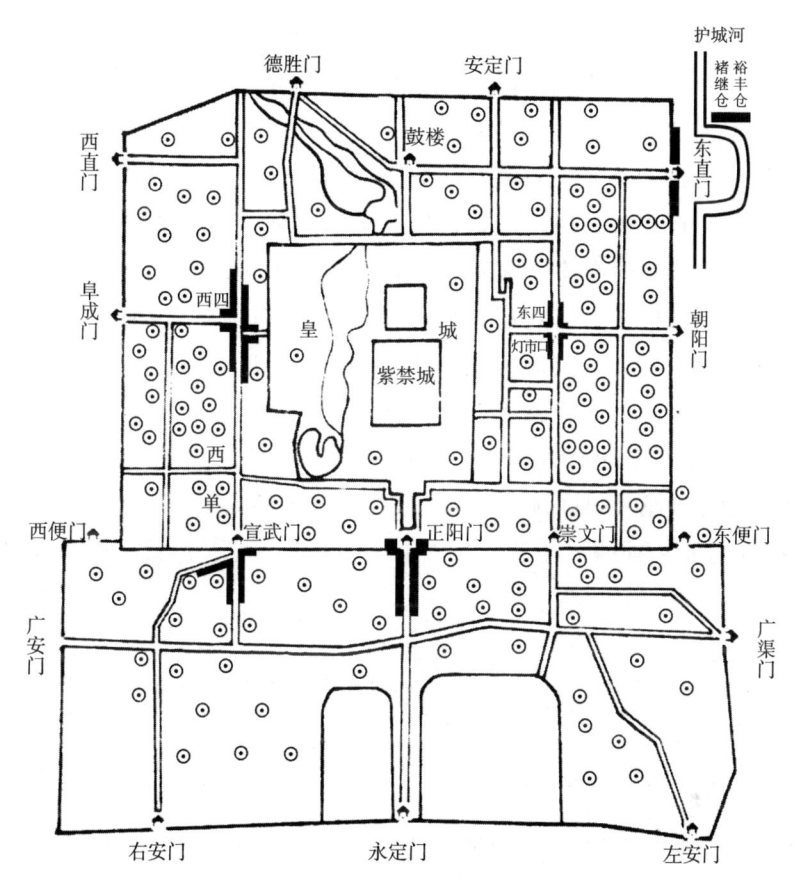

图 5-2 乾隆时期粮食市场分布示意

市场，除了原有的东四牌楼、西四牌楼之外，乾隆时增加了灯市口、西单牌楼，到嘉道时，增加了西堂子胡同和金鱼胡同附近地区。在外城，康雍时的正阳门外，乾隆时的宣武门外、东直门外、朝阳门外、东便门外、崇文门外、西直门外形成的批发市场，有朝鲜使臣看见，"正阳门外，于路上见骆驼数百匹，载米而去，驱者不过数人。时方河冰未解，不能行舟，故陆运入于米铺云"①。同时，"崇文门外米市，即为奸商业集之区"②。所以崇文门外也形成了批发市场。

---

① 〔韩〕金景善：《燕辕直指》卷五，收入〔韩〕林基中编《燕行录全集》第 72 卷，〔韩〕东国大学校出版部，2001，第 70 页。
② 《清宣宗实录》卷四五，道光二年十一月庚寅，中华书局，1986，第 796 页。

据各档案记载，估计是时零售市场中的商铺至少也有数百家。① 另据咸丰三年，步军统领调查，九城以内"铺户一万五千零五十三户"②。估计嘉庆、道光时的粮商铺户数，包括内外城，大约应该占总商铺户的十分之八九。这些商铺分布在内外城。西安门外、阜成门内三道栅栏、石老娘胡同、广安伯街、华嘉胡同等地分布多处商铺。正阳门外新丰口胡同有德成号碓房，杨梅竹斜街朱家胡同有复成号碓房，还有天福号碓房。③ 在西直门内形成粮食零售市场。"西直门内，自新街口起至西直门止，共有米铺三十二座"。"西直门外共有米铺二十座"④。"西直门内合盛公店等十五铺"⑤。道光时，西城有复兴面铺。⑥ 隆福寺附近的大沟巷和隆福寺，都有碓房。⑦ 据宗人府调查，"白庙〔北路西〕纪姓增盛〔店〕碓房。"⑧ 北新桥有米铺天源号。⑨ 东便门内有"广顺和店等七铺"⑩。广宁门内，有"米铺八家"。⑪ 广渠门内，有"天

---

① 《军机处录副奏折》，"嘉庆十一年十月二十一日步军统领禄康奏折"，中国第一历史档案馆档案号：03-1600-026；《近仓米局全得挪移》，《申禁城内米石不许出城城外米石不许出境》，见（清）多罗定郡王等纂《金吾事例》章程，卷一，咸丰年间刻本，第64~66页；《军机处录副奏折》，"嘉庆十一年十一月十四日大学士管理刑部事务董浩等奏折"，中国第一历史档案馆藏，档案号：03-2445-012。
② 《军机处录副奏折》，"咸丰三年七月十三日步军统领花沙纳等奏折"，中国第一历史档案馆藏，档案号：03-4170-039。
③ 散见（清）松筠（穆齐贤）记，赵令志等译《闲窗录梦译编》上、下册，中央民族大学出版社，2011，第141、167、164、180、204页。
④ 《申禁城内米石不许出城城外米石不许出境》，（清）多罗定郡王等纂《金吾事例》章程，卷一，咸丰年间刻本，第64~65页。
⑤ 《军机处录副奏折》，"嘉庆十八年五月初十日步军统领吉纶等奏折"，中国第一历史档案馆藏，档案号：03-1848-040。
⑥ 该碑在北京西城区华嘉胡同，见《北京图书馆藏中国历代石刻拓本汇编》清080，中州古籍出版社，1989，第47页。
⑦ 《内务府奏案》，"嘉庆十三年十二月二十六日总管内务府奏折"，中国第一历史档案馆藏，档案号：05-0540-084。据民国地图所示，"大沟巷，内三区，东四。南通猪市大街，北通隆福寺街。"
⑧ 吕小鲜：《王贝勒贝子售卖俸票情形清单》，载《历史档案》1990年第2期。
⑨ 《军机处录副奏折》，"嘉庆二十年七月二十六日步军统领英和等奏折"，中国第一历史档案馆藏，档案号：03-2477-075。
⑩ 《军机处录副奏折》，"嘉庆十八年五月初十日步军统领吉纶等奏折"，中国第一历史档案馆档案号：03-1848-040。
⑪ 《军机处录副奏折》，"嘉庆十一年十一月十四日大学士管理刑部事务董浩等奏折"，中国第一历史档案馆藏，档案号：03-2445-012。

泰店等十铺"。① 朝阳门外也有碾房,② 有裕泰粮店。③ 东便门外,也有许多米局,椿树园地方有一所房屋,院内就有八家开设米店。④ 珠市口有复兴粮店。⑤ 据后来日本学者仁井田陞调查,山西临汾、襄阳两地经营粮食的商人多开设粮铺生理。⑥ 还有设在彰仪门大街路北的万丰粮店。⑦ 笔者估计,这时的零售商铺数量,或延续了乾隆时的水平,或比乾隆时更多。

此外,在各城门内外附近地区,也出现了零售兼批发的市场。

东直门:有官员看见"东直门出米甚多,均由各粮店发给,陆续运至长营村地方,再递运至通州城大斗铺,以便上船交纳"⑧。

朝阳门外:据步军统领衙门官员调查"朝阳门外北河沿起至东便门外一带地方"有米局97家。⑨ 太平、储济、裕丰、大万安、小万安五座粮仓附近,"向来开设米局甚多",其中"左营地方开有米局二十九座。北营地方开有米局三十七座"⑩。这里形成的粮食零售兼批发市场,是在乾隆时已经存在的商铺、米局的基础上发展起来的。有商人从朝阳门外

---

① 《军机处录副奏折》,"嘉庆十八年五月初十日步军统领吉纶等奏折",中国第一历史档案馆藏,档案号:03-1848-040。
② 《军机处录副奏折》,"嘉庆十一年十一月十四日大学士管理刑部事务董诰等奏折",中国第一历史档案馆藏,档案号:03-2445-012。
③ 《军机处录副奏折》,"道光十七年六月初七日给事中蔡赓飚等奏折",中国第一历史档案馆藏,档案号:03-3783-034。
④ 《军机处录副奏折》,"嘉庆十一年二月二十二日刑部尚书长麟等奏折",中国第一历史档案馆藏,档案号:03-2442-028。
⑤ "道光二年闰三月巡视南城察院奏折,"见中研院史语所藏明清史料,序号:128550-001。
⑥ 〔日〕仁井田陞辑「北京工商ギルド資料集」,(二),『東洋文献センタ-叢刊』,第25辑,東京大学東洋文化研究所附属東洋学文献センタ-刊行委員,1976年,第157~161;200~202页。
⑦ (清)杨静亭:《都门纪略》,《都门杂咏》古迹,见《中国风土志丛刊》14,广陵书社,2003,第45页。"《都门杂咏》,作者杨静亭,曾著《都门纪略》,与《都门杂咏》同时在道光二十五年(乙巳、一八四五)刊行。该集共一百首,本集据原刊本选印。"杨米人等著,路工编辑《清代北京竹枝词》,北京出版社,1962,第5页。
⑧ 《清宣宗实录》卷二七〇,道光十五年八月乙卯,中华书局,1986,第157页。
⑨ 《军机处录副奏折》,"嘉庆十一年十一月十四日大学士管理刑部事务董诰等奏折",中国第一历史档案馆藏,档案号:03-2445-012。
⑩ 《近仓米局全得挪移》,(清)多罗定郡王等纂《金吾事例》章程,卷一,咸丰年间刻本,第62页。

粮铺,"用小车装载八石,推赴通州售卖"①。也有商贩在城内购米,分别用三十七人,"每次装米数斗,扛运出城,寄存隙处,成总雇驴驮载",运往良乡、房山等处村庄。②御史邱家炜在朝阳门外新桥地方,"目睹负米出城者,自朝至暮,肩摩踵接,络绎不绝"③。御史德勒克呢玛奏称,"近来每日负米出城者竟至百石之多。且有在朝阳门外串成整袋,用骡马驮载,绕道东去情事"。其"朝阳门外百胜庄六里村一带,为运往杨村、蔡村、河西务、天津等处必由之路"④。

广渠门、东便门:官兵在广渠门外抓获马大等拉运小米出京车辆。据马大称,他在马驹桥开设杂粮铺吉成号生理,向在各城门外米店贩买小米回铺,给附近农民食用,不止一次。⑤东便门外、广渠门外,有商贩高通等人,"米车三车,共三十七石一斗二升零"。他们从"东便门外椿树园米局拉运,同往马驹桥吉成号"⑥。商贩从广渠门内、外粮铺和东便门内、外粮铺,购买米粮,由铺户雇用人夫、妇女等人,背运出城,运往天津、武清县河西务等处粮店,零星发售⑦。

广宁门:有山西商人在广宁门内外开设的粮铺,"陆续收买米石,以备零星转卖"。据查"广宁门内外各铺户及城内各米局","存各色米有四五百石至千余石不等"⑧。后来,官兵抓获从广宁门内、外,向良乡贩运粮米的良乡铺户张之春和车夫王二,"起获米三车,计老米、稜米各二

---

① 《军机处录副奏折》,"嘉庆十一年十一月十四日大学士管理刑部事务董浩等奏折",中国第一历史档案馆藏,档案号:03-2445-012。
② 《军机处录副奏折》,"嘉庆十三年十一月初七日步军统领宜兴等奏折",中国第一历史档案馆藏,档案号:03-1630-019。
③ 《朱批奏折》,"道光二年闰三月二十九日掌湖广道监察御史邱家炜奏折",中国第一历史档案馆藏,档案号:04-01-01-0632-044。
④ 《清宣宗实录》卷三二一,道光十九年四月己巳,中华书局,1986,第1024~1025页。
⑤ 《军机处录副奏折》,"嘉庆十一年二月二十二日刑部尚书长麟等奏折",中国第一历史档案馆藏,档案号:03-2442-028。
⑥ 《军机处录副奏折》,"嘉庆十年十二月二十八日巡视南城礼科给事中明舒奏折",中国第一历史档案馆藏,档案号:03-1842-066。
⑦ 《军机处录副奏折》,"嘉庆十八年五月初十日步军统领吉纶等奏折",中国第一历史档案馆藏,档案号:03-1848-040;嘉庆十九年闰二月十三日步军统领英和等奏折,中国第一历史档案馆藏,档案号:03-1849-002。
⑧ 《军机处录副奏折》,"嘉庆六年,无名人奏折",中国第一历史档案馆藏,档案号:03-2431-056;"嘉庆六年十二月十一日步军统领明安等奏折",见中研院史语所藏明清史料,序号:159166-001。

十石，小米十三石"①。也有官员看见，"大车十余辆，运米出广宁门，并见大街各米铺门口，车辆络绎装载"②。有人在广宁门一带，"挨铺详查，有梁二等十六家"出售老米、小米、麦子及杂粮的米铺。③

左安门、广安门：左安门内有升元粮店，向天津"武清县贩卖"④。广安门外桥边开城门后，官兵"即见有驴驮米石，络绎出城"。他们从"广安门内开设云生号、云聚隆号粮店"贩出粮食。其中云生号粮店"积米大小二十二囤"，云聚隆号粮店"积米大小二十囤"⑤。

永定门：在永定门内有向外贩米事件。⑥官兵在永定门外抓获从正阳门外珠市口复兴粮店购粮的商人，准备运往杨村万全堂糕点铺。⑦清人黄爵滋路过永定门时，看见"永定门内之米铺，有永隆、永裕、大盛等字号。其最大者则西珠市口之复兴字号"⑧。

右安门：有人从右安门内义成粮店"运米出城"，有米六七百石，贩往洪门、黄村、庞各庄、固安县等处。⑨

西直门：有官员报称，前往西直门外八里庄地方，"见有骆驼一只，骡驴十余头，驮载布袋，自东而西"。"拦住查看，除黑豆、麦面外，其余均系糙粳米共计十二石有零。当向运米人闫四等究出，系西直门内万和、永裕、广兴隆、丰隆、永和等铺发卖之米"⑩。一般来说，安定门、

---

① "嘉庆六年十二月十一日步军统领明安等奏折"，见中研院史语所藏明清史料，序号：159166-001。
② 《清仁宗实录》卷三三二，嘉庆二十二年七月辛未，中华书局，1986，第390页。
③ 《军机处档折件》，"嘉庆二十二年八月十七日已革吏目朱学斐供单"，台北"故宫博物院"藏，编号：052670。
④ 《军机处录副奏折》，"嘉庆十九年三月二十日步军统领英和等奏折"，中国第一历史档案馆藏，档案号：03-2230-011。
⑤ 《朱批奏折》，"道光四年三月十一日巡视西城御史祥安奏折"，中国第一历史档案馆藏，档案号：04-01-01-0665-018。
⑥ 《军机处录副奏折》，"嘉庆十六年三月二十三日巡视东城给事中龄椿奏折"，中国第一历史档案馆藏，档案号：03-2218-035。
⑦ "道光二年闰三月巡视南城察院奏折"，见中研院史语所藏明清史料，序号128550-001。
⑧ 《军机处档折件》，"道光十六年五月二十一日鸿胪寺卿黄爵滋奏折"，台北"故宫博物院"藏，编号：071155。
⑨ 《军机处录副奏折》，"嘉庆十五年二月十八日巡视西城礼科给事中庆明等奏折"，中国第一历史档案馆藏，档案号：03-2143-022。
⑩ 《军机处录副奏折》，"道光十一年八月二十八日巡视西城御史琦琛等奏折"，中国第一历史档案馆藏，档案号：03-4043-068。

德胜门附近向外贩卖的商贩很少，因为这里距离运河较远，贩运不便。但其他各城门外运达运河道便利，"或由卢沟桥至雄县；或由张家湾至天津；或由马驹桥至武清；或由东坝至三间房"，距京城三四十里，或二三百里，都是商人"运米上船之处"①。以上各城门内外之所以形成零售兼批发市场，向天津、直隶等地销售粮食，这是政府禁止外城粮食外贩的结果。

根据以上史料，绘制出嘉道时期市场分布示意图（见图5-3）。如图所示，嘉道时期，内城除了原有的东四、西四牌楼、灯市口、西单牌楼批发市场之外，灯市口南边的西堂子胡同、金鱼胡同一带形成新的米粮批发市场。外城仍旧是正阳门外、宣武门外、东直门外、朝阳门外、东便门外、西直门外、崇文门外，除了零售和批发市场数量增多之外，值得注意的是，这时零售兼批发的商铺已经遍布各城门内外及附近地区。总的来看，零售市场除商铺数量增多之外，仍然保持原有状态。

再将以上三个不同时期的批发、零售、批发兼零售市场综合起来，可以清楚地看出清代前期京师城内外粮食市场的布局。内城批发市场，康熙时在东四牌楼、西四牌楼，乾隆时增加了灯市口、西单牌楼，嘉庆时发展到灯市口南面的西堂子胡同、金鱼胡同一带。外城除了康熙时已经形成的正阳门外粮食街批发市场之外，不断扩大至宣武门外、崇文门外、东直门外、朝阳门外、东便门外。再从深一层次看，正阳门外和东直门外的市场，当为一级批发市场。正阳门外批发市场经营的粮食品种比较齐全。稍晚时候形成的东直门外的批发市场，也是一级市场，以收购和出售大量俸米、甲米为主。这两个一级批发市场的粮食来源都是自通州粮食集散地，通州"东关有永茂、永成、福聚、涌源四大堆房，每石无论停贮久暂，得价一分，租给商人堆贮，陆续卖给京城，及通州本地铺户"。"客商招揽，在京铺户承买"②。乾隆时，朝鲜使臣"巡正阳门南城底，出正阳门瓮城"。"渡大石桥，似城之濠水，水势之广大，可泛

---

① 《军机处录副奏折》，"嘉庆二十年七月初八日掌广东道监察御史孙世昌奏折"，中国第一历史档案馆藏，档案号：03-2143-045。
② 乾隆四十三年《查办堆房堆贮客麦疏》，"刑部尚书胡季堂、户部侍郎金简奏折"，见乾隆《通州志》卷十，《艺文·疏议》，清乾隆四十八年刻本，第23~27页。

图例：⊙ 零售商铺
　　　⫩ 批发市场
　　　◉ 零售兼批发商铺

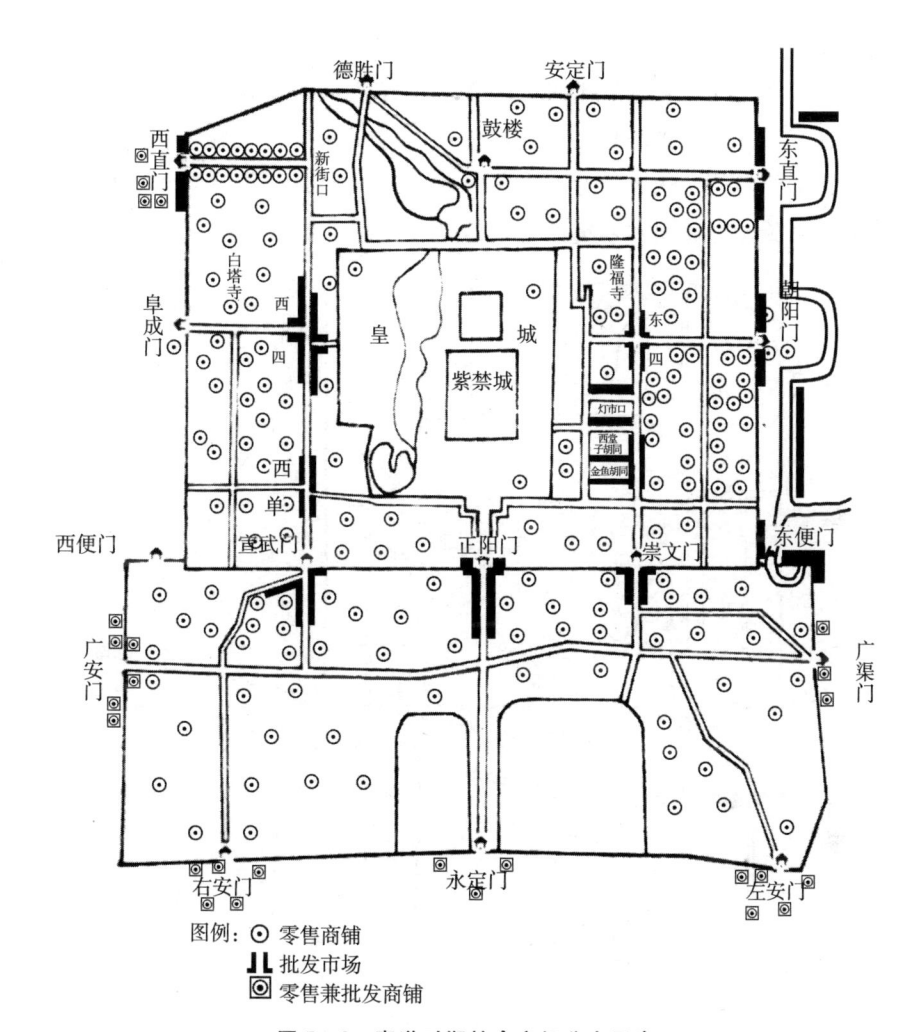

图 5-3　嘉道时期粮食市场分布示意

小舟，似通通州江水"①。说明通州到正阳门也可通水路，麦子沿此路可达正阳门外大铺户。两个批发市场的大商户决定全城每月的市场粮价，"外城粮市，有正阳门、东直门外二处，铺户人等，每月于附近庙中，会议一次"，汇集各处粮价，商量酌定市场上整个粮食行情与价格。② 这些大商户可以操控京城粮食行业的价格。同时，一级市场也向内外城二级

---

① 〔韩〕洪昌汉：《燕行日记》，英祖一六（乾隆五）庚申谢恩行，见〔韩〕林基中编《燕行录全集》第 39 卷，第 135 页，〔韩〕东国大学校出版部，2001。
② 《清高宗实录》卷八四三，乾隆三十四年九月是月，中华书局，1986，第 267 页。

批发市场输送各类粮食。正阳门外市场主要向内城西四、西单,及宣武门外、崇文门外二级批发市场转贩粮食。东直门外的市场,主要向内城东四、灯市口、西堂子和金鱼胡同一带的二级批发市场输送稻米。朝阳门外到东便门外一线米局密布,其米粮来源主要是八旗官兵出售配给的粮食。来源也是通州粮食集散地,据以上描述,作图5-4。

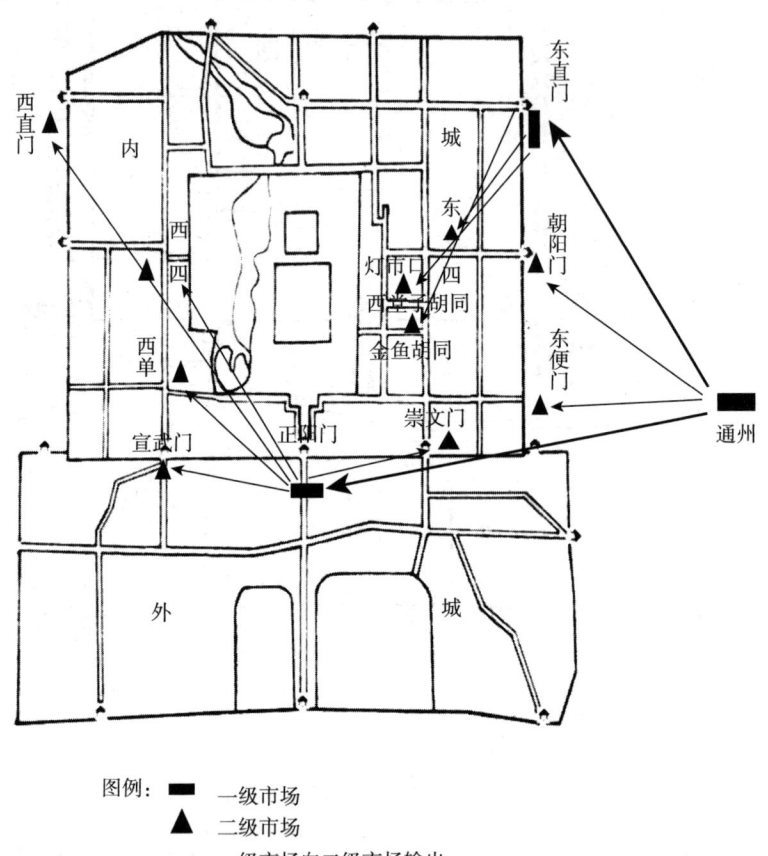

图例: ■ 一级市场
▲ 二级市场
→ 一级市场向二级市场输出
➔ 通州向一级市场输出

图5-4 批发市场示意

由于皇城墙将内城分隔了东、西,按批发市场覆盖附近地区零售商铺的原则,内城西四及西单牌楼二级批发市场,当主要为西城零售商铺输送粮食,东四牌楼、灯市口二级批发市场,当主要为东城零售商铺转贩各类粮食。嘉道之后形成的西堂子胡同和金鱼胡同二级批发市场,以稻米为主,辐射范围也应该是向东城零售米铺输出稻米。但实际上在内城的粮食交易中，并非所有零售商铺都遵循这种规律。例如，从西直门内至新街口一路，有零售铺户32家，在西直门外有米铺20家，这些零售商铺虽然在西四牌楼购买粮食，但有的商铺则是从东四牌楼市场购买粮食，他们称"系买自东、西两市各米局，零星售卖梨卖"①。东、西两市，当指东四牌楼和西四牌楼②二级批发市场。另外，如前述，内城米局兼有批发功能，所以米局既收购旗人俸米、甲米，又直接面向消费者出售米粮。嘉庆时，"京员或自行到仓支领，或交米票，向铺户折换细米"③。道光时，穆齐贤记录了自己向米局购买米粮的情况，同时也有旗人到米局出卖米票，兑换钱文、钱票等事情。这些米局有的在西城，也有的在东城朝阳门附近，④说明在旗人生活中用米票直接兑换钱文是常态，米局商人持米票直接到仓领米，似不用到一级市场批发稻米，所以在内城的米粮交易中，并不是严格按照市场层级来区分的。在外城，零售铺户则从正阳门、宣武门、崇文门外批发市场进货，也有零售商铺直接从一级市场上购买的。

零售市场：在内外城分布极其广泛，康雍时期以碓房、碾房、米铺为代表的粮食零售网点还不是很多，到乾隆时期已经遍布全城，到嘉道时，在东便门、广渠门、广宁门、朝阳门、正阳门、西直门外，内城西安门、阜成门内、西直门内、隆福寺及附近地区，商铺数量更明显增多。更值得注意的是，原来康雍时期，只分布在朝阳门和东直门附近的粮仓地区的零售商铺，到乾隆、嘉道时，已经变成米局密布的零售兼批发的市场。其他各城门内外都有这类商铺，他们主要是零星购买城内外的粮食，成批向京城以外地区发卖，为京城周围的市场发展提供了必要条件。

在内城，西四、西单与东四、灯市口、西堂子和金鱼胡同二级批发

---

① 《申禁城内米石不许出城城外米石不许出境》，(清)多罗定郡王等纂《金吾事例》章程，卷一，咸丰年间刻本，第64页。
② "臣等遣人往京城内米铺访问粮价，东西四牌楼、南城粮价大约相同，皇城内粮价稍贵"，"康熙四十九年六月二十二日胤祉等奏报京城粮价并阴雨情形折"，见中国第一历史档案馆译编《康熙朝满文朱批奏折全译》，中国社会科学出版社，1996，第686页。
③ (清)祁韵士：《议奏仓场两议俸米折》，嘉庆五年十月二十八日，见祁韵士《己庚编》卷下，收入《丛书集成续编》第五〇册，社会科学类，台北，新文丰出版公司，1989，第598页。
④ (清)松筠(穆齐贤)记，赵令志等译《闲窗录梦译编》上，中央民族大学出版社，2011，第64、187、23、97、142、144页。

市场是由于皇城的存在，造成西边与东边的交通往来不方便而形成的，且贯穿了整个清代。外城地形是东西长、南北短的长方形，南北分布的零售商铺距离各批发市场不远，而围绕前三门的一、二级市场与城墙平行存在，东西分布的商铺到各批发市场的距离则比较适中。零售市场则广泛分布于内外城各居民居住的胡同中，是以居民购买便捷为基础而形成的。朝阳门外，东便门外主要由于存在粮仓，每到放粮时，商人米局会出现在仓的周围，收购米粮，待放粮结束后，商人就开始出售米粮，由此形成粮食市场。

第四节 京城与津、冀地区的关系

京城粮食市场的特点之四，是京城与津、冀的关系。津是天津的简称，在清代前期，天津是天津府。冀是河北省的简称，在清代前期，河北为直隶省的主体部分。

一 京城周围形成集散市镇

清代前期围绕京城粮食市场，在津、冀地区形成了一些粮食集散市镇。第一，通州。通州是京师东面的门户，距京师60里许，是大运河的北码头，为水陆总汇之区，准备运到京师的漕粮先由船运至通州下卸，所以"通州为漕粮交卸之区"。[①] 在这里存储一部分，剩下的漕粮运到京仓存储。通州是漕粮聚集地，"向来旗丁余米，准在通州变卖，以资日用"[②]。当时大部分官员俸米也在通州发放，所以许多皇亲国戚、官员以至兵丁，在分到粮食之后，不运回家，直接在通州出卖给米局、商铺。"八旗官兵，以所支之米不运至家，惟图微利，一时即行变卖"[③]。嘉庆时发生通州粮仓吏胥舞弊案，据各亲王、郡王、贝勒、贝子自己交代，他们先后在通州出售米票或米粮的情况。

[①] （清）载龄等修纂《钦定户部漕运全书》卷六三，《京通粮储·支放粮米》，见顾廷龙主编《续修四库全书》，第八三七册，《史部·政书类》，上海古籍出版社，2002，第346页。

[②] 《清高宗实录》卷一〇五五，乾隆四十三年四月丙午，中华书局，1986，第92页。

[③] 《清圣祖实录》二四一，康熙四十九年正月庚寅，中华书局，1985，第397页。

第五章 市场运行特点分析

礼亲王昭梿称:"自嘉庆十一年起共五次,将票卖在通州。"

顺承郡王伦柱称:"近年来俱将米票卖在通州。"

贝勒绵誉称:"今年春季在通州卖票一次。"

贝勒绵志称:"历年均在通州照票领米,除本门上留用米石之外,余俱在通州米局售卖。惟本年春季本门上参领伦常保卖票一次。"

睿亲王端恩称:"历年均系由通仓照票领出,除留食用外,余剩米石即在通州售卖。"

豫亲王裕丰称:"历年均系由通仓照票领出,除留食用外,余剩米石即在通州售卖。"

肃亲王永锡称:"历年均系由通仓照票领出,除留食用外,余剩米石即在通州售卖。"

仪亲王永璇称:"历年均在通州照票领米,除本门上留用米石之外,余俱在通州米局售卖。"

成亲王永瑆称:"历年均系由通仓照票关出,俱在通州售卖。"

定亲王绵恩称:"历年均系由通仓照票关出,除留食用外,余剩米石俱在通州售卖。"

克勤郡王尚格称:"历年均系由通仓照票领出,除留食用外,余剩米石俱系在通州售卖。"

庆郡王永璘称:"历年均系由通仓照票领出,除留食用外,余剩米石俱系在通州售卖。"

贝勒永珠称:"历年均系由通仓照票领出,除留食用外,余剩米石俱在通州售卖。"

贝勒绵懿称:"历年均系由通仓照票关出,俱在通州售卖。"

贝勒奕纶称:"历年均系由通仓照票领出,除留食用外,余剩米石即在通州售卖。"

贝勒奕绮称:"历年均系由通仓照票领出,除留食用外,余剩米石即在通州售卖。"

贝子奕绍称:"历年均系由通仓照票领出,除留食用外,余剩米石即在通州售卖。"

怡亲王奕勋称:"每年应领俸米俱由通仓照票关领,除本门上食用米石外,其余剩零米卖给通州德和米局。"

荣郡王绵亿称:"历年均系由通仓照票关出,除留食用外,余剩米石俱卖与灯市口义合米局吴姓自行运京。"

和郡王绵循称:"历年均系由通仓照票关出,除留食用外,余剩米石俱卖与京城米局。""历年余剩俸米俱卖与东四牌楼(北十一条胡同西口外路东)孙姓广聚米局,及白庙(北路西)纪姓增盛(店)碓房。"据调查,绵循一家,历年每季应关俸米一千一百八十七石五斗,自食四五百石,剩米全部出卖,约占40%。① "官员、旗人售卖俸粮使得通仓实际上成为商品粮的批发地。"②

通州不仅是漕粮的交卸地,也是商人贩运粮食的集散地,有漕运船只,也有商船,都在通州东门外起卸粮食。早在顺治六年,巡仓御史称:"漕粮、杂粮起卸,原各有地,如通州东门外,天下漕粮毕集之所。旧例不许商船挨挤河道,不许地方开设春杵研磨。""一应客贩杂粮,俱在张家湾起卸,不许抵通。"所以"粮店归于张家湾,其通关新盖铺店,听改别项生理"。后户部奏准:"每岁粮艘抵坝,民间贩卖杂粮船只,不得拥挤停泊土石二坝。至东关新开店房,仍令照旧贸易,但粮到之日不得买卖粳、粟米二米,以滋运官盗卖之弊。"③

在通州有十几家私人米局,还有米铺、碓房。据乾隆年间直隶总督胡季堂等官员调查,"通州地方为水陆总汇之区,凡山东、河南及直隶之大名、天津,江南之徐州等处,出产麦石,各处商人每年自二月开河以后,陆续装运来通,数至五六十万不等。该州东关有永茂、永成、福聚、涌源四大堆房,每石无论停贮久暂,得价一分,租给商人堆贮,陆续卖给京城,及通州本地铺户。当年消售大半,至次年新麦运到,则将上年之麦,全行粜完,从无堆积,此历年兴贩消售之成规也"。"乾隆四十二年商人张圣如等二百二十余家,自各处贩运麦五十三万九千余石"④。在

---

① 吕小鲜:《嘉庆十四年通州粮仓吏胥舞弊案》,载《历史档案》1990年第1期。
② 〔美〕李明珠:《华北的饥荒——国家、市场与环境退化》,石涛、李军、马国英译,人民出版社,2016,第200页。
③ 雍正《漕运全书》卷十八,《京通粮储·历年成案》,见北京图书馆古籍出版编辑组编《北京图书馆古籍珍本丛刊》055,《史部·政书类》,书目文献出版社,1989,第429~430页。
④ 乾隆四十三年《查办堆房堆贮客麦疏》,"刑部尚书胡季堂、户部侍郎金简奏折",见乾隆《通州志》卷之十,《艺文·疏议》,清乾隆四十八年刻本,第23~27页。

通州范围内，还有马驹桥、张家湾、马头等"居民稠密""商贾辐辏"的市镇。① 张家湾在清代以前就已经是粮食集散地了。道光时，在朝阳门外，商人雇人零星背负粮食，集成满石，车运张家湾等地，或囤积待售，或有意回漕。② 道光十六年，给事中富彰奏称，通州马头镇，"为南粮汆粜之区，大斗案犯包买旗丁余米"③。可见，通州成为京城外围最大的粮食批发集散市场，粮价比京城低，具有集散、批发和零售功能于一体，与京城内外市场相为呼应，进行粮食调配。

第二，白沟河等市镇。直隶雄县白沟河、霸州苏家桥等处，"与德州、临清一水可通"，是水陆码头，有河间、天津商民"多在水次收买粟米，转贩射利"④。"天津为舟车辐辏之区，其余如新城、白沟河及各处水陆码头，俱有粮食买卖"⑤。嘉庆十五年，有官员认为，"直隶白沟河地方为各省商贩粮石会萃之所，可以就近采买，以资民食，以筹仓储"。在天津，地方也有"市镇为商贩辏集之处，其中有由海船搭运粮石，至津销售者"。"该处商贩既多，若果拨银采买，即较实价稍增，而比较南粮运京，自多减省。且商贩闻风踊跃来者，倍多于畿辅仓贮，民生均属大有裨益"。于是政府令直隶总督温承惠派人调查，这里是否只有杂粮？有没有大米？可否"广为汆买，以资储备？"⑥ 笔者未见温承惠回折，一般来说，政府采购主要是大米，从以后没有政府采购记载看，可能是这些地方聚集的大米有限，不够政府的采购量。但从另一角度看，可能是这里聚集的杂粮较多。直隶雄县白沟河地方，"时有奸民囤聚米石，与漕船旗丁等，因缘为奸"⑦。给事中王玮庆上报，"新城县附近之白沟河，平时富商皆以囤积为渔利之计，积贮最富。涿州之新桥马头亦

---

① 《军机处录副奏折》，"乾隆三十九年九月十五日袁守侗等奏折"，中国第一历史档案馆藏，档案号：03-1414-017。
② 《军机处录副奏折》，"道光四年三月初五日湖广道监察御史嵩山奏折"，中国第一历史档案馆藏，档案号：03-3920-023。
③ 《清宣宗实录》卷二七八，道光十六年二月丙寅，中华书局，1986，第290～291页。
④ 《清高宗实录》卷七六七，乾隆三十一年八月丙寅，中华书局，1986，第424页。
⑤ "乾隆四十三年六月初八日直隶总督周元理奏折"，见台北"故宫博物院"编辑《宫中档乾隆朝奏折》第43辑，台北"故宫博物院"，1986，第378页。
⑥ 中国第一历史档案馆编《嘉庆道光两朝上谕档》第15册，广西师范大学出版社，2000，第236页。
⑦ 《清宣宗实录》卷四五，道光二年十一月庚寅，中华书局，1986，第796～797页。

为富商积之所"①。"京西新城所辖白沟河地方，向多开设粮店，近因天时亢旱，奸商希图重利，囤积极多"②。其他还有"宛平县长新店一带铺户，有囤积杂粮，及买空卖空情弊"③。天津府"武清县北蔡村，为南粮籴粜之区"，商人在这里包买旗丁余米。④

在京城周围形成的这些粮食集散市场，首先是地理位置所致。交通便利，"一水可通"，⑤"系口外粮石贩运经由之所"⑥。白沟河"由水道可达天津、山东德州一带"⑦。其他市镇与京城都有道路可通。"朝阳门外百胜庄六里村一带，为运往杨村、蔡村、河西务、天津等处必由之路"⑧。

其次，这些市镇处在漕粮输入京城的沿途，商人可以从中得到低价粮食。"舟主籴米率百十石，南来则或籴于淮上，江来则籴于江、楚、皖。自北往南则籴于通州，或河西务。盖南则籴于米之所产，北则籴于米之所聚。不零籴，不路籴，零籴则银耗，路籴则价贵"⑨。更有商人专门在这些市镇囤积粮食，"向来通州、天津，及附近京城各城市镇集处所，较京城囤积者居多"⑩。在通州有"三义号李大，囤积杂粮八千石。恒泰号魏将方，囤积杂粮六千石。丰泰号白三，囤积杂粮四千五百石。通聚号王大，囤积杂粮三千石。广米号李二，囤积杂粮三千石"。在马驹桥有"元增号张国安，囤积杂粮二千五百石。合盛当张国正，囤积杂粮二千五百石"。昌平州之沙河集有"义升局刘二，囤积杂粮三千石。广兴店曾大囤积杂粮二千石"⑪。"直隶地方，连年尚属收成，民间富户自

---

① 《清宣宗实录》卷二一五，道光十二年七月戊申，中华书局，1986，第190页。
② 《清宣宗实录》卷三二三，道光十九年六月甲戌，中华书局，1986，第1067页。
③ 《清高宗实录》卷一二六八，乾隆五十一年十一月丙子，中华书局，1986，第1100页。
④ 《清宣宗实录》卷二七八，道光十六年二月丙寅，中华书局，1986，第290~291页。
⑤ 《清高宗实录》卷七六七，乾隆三十一年八月丙寅，中华书局，1986，第424页。
⑥ 《军机处录副奏折》，"乾隆三十九年九月十五日袁守侗等奏折"，见中国第一历史档案馆藏，档案号：03-1414-017。
⑦ 《清宣宗实录》卷四五，道光二年十一月庚寅，中华书局，1986，第796~797页。
⑧ 《清宣宗实录》卷三二一，道光十九年四月己巳，中华书局，1986，第1024~1025页。
⑨ （清）姚文然：《舟行日记》节录，见（清）贺长龄《清经世文编》卷四七，《户政·漕运》，中华书局，1992，第1162页。
⑩ 《军机处录副奏折》，"乾隆五十二年五月六日大学士和珅奏折"，见中国第一历史档案馆藏，档案号：03-0765-014。
⑪ 《军机处录副奏折》，"乾隆三十九年九月十五日袁守侗等奏折"，见中国第一历史档案馆藏，档案号：03-1414-017。

多盖藏，恐奸商因以为利，囤积居奇"①。由于粮食外流，致使"京城粮价腾贵。此等嗜利之徒，辄敢私贩出城，恐城外囤户尚不止此一处"②。"白沟粮店六家，共存粮十三万余石"③。

再次，这些市镇处在与漕运粮食相关的水道边，商人囤积粮食，便于回漕。卢沟桥附近之黄土铺地方，"有奸商贩运接济回漕"。"京城米价之贵，由于运米出外预备回漕，则京城以外，天津以北，其米石囤积之处必多，不止黄土铺地方一处。"④ 因有商人囤积回漕，使"京城米价日渐增昂，每石竟须制钱四千数百文，小民日用倍形拮据"⑤。由于京城有漕粮供应，市镇的商人可以在运漕粮的途中，获得价格低的粮食，有利囤积，从这个角度看，这类市镇是借助漕运而发展起来的，并与京城粮价低廉，市场粮食量供应充足有直接关系。

二 京、津、冀之间的关系

京城与津、冀地区之间的粮食流通。

第一，是京师从津、冀地区输入粮食。康熙时，"天津为卫，去神京二百余里，当南北往来之冲。京师岁食东南数百万之漕，悉道经于此。舟楫之所式临，商贾之所萃集"⑥。另外，还有海运天津的奉天米豆，再由天津输入京城。⑦ 雍正时，政府开始关心京城粮食价格与周围地区的关系问题。雍正帝问大学士等官员，"今年直隶近河地方，虽有被水一二处，而其余州县俱各十分收获，何以京城及通州米价皆至昂贵？"现在这些地方的粮价如何？令官员调查上报。⑧ 但从官员们议论看，似乎未找

---

① 《清宣宗实录》卷二一五，道光十二年七月戊申，中华书局，1986，第190页。
② 《清宣宗实录》卷六六，道光四年三月戊辰，中华书局，1986，第39页。
③ 《清宣宗实录》卷三二三，道光十九年六月甲戌，中华书局，1986，第1067页。
④ 《军机处录副奏折》，"道光十一年九月初六日礼科掌印给事中王云锦奏折"，中国第一历史档案馆藏，档案号：03-3119-042；《清宣宗实录》卷一九六，道光十一年九月丙辰，中华书局，1986，第1090页。
⑤ 《清宣宗实录》卷二三二，道光十三年二月乙卯，中华书局，1986，第468页。
⑥ "山东按察司副使薛柱斗之序"，康熙十三年，见民国《新校天津卫志》，《卷首·薛序》，载《中国方志丛书·华北地方·第一四一号》，台湾，成文出版社，1968。
⑦ 光绪《重修天津府志》卷三三，《经政七·权税》，见《中国地方志集成·天津府县志辑（一）》，上海书店出版社，2004，第655页；《清高宗实录》卷一〇三，乾隆四年十月戊子，中华书局，1985，第544～545页。
⑧ 《清世宗实录》卷一〇一，雍正八年十二月庚戌，中华书局，1985，第338～339页。

到什么原因。步军统领阿齐图认为,京城米价上涨,"密访其由,乃系在外商人来京,籴去贩卖之所致"①。乾隆时,畿辅地方歉收,京城米价上涨,"商人出口往来贩运,以资接济"②。同时,"天津、临清二关,及通州张家湾码头等处米税,宽免征收"。于是"商贾闻风踊跃,往来贩运,民食无缺,已有成效"③。由于"秋雨数次,道途泥泞,四乡杂粮尚未运至",京城粮价上涨。天气转晴后,四乡杂粮运入,京城"数日以来米价大减,与未增以前无异"④。广宁门内德成、德聚粮店,购买"涿州成泰粮店姚姓","麦子一百六十余石"。⑤

第二,京城向津、冀地区输出粮食。乾隆年间,与京城接壤的各乡和东南一带因受到水灾,"米价腾贵,民多赴京买食,致京师米价日昂"⑥。在畿辅一带丰收的情况下,"杂粮入市必多,价值理宜平减。何以转增于前?"政府估计有"奸商倡议居奇,涨价于登场之前,庶不致减价于登场之后,藉以售其垄断之计"⑦。嘉庆时,京城粮价上涨,官员认为是奸商兴贩出城之故,⑧并且在广渠门外抓"获贩夫高通等米车三车,共三十七石一斗二升零。查验均系仓米,俗称小米"。商人说:"由东便门外椿树园米局拉运,同往马驹桥吉成号去。"⑨据京城商人称:"因天津米价昂贵,起意兴贩渔利,买得细稜米运至天津丁兆岐斗行散卖。"据天津丁兆岐铺内登记簿载:"复兴系霍四店号,住在珠市口。达子号系达大把。郭客即郭四,均住在长营。高客系高大,住在观音堂。

---

① (清)允禄等编《世宗宪皇帝谕行旗务奏议》卷八,诏令奏议类,见纪昀等编《影印文渊阁钦定四库全书》第413册,史部一七一,台湾商务印书馆,2008,第544~545页。
② 李洵、赵德贵、周毓方、薛虹主校点《钦定八旗通志》卷七七,吉林文史出版社,2002,第1320页。
③ (清)托津等奉敕纂《钦定大清会典事例》卷一九一,《户部·关税·禁令》,见沈云龙主编《近代中国史料丛刊三编》第六六辑,台北,文海出版社,1991,第8824页。
④ "乾隆十六年七月二十三日舒赫德奏折",见台北"故宫博物院"编辑《宫中档乾隆朝奏折》第一辑,台北"故宫博物院",1982,第231页。
⑤ 《军机处录副奏折》,"嘉庆十年六月初五日步军统领禄康等奏折",中国第一历史档案馆藏,档案号:03-2439-003。
⑥ 《清高宗实录》卷三八三,乾隆十六年二月癸未,中华书局,1986,第30页。
⑦ 《清高宗实录》卷八四二,乾隆三十四年九月辛巳,中华书局,1986,第247页。
⑧ 《军机处录副奏折》,"嘉庆十年十二月二十三日巡视南城礼科给事中明舒奏折",中国第一历史档案馆藏,档案号:03-2143-014。
⑨ 《军机处录副奏折》,"嘉庆十年十二月二十八日巡视南城礼科给事中明舒奏折",中国第一历史档案馆藏,档案号:03-1842-066。

贾客系贾大，住在玻璃营，均系京城内外人氏。"丁兆岐称，"因伊等来行内贩卖粮食多次，始得熟识。"查丁兆岐斗行店账簿，"自上年（嘉庆十八年）四月起京城贩米，至该斗行售给铺户卢德等家，综核一年之内共计一万四千六百余石之多"[1]。有商贩运粮出广渠门，"运往天津售卖"。还有在"天津县属蒲口开大来米店的"商人，到京城东珠市口买粮。[2] 直隶总督那彦成奏称："天津烟户稠密，惟藉商贩米石接济。"铺户卢尔德等人贩米出城运向天津。政府批评直隶总督说："京城居民繁庶，百倍天津，此项私运粳米一万四千余石，若云可济天津民食，独不计都城民食骤少此数乎？"[3] 说明维护京城粮食供给还是主要的。另外，"天津一带，为漕艘经过通津，正系回漕弊薮"，所以这种贩运有回漕嫌疑。道光时，有商贩从朝阳门外，贩米到通州张家湾等处。"上年四乡薄收，现在京城米价增至一倍有余，民食不无拮据"[4]。道光九年五月，大兴县回民李六在朝阳门外开设车店，因赚钱不多，于是想到"包揽出城米石。遇有买米之人，陆续背米出城，均在伊店内凑齐装载，每米一石伊只得钱数十文，运米之人随来随去"。有通州回民杨三随父杨五，"向李六商同贩米运至通州售卖。本月初七日在城内共买米四十四石，告知李六，陆续雇人零星背运出城，在李六店内凑齐装载，每石给李六京钱一百十四文"。又据租住李六房屋的邻居王六称："初八日李六闻知官人查拿贩米人犯，即由店房拆墙，将米移至伊家寄顿"。这次共获大车五辆，马三匹，骡十一头，驴十六头，共米一百八十三石五斗。[5] 十年六月初五日，据步军统领奏报，在"广宁门外小井村地方，拿获车夫刘大、左大装载京钱二车，计九百吊"，这是广宁门内德成和德聚两粮店，运往涿州粮店的购麦钱。商贩供称，此前（五月），"有涿州成泰粮店姚姓，

---

[1] 《军机处录副奏折》，"嘉庆十九年五月二十二日大学士管理刑部事务董诰等奏折"，中国第一历史档案馆藏，档案号：03-2232-025。

[2] 《军机处录副奏折》，"嘉庆十九年闰二月十三日步军统领英和等奏折"，中国第一历史档案馆藏，档案号：03-1849-002。

[3] 《清仁宗实录》卷二八八，嘉庆十九年三月乙卯，中华书局，1986，第940~941页。

[4] 《军机处录副奏折》，"道光四年三月初五日湖广道监察御史嵩山奏折"，中国第一历史档案馆藏，档案号：03-3920-023。

[5] 《军机处录副奏折》，"道光九年五月二十七日步军统领耆英等奏折"，中国第一历史档案馆藏，档案号：03-4035-050。

陆续发到麦子一百六十余石,此项钱文九百吊,均系麦价。本月二十七日雇车装载,欲运往涿州粮店交卸"①。

此外,还有不同品种粮食的交流。京城从津、冀地区购入京米,"畿内间有水田,其稻米(价格)倍于南。闻昌平、居庸关外的保安、隆庆、阳和并艺水稻,其价轻"②。"秔稻溢于市廛"③。京米不比漕粮中的各类稻米品质差,且因产地近京城,品质新鲜,尽管价高但购买者有之。特别是从南方来到京城的人喜食新鲜大米。"惟南人居京者,始食白米"④。这些南方人偏爱本地产的新鲜京米,而不喜欢陈旧的仓粮。但近京居民,则从京城内外"零星买食细米",背负出城,⑤ 这米可能是稷米。

一般来说,京城粮价受到周围地区粮食丰歉的影响,周围地区粮食歉收,京城粮价上涨。雍正时,"近几年直隶附近地方粮食歉收,京城米价较前上涨"⑥。乾隆时,"京畿连岁丰稔,本年收成,又复有八九分,市集价值,不应转贵于前"⑦。从侧面说明丰收年粮价贱。"五城米价腾贵","或因近京各州县被潦歉收"。⑧ "上年四乡薄收,现在京城米价增至一倍有余,民食不无拮据"⑨。

总之,京城粮价当比周围地区粮价低。正如李文治等研究指出的:"运额既多,不但京师很少发生粮食恐慌,京师附近若干州县之粮价也比较稳定,比畿南、山东、河南等处粮价都较低廉。"⑩ 张瑞威亦称:"政府的漕粮制度,使到京城的人口可以以非常低廉的价钱,便能享用产自

---

① 《军机处录副奏折》,"嘉庆十年六月初五日步军统领禄康等奏折",中国第一历史档案馆藏,档案号: 03-2439-003。
② (清)谈迁:《北游录》,《纪闻上·水稻》,中华书局,1960,第314页。
③ 雍正《畿辅通志》卷四六,水利营田,雍正十三年版,见纪昀等编纂《钦定四库全书》第五○五册,史部二六三,地理类,台湾商务印书馆,2008,第505~573页。
④ (清)震钧:《天咫偶闻》卷三,东城,北京古籍出版社,1982,第68页。
⑤ 《清宣宗实录》卷三二一,道光十九年四月己巳,中华书局,1985,第1024~1025页。
⑥ "雍正元年二月初九日西城巡城御史鄂齐善奏折",见第一历史档案馆译编《雍正朝满文朱批奏折全译》上册,黄山书社,1998,第30页。
⑦ 《清高宗实录》卷七六七,乾隆三十一年八月丙寅,中华书局,1986,第424页。
⑧ 《清宣宗实录》卷四五,道光二年十一月庚寅,中华书局,1986,第796~797页。
⑨ 《军机处录副奏折》,"道光四年三月初五日湖广道监察御史嵩山奏折",中国第一历史档案馆藏,档案号: 03-3920-023。
⑩ 李文治、江太新:《清代漕运》(修订版),社会科学文献出版社,2008,第68页。

江南的稻米",且"漕米的售价不包括运输成本",所以京城米价低于直隶等地区。① 陈金陵提出相反意见,他用顺天府的粮价说明:"道光以前京师粮价相对稳定。""道光以后京师粮价上涨",上涨之高,全国之冠。② 应该说,京师地域与顺天府的大兴、宛平两县虽然有重合,但与顺天府不是一个地区,用顺天府的粮价说明不了京师的粮价。尽管清代前期,京城粮价是由顺天府府尹等官员专门向中央奏报,说明京城有自己的粮价,与顺天府粮价没有关系。

小 结

市场化程度,是指市场在资源配置中所起作用的程度。这里以京城人口与粮食流通的增量看,在康熙、雍正时期,政府分配的漕粮进入市场并不十分明显,乾隆时,分给官兵的漕粮中60%~70%的俸米、甲米进入市场流通,受到市场机制的调节。到嘉道时,已经有部分旗人完全依靠市场了。这说明市场化程度是逐渐升高的,政府通过供给制度控制粮食资源的数量在大幅度减少,政府配置资源的程度在明显下降。

大量零售商铺与每日食粮的广大旗人、民人息息相关,批发市场又是零售商铺粮食的主要来源。特别是在各城门附近出现的零售兼批发的商铺,使京城粮食与津、冀地区的有了重要联系,不仅在京城外围形成了一些粮食集散市镇。在市场机制的作用下,价低地区的粮食,向价高地区流动。在京城,当粮价低于周围地区时,粮食从京城流向津、冀地区;当京城粮价高于周围地区时,粮食又开始向京城内流入,因此嘉道以后,有时京城粮价昂贵,就是粮食向外流出的结果。

---

① 张瑞威:《十八世纪江南与华北之间的长程大米贸易》,载《新史学》第21卷第1期,2010年3月。
② 陈金陵:《清代京师粮价及其他》,见中国人民大学清史研究所编《清史研究集》第六辑,光明日报出版社,1988。

第六章 供给与分配制度

本章所述政府设立的与粮食分配有关的制度。清朝建都北京之后，政府中的各级官员及其家属、军队及其家属人员的口粮，是必须解决的。因此，清代政府继承明制，推行漕运制度，解决北京城市的粮食供应问题。除了设立供给制度，还制订了相应的发放俸米、甲米的分配制度。

第一节 供给制度

漕运是历史上一项重要的经济制度，即政府从南方一些省份征收粮食，然后利用运河或海运输往京城，供给政府官员、官兵其及家属消费。这种粮食称漕粮，漕粮的运输称漕运。关于漕运制度，前人已经进行了多方面的深入研究。倪玉平总结了前人对漕运概念的考证，这里不再赘述。[①] 李文治、江太新指出："漕运制度是在南北农村经济发展不平衡、京师需求大量粮食供应的条件下出现的。"[②] 还有于德源专门对北京漕运的研究。于德源提出："北京地区有文献记载的漕运始自东汉初年。"以后十六国、南北朝、隋、唐、五代、宋、辽、金时期，北京地区均有漕运供应粮食。元、明两朝建都北京后，漕运制度中的仓储功能逐渐完善。"清朝继元、明之后定都北京，其京仓是在元、明旧物的基础上改造而成。由于自金朝以后，经北运河运到今北京（当时称中都）的漕粮都是经过通州（今北京通州区）枢纽，然后转入通惠河（金称闸河）抵达京师，所以自金代就开始在京师内外和通州两地分设仓群，习惯上称京、通二仓，实际上都是京师太仓的一部分。这种格局一直持续到清朝灭亡"[③]。清朝建都北京之后，政府中的各级官员及其家属、军队及其家属人员的口粮，是必须解决的问题。因此，清代政府继承明制，推行漕运

---

① 倪玉平：《清代漕粮海运与社会变迁》，上海书店出版社，2005，第7～11页。
② 李文治、江太新：《清代漕运》（修订版），社会科学文献出版社，2008，第2页。
③ 于德源：《北京漕运和仓场》，同心出版社，2004，第424～425、321页。

第六章　供给与分配制度

制度，解决北京城市的粮食供应。漕运制度包括征收、运输、仓储等部分，与北京城市有直接关系的主要是漕粮仓储和分配制度，这里主要探讨漕运制度中的仓储和分配两项制度。

京、通二仓的设置，"清初，计有8京仓，分别是：禄米仓、南新仓、旧太仓、富新仓、海运仓、北新仓、兴平仓、太平仓。这些京仓大多分布在北京城东部接近通惠河西端码头的城边附近，而且大多是沿用明代旧京仓"。经过康熙、雍正、乾隆历朝增修，京仓增至13处。① 通仓在明代原有大运东、西、南、中四仓，后归并为大运西仓和大运中南仓两处。清朝初年，又恢复通州大运南仓，设大运西、中、南三仓。乾隆十八年裁撤南仓。有清一代，通仓仍只有西仓、中仓两处。② 其他对京、通二仓设立数量研究的还有李文治、李明珠等③，都有论述，这里不再赘述。

李明珠说，"尚未弄清京通二仓之间职能上的差异"④，而于德源专述了清代京、通二仓的设官、职能等问题，指出：京、通二仓由户部云南司兼管，设总督仓场侍郎。仓场衙门下分设京粮厅和坐粮厅，各仓还有仓监督，均指派八旗官兵驻防，担负守卫之责。京、通二仓主要是支放官员的俸米和旗兵的甲米，有所不同的是，二仓在分配支领俸米、甲米的变化。原来各省运京漕粮，俱系交储通仓。基层文武官员需要远赴通州领米。后来部分漕粮改储京仓，官员可以直接在京仓领米。但同时运丁又要多付津贴费，将漕粮运京仓。为了照顾两类人员，又因为官员有"廉俸公费"，可以赴通仓领米。乾隆五十九年规定，王公大臣、各文武官员应领俸米，在通仓领取。⑤ 实际上京、通二仓的主要不同在于"通仓规模比一般京仓的规模要大，这是和通州作为漕粮入京转运枢纽的地位分不开的"⑥。

---

① 于德源：《北京漕运和仓场》，同心出版社，2004，第322页。
② 于德源：《北京漕运和仓场》，同心出版社，2004，第325页。
③ 李文治、江太新：《清议漕运》（修订版），社会科学文献出版社，2008，第133~134页。
④ 〔美〕李明珠：《华北的饥荒——国家、市场与环境退化》，石涛、李军、马国英译，人民出版社，2016，第189页。
⑤ 《清仁宗实录》卷六，嘉庆元年六月庚寅，中华书局，1986，第126页。
⑥ 于德源：《北京漕运和仓场》，同心出版社，2004，第325页。

对漕粮运入京城的数量，法国学者魏丕信研究指出："从最大限度上讲，北京和通州每年预期可得到的漕粮数量等于各省缴纳的数额。星斌夫提供的康熙朝的总数是396.03万石（328.35万石运往北京，67.68万石运往通州）。欣顿（Hin-ton）（全汉昇和克劳斯引用了他的数字）提出，1829年为348.25万石。普莱费尔（Playfair）从《大清会典》中找到的1818年的数字相当低，总额为米2132959石，麦56724石，豆209423石。其他资料的说法各异，有400万石（清代最初的数额），3217024石（《大清会典》，1753年的数字），3205140石（《户部则例》，1851年）。总的来看，对于18世纪来说，320万石这一数字看来是比较合理的。"①李文治等提出："顺治三年全国北运京师的漕粮约在90万石左右。"②刘小萌指出，康熙二十四年，实运289万石；雍正四年，实运329万石。③"嘉庆以前每年平均在400万石以上，或接近400万石。道光之后逐渐减少"④。倪玉平也指出，漕粮征收量是不够的，乾隆十八年也只有352万余石。"其他绝大多数时间，全漕目标很难达到"⑤。应该说，漕粮运到北京、通州的实际数字，各年是不一样的，以上学者的估算和看法也都有其依据。但是从京、通二仓储粮的角度看，漕粮的实际数量是足够供应京师的。魏丕信认为，"每年京城的实际需求与漕粮最高数额之间的差数至少在50万石"。"这个差数在18世纪中期可能还要更大"⑥。

一般来说，运粮量与仓储量不是一回事，因为运粮量有时征收不足额，或运输中损坏至缺额，或者部分截留，尽管也会有部分补充，但是每年漕粮运量并不相同。不过，漕粮运入京、通二仓后，经支放分配，还会有一些剩余，每次的剩余粮续储在仓中，所以粮仓储量可能是逐渐增加的。而且粮仓能储存多少量，与粮仓的数量、仓廒的个数也有关系。

---

① 转引自〔法〕魏丕信《十八世纪中国的官僚制度与荒政》，徐建青译，江苏人民出版社，2002，第233~234页。
② 李文治、江太新：《清代漕运》（修订版），社会科学文献出版社，2008，第34页。
③ 转自刘小萌《清代北京旗人社会》，中国社会科学出版社，2008，第278页。
④ 李文治、江太新：《清代漕运》（修订版），社会科学文献出版社，2008，第43页。
⑤ 倪玉平：《清代漕粮海运与社会变迁》，上海书店出版社，2005，第31页。
⑥ 〔法〕魏丕信：《十八世纪中国的官僚制度与荒政》，徐建青译，江苏人民出版社，2002，第234页。

第六章　供给与分配制度

康熙二十三年五月，总督仓场查罗沙赖等奏称："京八仓廒座贮米已满。"① 当时有人称："正粮之外，向有余米，京师地大人众，胥仰给焉，若漕艘不至京师，米价翔贵，于事体未便。"② 六十一年十一月，和硕雍亲王上疏：运京仓之米，"通共五百六十二廒"，"俱属好米，共三百六十九万六千八百石有奇"③。后来，雍正帝追忆这事称："先因京师米价腾贵，皇考宵旰焦劳，特命朕查视各仓。彼时见仓粮充溢，露积不少，因请将应行出仓之米，迅速办理。"当时命"监督张坦麟、陈守创等，会同仓场总督带领工部贤能司官，将仓廒确实料估，应修补者，速行修补。应添建者，于明岁春初添建。所需钱粮，动用捐贮驿站银两，其应否补项之处，再议"④。雍正时，政府认为："京师人民聚集，食指浩繁，米粮关系重大，储备不可不多。"⑤ 这表明雍正帝对仓储粮的态度。正是政府多储漕粮、多建仓廒的措施，使得这期间漕粮存储量不仅大，且新建了仓廒。雍正四年十二月，仓场侍郎托时上疏："今通州大西、中南两仓，存贮稷、粟米石，足支数十年，廒座不敷，新粮多系露囤。"他提出了改兑稷米存储京仓等解决办法。⑥ 六年七月，总督仓场岳尔岱等奏称："储蓄充盈，京仓廒座不敷，请添建以为收贮之地。"政府命与工部相度地方新建仓廒。七年，巡视南城御史焦祈年条奏内称："各仓所贮米廒旧例每廒一万一千六百石，缘雍正六年到通粮多，廒座不敷，归并加添，所以有一万三四千及一万六千石不等"⑦。九年，大学士蒋廷锡奏称："京、通各仓共存历年漕白一千三百五十八万石，计每年进京、通仓正耗米四百余万石，除支放俸饷等项三百余万石，约可剩米一百余万石。今

---

① 雍正《漕运全书》卷十九，《京通粮储·历年成案》，见北京图书馆古籍出版编辑组编《北京图书馆古籍珍本丛刊》55，《史部·政书类》，书目文献出版社，1989，第462页。该书凡例中载："旧本修自康熙初年，兹续修至雍正十三年。"
② （清）王士正《居易录谈》卷上，附《居易续谈》，见王云五主编《丛书集成初编》第2824册，商务印书馆，1936，第12页。
③ 《清圣祖实录》卷三〇〇，康熙六十一年十一月丁亥，中华书局，1985，第900页。
④ 《清世宗实录》卷一，康熙六十一年十一月丁酉，中华书局，1985，第35页。
⑤ （清）允禄等编《清雍正上谕内阁》第一函，内务府藏雍正九年刻本（康熙六十一年到雍正七年上谕）。
⑥ 《清世宗实录》卷五一，雍正四年十二月辛酉，中华书局，1985，第761页。
⑦ 雍正《漕运全书》卷二一，《京通粮储·历年成案》，见北京图书馆古籍出版编辑组编《北京图书馆古籍珍本丛刊》055，《史部·政书类》，书目文献出版社，1989，第534页。

京、通仓廒座俱充盈。若再加以递年余积，必致天堆露囤，陈陈相因，不无红变之虞。"① "京仓之米足支五年"②。至十一年，"经仓场奏明，将存仓稜米发粜一百万石，节年粜卖十万余石，尚存未粜米八十余万石，均雍正三年以前陈积，其间多有气头廒底，亟需售粜"③。

乾隆时，政府仍然是多储粮、多建仓廒的做法。乾隆六年八月，总督仓场侍郎塞尔赫等奏称："京仓廒座，不敷积贮，请于京城内外，建廒九十八座，以足新旧千座之数。"被批准。④ 二十五年，"通仓数年以来，所贮米石已八九倍于所放之数"⑤。后来英国使者到通州，见"城内有几个大粮仓储藏着各种粮食。据说永远储备着足够首都几年需用的粮食"⑥。

到嘉庆时期，米粮储备更加富裕。嘉庆四年，据仓场侍郎称："全漕到通每年积存米六十万石，积至嘉庆十四以后，京仓即可盈满。通仓现有廒二百五十座，计可贮米二百余万石。"⑦ "节年均有轮免漕粮省分，是以到通漕米比之往年较少。然仓储并无不敷，至明岁以后，则全漕抵通，源源挽运，倍臻饶裕。"⑧ 据蔡蕃统计，在康熙二十二年至嘉庆十七年的130年间，乾隆以前的54年，"增仓廒867座"。"三十六年裁通州20廒"。三十七年至嘉庆十七年的41年间，修建了一千多廒，其中很难

---

① 雍正《漕运全书》卷二二，《京通粮储·历年成案》，见北京图书馆古籍出版编辑组编《北京图书馆古籍珍本丛刊》055，《史部·政书类》，书目文献出版社，1989，第545页。
② "雍正九年二月初六日湖广总督迈柱密奏折"，见中国第一历史档案馆编《雍正朝汉文朱批奏折汇编》第19册，江苏古籍出版社，1986，第968页。
③ （清）载龄等修纂《钦定户部漕运全书》卷六五，《漕运额征·发粜仓粮》，第1页，见顾廷龙主编《续修四库全书》第八三七册，《史部·政书类》，上海古籍出版社，2002，第380页。
④ 《清高宗实录》卷一四八，乾隆六年八月癸卯，中华书局，1985，第1136页。
⑤ （清）载龄等修纂《钦定户部漕运全书》卷六二，《京通粮储·支放粮米》，第6页，见顾廷龙主编《续修四库全书》第八三七册，《史部·政书类》，上海古籍出版社，2002，第335页。
⑥ 〔英〕斯当东：《英使谒见乾隆纪实》，上海书店出版社，1997，第302页。另书记载英使来华时间为乾隆五十八年，见〔英〕爱尼斯·安德逊：《英使访华录》，费振东译，商务印书馆，1963。
⑦ （清）祁韵士《议驳通州裁仓折》嘉庆四年六月初二日奏折，《己庚编》卷上，见《丛书集成续编》第五〇册，社会科学类，台北，新文丰出版公司，1989，第532~533页。
⑧ 《清仁宗实录》卷八七，嘉庆六年九月庚子，中华书局，1986，第156~157页。

分清是建还是修，所以只能说是不断增廒的。同治四年才开始减廒。①

道光时期，虽然运到京城的漕粮比以前减少了，但仓储粮食量还是丰足的。十六年六月，御史万超奏称，"漕粮正额不足"。② 而铁麟等奏称，"朝阳门外太平、储济、万安、裕丰四仓，现贮米石较之城内七仓，多至一两倍。新粮抵通，难于照例拨派"。后决定"所有道光十五年秋季、十六年春季，八旗文职四品以下、武职三品以下官员俸米，准其援照旧案，改由城外四仓支放"。"八旗甲米，于外四仓应行轮放之外，接续多放两轮。俾得疏通旧贮，即可拨进新漕，以速转运而利回空。"③ 其中也透露出满仓的部分信息。另据魏丕信研究指出，"有时由于粮食源源不断地到达，而京城和周边地区的粮食需求相对不足，即粮食供大于求，造成运河北端地区仓储设施的紧张"④。李文治研究指出，通州各仓积储粮"清初至乾隆为前期，存粮最多；嘉庆、道光两朝为中期，积存渐少，然仍能支应"⑤。李明珠亦有同样的观点。⑥ 可见京、通仓储粮食的数量比较多，且足够京城人食用多年。

由于仓储存粮爆满，政府开始考虑暂停漕运的变革。康熙三十年十二月，康熙帝问大学士，京师除了每年所需粮之外，能存储多少粮米？他说："完纳漕粮一项，小民良苦，亦欲特赐蠲征，此念已久。"令大臣对此议奏。⑦ 大学士等回复："确查米数，现今仓内储米七百八十万石有奇，足供三年给放。"康熙帝称，欲蠲免三十一年漕粮。大臣们奏称："京师根本重地，漕粮输挽关系国计，似难轻议全蠲。况五方杂处，人烟凑集，需用孔多，若一年停运，米既不能北来，百货价值亦将腾贵。"康

---

① 蔡蕃：《北京古运河与城市供水研究》，北京出版社，1987，第170页。
② 《清宣宗实录》卷二八四，道光十六年六月壬申，中华书局，1986，第389~390页。
③ 《清宣宗实录》卷二六八，道光十五年闰六月丙子，中华书局，1986，第121页。
④ 〔法〕魏丕信：《十八世纪中国的官僚制度与荒政》，徐建青译，江苏人民出版社，2002，第235页。
⑤ 李文治、江太新：《清代漕运》（修订版），社会科学文献出版社，2008，第43页。赵蕙蓉称："道光年间，京仓已出现连一年积储也没有的现象，当年漕运一有延误，京师便无法支放官兵粮饷。"赵蕙蓉：《晚清京师的粮食供应——晚清北京社会问题剖析之一》，载《北京社会科学》1996年1期。道光二十年以前，似未见这种记载。
⑥ 〔美〕李明珠：《华北的饥荒——国家、市场与环境退化》，石涛、李军、马国英译，人民出版社，2016，第191、218页。
⑦ 《清圣祖实录》卷一五三，康熙三十年十二月辛巳，中华书局，1985，第694~695页。康

熙帝称："朕急思轸恤民生，于都城人民食用之需，未曾计及。"因此同意大臣的意见，没有蠲免漕粮。① 从中可以看出，政府有意改变漕运的信息。

雍正时，政府认为："念京通各仓积贮丰裕，欲纾输将之力，恤挽运之劳。又欲民间受折征之益，弁丁无停运之累，以岁运漕粮作何变通之处，行令漕臣筹划。"② 实际是雍正帝看到"京仓之米足支五年，是以敕议折征"，"议停各省漕运"。当时"密咨南北抚臣，并行布政司粮道议覆"。"将正耗米石全以每石七钱折征。其漕船仍给岁修，量留旗丁水手数名看守，该丁等酌给口粮，运弁亦给养廉，俾无停运之累"。时任湖广总督的迈桂提出不同意见，他说曾任巡城御史，知道京城"万方辏集，食指繁多，运丁之有余耗者，可以粜济民食，倘或全停，米价恐贵，若以通仓两年之余米，平价出粜，似不必令民折征，而仓储可免红腐之虞矣。"③ 江西巡抚谢旻奏称："南北货物多于粮船带运，京师藉以利用，关税藉以充足，而沿途居民藉此为生理者亦复不少。若一停运，则虽有行商贩卖贸迁，未必能多，货物必致阻滞，关税亦恐不无缺少"④。总结他们反对的理由。首先，怕漕船朽坏。若将来复粮运，船不能使用。其次，若漕运停止，以此为生的众多人会失业。再次，如果全征折色，大批原粮在民间销售，谷价贱，则伤农。最后，京城需要漕粮，否则米价上涨，百货昂贵。因为是密折奏报，所以笔者能看到的奏折不多，估计大多数官员是反对的，所以这次废漕之议被停止。

嘉庆时，铁保等人提出，将俸米、甲米"十成中，酌折二成银两"发放的意见，嘉庆帝认为"觉其事窒碍难行，特以集思广益，不厌精详"。如与铁保意见相同者，"不妨据实直陈，以备采择"。户部、八旗满洲都统、仓场侍郎等均各抒己见，似乎未见支持意见。他们认为："旧例全放本色，毋庸轻议更张。"理由是"京师五方辐辏，商民云集，本

---

① 《清圣祖实录》卷一五三，康熙三十年十二月壬午，中华书局，1985，第695页。
② "雍正九年正月二十四日江西巡抚谢旻奏折"，见中国第一历史档案馆编《雍正朝汉文朱批奏折汇编》，第19册，江苏古籍出版社，1986，第864页。
③ "雍正九年二月初六日湖广总督迈桂密奏折"，见中国第一历史档案馆编《雍正朝汉文朱批奏折汇编》第19册，江苏古籍出版社，1986，第968页。
④ "雍正九年正月二十四日江西巡抚谢旻奏折"，见中国第一历史档案馆编《雍正朝汉文朱批奏折汇编》第19册，江苏古籍出版社，1986，第864页。

处产粮既少，又无别项贩运粮石，专赖官员、兵丁等所余之米，流通粜籴，藉资糊口。"如果"改给折色二成，不惟于八旗生计，恐致拮据，即以每岁少放米五十余万石计算，于商民口食之需，亦多未便"。改二成为银两发放，不但市场上的粮食少了，而且仓储中的粮食也会陈陈相因。① 铁保提出了漕粮改二折银两发放的意见，实际上也是对原有漕粮分配制度的改革，最终被否定。

第二节　分配制度

漕粮运到京师后，政府制定了分配制度，"京、通二仓的粮食主要用于发放驻在北京的王公贵族、文武百官的俸禄米和八旗兵丁的甲米。为此，清政府制定了比较完备的支放俸甲米制度"②。政府无偿支给官员的漕粮称俸米，无偿支给兵丁的漕粮称甲米，并规定了领取和发放俸米、甲米的种类、方法。

设立发放俸米、甲米制度。顺治时期，谈迁在《北游录》中记载："满官支俸米不支薪，盖其内外大小家口，并登籍另给米。故本官所任见职，止支俸。汉官俸薪兼支。今甲午停秋冬二俸，有以停俸不停薪，请支折薪银，以薪侈于俸也。如四品官季给三十金，俸才十金耳。内院不许，谓满官正在此论薪俸，何得滥也。明年，给俸不给薪矣。"③ 雍正时，"京师大小汉官，向例岁支俸米十二石。雍正三年，以汉官携带家眷者多，俸米不敷日食，命按照大小汉官俸银数目给米。后又命加倍支给俸银俸米"④。

军队有月饷银，也有甲米。顺治时，"满洲骑兵月饷七两五钱。步兵三两四钱外，骑兵月二两五钱，步兵一两五钱。骑兵止给官马，鞍辔械器自备"⑤。"八旗兵丁每人所得四十斛之米"。⑥

---

① 《清仁宗实录》卷一九二，嘉庆十三年二月己巳，中华书局，1986，第533页。
② 于德源：《北京漕运和仓场》，同心出版社，2004，第331页。
③ （清）谈迁：《北游录》纪闻下，《俸薪》，甲午，顺治十一年，中华书局，1960，第375~376页。
④ （清）吴振棫：《养吉斋丛录》卷二五，北京古籍出版社，1983，第260页。
⑤ （清）谈迁：《北游录》纪闻下，《兵制》，甲午，顺治十一年，中华书局，1960，第375~376页。
⑥ 《清圣祖实录》卷二四一，康熙四十九年正月乙未，中华书局，1985，第398页。

俸米、甲米种类：俸米，雍正元年规定，"俸米，粳分注：白、粳、稜、粟米"。① 乾隆时，裁减白粮，给以粳米。② 三年又定，"通仓支放官俸六色"，即粳、稜、籼、粟、江白、次白米6种。③ 五年，因通仓存储稜米较多，"将改兑稜米，全进京仓，粟米亦拨京仓十万石，于京仓甲米内，全放稜米一季。通仓除王俸外，其余官俸，亦照甲米例，一季全放稜米"。"每隔一年，将稜米代放一季。至稜米开放将完，仍照例给发粳粟稜三色"④。乾隆四年，俸米中的粟米，在直隶歉收时，"应以稜米抵稻米支给"。在直隶稻米丰收时，"以采买直隶营田稻米抵支"⑤。嘉庆元年更改官员支领俸米例，将"官员应领俸米"中的"白粮概行划归，在通领米之王公大臣支领"，再"将王公大臣应领粳米，抵给文武各员"⑥。

甲米，雍正元年规定，"甲米，分注：粳、稜、粟三样"。⑦ 五年规定，通仓稜米进京仓，"甲米内全放稜米"。以后"每隔一年，将稜米代放一季。至稜米开放将完，仍照旧例，给发粳、稜、粟三色"发放。⑧ 乾隆二年，"八旗甲米，每季三色，按十成计算，粳米五成，稜米三成五分，粟米一成五分"⑨。

发放地点：顺治年间，官员赴通仓领米。以后，因河道疏通，京、通

---

① （清）载龄等修纂《钦定户部漕运全书》卷六十，《京通粮储·俸甲米豆》，见顾廷龙主编《续修四库全书》第八三七册，《史部·政书类》，上海古籍出版社，2002，第310页。
② 王先谦：《东华录全录》乾隆二年四月甲子，见《清东华录全编》第六册，学苑出版社，2000，第70页。
③ （清）载龄等修纂《钦定户部漕运全书》卷六十，《京通粮储·俸甲米豆》，见顾廷龙主编《续修四库全书》第八三七册，《史部·政书类》，上海古籍出版社，2002，第312页。
④ 《清世宗实录》卷五一，雍正四年十二月辛酉，中华书局，1985，第761页。
⑤ （清）托津等奉敕纂《钦定大清会典事例》卷一五七，《户部·仓庾》，嘉庆朝，见沈云龙主编《近代中国史料丛刊三编》第六六辑，台北，文海出版社，1991，第7019~7020页。
⑥ 《清仁宗实录》卷六，嘉庆元年六月庚寅，中华书局，1986，第126页。
⑦ （清）载龄等修纂《钦定户部漕运全书》卷六十，《京通粮储·俸甲米豆》，见顾廷龙主编《续修四库全书》第八三七册，《史部·政书类》，上海古籍出版社，2002，第310页。
⑧ 《清世宗实录》卷五一，雍正四年十二月辛酉，中华书局，1985，第761页。
⑨ （清）载龄等修纂《钦定户部漕运全书》卷六十，《京通粮储·俸甲米豆》，见顾廷龙主编《续修四库全书》第八三七册，《史部·政书类》，上海古籍出版社，2002，第311页。

往来方便,于是官员俸米仍在通支领,兵丁甲米改在京仓支领。① 乾隆二十七年,"五旗王公等甲米,及八旗佐领坐甲米石,俱著在京仓支放"。四十一年,"八旗王公汉官俸米,以及官员随甲坐甲饷米,均在通仓支领"②。五十九年改定,"文职四品以下,武职三品以下,世职子、男以下,春、秋二俸(照八旗兵丁甲米之例),即于(京师)禄米等十一仓,分季轮关"③。此标准以上的高官仍自出脚费,在通仓支领。嘉庆十五年,又改为"各旗包衣、王公、蓝白布甲并八旗民公侯伯坐甲,应领稷、粟米二色米石,在通州中、西二仓预支六季,俱令关领进城"④。

发放方法:俸米"向来俱按官员等之品级,各给红票为凭,由仓领取"。这是将红票直接发给官员个人,然后由个人到仓领米的办法。雍正七年,改变原发放米票的办法,"八旗官员之俸米,佐领给与一票,按票支放"⑤。乾隆五十七年,"八旗并内务府官员,应领俸米,各旗都统,仍出给本旗总领,交押旗参领章京。先赴通仓换票。该仓即按照各佐领官员数目,每员各换给米票一张,交该参领等领回,发交各该佐领,散给应领俸米官员,令其自行赴仓关支,则随到随领"⑥。

甲米,八旗兵丁支领甲米,先由统领"将应领米数造册咨部",再由"户部转交各仓监督该旗领米参领章京查对原册,将各佐领戳记交监督对明"进仓。⑦ "开放饷米,由仓场派定仓口,咨报户部,按旗酌派"。"札行给发,凡札仓旗分于每月初一日令应行派放之各监督亲身赴部签掣旗分,每月轮放"。"开放八旗兵丁闰月甲米,照开放八旗四季甲米之

---

① 《清世祖实录》卷一百三,顺治十三年八月癸未,中华书局,1985,第799页。
② (清)托津等奉敕纂《钦定大清会典事例》卷一五七,《户部·仓庚》,嘉庆朝,见沈云龙主编《近代中国史料丛刊三编》第六六辑,台北,文海出版社,1991,第7029页。
③ 《清高宗实录》卷一四五四,乾隆五十九年六月戊辰,中华书局,1986,第388~389页。
④ "嘉庆十五年十月二十三日奏折",见中研院史语所藏明清史料,序号:173956。
⑤ (清)允禄等编《世宗宪皇帝谕行旗务奏议》卷七,诏令奏议类,见纪昀等编纂《景印文渊阁四库全书》第413册,《史部·诏令奏议类》,台湾商务印书馆,2008,第531页。
⑥ (清)托津等奉敕纂《钦定大清会典事例》卷一五七,《户部·仓庚》嘉庆朝,见沈云龙主编《近代中国史料丛刊三编》第六六辑,台北,文海出版社,1991,第7032页。
⑦ (清)载龄等修纂《钦定户部漕运全书》卷六十,《京通粮储·俸甲米豆》,见顾廷龙主编《续修四库全书》第八三七册,《史部·政书类》,上海古籍出版社,2002,第314页。

例，由仓场侍郎预期派定仓口，咨报户部核明米档札行给发"①。乾隆四年，"于开仓时，每旗派出押旗参领于放米前一日，将应领各佐领管领下米数及领米人数，开单交与监督，按数一样起票三张，于领米前一日一张交满监督，一张交汉监督，一张交放监督稽查"②。"每日俱系拨什库等领车进仓，照依各披甲等应领米数，查对红档，分起印票，各赴应放之廒支领"③。十三年又规定，"将各佐领应领米数并赴仓领催之名开列清册，该参佐领用关防图记，交放米监督监收。仍领派出放米参领等，会同监督将领米领催、本佐领等车夫约算足用放入领米，若关防档内无名，领催不得擅入"④。

发放时间：俸米，"满汉官员支领俸米，春季自二月起，秋季自八月起，按限放完"。"逾限不完，监督暨监放官一并议处。如领米官员违限不领者，将应领米石停给"⑤。雍正元年又更改为，官员俸米照旧分春、秋两季，分别于二月、八月初一日起发放，限两个月内领完，遇雨则宽限一个月。⑥

甲米，原来甲米发放时间与俸米相同，春季自二月起，秋季自八月起发放，限3个月内领完。康熙四十三年七月，总督仓场石文桂疏称："八月南米正在抵通，攒运入仓，又收又放互相交错，日生弊端。"后经户部议准，"支放秋季俸饷米石改为十月"，春季不变。⑦"八旗兵米秋季

---

① 《钦定户部则例》卷二四，《仓庚·京通仓上·开放》，见故宫博物院编"故宫珍本丛刊"第284册，海南出版社，2000，第203页。
② （清）载龄等修纂《钦定户部漕运全书》卷六十，《京通粮储·俸甲米豆》，见顾廷龙主编《续修四库全书》第八三七册，《史部·政书类》，上海古籍出版社，2002，第312页。
③ 《军机处录副奏折》，"乾隆四年二月十二日仓场侍郎塞尔赫等奏折"，中国第一历史档案馆，档案号：03-0736-004。
④ （清）载龄等修纂《钦定户部漕运全书》卷六十，《京通粮储·俸甲米豆》，见顾廷龙主编《续修四库全书》第八三七册，《史部·政书类》，上海古籍出版社，2002，第314页。
⑤ 《钦定户部则例》卷二四，《仓庚·京通仓上·开放》，见故宫博物院编"故宫珍本丛刊"第284册，海南出版社，2000，第203页。
⑥ （清）载龄等修纂《钦定户部漕运全书》卷六十，《京通粮储·俸甲米豆》，见顾廷龙主编《续修四库全书》第八三七册，《史部·政书类》，上海古籍出版社，2002，第310页。
⑦ 雍正《漕运全书》卷十九，《京通粮储·历年成案》，见北京图书馆古籍出版编辑组编《北京图书馆古籍珍本丛刊》055，《史部·政书类》，书目文献出版社，1989，第477页。

改为十月放起，同春季俱限两个月放完。"四十四年，"将每岁放兵米匀作三分，自春季二月起，至秋季十月，共八个月米石，俱于二月份支领。自秋季十月起至次年春季二月，共四个月米石，俱于十月份支领"。雍正元年，改甲米二季关支为三季，分别自三月、七月、十一月初一起发放，俱限两个月内领完，遇雨则宽限一个月。①八年，"定例每年春季，以二月给俸米。三月放甲米"②。九年，改为"春季俸、甲米，各先期一月支放，秋季亦照此例"③。乾隆二年，又改为四季放给，即每年二月、五月、八月、十一月份发放，若"或遇岁闰，或值米价昂贵，后季米石不能接济前季，或南粮抵通，需厫盛贮，随时奏准，酌定先期开放"④。例如："兵丁遇闰不给米石。"但是正值米价昂贵，政府决定"借给一月米石"。"于十二月初一放起，限岁内放完。于戊午、己未两年秋冬二季米档内，均匀扣还"⑤。十七年，改甲米按月轮放，"将镶黄、正黄二旗于正月、四月、七月、十月支放，正白、正红、镶白三旗于二月、五月、八月、十一月支放，镶红、正蓝、镶蓝三旗于三月、六月、九月、十二月支放"⑥。

自发放俸米、甲米以来，有各种规定，但都没有形成统一章程，到乾隆五十九年六月，政府规定了各仓关米章程，大概有如下内容。

第一，化繁为简。原来八旗甲米，每月三旗发放，在京之禄米等十一仓，以粳、稷、粟三色米石，按仓口之次序，挨年分之新陈轮流支放，乾隆五十九年新章程改为，"论仓而不论年"⑦。"每月部定仓口后，行知

---

① （清）载龄等修纂《钦定户部漕运全书》卷六十，《京通粮储·俸甲米豆》，见顾廷龙主编《续修四库全书》第八三七册，《史部·政书类》，上海古籍出版社，2002，第310页。
② 《清世宗实录》卷一〇一，雍正八年十二月庚戌，中华书局，1985，第338~339页。
③ 《清世宗实录》卷一〇一，雍正八年十二月庚戌，中华书局，1985，第339页。
④ （清）载龄等修纂《钦定户部漕运全书》卷六十，《京通粮储·俸甲米豆》，见顾廷龙主编《续修四库全书》第八三七册，《史部·政书类》，上海古籍出版社，2002，第311页。
⑤ （清）杨锡绂撰《漕运则例纂》卷二十，《京通粮储·支放粮米》，见四库未收书辑刊编纂委员会《四库未收书辑刊》壹辑，贰拾叁册，北京出版社，2000，第779页。
⑥ 《清高宗实录》卷四〇九，乾隆十七年二月戊申，中华书局，1986，第361~362页。
⑦ （清）祁韵士：《议驳挨年放米折》，"嘉庆四年三月初九日奏折"，《己庚编》卷上，见《丛书集成续编》第五〇册，社会科学类，台北，新文丰出版公司，1989，第525~526页。

都察院,签派满汉科道各一员,验封该仓贮米廒座,届放米时,科道率监督等,眼同领米旗员,揭去气头,将应收米石一律放给,仍令该监督将所领米样,封送户部。各该旗亦于领米竣日,将米样送部,以凭核对。"撤销原设查仓御史,"各仓既派科道稽查",停止派都统、副都统查仓。

第二,防止弊端。"各该旗都统先期覈明所属各佐领下,应领米数若干、人数若干,造册咨部。转行仓场,俟开仓日,令三旗都统于一月限内,无论满洲、蒙古、汉军、包衣分作十五起,并于每起派章京一员,领催二名,及应食米之兵丁三四名,眼同赴领,以防挽杂克扣等弊。如限内不放竣,监放之都统、副都统,及该科道并监督,均罚俸一年"。"各该旗赴仓领米,倘监督与花户人等,有搀和潮米及短米索费等弊,许兵丁等首告领米旗员等,及禀明各该都统,将监放之科道及监督,一并严参。花户等从重究治"。

第三,领俸米和养马饲料的变更。"文职四品以下,武职三品以下,世职子男以下,春秋二俸,即于禄米等十一仓,分季轮关。届期行知都察院,派满汉科道各二员,轮赴各仓,率同该监督等,照支放甲米之例办理"。"八旗官兵,并各项官兵拴养马匹,及五营差马等项,每年共应领豆十六万余石,请照支放甲米例,令领豆石之人,眼同该监督,一律匀放"①。

嘉庆时期,对俸米、甲米的支领方法产生不同意见。嘉庆元年,有人提出,原官员领俸米远赴通州,后改从京仓支领这就需要运丁将漕粮运到京仓,致使运丁多费周折,多用劳费。于是,江、浙白粮是在京仓支领还是赴通仓支领成为问题。政府令有关部门议覆。户部会同仓场官员奏称:"江、浙白粮应遵旨仍旧运贮通仓。至漕粮俸米,与运京情形不同,毫无贴费,自应仍照乾隆五十九年新例办理"。只作了一点修改,"向来官员应领俸米三色,白粮最少,若令赴通支领,是每季须两处领米,既属分歧,且脚费或逾米价。莫如将白粮概行划归在通领米之王公大臣支领。其在京领米之文武官员,应领白粮,全以粳米抵放"。"将王

---

① 《清高宗实录》卷一四五四,乾隆五十九年六月戊辰,中华书局,1986,第388~389页。

公大臣应领粳米，抵给文武各员"。再将各文武官员应领之粟米，划归王公大臣支领。① 四年，仓场侍郎傅森等再提出，恢复原来八旗甲米挨年支放，否定乾隆五十九年新定的论仓而不论年支放的意见，认为这样"必至此一仓年分最陈之米尚未放完，而彼一仓新收之米，业经越次开放，行之日久，势必陈陈相因。久贮米石，不免有腐朽之虞"。经户部等官员议论后，否定了傅森等人的建议。他们认为，若按傅森等人所请"不论仓口，专主挨陈之说，各仓贮米新陈不一，势必纷纷指派，致领米之人无所适从。其不肖仓役人等，藉得仍前滋弊，将气头廒底，及埽积土米，任意搀杂，于兵食全无裨益"②。最后还是维持乾隆五十九年的规定，在京仓领俸米。③ 五年，仓场侍郎达庆奏请将俸米专在城外太平等四仓关支，后经军机大臣会同户部官员覆议后，奏称"查五十九年户部奏明，将俸米改进京仓者，原因京仓添贮此项米石流通较广，米价不致昂贵，于旗民食用均有裨益"，从而否定了达庆的意见。④ 八年六月，御史双寿奏请，"将王公名下五旗包衣蓝白布甲，民公侯伯各大臣及八旗佐领名下坐甲米石，仍改于京仓支放"。此前，"通仓贮米稍多"，御史赫霖泰奏请改于通仓支领，后经户部、仓场衙门议准。这样，赴通支领仓米的旗人，需用运费、盘费增多，他们则在通变卖仓米。待旗人回京后，"转须贵价籴买食米"，至抬高京城米价。由此，双寿奏请，"除本年春夏雨季米石业已在通关支外"，从秋季始"所有各该旗应领各项甲米，准照所请，仍在京仓支放"，被批准。⑤ 十一年八月，仓场侍郎赓音等奏请，"将文职四品以下，武职三品以下等官俸米，改归通仓支领"，被批驳。⑥ 二十三年，御史文溥奏请更改八旗官员支领俸米的旧章。他称：

---

① 《清仁宗实录》卷六，嘉庆元年六月庚寅，中华书局，1986，第126页。
② 嘉庆四年三月初九日《议驳挨年放米折》，祁韵士《己庚编》卷上，见《丛书集成续编》第五〇册，社会科学类，台北新文丰出版公司，1989，第525~526页。
③ （清）载龄等修纂《钦定户部漕运全书》卷六二，《京通粮储·俸甲米豆》，见顾廷龙主编《续修四库全书》第八三七册，《史部·政书类》，上海古籍出版社，2002，第340页。
④ 嘉庆五年十月二十八日《议奏仓场两议俸米折》，（清）祁韵士《己庚编》卷下，见《丛书集成续编》第五〇册，社会科学类，台北，新文丰出版公司，1989，第598~600页。
⑤ 《清仁宗实录》卷一一四，嘉庆八年六月壬申，中华书局，1986，第516~517页。
⑥ 《清仁宗实录》卷一六五，嘉庆十一年八月癸未，中华书局，1986，第144页。

"八旗官员支领俸米，向系分给米票，自行赴仓关支。自乾隆年间奏定章程，历今二十余年，相安已久"，提出更改，"将各旗员俸米，由该旗添派参领等，全数领出，再行分给"的意见被驳回。政府认为，这是"为参领等开包揽克扣之门"。有官员开仓不亲自到场，交花户办理，给花户等乘间舞弊的机会，其中很可能有受贿问题。正如御史余本敦奏参，"裕丰仓监督开仓后，辄自回家。封条交与花户封贴"①。

道光年间，俸米支领方法被改变了。"各员俸票，多有向米铺换食细米，或卖与米铺。花户、头役多索各铺户钱文，以致逾限未领"②。在京城居住的旗人，都将米票交给粮铺，由商人到仓领米。例如，穆齐贤日记记载："道光八年二月二十七日，德惟一阿哥来，携二姑爷应得俸米，即江米四斛一斗六升、白米十八斛五斗四升、糙白米一斛三斗、粟米十三斛，共三十七斛之俸米票单。阿哥请余将此米单转往丰昌号出售。""余本季俸米十四斛二斗五升，亦交与该店，得钱二十六千四百文"③。

第三节　制度弊端

清代前期，政府继承明代的漕粮制度，供给京城漕粮。漕运制度本身有许多弊端，且因延续时间长久，特别是在执行中显示更多。这些弊病早在明代就存在，清代前期并未见到多少改变。由于前人专门对清代漕运制度进行了全面研究，另有学者对漕运制度中与京城有关的部分，即最后的运输、存储阶段的弊端，也有详细探讨④，本书不再赘述。这里对供给与分配制度中与京城有关的弊病，引用前期京城的具体资料和

---

① （清）载龄等修纂《钦定户部漕运全书》卷六四，《京通粮储·俸甲米豆》，见顾廷龙主编《续修四库全书》第八三七册，《史部·政书类》，上海古籍出版社影印本，2002，第363页。
② （清）载龄等修纂《钦定户部漕运全书》卷六一，《京通粮储·俸甲米豆》，见顾廷龙主编《续修四库全书》第八三七册，《史部·政书类》，上海古籍出版社影印本，2002，第330页。
③ （清）松筠（穆齐贤）记，赵令志等译《闲窗录梦译编》上，第一册，中央民族大学出版社，2011，第21~22、142、145、198页。
④ 于德源：《北京漕运和仓场》，同心出版社，2004，第352~369页。

案例，简要进行梳理和描述。

康熙时，有御史称："放米之弊，在多搀和。"搀和就是将好米与霉烂变质的坏米，或灰土混合。① "向来各仓米石"，"每每搀和灰土"②。二十年三月，仓场侍郎等称："近闻各仓发米多杂尘土，有贿赂者给好米，经管之人种种作弊，上下串通，侵欺盗取者甚多。"③ "监督官员交盘时有贿与银两者，亦有杂以灰土者。放米时有与旗下官员银两抵完者，其贫人所得米粮缺少。"④ 四十四年，王鸿绪密奏，通州仓亏空九十余万石，并亏空库银，实为"坐粮厅与各监督及仓库人等，积年所侵，或有公事差使，借端那空"。后派员检查，被说成"是浥烂，不是亏空"。"于是坐粮厅等，纠合各行经纪、车役人等，出名借帑银四十万两，分年扣销，并搭销烂米"。但由于原本没有那么多烂米，就将好米当作烂米发出。户部侍郎王绅说："烂米并无数十万之事。今照烂米折给定例，老米每石作银四钱，稷米作银三钱，粟米作银二钱。此折给之米作十分算，老米折给五分，稷米折给三分，粟米折给二分。每石牵算三钱二分，以扣帑六万两之银，应折给烂米十八万七千五百石。然烂米谁人肯要，不过将好米折给之。现今通州好老米时价一两八钱，以至二两外不等。将好米一石发与经纪、车户人等，彼情愿出烂米六石领状，是止须私发好米三万五六千石便可，销去烂米十八万七千余石，亏空可以立清"。书办等人也说，"仓中烂米留在仓作样，从来不领，领来吃不得用不得，何苦费脚价，势必将好米一石给之，算作烂米几石，彼方肯出领状"，以此掩盖米粮亏空，各官员

---

① 漕粮入仓，分别装入各个廒口内，储满一廒，再装一廒。粮仓放米时需按年，将板下之米，筛去沙土，搭同支放，放完一廒，再放一廒。原本规定：凡京、通各仓开报气头、廒底，应分别存储年份，存储不及二年，概不准揭除气头、廒底；存储二年以外者，揭除气头不得过一百石，廒底不得过二十石；存储三年以上乃至年份过多者，气头仍不得过二百石，廒底亦不得过五十石。但由于各仓米谷一般存储年份较长，所以多产生"气头""廒底"米。"气头"米，指仓顶通风条件不好而最易受潮变质之米谷；"廒底"米，指仓底最易霉烂之米谷。
② 雍正《漕运全书》卷二一，《京通粮储·历年成案》，见北京图书馆古籍出版编辑组编《北京图书馆古籍珍本丛刊》055，《史部·政书类》，书目文献出版社，1989，第528页。
③ 王先谦：《东华全录》康熙二十年三月庚午，见《清东华录全编》第三册，学苑出版社，2000，第266页。
④ 《清圣祖实录》卷九六，康熙二十年七月丙寅，中华书局，1985，第227页。

得以逃脱罪责。① 四十七年，康熙上谕："从前巡捕三营属督捕管辖时，营官侵蚀兵粮，虽兵数具存。而京城大臣官员家丁，皆充兵冒饷，全无实济，积弊沿流，极其懈弛，以致汉官具疏陈奏。"② "仓中支放米石，恶棍及偷窃之人甚多。"③ 有"此廒米石支领方半，又向别廒支领，所剩米少，而所占之廒甚多。又支领白米时，诸王公主等属下之人，不按应放之廒领米，而拣廒霸占支领者有之"。康熙帝命和硕雍亲王带官员前往查办。④ 和硕雍亲王回复称："遵旨查勘通州仓，请嗣后诸王以下务宜按廒支领，倘仍前拣廒占领，及遗剩半廒者，该监督即报总督题参。如该监督不将好米给与，而将杂色变色之米，勒令支领，亦许领米官员呈告仓场总督题参。"⑤ 从回复文看，多占廒支领，大概因领不到好米所致。而"拣廒霸占支领"的情况也确实存在。

雍正二年，"剥浅过坝，俱有费用，抵通之后，官有茶果之名，吏有无厌之索，不得不预卖沿途，以应求求，而宽其罪而弊又在通矣"。"运京之米，车户与官吏受贿包空，遂有飞谷辘黑档子之诡名，将无作有，而弊又在京矣"⑥。六月，查仓御史张坦麟奏称："京八仓每年支放大档零档米石，共计二百四十余万石，俱系遵照户部来文数目，各持印领勘合，赴仓支领。惟有马圈米石旧例相沿，系监督亲身运送。夫监督一人，兼收兼放，势难分身，乃假手头役，以致串通作弊，刁难苛索。又每百石加米三四十石不等，合八仓计之，一年之中耗费仓粮约至一万有余。"原来仓场设立有循环簿，"开列旧管、新收、开除实在数"，比较严密。但实际上有的廒循环簿，将老米"开报稜、粟者"，如现在有一天字号

---

① 《王鸿绪密折汇存》康熙四十四年，见沈云龙主编《近代中国史料丛刊》三编，第十八辑，台北，文海出版社，1966，第42页。
② 王先谦：《东华全录》康熙四十七年七月辛丑，见《清东华录全编》第四册，学苑出版社，2000，第230页。
③ 《清圣祖实录》卷二四一，康熙四十九年正月乙未，中华书局，1985，第398页。
④ 《清圣祖实录》卷二九九，康熙六十一年十月辛酉，中华书局，1985，第895页。
⑤ （清）蒋良骐：《东华录》卷二四，康熙六十一年十月，见《清东华录全编》第一册，学苑出版社，2000，第255页。
⑥ "雍正二年三月二十八日顺天府府尹刘祖任奏折"，见中国第一历史档案馆编《雍正朝汉文朱批奏折汇编》第2册，江苏古籍出版社，1986，第729页。

第六章 供给与分配制度

廒,在"循簿上开载两天字廒者,安知不有以甲作乙,以少作多之弊"①。八月,光禄寺卿党古立奏称,八旗满洲、蒙古、汉军兵丁,于领米之时,"应领之佐领,当日多不领完,每留余尾在仓,另日再行补领。致有不肖之徒,乘间侵盗,及重复支领等弊"②。有镶红旗持票,赴仓支领俸米人,造假票领米。原"已于八月二十八日领去四色米,共一百二十五石四斗,交回印票四张存贮。尚有江米十一石六斗,粟米二十九石二斗五升未领,随将缴存前票与今未领之票细加查对,前票式印虽同,而笔迹稍异,后票式印笔迹皆符,则前票似属伪造"③。十二月,针对仓役得钱,则给与好米,否则给与成色米的情况,政府提出,"将米石拌匀支放","旗人知米色拌匀,亦必不肯以钱行贿",力图杜绝仓役索诈之弊。④ 三年正月,法敏等又奏称,将各仓米石拌匀支放之后,仍出现"殷实之人以钱行贿,则得好米"。不给钱之人,就得不到好米。因为发米之人,"攘为己利,从中诈取钱财"。政府令对此现象"行参劾可也"⑤。四年,清河本裕仓,发粜米石,"奸胥恶役,串通铺户,贱买贵粜,此仓卖完,又领别仓发卖,是为富户生利也"⑥。五年二月,都察院参奏报,兵马司指挥章廷圻亏空平粜米钱,经查实,"东城兵马司指挥章廷圻,将卖米之钱易银名色,发与各铺户,通同取利,任意拖欠,以致亏空银六千余两,误国计而害民生,甚属可恶"。后将章廷圻革职,追赔家产。铺户马君章也追赔。⑦ 七年四月,还指出"向来各仓米石","每每搀和灰土"⑧。五月,雍正帝上谕:"朕闻各省粮船过淮抵通之时,该

---

① "雍正二年六月初六日仓场总督法敏等奏折",见中国第一历史档案馆编《雍正朝汉文朱批奏折汇编》第 3 册,江苏古籍出版社,1986,第 133 页。
② (清)鄂尔泰等修《八旗通志》初集,第二册,卷七十,《艺文志六·奏议二》,东北师范大学出版社,1985,第 1352 页。
③ "雍正二年九月二十一日仓场总督法敏奏折",见中国第一历史档案馆编《雍正朝汉文朱批奏折汇编》第 3 册,档案出版社,1986,第 671 页。
④ (清)允禄等编《清雍正上谕内阁》第一函,内务府藏雍正九年刻本(康熙六十一年到雍正七年上谕)。
⑤ (清)允禄等编《世宗宪皇帝上谕旗务议覆》卷三,见纪昀等编纂《影印文渊阁四库全书》第 413 册,《史部·诏令奏说类》,台湾商务印书馆,2008,第 348 页。
⑥ 《清世宗实录》卷四〇,雍正四年正月癸亥,中华书局,1985,第 601 页。
⑦ (清)允禄等编《清雍正上谕内阁》第三函,内务府藏雍正九年刻本。
⑧ 雍正《漕运全书》卷二一,《京通粮储·历年成案》,见北京图书馆古籍出版编辑组编《北京图书馆古籍珍本丛刊》055,《史部·政书类》,书目文献出版社,1989,第 528 页。

管衙门官吏、胥役人等，额外需索陋规，以致繁费甚多，运丁重受其累。"① 十月，副都统马哈达奏称，八旗官员支放俸米，"向来俱按官员等之品级，各给红票为凭，由仓领取"。"今年支放秋季俸米，将票更改，凡一佐领下有官几员，共给一票支领"。"更票之由，或于仓内有益，使其不能作弊"。此项建议被批准。② 七年十月，有御史奏称："通仓开放大档案，仓役贿赂监督家人，每廒费钱十千。盖仓役分管廒座，若不用钱，即不开其所管之廒也，且监督公署销设柴炭食用等项多，令仓役供给。""八旗监督看放米之官员，盘缠日用多取之仓役，是以领米之用钱，不惟不行禁止，且有为之怂恿者。"③ "称量仓米人等，与仓之监督家人合谋，发给官兵之米，向领米人仍收钱行弊，不给钱之人，发给劣米，给钱人则给好米，且每石俱略多给。"④

乾隆三年四月，御史常龄疏称："八旗俸、饷米石，逾期半月有余，甫行开放。旗人不能计日支领，大半转向铺家，加利赊借"。缘"各旗造送领册，多有舛错"所致。政府令"承办旗员并书算、领催，不得舛错，一经驳查，指名严参"⑤。七年，漕粮运京、通粮仓，需经纪、车户、水脚等起卸搬扛，这些运役向来是只干十年，但他们勾结地方官，每当期限到了，就"更换姓名，复行顶补"，变成"是另募之新役，即逾年之旧役也"⑥。十三年四月，八旗发放各仓甲米，向来由"该佐领出具图记，领催执赴该仓交付监督，眼同该旗派出监放米石之参领等官点入"。但有的佐领"并无佐领图记，领催到仓，现写白篇，骁骑校画押交付监督"，然后进仓领米。例如镶红旗拉下敦佐领下，领催齐保等，"冒领富山佐领下米石一事，即系并无图记，竟将米石支出"。其中似与

---

① 《清世宗实录》卷八一，雍正七年五月甲子，中华书局，1985，第71~72页。
② （清）允禄等编《世宗宪皇帝谕行旗务奏议》卷七，见纪昀等编纂《景印文渊阁四库全书》第413册，《史部·诏令奏议类》，台湾商务印书馆，2008，第531页。
③ "雍正七年十月二十四日户部议覆据稽察抵通漕艘御史梅毂成等奏折"，《镶红旗档案》第二册，第21页，日本东洋文库所藏，由《清史编纂委员会》学者复印。
④ "雍正无年月日副都统多赛奏折"，中国第一历史档案馆译编《雍正朝满文朱批奏折全译》下册，黄山书社，1998，第2592~2593页。
⑤ 《清高宗实录》卷六六，乾隆三年四月丁亥，中华书局，1985，第68~69页。
⑥ 《军机处录副奏折》，"乾隆七年七月二十四日漕船监察御史武柱奏折"，中国第一历史档案馆藏，档案号：03-0335-012。

第六章 供给与分配制度

仓储监督、参领等官员勾结放领有关系。① 十九年六月，户部侍郎阿里衮奏称，京仓放米向来是先放陈粮，但是每季放甲米时，也是新漕米入仓兑收之际，"一仓之中有新有旧，有放有收，新旧既牵混不清，收放亦错杂难核"。仓场侍郎提出办法，俟各仓支收全完之后，"按收漕先后，挨陈开放，则新漕不致牵混，而收放不致错杂"②。二十五年二月，仓场侍郎双庆等参奏，北城厂书丁斌，以空白印，"冒支仓麦"。监督申大年称病，未在仓场，监督海龄等为其掩饰，造成此案。③ 三十五年三月，御史郎图奏称，支放兵米，"仅派押旗参领，不足以资约束"。于是政府重申，负责查仓都统在放米时"实力稽查，以专责成"④。四十四年，"富新仓开放甲米，花户李老等向领米人等索取钱文"，他以"放给好米名色，向关米领催各诈得京钱一百余千"。"杨老等乘官仓发米，向旗人放账取利，以九百作为一千，朝借暮还，重利盘剥"⑤。五十一年七月，御史诺穆福奏称，京仓开放八旗兵米，例于每月初一日，赴户部掣定旗分，即行开放。"今于二十日前后，始行开放，无故迟延多日，殊非办公之道"。若兵丁延时领米，"雇觅多车赴领，车户居奇昂价"，对兵丁无益，政府令"仓场侍郎，严饬各仓，遵照定例，按期开放，毋得仍前迟延"。有关人员"不时稽察，如有稽迟，即据实参奏，交部议处"⑥。五十二年，御史刘权之奏称，八旗俸、甲二米，在城内禄米海运等仓关领者十之二三，其余俱在通州中、西两仓，及朝阳门外储济万安等仓，汇总关领。"每闻有狡黠囤户，又潜匿京外各仓左近，勾串领催及在仓斗级人等，非以米色低潮，即以车脚昂贵，多方哄诱，务令贱值售与，或密

---

① "乾隆十三年四月二十八日办理步军统领事务臣舒赫德谨奏折"，见张伟仁编《明清档案》，中研院史语所现存清代内阁大库原藏明清档案，序号：A153~17，B85727~85728。
② "乾隆十九年六月九日户部右侍郎署理步军统领事务阿里衮奏折"，见张伟仁编《明清档案》，中研院史语所现存清代内阁大库原藏明清档案，序号：A187~197，B104719~104720。
③ 《清高宗实录》卷六〇六，乾隆二十五年二月癸未，中华书局，1986，第807页。
④ 《清高宗实录》卷八五四，乾隆三十五年三月辛巳，中华书局，1986，第430~431页。
⑤ （清）载龄等修纂《钦定户部漕运全书》卷六一，《京通粮储·俸甲米豆》，见顾廷龙主编《续修四库全书》第八三七册，《史部·政书类》，上海古籍出版社，2002，第321页。
⑥ 《清高宗实录》卷一二五九，乾隆五十一年七月丙寅，中华书局，1986，第933~934页。

行囤积，或私出获利。奸商内外把持，京师米贵职此之由"①。

嘉庆时，有人总结说："通州漕务设立仓场侍郎二员，坐粮厅二员，又后坝经纪一百家，大通桥车户四十家。无如坐粮厅素有美缺之名，经纪、车户，人数过多，往往勾结旗丁盗卖好米，搀和沙水，久必多霉变，加以各衙门层层需索，经纪车户取自旗丁，旗丁必取之粮户，兑费需用浩繁，米色安能干洁，不免有得受陋规情事。""凡仓粮出入均归察核，倘该监督等徇情滥收，花户人等，盗卖回漕，及米商、车户囤积包揽，种种弊端。"②六年七月，监督德永、杨毓榈于支领俸米，"任意迟延，并不依限催放，及已逾定限，辄捏报完竣"。四个旗亦照此上报。因虚假奏报，德永、杨毓榈被解任，经手花户等人，交刑部严审。其上级官员也各受处分。③七年，京城米价上涨，御史泰维岳奏称，米价上涨因"各仓花户需索之多"。花户以米价上涨可"居奇索费"，"缘官员兵丁应领米者，或食指较少，而使用乏资，兼恐赴仓领米，难定美恶，是以多将米票转售米铺"，"铺家买得米票，必领好米，方能获利，势不能不嘱托仓中花户。花户以米价腾贵，为可居奇索费，自必过多，米铺亦必将所用使费，俱摊入米价内售卖"。因此，"官员等自领俸米，未能尽好，而米铺领出粜卖之米，无不一律匀净"④。"因通仓派贮米石较多，奏明改于通仓支领，嗣以各甲在通守候，盘费缺乏，或因脚价倍多，多有在通贱售，而回京转以贵价籴买。且通州为漕粮交卸之区，恐奸丁易于置买，致滋回漕之弊"。第二年将"向例王公名下五旗包衣、蓝白布甲民、公侯伯各大臣名下坐甲，及八旗佐领名下坐甲米石"改"在于京仓支领"⑤。九年，"满汉各员

---

① 《军机处录副奏折》，"乾隆五十二年五月十七日左副都御史刘权之奏折"，中国第一历史档案馆藏，档案号：03-0765-020。
② （清）祁韵士：《己庚编》卷上，《议复查仓暨个票钱折》，"嘉庆四年三月初九日奏折"，见《丛书集成续编》第五〇册，社会科学类，台北，新文丰出版公司，1989，第527页。一些商贩将京城市场上的米粮，贩运出城，或将本应运到京城的漕粮，卖给漕运官兵、船户及兵丁。这些人就以所购米粮作为漕粮，再返运回京、通二仓，称为"回漕"。
③ 《清仁宗实录》卷八五，嘉庆六年七月癸卯，中华书局，1986，第124~125页。
④ 《军机处录副奏折》，"嘉庆七年八月二十九日浙江道监察御史泰维岳奏折"，中国第一历史档案馆藏，档案号：03-1841-033。
⑤ （清）载龄等修纂《钦定户部漕运全书》卷六三，《京通粮储·俸甲米豆》，见顾廷龙主编《续修四库全书》第八三七册，《史部·政书类》，上海古籍出版社，2002，第346页。

第六章　供给与分配制度

应领俸米，应照旧定章程，分给各员米票，自行赴仓支领。其每石例给个儿钱及票钱，共制钱二十文，令各该员封交领米家人，于赴仓时，面交该监督取具收票，毋得假花户人等之手，致滋需索"①。十年规定，八旗支领甲米，由佐领出具图记，领催执赴仓，交付监督领取。"有不肖领催等，将兵丁米石擅行强卖者，除将约束不严之领米参领参奏议处外，并将抑勒卖米之领催等，严行惩办。其卖出米石，责令该领催加倍偿还"②。十四年二月，"镶白旗满洲支放甲米时，米色不堪"。而后，镶黄旗汉军都统绵亿等奏称："该旗于本月在旧太仓关领甲米。其米色霉变黑腐不堪食用。"发生这类事后，管仓各官受到降职、治罪等处罚。③ 十五年七月，有车夫黄五、管七等，"串同铺户，先行在通售卖"，然后"将糠秕充数"④ 漕粮，蒙混入城。十六年八月，"花户方世德于支放甲米时，两次收过任五交给京钱二百三十千，以所供每石三百四十文，核计米七百石，应有京钱二百三十八千，已不止二百三十千之数，且尚有余石"⑤。十二月，又发生万安仓"藏压黑朽米石至八千余石之多"的事件。⑥ 二十二年八月，有吏目朱学斐被派巡查铺户米囤事，便利用职权向铺户讹诈索钱文，"将并未逾额米石，先行封禁，串通凑钱打点，怂恿已革巡城御史伊绵泰、萧镇分受多赃"，共索"制钱一百四十余千"⑦。二十三年，太平仓监督长来，刚上任半月，就"听信唐三怂恿，图得贿赂，令已满花户李兴石英入仓影射"。⑧ "海运仓轮放西四旗秋季俸米"，"宗室白马官包揽各旗米票六十三张，共米一千五百七十八石零，立时一并欲行关领"⑨。二十五年，御史岳安奏称："八旗放给兵米，

---

① （清）载龄等修纂《钦定户部漕运全书》卷六三，《京通粮储·俸甲米豆》，见顾廷龙主编《续修四库全书》第八三七册，《史部·政书类》，上海古籍出版社，2002，第350页。
② （清）昆冈等修，刘启端等纂《钦定大清会典事例》卷一八六，《户部·仓庾》，见顾廷龙主编《续修四库全书》第八〇一册，《史部·政书类》，上海古籍出版社，2002，第111页。
③ 《清仁宗实录》卷二一〇，嘉庆十四年四月戊午，中华书局，1986，第821~822页。
④ 《清仁宗实录》卷二三二，嘉庆十五年七月辛巳，中华书局，1986，第128页。
⑤ 《清仁宗实录》卷二四七，嘉庆十六年八月乙卯，中华书局，1986，第335页。
⑥ 《清仁宗实录》卷二五一，嘉庆十六年十二月戊午，中华书局，1986，第395页。
⑦ 《清仁宗实录》卷三三三，嘉庆二十二年八月庚子，中华书局，1986，第399~400页。
⑧ 《清仁宗实录》卷三三八，嘉庆二十三年正月庚申，中华书局，1986，第467~468页。
⑨ 《军机处录副奏折》，"嘉庆二十三年十月二十二日仓场侍郎润祥等奏折"，中国第一历史档案馆藏，档案号：03-2483-042。

均不免花户从中舞弊，惟镶黄旗汉军领米，不经手花户，兵丁可沾实惠。""镶黄旗汉军办理妥协，著各旗即查照镶黄旗汉军章程，每放米之期，均到仓掣厫，自行领给，毋令花户染指，以杜弊端。"①

道光五年，开仓支放俸米时，政府"责成各仓监督，于开斛五日之先报部，行文八旗及领俸各衙门换票支领，并令各仓按五日一次报部。倘不遵办，致逾限未能领竣，即将该监督参处"②。"各员俸票，多有向米铺换食细米，或卖与米铺。花户、头役多索各铺户钱文，以致逾限未领。"③

此间粮仓吏役舞弊案屡屡发生，其中已革花户再任问题严重。嘉庆年间，有已革花户高添凤，曾经"开设天增钱铺"。④ 又与山东福山县人刘大，"在灯市口伙开天得兴米铺一座"。⑤ 九年，与通州生员曹文炯"伙开德和米店"。"收买各官俸票赴仓领米，粜卖赚钱使用"⑥。道光时，已革退花户再混入仓储之地，与同党"串通将好豆用水侵坏，任意搀合搭放。领豆者因不堪食用"⑦。"万安仓已革花户许九等，揽买俸票，把持仓务。每逢该仓开放俸米，许九主令张老在外收买俸票，赴仓领米"。经审问得知，早年许九被革役后，更名许诚禄，其后"仍进万安仓充当花户"。八年十二月间，他"同张老各入本钱，在西安门外伙开裕诚米局，言明赔赚均摊"。"九年春季，八旗官员应领俸米，经户部札交万安仓搭放三成。各该员领票后，有向米局换食细米者，亦有得受价值，卖给米局者。各米局有持票赴仓领米者，亦有携至米市辗转卖与他人者。许九闻之，起意收买俸票，从中渔利。当向张老商允，同赴米市，先后收买俸票三百余张"。"每张开载三四石至五六石不等"。"许九等陆续持

---

① 《清仁宗实录》卷三七二，嘉庆二十五年六月癸卯，中华书局，1986，第915页。
② （清）昆冈等修，刘启端等纂《钦定大清会典事例》卷一八六，《户部·仓庾》，见顾廷龙主编《续修四库全书》第八〇一册，《史部·政书类》，上海古籍出版社，2002，第113页。
③ （清）载龄等修纂《钦定户部漕运全书》卷六一，《京通粮储·俸甲米豆》，见顾廷龙主编《续修四库全书》第八三七册，《史部·政书类》，上海古籍出版社，2002，第330页。
④ 《嘉庆十四年通州粮仓吏胥舞弊案》，载《历史档案》1990年第2期。
⑤ 《嘉庆十四年六月初一日步军统领禄康奏折》，载《历史档案》1990年第2期。
⑥ 《嘉庆十四年六月十二日仓场侍郎玉宁奏折》，载《历史档案》1990年第2期。
⑦ 《道光十一年九月十二日御史韩大信奏折》，载《历史档案》1994年第2期。

票赴仓将米领出,粜与贩米之人。余米存储所开米局内,常川售卖。通计领出米一千数百石,每石除扣去本价外,计赚京钱二百余文。均系许九与张老分用"①。十一年九月,御史韩大信奏称:"北新仓之花户张凯即寿儿张,于道光十年因案革退,该革役不思勉为善良,仍于在京各官承领豆石时,在该仓花户刘太等身后,通同舞弊,令伊妻弟郑四并吴大即吴辈儿,代为管理账目,每于官员领豆之日,该革役同伙党闻四、库儿、李七、徐二即徐宝儿,并伊岳父郑八等,串通将好豆用水侵坏,任意搀合搭放。"② 十二年二月,御史范承祖奏称:"本年二月初三日,北新仓轮放正白旗大档甲米,掣得第一张字廒粳米,当将米样封送该旗查照,定于初四日开关领。旋据监督巴扬阿德裕禀称,该旗人员到仓声称米色不好,不愿支领,恐花户书吏等有搀和勒索情弊。"于是"派申启贤、裕诚即行前往该仓查讯"③。据申启贤等回复称,北新仓放米时,"灰土微多","其廒内靠墙近地处所,米色较黑"。因花户王成玉逃避,所以怀疑其有"搀和灰土情弊"④。十四年二月,御史赵光奏称:"近年通州一带,多有地匪奸商,于沿河开设银钱字号,名为大斗铺。有兴隆、万隆等号,交结粮帮丁舵及拨船水手,重利盘剥。平日称贷,专指粮到清偿,通同作弊,偷买偷卖,囤积回漕。又恐粮数亏短,收买麦穰谷秕糠土药物,预备各船潮湿搀杂之用。"⑤ 十一月初四日,定亲王奕绍等奏称,步军统领衙门咨送宗室鹿年呈控吴二讹诈合四钱文一案。此案中鹿年与吴二两人的口供不同,并未审结。但吴二的自供词有一定的可信性。"据吴二供称,伊与宗室鹿年及宗室额哲本,并昔存今故之觉罗穆腾额,均素相认识。本年四月间,有素识之合四,荐伊至东便门外裕丰仓下处,代王五、曾四等照管门户。王五、曾四均在前充裕丰仓花户"。"本年西四旗官员春季俸米,轮应裕丰仓发放。王五等商同各米局并票打米,每石约得使费钱四五百文,即将好米发给,约计放去并票米一万八九千石"⑥。所谓并票,即吏役等人"在外收买俸票,赴仓领米"。"官员自行

---

① 《道光十一年八月三十日大学士卢荫溥奏折》,载《历史档案》1994年第2期。
② 《道光十一年九月十二日御史韩大信奏折》,载《历史档案》1994年第2期。
③ 《清宣宗实录》卷二〇五,道光十二年二月壬午,中华书局,1986,第23页。
④ 《清宣宗实录》卷二〇五,道光十二年二月癸未,中华书局,1986,第23~24页。
⑤ 《清宣宗实录》卷二四九,道光十四年二月甲子,中华书局,1986,第765页。
⑥ 《道光十四年十一月初四日定亲王奕绍等奏折》,载《历史档案》1994年第3期。

领米，名曰零票"①。"太平仓现有王三麻子，即南新仓已革花户王锐，约会胳膊张七、嘴子王四，并道光十三年在太平仓犯案之李经武之父李六，即李文通，漏网之白二，禄米仓已退之花户陈元隆，即陈二，王三麻子令其表弟张玉充当花户，胳膊张七令其子张瑞恒充当花户，嘴子王四令其胞弟王帼用充当花户，伊等俱在身后办事"。"太平仓花户周兴及居斌等，在该厫下执掌领斛。辫子王大，小娄马五、灵官王十、总管帐目"②。他们"包买米票，挪移廒座"③。值得指出的是，这些花户、吏役往往将贪污的米或钱，作为资本，自开米局、钱铺。前述许九"开设钱铺生理"。④ "王三麻子、嘴子王四、胳膊张七，现在朝阳门内豆瓣胡同，设立三合永字号下处。"⑤ 十七年，御史清平等奏报，在"高碑店、二闸两处"，查出偷米情况，"二闸地方船户，尚有偷窃之米，且各船户家中，俱有地窖藏匿漕米"⑥。继之，清平又称，"查获官拨船户偷窃运仓漕米"。"该船户家中，俱有空匿地窖，显系积年藏米之处"⑦。十八年，给事中朱成烈奏称，"已满花户包买米票挪移厫座"。其中参与者有"储济仓已满花户刘铭，改名刘成贵；北新仓已满花户陈瑞，即陈老；已退花户刘鉴，即瞪眼刘五，又名刘成庆；已满花户张智永，即小张大；汉军旗人方鹤鹋，即方三；忠兴米局姜姓；已满花户程永，即程九麻子。"⑧ 二十年，花户李连城"雇办人夫，抽分工饭钱文。每遇开仓一次，分得京钱一二千文不等，前后共得过京钱一百余千文"。还"收买兵丁麦石"。⑨ 时人梁绍壬从京官的角度谈到官员领俸米的情况。"余屡次入都，皆寓京官宅内，亲见诸公窘状。领俸米时，百计请托"⑩。

此外，回漕也是制度弊端。京城的回漕现象多在嘉庆年之后。嘉庆

---

① 《道光十一年八月三十日大学士卢荫溥奏折》，载《历史档案》1994年第2期。
② 《清宣宗实录》卷二八一，道光十六年四月己未，中华书局，1986，第330页。
③ 《清宣宗实录》卷三〇八，道光十八年四月甲寅，中华书局，1986，第796页。
④ 《道光十一年八月三十日大学士卢荫溥奏折》，载《历史档案》1994年第2期。
⑤ 《清宣宗实录》卷二八一，道光十六年四月己未，中华书局，1986，第330页。
⑥ 《清宣宗实录》卷三〇二，道光十七年十月戊辰，中华书局，1986，第711~712页。
⑦ 《清宣宗实录》卷三〇二，道光十七年十月辛未，中华书局，1986，第714页。
⑧ 《清宣宗实录》卷三〇八，道光十八年四月甲寅，中华书局，1986，第796页。
⑨ 《道光二十年六月二十三日大学士王鼎等奏折》，载《历史档案》1994年第4期。
⑩ （清）梁绍壬：《秋雨庵随笔》卷二，《京官苦状》，见王德毅主编，李淑贞等编辑《丛书集成三编》第6册，《总类·考据》，台北，新文丰出版公司，1997，第25页。

第六章 供给与分配制度

四年，"凡仓粮出入均归察核，倘该监督等徇情滥收，花户人等盗卖回漕，及米商、车户囤积包揽，种种弊端"①。"朝阳门外，接近仓廒已有开设米局十余处，每年值艘云集之时，向有回漕米之说"②。"各旗营房设驻城外所有兵丁，应领米石并屯居旗人之米石，均须由城内载运出城散给"。每当"各旗出米时，必饬各门员弁稽查验放，以杜影射回漕"等弊端。③ 十一年，御史程国仁奏称："囤贮回漕米石，大半在通州迤南河西务、杨村一带地方。该处系粮运所经，为京内营城稽察不到之地，而运米出京，又总在回空全竣。访拿稍懈之时，各帮运丁，知于抵通前有处买补，遂于受兑时，折色短收。""奸商贩运牟利，于粮船经行处所，豫为囤贮，运丁等知有回漕米石可以买补，违例多带货物，未能如数受兑，亦属情事所有。"④ 十五年二月，给事中庆明等奏报："京城粳、稷、老米例禁外出，前因京仓所放多被米局收买，包办回漕。"⑤ 三月，御史陈超曾奏称："闻该商贩运米石，先串通经纪，假立发票，票内开写由某处运至某处，以掩盖其出境之迹。实则联车运载囤积乡村，赴天津一带售与漕船。此商人趋利作奸之积习，各仓侵偷米石，藉以消售，以致漕船得有弥补，遂有恃而兑运不足也。"因"附京居民宜于麦食，其携带升斗之米出城者，亦系卖与商户，图得微利。是商人贩运米石显系回漕"⑥。十九年，各旗有驻扎在城外的营兵，还有居住在城外的旗人，他们应支领的米石，"均须由城内载运出城散给"。为了防止这些运出之米石，"影射回漕等弊端"，政府特别定章，"凡各旗出米之先，须将城外该营房实驻兵丁花名数目，每名应领米石若干，以及屯居旗人户口应领米石数目，详细分析造册，钤用都统印信，咨送本衙门核发各门验放

---

① （清）祁韵士：《己庚编》卷上，《议复查仓暨个票钱折》嘉庆四年三月初九日奏折，见《丛书集成续编》第五〇册，社会科学类，台北，新文丰出版公司，1989，第527页。
② 嘉庆五年十月二十八日《议奏仓场两议俸米折》，祁韵士《己庚编》卷下，见《丛书集成续编》第五〇册，社会科学类，台北，新文丰出版公司，1989，第599页。
③ 《出城米册对牌照票》，（清）多罗定郡主等纂《金吾事例》章程，卷一，咸丰年间刻本，第67页。
④ 《清仁宗实录》卷一七〇，嘉庆十一年十一月壬子，中华书局，1986，第217页。
⑤ 《军机处录副奏折》，"嘉庆十五年二月十八日巡视西城礼科给事中庆明等奏折"，中国第一历史档案馆藏，档案号：03-2143-022。
⑥ 《军机处录副奏折》，"嘉庆十五年三月十九日掌江西道监察御史陈超曾奏折"，中国第一历史档案馆藏，档案号：03-1753-059。

等因,通行八旗都统查照施行"。城外王公大臣所建"园寓食用出城米石","随时知照本衙门,由本衙门办给米对牌一分,每分三段,中间一段令领米之人收执,其余两段分交门汛,核对放行。俟出米完竣之日,将对牌缴销。各工程处出城米石,办给照票,令领米之人收执,一张发给门官,一张照验放行,俟出米完竣之日,将照票缴销,以杜冒混之弊"①。同年,御史夏国培奏请,"严禁领米兵丁,不得在米铺囤积,及借空房堆聚"。政府认为,这样做多有窒碍。"该兵丁等领米之后,不能独雇车辆,即日运归,势不得不于附近米铺,暂行寄贮,或就肆中舂碓,皆情事所必然,若多为厉禁,徒滋苦累",② 也为回漕创造了条件。二十三年,有商人运粗米出城,守门官弁兵役"但经行贿,悉皆卖放"。③ 道光十一年八九月间,有御史琦琛等奏称:"卢沟桥附近之黄土铺地方,有奸商贩运接济回漕。"④ 十五年八月,经事中富彰奏称:"有回漕实迹"。"东直门出米甚多,均由各粮店发给,陆续运至长营村地方,再递运至通州城大斗铺,以便上船交纳。又有以羊骨锉灰,拌合粗米朦混出城。"⑤ 十六年六月,御史万超奏称:"漕粮正额不足,买米回漕。""有奸商自漕船回空以后,雇觅贫民男妇,升斗肩负,零运出城,至于家卫以南及杨村一带沿途僻静村庄,洒散囤积"⑥ 以备回漕。十九年,御史德勒克呢玛奏称:"近来每日负米出城者竟至百石之多,且有在朝阳门外串成整袋,用骡马驮载,绕道东去情事,难保非奸商雇倩平民,将粗米微碾,影射细米,私运出城,接济回漕。"⑦ 正如倪玉平指出的:"回漕现象在清代始终存在,屡禁不止,耗费了大量人力物力运到京、通的漕粮,市场价格竟然会比起运地低,以至于将米粮再从北方带回也能获益,说明清廷的漕运政策是建立在高度中央集权基础上的、对征漕省份的残酷盘

---

① 《出城米册对牌照票》,(清)多罗定郡主等纂《金吾事例》章程,卷一,咸丰年间刻本,第67页。
② 《清仁宗实录》卷二九一,嘉庆十九年五月丙午,中华书局,1986,第974页。
③ 《清仁宗实录》卷三四一,嘉庆二十三年四月己卯,中华书局,1986,第504页。
④ 《军机处录副奏折》,"道光十一年九月初六日礼科掌印给事中王云锦奏折",中国第一历史档案馆藏,档案号:03-3119-042;《清宣宗实录》卷一九六,道光十一年九月丙辰,中华书局,1986,第1090页。
⑤ 《清宣宗实录》卷二七〇,道光十五年八月乙卯,中华书局,1986,第157页。
⑥ 《清宣宗实录》卷二八四,道光十六年六月壬申,中华书局,1986,第389页。
⑦ 《清宣宗实录》卷三二一,道光十九年四月己巳,中华书局,1986,第1024~1025页。

第六章 供给与分配制度

剥,也是清廷为保护特权阶级和特权区域利益而采取的强制性手段。"①在漕运制度中,回漕时时出现,直接原因即北运漕船,旗丁等人员在沿途"私卖官米",使得粮船抵通州时,所运漕额不足数,即在通州买补。② 同时商人亦在通州、张家湾、河西务、杨村等地,购买漕粮,囤积待回售给旗丁,添补不足数。③ 另外,还有一些官兵将所分到的粮食,出售给商人,再由商人雇车户,并贿赂守城官兵,私放贩米出城。④ 由此可以看出,回漕根本原因就是漕运制度的缺陷。漕运制度由政府规定粮价,而这种粮价与市场价格产生一定差价,商人、旗丁等所有相关人员都是为了赚取差价而进行回漕的。那么回漕的数量究竟有多少? 先看出售方面,"每季八旗俸米卖与通局者不下一半,其余到京为数无几"。⑤ 前述俸米放发每年约三十万石,每季约七万五千石,其中一半当为三万六千五百石出售给漕船。再看需求方的记载,道光十三年头、二帮粮船"共短交正耗米二万七千零八十余石"。"湖北三帮短交米一千二百余石零"。"南昌前等四帮、扬州头一帮补米五千七百余石"。⑥ 据此计算这些粮船共短交漕粮三万三千九百八十余石。尽管供与需的时间段不同,但差别当不会很大,姑且回漕约 3.5 万石,按每年实运漕粮数量 320 万石计算,⑦ 回漕粮食量所占比例大概有 1% 左右。另据档案记载官兵抓获回漕的实例看,多则千百余石,少则数石。更何况道光十三年有官员奏称:"至回漕之弊,久有传闻,历年以来未获一起。"⑧ 估计回漕数量不大。

---

① 倪玉平:《清代漕粮海运与社会变迁》,上海书店出版社,2005,第 492 页。
② 《朱批奏折》,"乾隆三年十一月十七日漕运总督托时奏折",中国第一历史档案馆藏,档案号:04-01-35-0138-027。
③ 《军机处录副奏折》,"嘉庆十一年十一月九日掌福建道监察御史程国仁奏折",中国第一历史档案馆藏,档案号:03-1747-092。
④ 《军机处录副奏折》,"嘉庆五年三月初一日巡视东城监察御史德新等奏折",中国第一历史档案馆藏,档案号:03-1905-010。
⑤ 《军机处档折件》,"乾隆四十四年九月十一日步军统领英廉奏折",台北"故宫博物院"藏,编号 024768。
⑥ 《军机处档折件》,"道光十四年六月八日掌京畿道监察御史许球奏折",台北"故宫博物院"藏,编号:068241。
⑦ 转引自〔法〕魏丕信《18 世纪中国的官僚制度与荒政》,徐建青译,江苏人民出版社,2002,第 233~234 页。
⑧ 《军机处档折件》,"道光十三年八月初九日步军统领衙门耆英等奏折",台北"故宫博物院"藏,编号:064654。

由此可见，回漕粮食量对整体漕运粮食量所起作用有限。但反过来看，回漕米粮一般非新粮，米色不纯，其本身对漕运制度也起到破坏作用。张瑞威认为："所谓回漕的问题，在整个十八世纪中一直是一种谣言。笔者（张瑞威）相信，由于北京和通州的漕米价格低廉，间被偷运回南，殊不出奇，但鉴于交通费用的高昂，加上官员的严密监察，加上官员的严密监察，贩运的路程不会太长而且偷运量也不可能太大。"① 应该说，回漕问题肯定存在，但回漕的粮食并非运回南方，而是返运至通州、张家湾、河西务、杨村等漕船经由之地。因此，交通费用不仅不高，且还能赚到钱。

制度弊端的特点之一是官、吏、商相互勾结，贪占漕粮。雍正时，刘康时在中城居住，任工部灰户，即政府雇用商人。总督李瑛贵雇用刘康时"包揽京、通十一仓工程"，"先后领五万两银"。据工部奏报，工料领过后，还剩四千余两，但工程完成尚不及十分之一。虽然刘康时不承认与人瓜分银两，可是愿意以后不再领款项，变卖家产完成工程，可以估计其中必有问题。② 另有人揭发总督李瑛贵，派属下官员侯国柱，在"坐粮厅职掌一切，验米起卸不由满汉坐粮厅作主，国柱从中掣肘，每船分外需索旗丁使费银二三两不等，以致起卸迟延"。李瑛贵还"令经纪宛君甫、张公玉……包揽科派，在大通桥现立官柜，每船旗丁另派钱三千余文"③。另据经纪宛君甫等人供述："今年六月内，不记得日期，总督李瑛贵将我们经纪传到他家，向我们商议运粮进仓，要节省二万钱粮之事。"侯国柱出主意说："你们经纪头目十人，在大通桥设局立柜，分作两班，轮流居住，将各经纪所要旗丁的钱收来，运米进仓交了钱的旗丁，米虽些须差些将就收了罢，仓内用的两吊八百钱是少不得的。"于是他们"在大通桥设局，立柜收钱。除每船要仓费钱两吊八百文外，又要钱一千二百余文，以备柜人盘费之用"。"每船看米多寡要钱，四千、

---

① 张瑞威：《十八世纪江南与华北之间的长程大米贸易》，载《新史学》第21卷第1期，2010年3月。
② "雍正元年六月初八日仓场总督陈守创等奏折"，"雍正元年刑部尚书佛格等奏折"，见中国第一历史档案馆编《雍正朝汉文朱批奏折汇编》第1册，江苏古籍出版社，1986，第396~397、603~605页。
③ "雍正元年七月二十三日吏科给事中崔致远等奏折"，见中国第一历史档案馆编《雍正朝汉文朱批奏折汇编》第1册，江苏古籍出版社，1986，第694页。

三千、二千不等"。并由侯国柱家人张四向经纪收钱八十千钱,交侯国柱送到总督李家。① 另有仓役利用没有详细规定粳、稷、粟各米色具体数量,而"米色不同,价值亦异。每有不肖仓役,勾通拨什库等,从中贾利,以粟易粳,以稷易粳,互相分肥,成为通弊,竟相沿有换色之名,牢不可破"②。

乾隆时,"每年春、秋二季领俸米人员,多在通州售卖。而米局、商贩,贿托仓役领米之时,撞斛多量"。政府令仓场侍郎严行访察,"如有此弊,将与受之人拿送刑部,从重治罪"③。十九年,步军统领阿里衮奏称,"有奸民包揽打米,内外勾通,每石勒取钱一二百之多"。其中北新仓"监督德昌家人韩八,勾通搂包人祁盛等,包揽打米四百余石,每石索取制钱五十文"。据北新仓监督刑部主事德昌家人韩八供述:"五月十八日有认识的祁盛,向小的说有包衣甲米四百八十三石,烦小的替他仓内照应,打些好米,每石给使用钱八十文,小的应允。"大兴县人祁盛供述:"因无营业,每逢开仓放米,小的同伙计李五、王二、闫大、曹三,替旗人包卖些米,每石希图赚钱一二十文,大家分使。"车夫刘老儿供述:"五月十八日,有正黄旗包衣披甲人来生、单四,雇小的车在北新仓拉米,叫小的托人替他打好米,除脚价外,讲定每石使用廒钱一百文,小的就向搂包人祁盛说明,替来生打了老米一百三十石,单四打了老米七十三石,他二人给了廒用钱二十吊零三百文,小的给了祁盛钱十七吊。"④ 三十四年正月,御史屏治奏称,通州的私立米局,并非卖米行店,而是专为囤积俸米而设,他们"终年闭户,临时开张"。八旗领米之领催家人赴通直投米局歇宿,一切酒食、盘费及仓内领米使用,皆出自米局。此外,"每石仍给领催一钱,名曰外续,又给家人银六分,名曰

---

① "雍正元年八月初一日多罗贝勒阿布兰等奏折",见中国第一历史档案馆编《雍正朝汉文朱批奏折汇编》第1册,江苏古籍出版社,1986,第745~746页。
② "雍正元年八月初四日顺天府府尹恩坦麟奏折",见中国第一历史档案馆编《雍正朝汉文朱批奏折汇编》第1册,江苏古籍出版社,1986,第752页。
③ (清)杨锡绂撰《漕运则例纂》卷二十,《京通粮储·支放粮米》,见四库未收书辑刊编纂委员会《四库未收书辑刊》,北京出版社,2000,第785页。
④ "乾隆十九年六月六日户部右侍郎署理步军统领事务阿里衮奏折",见张伟仁主编《明清档案》台湾中研院史语所现存清代内阁大库原藏明清档案,序号:A187~135,B104697~104700。

内续,各局预期私相议定米价,贵则每石不过一两二钱,平则一两,贱则八钱,其给价银成色九三钱,则八折扣算,此系向来局中买米之常价也"。更有旗员于未放米前,邀同领催同赴米局预卖,受其克扣之害。这类人员势众,竟成垄断。"其余卖米行店,亦不敢争买,而领米之旗员,至通各局,先有接应,支借钱文,任情花费,一入其局,势不能不卖矣"。领催家人等,因贪其小利,亦未有不忝惠,卖与米局者。"米局买得米票,素与花户斗级交通,并不当面索钱,暗中关照之弊,诚难物色。要知米局一切使费花销,皆出于所卖俸米价内。若辈用本既多,苟非获有峻利,又岂肯随时轻粜。且每季八旗俸米暨王俸,约数十万石,内卖与通局囤积者不下一半,其余到京粜卖者,为数无几,是以京城内外,虽逢开放俸米之际,而市面米价竟不能稍减者,皆此故也"。其各米局将所买之米,囤积居奇,待以涨价,必使米价过昂。零星出粜,京城民食受害此弊日久。① "铺户包揽旗员俸米、兵丁甲米,与仓书、斗级,私自交结,赴仓支领,希图从中取利,其弊由来已久"②。

嘉庆时,自漕粮"抵坝贮仓以后,该仓场侍郎以及监督等官,均不知慎重职守,历任相沿,因循废弛,怠忽疲玩,遂至搀和抵窃百弊丛生"③。其中也有负责任的官员,如嘉庆十五年,御史昇寅,"奉命稽察正蓝旗满洲旗务"。"每届放缺放米,有关兵丁生计诸事,必时往严察"。他早就知道"前此放米多弊端,兵恒苦之"。所以"力为整饬。仓役震恐,自是正蓝旗领米仓役旗员,莫敢舞弊,多年不易"④。也有不负责的官员,裕丰仓监督,"开仓后,辄自回家。封条交与花户封贴"。给花户等乘机舞弊的机会。⑤ 十五年,给事中富彰奏称,现在支放俸米、甲米之时,"其米较前多出数倍,何以市面价值反增长至一千数百文之多,显

---

① 《军机处录副奏折》,"乾隆三十四年正月二十日掌京畿道监察御史屏治奏折",中国第一历史档案馆藏,档案号:03-0755-035。
② 《清高宗实录》卷一四〇〇,乾隆五十七年四月庚子,中华书局,1985,第793~794页;乾隆五十七年四月乙巳,第799~800页。
③ 《清仁宗实录》卷二一三,嘉庆十四年六月乙未,中华书局,1986,第857页。
④ (清)宝琳、宝珣编《升勤直公年谱》道光间刻本,收入《北京图书馆藏珍本年谱丛刊》第一二六册,北京图书馆出版社,2001,第267页。
⑤ (清)载龄等修纂《钦定户部漕运全书》卷六四,《京通粮储·俸甲米豆》,见顾廷龙主编《续修四库全书》第八三七册,《史部·政书类》,上海古籍出版社,2002,第363页。

系查禁渐弛,以致仓役包揽,掐票转售,奸商勾串囤积,故昂其价"①。十六年,"骁骑营满洲马甲庆幅,在朝阳门城上包班替放"。他"自派该城班之后,即令各兵丁不必上城,每月索取包班钱文,与同伙百顺等八人在城应名该班,甚至藐法肆窃,缒城入仓,历有年所"②。中城副指挥孔传葵,"于该城米厂粜毕封仓后,擅自揭去封条,将粳米装载二十五石,拉至署内交卸后,复又至厂照数装运"③。大兴县人赵维屏,在东直门外菜市开设商铺,从八年至十年在海运仓充当挖勺头目。他与"定亲王府太监庄姓并春李结盟","与东城副指挥周连相好"。如"遇有打官司的人",他可去托个人情。每当放米时,就将廒内米石挖出,堆成"天堆",好米堆在一面,次米堆在一面。有要吃好米的人,"每石索要使费钱九十文"④。"官员兵丁私卖米票,交铺户代领,及已满花户把持仓务"⑤。后人总结说:"京仓之在城内者,北曰北新,曰海运;南曰富新,曰南新,曰兴平,曰旧太,皆在朝阳门北,曰禄米,则在朝阳门南。凡京官俸米,皆于此取给。又大清门东皇城夹墙内曰内仓。凡宫庭用米及奄寺糈粮,皆于此取给,然皆内新出陈,红朽者多。""而京仓之花户,巧于弄法。领官米者,水土搀和,必使之不中食,而米肆所私售则上色米也。故凡得券者,亦不愿自领,米肆遂得与花户辈操其奇赢,共渔厚利,此固法之所无如何者也。"⑥

以下是一个发生在嘉庆年间的典型案例。

嘉庆十四年五月,福庆、许兆椿密奏:"通州中、西二仓所贮白米多有亏缺,并查有积蠹高添凤私用花押白票装米出仓,兼令伊弟高二挂名大班番子以为护符"。后经托津等官员调查,"西仓地字廒短少白米七百余石,中仓法字廒短少白米四百余石。此外廒座尚多,即分起抽丈,与原贮数目多有不符,约计一廒或短百余石、数百石,及千余石不等,米

---

① 《军机处录副奏折》,"道光十五年十月二十二日礼科给事中富彰奏折",中国第一历史档案馆藏,档案号:03-3430-069。
② 《清仁宗实录》卷二四二,嘉庆十六年四月乙丑,中华书局,1986,第262页。
③ 《清仁宗实录》卷二四四,嘉庆十六年六月庚申,中华书局,1986,第301页。
④ 《军机处录副奏折》,"嘉庆十九年六月初五日步军统领英和等奏折",中国第一历史档案馆藏,档案号:03-2233-005。
⑤ 《清仁宗实录》卷三三一,嘉庆二十二年六月甲戌,中华书局,1986,第361页。
⑥ (清)震钧:《天咫偶闻》卷三,东城,北京古籍出版社,1982,第68页。

色亦多不纯，其中间有霉变。"① 官员抓捕高添凤等人，审问得知，通州人高添凤，原充任海运仓书吏役嘉庆三年役满，由其弟高凤鸣充当西仓甲斗头役，至八年役满。高添凤的儿子高廷柱接充，至十三年役满，又叫其表弟赵长安接充。这十余年间，仓中事务实际由高添凤一人办理。他供称："仓里每年约进白米四万余石，定例总是先尽陈米开放，斛面微凹，放完后才能合数"。嘉庆十年十一月，"因有应运京土米一万石，我止领出土米八千四百石，私自掉换廒座，顶出白米一千六百石售卖，共得京钱七千余吊"。

　　书吏的潘章向运粮旗丁索费，每船索费"京钱二三十吊至五六十吊不等。"条件是旗丁不仅可以每石米少缴二三升，而且还能保证交粮的米色和斛面满平。"每年白粮帮船共八十余只"。若潘章每船索费以四十吊计算，一年可得钱三千二百余吊。另一方面，潘章还"向领米人每石索钱二三百至四五百文不等，放给好米并满量斛面"。每年白粮帮船，"每船交米四五百石不等"。若以一年白粮帮船交米四百五十石和向领米人索钱四百五十文计算，潘章获得钱二百零二吊五百文。潘章两相共得钱三千四百零二吊五百文。他从所得钱中，每船一只分给高添凤京钱二吊四百五十文。高添凤一年共得钱一百九十六余吊。此外，高添凤们还将量斛作弊及放过米票不即销号，可再次领米，即名为黑档。再将这类私得米出卖获利。高添凤在"仓十余年"，采取少收多出的办法，送内务府白米，二尖斛外加四升，后加至四大升；麻袋宽绰每石多装数升至斗余不等，"每年运米四千余石，其多出米数又不下四百余石"。其中参与的花户、人役、书吏等都在不同程度有所贪污②。

　　本来步军统领衙门设立番役，是为了"稽查缉捕"，但是他们与这些"花户、库丁、炉头等挂名互充"的吏役，相互勾结。即使发现"花户高添凤等侵盗通仓米石"，官员禄康派令"番役前往访拿。该番役不但不肯指拿到案，直云并无高姓其人"。后来在查抄高添凤家产时，发现了镶玉如意。据审问得知，这是番役马凯送高添凤"母祝寿之物"。可见他们"平日之固结交好，串通舞弊情形显而易见"③。

---

① 《清仁宗实录》卷二一二，嘉庆十四年五月壬午，中华书局，1986，第 845~846 页。
② 《高添凤及张连芳等七人供单》，载《历史档案》1990 年第 2 期。
③ 《清仁宗实录》卷二一三，嘉庆十四年六月乙未，中华书局，1986，第 856 页。

第六章 供给与分配制度

在案件中，还揭发出一些既得利益集团与书吏、人役等人勾结从中获利的情况。据官员奏报，各亲王、郡王、贝勒、贝子自行交代，礼亲王昭槤从嘉庆十一年起，共在通州卖米米票五次。睿亲王端恩、豫亲王裕丰、肃亲王永锡、仪亲王永璇、成亲王永瑆、成亲王永瑆、定亲王绵恩、顺承郡王伦柱、克勤郡王尚格、庆郡王永璘、贝勒永珠、贝勒绵憨、贝勒奕纶、贝勒奕绮、贝子奕绍都是"历年均系由通仓照票领出，除留食用外，余剩米石即在通州售卖"。和郡王绵循"历年余剩俸米俱卖与东四牌楼（北十一条胡同西口外路东）孙姓广聚米局，及白庙（北路西）纪姓增盛（店）碓房"。荣郡王绵亿"历年均系由通仓照票关出，除留食用外，余剩米石俱卖与灯市口义合米局吴姓自行运京"。怡亲王奕勋"每年应领俸米俱由通仓照票关领，除本门上食用米石外，其余剩零米卖给通州德和米局。高添凤供历年承买米票"。贝勒绵誉十四年"春季在通州卖票一次"。贝勒绵志"历年均在通州照票领米，除本门上留用米石之外，余俱在通州米局售卖"。"惟本年春季本门上参领伦常保卖票一次"，绵志称不知实情①。另据奏报："郑亲王乌尔恭阿、怡亲王奕勋，既已在通卖票，尚云向来自行关支，并无卖票之事。现经讯据买票之积蠹高添凤供认有据，岂非有意讳饰其咎更重"②。尽管这些皇亲国戚出卖米票，不是都卖给高添凤了，但是高添凤实在得钱很多。嘉庆四年，他"开设天增钱铺"③，又与山东福山县人刘大，在灯市口伙开"天得兴米铺一座"④。九年，与通州生员曹文炯伙"开德和米店"，"收买各官俸票赴仓领米，粜卖赚钱使用"⑤。另据大学士董浩奏称：高添凤"买礼亲王米票五次，系在海姓、王姓、庆姓、和姓等手内承买"⑥。高添凤的天增钱铺，"曾陆续收买王、贝勒及各官米票"。再持米票到仓领新米，每次量米时，都要"多出斛面，约计每年春秋二季多出米五六百石"⑦。

---

① 《王贝勒贝子售卖俸票情形清单》，载《历史档案》1990年第2期。
② 《清仁宗实录》卷二一四，嘉庆十四年六月乙卯，中华书局，1986，第873~874页。
③ 《嘉庆十四年通州粮仓书胥舞弊案》，载《历史档案》1990年第2期。
④ 嘉庆十四年六月初一日步军统领禄康奏片，载《历史档案》1990年第2期。
⑤ 嘉庆十四年六月十二日仓场侍郎玉宁奏折，载《历史档案》1990年第2期。
⑥ 《军机处录副奏折》嘉庆十年大学士管刑部事务董浩等奏折，见中国第一历史档案馆藏，档案号03-2193-025。
⑦ 《嘉庆十四年通州粮仓书胥舞弊案》，载《历史档案》1990年第2期。

御史庆明批评说:"向来王公大臣官员等,于领米时,往往挑索好米,甚至有请托支领之事,实属可鄙。其八旗兵丁等,有能给与花户钱文者,得关支好米,否则以潮湿米石充数。"兵丁等所领漕米,"不堪粒食",纷纷禀报都统参奏。"各仓贮米,原不能尽属鲜新,王公大臣等所得米石较多,若概索新米,则陈米不能支放,日久必多红朽。而兵丁等所支全属丑米,亦非甘苦与共之道"①。嘉庆帝称:"试思兵丁内贫乏者多,以米易银,尚为饬禁,何况等而上之诏糈受禄。至于亲王、郡王、贝勒、贝子等,皆坐享丰饶,非赖售米以资日用。又岂可惟利是务,而不顾国家储备之经乎。假如亲王、郡王、贝勒、贝子,以有余之米,只在城内变卖,犹可使市价平减,民食藉资充裕。今乃节省车价,祇只图容易,将所领俸米,即在通州卖去。甚至将米票在彼卖给奸民,以致米不入城,都市腾贵。而奸民乘机盗弄,冒领重支,囤积回漕,无弊不作。"粮仓储米亏缺,此为其缘由。"亲王等皆天潢一派,休戚相关,其于国计民生,尚漠然罔顾如此,又何况大小臣工等之遇事漠置毫不动心乎。前据成亲王自称,篮甲应领之米,足敷食用,无须多米,是以在彼售卖。此言甚属诚实,可见诸王等俸米在所不需,本应概予停支。"根据"宗人府所开王、贝勒、贝子卖米卖票清单,分别等差,酌量惩办。"此外,"所有在京卖米之和郡王绵循、荣郡王绵亿,及并不卖米之贝勒永锜、文和、贝子奕纯,尚知大体,均著加恩各给与纪录三次,以示奖励"②。这一事件突显漕运制度中官吏商,相互勾结,贪占漕粮的特点。

特点之二,与漕粮运输、仓储、分配有关的各层次人员,大部分是贪占漕粮的参与者。其中盗卖仓米就是他们贪污粮食的主要手段。这不仅早已存在,且始终未停止。顺治时,政府重申"各仓发米时,挨次支领,如有车辆拥挤,及偷盗等事,拿送刑部治罪"③。并且有法律条例规定:"偷盗米石例,从重治罪。"④ 康熙二十五年五月,"漕粮由大通桥运

---

① 《清仁宗实录》卷二一四,嘉庆十四年六月戊午,中华书局,1986,第876页。
② 《清仁宗实录》卷二一四,嘉庆十四年六月乙卯,中华书局,1986,第873~874页。
③ (清)托津等:《钦定大清会典事例》卷一五七,《户部·仓庚》,嘉庆朝,见沈云龙主编《近代中国史料丛刊三编》第六六辑,台北,文海出版社,1991,第7007页。
④ 《王鸿绪密折汇存》康熙四十四年,见沈云龙主编《近代中国史料丛刊》三编,第十八辑,台北,文海出版社,第26~48页。

进京仓，有拦路戳袋偷抢米者，有夜间挖墙偷米者，有越墙进仓偷米者"①。五十五年，"通州中南仓长于德瑞盗白米一百六十石，交付民人冯二，卖给宣武门外米铺民人吴昭齐"。② 另有"坐粮厅经纪张永隆属下押米大役李玉，普济闸撑船甲长陈二、薛回子、白四、刘大、王大、杨九等合伙盗米下船，各送回家之时"，被官兵尾随拿获。他们"于普济闸地方陆续偷盗，自通州运至大通桥之老米一百六十九石五斗"③。雍正二年，通州民朱黑子和孙文德，于四月初二日黄昏时，"从大西仓北门西边，跳墙进去，意欲夜间乘空偷米出来"，被查获。他们供称："做贼有十几年了，也偷过好几次，年久记不清了。"④ 七年五月，雍正帝指出："运丁人等繁多，素有恶习，如偷盗米石，挂欠官粮，夹带私货，蔑视法纪，此向来之通弊也。"⑤

乾隆时重新对偷盗米石定例。十七年，给事中朱若东奏称，原来条例，"运丁盗卖米石，系正项漕粮，自有监守自盗治罪，本条至盗卖盗买，不计米数多寡，旧例概枷号一月，未免无别"。提请重新定例：盗卖盗买，"至百石以上者，将盗买及盗卖为首之人，枷号两月责放。失察运弁，自数石至数百石，同一处分，亦无区别。"定例中另加"旗丁盗卖漕粮，不及五十石者，将运弁捆打。四十、五十石以上者，降一级调用。一百石以上者，降二级调用。二百石以上者革职。"⑥ 四十二年八月，"通州船户梁天成盗卖漕米案"中。剥船船户刘胜及伙同商谋之张士雄、薛天福，"起意商同凿漏船底，偷盗米石"⑦。五十二年十一月，通州普济闸船户车喜儿等人，"偷窃运送漕米"。"巡役韩连升、宛宁，知情容

---

① 雍正《漕运全书》卷十八，《京通粮储·历年成案》。见北京图书馆古籍出版编辑组编《北京图书馆古籍珍本丛刊》055，《史部·政书类》，书目文献出版社，1989，第463页。
② "康熙五十五年九月十四日步军统领隆科多奏折"，见中国第一历史档案馆编《康熙朝满文朱批奏折全译》，中国社会科学出版社，1996，第1142页。
③ "无时间步军统领隆科多奏折"，见第一历史档案馆编《康熙朝满文朱批奏折全译》，中国社会科学出版社，1996，第1636页。
④ "雍正二年四月初二日仓场总督法敏等奏折"，见中国第一历史档案馆编《雍正朝汉文朱批奏折汇编》第2册，江苏古籍出版社，1986，第735页。
⑤ 《清世宗实录》卷八一，雍正七年五月甲子，中华书局，1985，第71~72页。
⑥ 《清高宗实录》卷四一二，乾隆十七年四月壬辰，中华书局，1986，第388页。
⑦ 《清高宗实录》卷一〇三八，乾隆四十二年八月庚子，中华书局，1986，第911页。

隐，复拒捕伤差"。①

嘉庆六年十一月，偷盗漕米王二、马大、杨大三人，"俱系官船雇觅水手，每日装送米石至大通桥交卸"。每当"夜间将米袋打开，每袋偷出米二三升，或一二升不等，随时吃用，所剩止有七石有零"。这样偷盗已经"两月有余"②。同月，大兴县人张十、韩二等，在"东便门外二闸地方居住"，依靠"扛粮度日"。他们每日零星偷盗升斗米。③ 十二月，大兴县人罗三、刘三、郑八十儿等，均"在朝阳门外二闸地方居住"。他们被官方雇用，或在粮船上当水手，或是在粮艘上撑船。他们陆续偷盗粮船上的米共四石之多。④ 同月，还发生在禄米仓附近居住的正蓝旗汉军凌贵，伙同正白旗蒙古养育兵等人，"偷出老米两半口袋，卖与开米铺之赵二，得钱五吊四百文分用。又于十四日夜，该犯等四人，仍旧爬墙进内，偷出老米四半口袋，卖与开米铺之王大，得钱十吊九百文分用"⑤。八年六月，直隶饶阳县人王四"在关家坟孟大菜园居住，捡粪度日"。束鹿县人张三，"来京在大有庄北边居住，种菜园度日"。他们共同偷盗丰益仓米。⑥ 同月二十二日，又有保定府人王二，"在京推粪为生"。他分别在六年至八年的三年之内，偷盗丰益仓米售卖。"六年十一月内偷窃丰益仓房内稜米八斗，卖给添顺粮食店"。七年二月，他"又偷窃老米八斗，亦卖给添顺粮食店"。三月"偷窃老米两半口袋"，"亦卖给添顺粮食店"⑦。同月二十九日，还发现有偷盗万安仓米贼，在"齐

---

① 《清高宗实录》卷一二九二，乾隆五十二年十一月乙丑，中华书局，1986，第331~332页。
② 《军机处录副奏折》，"嘉庆六年十一月二十三日巡视东城御史书兴奏折"，中国第一历史档案馆藏，档案号：03-2348-030。
③ 《军机处录副奏折》，"嘉庆六年十一月二十三日步军统领明安等奏折"，中国第一历史档案馆藏，档案号：03-2348-028。
④ 《军机处录副奏折》，"嘉庆六年十二月初二日步军统领明安等奏折"，中国第一历史档案馆藏，档案号：03-2348-034。
⑤ 《军机处录副奏折》，"嘉庆六年十二月二十五日步军统领明安等奏折"，中国第一历史档案馆藏，档案号：03-2348-039。
⑥ 《军机处录副奏折》，"嘉庆八年六月二十日步军统领禄康奏折"，中国第一历史档案馆藏，档案号：03-2350-029。
⑦ 《军机处录副奏折》，"嘉庆八年六月二十二日巡视北城御史济兰等奏折"，中国第一历史档案馆藏，档案号：03-2350-030。

第六章　供给与分配制度　　187

化门外大街，有窃贼拉运老米三石"①。十一年，大兴县民孟大等四人，在高碑店居住。他伙同兄弟"在粮船上陆续偷得稜米共有九石多"②。十五年，漕船额外余米经商人贩运，又回到漕船上的情况较多。"商贩运米石，先串通经纪，假立发票，票内开写由某处运至某处，以掩盖其出境之迹。实则联车运载，囤积乡村，赴天津一带售与漕船"。"各仓侵偷米石，藉以消售，以致漕船得有弥补，遂有恃而兑运不足"③。十六年二月，"通仓向有钓扇偷米情弊"。"本月十二日，因查验各廒，见重字白粮廒门板片脱落，形迹可疑"。官兵拿获偷米的耿狗儿等人，他们分别在十二、十三、十四等日，偷米四次，"卖给牛市东边饼子铺"和"南关刘痂子店"④。五月，万安仓亦有"钓扇偷米情事"⑤。七月，谷大伙同广渠门汛守兵张泳升等人，"偷窃裕丰仓米石"，"又向拉运号粮之金大车上戳袋偷米，金大得钱纵窃"，从金大车上"约共偷稜米三石零"。以后他们又联合起来从裕丰仓后墙翻墙进入，"在新收廒座内，偷得稜米一石零"。先后"共偷得仓内稜米五石零"。以后"谷大在东便门号房陆续偷得粳米一石零"。同时，家住"东便门外蓝靛村"的陈三、李九等民人，也参与偷米，他们偷得稜米一石零。⑥ 八月，驾漕运船的卢大等八人，"在齐化门号里偷得官口袋七条，又同萧大在船上偷过黑豆、小米各数斗，又偷得老米、稜米六袋，俱卖给马七分钱使用"。"又陆续偷得老米、稜米三半袋"⑦。道光四年，仍"有偷漏米石"事情。⑧ 十七年，

---

① 《军机处录副奏折》，"嘉庆八年六月二十九日稽查万安仓御史瞿曾辑奏折"，中国第一历史档案馆藏，档案号：03-2350-032。
② 《军机处录副奏折》，"嘉庆十一年十一月十九日巡视东城工科给事中安柱等奏折"，中国第一历史档案馆藏，档案号：03-2355-020。
③ 《军机处录副奏折》，"嘉庆十五年三月十九日掌江西道监察御史陈超曾奏折"，中国第一历史档案馆藏，档案号：03-1753-059。
④ 《军机处录副奏折》，"嘉庆十六年二月十六日仓场侍郎玉宁等奏折"，中国第一历史档案馆藏，档案号：03-2361-007。
⑤ 《清仁宗实录》卷二四三，嘉庆十六年五月乙酉，中华书局，1986，第277页。
⑥ 《军机处录副奏折》，"嘉庆十六年十一月二十二日大学士管理刑部事务董诰等奏折"，中国第一历史档案馆藏，档案号：03-2362-049。
⑦ 《军机处录副奏折》，"嘉庆十六年八月初八日巡视东城给事中龄倳奏折"，中国第一历史档案馆藏，档案号：03-2362-021。
⑧ 《清宣宗实录》卷六五，道光四年二月戊戌，中华书局，1986，第18页。

"高碑店、二闸两处",各船户偷米,"且各船户家中,俱有地窖藏匿漕米"①。十八年,"各仓漕米出入处所,匪徒串通看街兵役,于粮米车辆必由之处,并不修垫,且故意刨挖深坑,淤泥蓄水,觊觎翻车破袋,向车夫需索搬扛,肆行偷戳,营弁无从过问,街兵包庇分赃"②。当时人指出:"各仓花户向有偷窃之弊。"③

在分配漕粮制度中,也产生了制度弊端。原来"京、通仓支发各旗米,向系旗人自行载运"。但旗人为了省脚费与方便,直接将米票"卖于官局"。官米局"于各旗领完后,赴仓支领,卖于民局"。后来各旗将领米所用的总票,"分出小票",使旗人"自行支领"。这样就使得领米人可以"串通书役、花户、甲斗人等,拣择好米,斛面满足,遂致仓储有缺无盈"④。

小 结

漕运是政府制定的一项经济制度,是政府集中行政力量进行的资源配置,也是京师粮食供应制度。政府推行漕运制度耗费的成本比较大。"各省漕粮不顾程途遥远,縻费帑金运至京师,以备散给官兵,养育众人,所关至重至要"⑤。"漕储为天庾正供,每岁征收七省漕粮,连檣转运,自漕运总督以下,分设多官,专司其事,经由大江河湖,运道遇有汛涨浅阻,多方疏导,需费帑金不下数十百万"。尽管如此,这种制度在清初期无疑有一定作用。嘉庆时,有人指出,漕运粮食"京师王公百官禄糈,及八旗官兵俸饷,胥仰给于此"。在客观上,"舟行附载南省百货,若遇行走迅速,货物流通,商贾居民,咸资其利"。如果"粮艘中途阻滞,则商船均不得越渡,京师百货亦因以昂贵"⑥。正是漕运制度,

---

① 《清宣宗实录》卷三〇二,道光十七年十月戊辰,中华书局,1986,第711~712页;道光十七年十月辛未,中华书局,1986,第714页。
② 《清宣宗实录》卷三一一,道光十八年五月己巳,中华书局,1986,第838页。
③ (清)李光庭《乡言解颐》卷五,《物部下·开门七事》,中华书局,1982,第107页。
④ (清)托津等奉敕纂《钦定大清会典事例》卷一五七,《户部·仓庾》,嘉庆朝,见沈云龙主编《近代中国史料丛刊三编》第六十六辑,台北,文海出版社,1991,第7025页。
⑤ 《雍正元年十月初五日总理事务王大臣允禩等奏折》,见中国第一历史档案馆编《雍正朝汉文朱批奏折汇编》第2册,江苏古籍出版社,1986,第69页。
⑥ 《清仁宗实录》卷二一三,嘉庆十四年六月乙未,中华书局,1986,第857~858页。

第六章 供给与分配制度

解决了清朝官兵进入北京后的食粮问题，客观上带给京城百姓所需的日用商品。因而，政府继承明代的这个制度也是顺理成章的事情。不过，漕运及分配制度"实质上就是利用行政手段，强制进行粮食调配，维护特定阶级、特定区域的利益"①。由此漕运和供给制度也存在许多弊端。从根源看，弊端主要就是由权力产生的。这些已经不仅仅是单个官员与商人勾结，而是形成了有稳定获得利益机制的官商集团。此外，就是从仓场监督、代兵丁支领甲米的领催、仓场中的厂书、花户，值守仓库的兵丁等，各类人员或利用自己掌握的权力，或利用职业便利，都在贪污漕粮，已经形成了群体化犯案。每个与漕运有关的人员，都力图从漕运中得到好处，追求个人利益最大化，致使漕粮制度受到破坏而崩溃。

其实当时商品经济发展在客观上已经具备改制漕运的条件，从全国粮食流通量来看，还是很大的，笔者估计在六千二百万石左右，② 供给北京这几百万石粮食，自然是没有问题的。虽然康熙、雍正时期，政府都有停止漕运的提议，后来，时人也提出了改本色为折色的办法。但是都未能形成制度更改。因为既得利益集团非常强大，已经形成稳定的暴利获得机制，若想改变现实，是不可能的了。至道光时，这类既得利益者，"又以亲郡王等，俸米岁支最多，而各王公家，向皆售于粮店"③。尽管这些符合市场运行的制度改革，但并没能进行。正如震钧所说："有因此欲折南漕者，则又不可。盖利之所在，民命之所以寄也。使尽去仓储，改归折色，似可杜此弊矣。而商人仍可于米价取赢，食米者依然受困。且皇皇帝都，倘不有此数百万之存储，万分之一，道途有梗，南米不以时至，北方杂粮决不敷用，是安坐而待困也。是以仓储之法自三代至今，未之有改。"④

最后，是分配制度。除了发放俸米、甲米的种类、发放时间之外，发放地点和方法的规定都逐渐被放弃了。从嘉庆时期开始，政府内的官员先后对俸米、甲米的支领方法产生了不同意见，表面看是各类官员到

---

① 倪玉平：《清代漕粮海运与社会变迁》，上海书店出版社，2005，第 490 页。
② 邓亦兵：《清代前期商品流通研究》，天津古籍出版社，2009，第 78 页。
③ （清）英和：《恩福堂笔记·诗钞·年谱》，《恩福堂笔记》卷上，北京古籍出版社，1991，第 28 页。
④ （清）震钧：《天咫偶闻》卷三，东城，北京古籍出版社，1982，第 68 页。

何地领粮，不愿自出运费，而实际上涉及了市场介入问题。道光时期，发放俸米的地点彻底改变了。旗人可以直接将领米票交给商铺，由商铺去仓领米，再由商铺出售漕米，形成完全由商人操作的市场运行机制。旗人最后拿到的米或钱，由市场价格机制调控，使得发放地点、方法被自然放弃了。近代人总结说，"百官领俸米，券入手，以贱价售之米肆，而别籴肆米以给用，此固由不善治生。而京仓之花户，巧于弄法。领官米者，水土搀和，必使之不中食，而米肆所私售则上色米也。故凡得券者，亦不愿自领，米肆遂得与花户辈操其奇赢，共渔厚利，此固法之所无如何者也"①。这说明原来的分配制度已经不存在了，分配制度逐渐适应了市场规律。

---

① （清）震钧：《天咫偶闻》卷三，东城，北京古籍出版社，1982，第68页。

第七章　政府参与交易

在京城市场的粮食交易中，政府也参与交易，具体做法是开设官米局，从事米粮交易；运用财政资金，从京外地区采购粮食。

第一节　官立米局

一　设立与目的

清承明制，从顺治开始就推行漕运制度，用运到京、通仓的漕粮，给官员、兵丁发放俸米、甲米。但在康熙时，政府发现"八旗官兵以所支之米，不运至家，惟图微利，一时即行变卖。及至此银费去，米价又贵"。于是规定"八旗支米之时，请拨人监管，务令到家，不使鬻卖。至兵丁先期典卖米石，亦应禁止"①。这说明此时政府还未建立机构，管理俸米、甲米的交易。到康熙中后期，政府就专门设立机构解决这个问题。"向京师平粜，有五城米局、八旗米局。五城米局始于康熙"②。这时官米局已经设立了。

雍正时，官兵出卖俸米、甲米的情况更为普遍，"兵丁等于京、通二仓支领米石时，每因脚价之费，卖米充用，致有不善谋生之人，并不计其米之接续，辄以贱价粜卖，及至缺乏，又以贵价籴买，此其无益于兵丁者也"③。为了解决官兵这种以贱价粜出，待他们缺乏食米时，又以贵价籴入的情况，雍正六年二月，管理旗务王大臣提出："八旗满洲、蒙古、汉军，请按旗分拨给官房，设立米局二十四处。各领户部银五千两，

---

①《清圣祖实录》卷二四一，康熙四十九年正月庚寅，中华书局，1985，第397页。
② 赵尔巽等：《清史稿》卷一二一，《赋役·仓库》，中华书局，1977，第3554页。
③（清）允禄等编《世宗宪皇帝上谕旗务议覆》卷六，见（清）纪昀等编纂《景印文渊阁四库全书》第413册，《史部·诏令奏议类》，台湾商务印书馆，2008，第406页。

委官二员，领催四名办理。每旗各派参领一员稽查。通州于近仓之处，分左右二翼，按给内务府官房，设立米局二处，各领户部银八千两，委官四员，领催八名办理。每翼挨旗各承查一年，仍令该都统等，不时查察。"被批准。① 另有乾隆时副都御史刘权之条奏称："雍正五年，设有八旗官局二十四处，内务府官局三处，收买旗米，官为转粜。"② 两个设立时间都出于官方文献，这里以《清世宗实录》记载为准。八旗米局，各派贤能参领一员，章京一员，骁骑校二员，专办米局事务。三年一次更换，即令接管官员查核前任。"管理米局大臣，每旗一员，由该旗将都统、副都统职名，缮折奏请钦点。管理米局官员，如有侵渔等弊，该管米局大臣、该旗都统等查参。各局书算量米人等工食等项，于卖米息银内动支。其余粜米石，用过银两数目，统于三年奏销一次，并将各局官员贤否查明具奏，议叙议处，以示劝惩"③。

政府设立米局的目的，"特为兵丁等，所领米石，计其家口足用之外，其有余粜卖者，用官价买贮。如值米价稍长，即发出粜卖，欲使价值永平，令兵民人等，实获裨益耳"④。以后，"将京城每旗三局，归并一局，时亦将通州两局归并一局，止留本银六千两，收买俸米，交与仓场侍郎等经管"⑤。可见，官米局是专为八旗官兵吃上平价米而设，但因为米价主要由市场调节，所以"遇米价贱时，各局收买米石，俟米价昂贵时，照市价酌减出卖"⑥。"将兵丁欲卖之米，以时价买贮，及其欲买，则以平价卖给，如此似于兵丁大有裨益"⑦。当市场米价贱时，官米局所存米谷不能卖完，若"积贮日久，米色易变"。雍正帝下旨："宜俟下季发米之时，视各佐领下兵丁分内应领之米，将局内米照数给发，即行文

---

① 《清世宗实录》卷六六，雍正六年二月甲午，中华书局，1985，第1009页。
② 《清高宗实录》卷一二八一，乾隆五十二年五月甲申，中华书局，1986，第163页。
③ 故宫博物院编《钦定八旗则例》卷五，《孝部仓库·八旗米局》，海南出版社，2000，第409页。
④ （清）允禄等编《世宗宪皇帝谕行旗务奏议》卷八，见（清）纪昀等编纂《景印文渊阁四库全书》第413册，《史部·诏令奏议类》，台湾商务印书馆，2008，第544~545页。
⑤ 乾隆官修《清朝文献通考》卷三六，市粜五，浙江古籍出版社，2000，考5193条。
⑥ 故宫博物院编《钦定八旗则例》卷五，《孝部仓库·八旗米局》，海南出版社，2000，第409页。
⑦ （清）允禄等编《世宗宪皇帝上谕旗务议覆》卷六，见（清）纪昀等编纂《景印文渊阁四库全书》第413册，《史部·诏令奏议类》，台湾商务印书馆，2008，第406页。

仓场衙门，照数坐扣，则兵丁既可就近得米，而局内积贮之米，亦不致变色糜烂矣。"① 以后，有官员提出一些建议，如在市场米价贵时，官米局可议价粜卖，"城内八旗及通州左、右两翼米局，系收买之好米，请照春间市价，量加五六分粜卖。如从前价值稍浮，请照现议价值发卖"②。政府增发仓米五万石于五城平粜，并禁止八旗米局增价粜卖。③ 有官员奏请官米局借米给兵丁，政府认为，官米局之米"不准卖与民人"，"不准借给兵丁"④。应该说，这些意见是根据实际情况提出的，以期官米局的运作能适应市场变化，不幸都被否定了。

漕运制度与粮食市场始终并存，从记载看，不论是官立米局还是私立米局，都是专门收购八旗官兵所卖的俸米、甲米，向外出售。"（官）米局之设，诚我皇上念切兵民，流通米石，均平市价之至意。查局内收头米石，俱系八旗兵丁出卖有余之米"。"殷实铺家，常川在局买米"。⑤ "米局之米，本出自京、通两仓，而两仓之米，发局出粜者暂也，用为官俸、甲米者常也"⑥。官立米局与商人的私立米局不同的是粜卖对象，官米局主要针对八旗官兵，而私米局是将米出售给零售商铺，或个体消费者。从政府设立米局的初心看，"米局之设，原为兵丁等，于关米后贱卖贵买，恐失生计，故特立此官局，俾愿卖者，卖在官局。有不能接续者，仍在官局买用，期于旗人大有裨益"⑦。初心不能说不好，但实际营运结果并不如意，相对私立米局，官立米局的营运比较脱离实际，这也是官米局最后关闭的原因之一。

二 作用与弊端

官米局的主要作用是粜卖、平粜仓米。在粮价高涨时，为八旗兵丁、

---

① 《清世宗实录》卷九〇，雍正八年正月己亥，中华书局，1985，第217页。
② 《清世宗实录》卷一〇一，雍正八年十二月庚戌，中华书局，1985，第338~339页。
③ 吴廷燮等编纂《北京市志稿》民政志，卷三，北京燕山出版社，1998，第57页。
④ 《朱批奏折》，"雍正十三年六月二十五日署理正红旗汉军都统事务镶蓝旗汉军都统李禧奏折"，中国第一历史档案馆藏，档案号：04-01-30-0210-027。
⑤ "雍正九年二月十六日镶白旗汉军副都统補熙奏折"，见中国第一历史档案馆编《雍正朝汉文朱批奏折汇编》第19册，江苏古籍出版社，1986，第1027页。
⑥ 乾隆官修《清朝文献通考》卷三七，市粜六，浙江古籍出版社，2000，考5197~5198条。
⑦ 李洵、赵德贵、周毓方、薛虹主校点《钦定八旗通志》卷七七，吉林文史出版社，2002，第1318页。

京城百姓提供减价米粮，平抑米价。雍正时，官米局营运后，市场"米价甚贱"，[①]"一应米价甚平，于兵民人等，甚有裨益"[②]。"米局之设"，"流通米石，均平市价之至意"[③]。雍正帝称："设立米局一事，并非有人条奏，原出朕之本意，为有益民丁起见。迄今三年看来米价平稳，实为有益。"[④]

乾隆二年闰九月，户部奏称："八旗米局现无存储米石，足供粜卖，计与放甲米之期，尚隔半月有余，请每旗米局各拨粳稉米一二千石，平价粜卖，以济兵食。"[⑤] 三年三月，因"目下米价昂贵，旗民籴买，不免拮据，必须及早平粜，方有裨益"。政府准备"于每厂给发银、米各半，令其即行开粜，酌量办理。其应如何给发银米之处"，令大学士商议奏报。有官员上奏称，"八旗复设米局，应遵旨每厂给与银米各半，以资平粜，请比市价稍减粜卖，以平市价"，获得批准。[⑥] 十二月，先是和亲王奏请："每季开仓时，若遇米价少贵，请令八旗官局暂停收籴，任从军民私相买卖，彼铺户虽众，必不能将兵丁所卖米石尽行收买。官局既不收籴，则卖米者少，而米价或不致昂贵矣。如果米价既平，令官局亦照市价，每日数十石至百石，陆续籴储官局，以为米价昂贵之备。"和亲王的提议说明，他对粮商的认识不清楚，认为官米局不介入收购俸米、甲米，众多粮商也不能完全尽收。他不知道粮商收购俸米、甲米后，是先存储，再待价而售。对此，镶红旗汉军都统恒亲王等议覆，提出不同意见。"每季开仓八旗及内务府兵丁，应关之米，计数十万石，除伊等存留食用外，其粜卖者亦不过三分之一，若官局暂停收买，先尽铺户籴买，则射利奸商贪心无已，势必尽行收买堆积，以待关仓之后高抬时价，维时欲平其

[①] 《清世宗实录》卷九〇，雍正八年正月己亥，中华书局，1985，第217页。
[②] （清）允禄等编《世宗宪皇帝谕行旗务奏议》卷八，见（清）纪昀等编纂《景印文渊阁四库全书》第413册，《史部·诏令奏议类》，台湾商务印书馆，2008，第544~545页。
[③] "雍正九年二月十六日镶白旗汉军副都统補熙奏折"，见中国第一历史档案馆编《雍正朝汉文朱批奏折汇编》第19册，档案出版社，1986，第1027页。
[④] 雍正九年九月十六日，中国第一历史档案馆编《雍正朝汉文谕旨汇编》第8册，广西师范大学出版社，1999，第220页。
[⑤] 李洵、赵德贵、周毓方、薛虹主校点《钦定八旗通志》卷七七，吉林文史出版社，2002，第1318页。
[⑥] 《清高宗实录》卷六五，乾隆三年三月己巳，中华书局，1985，第53页。

价,而官局并无积米,何所借以为平之之具。且开仓之际,米价低昂,前后不一,既先尽铺户籴买,俟米价平易,再准官局籴买,彼时不惟八旗及内务府各局一时齐买,而奸商富户又必乘贱争买,米价必又复昂贵矣"。他们提议:"开仓时,八旗、内务府米局,准其酌量多寡,陆续籴买,而铺户民人虽准籴买,不得过五十石之数。倘有不法之徒,堆积过多者,严行查拿治罪。"这个意见获得批准。① 可见,恒亲王等人对粮商囤积有清醒认识,提出放开官米局收购量,限制粮商收买俸米、甲米的数量,禁止多收堆积,实际加强了政府对市场的管制。乾隆八年六月,"黑豆价值,近亦渐贵,官私马匹,俱须喂养,亦应酌量平粜"。户部议称:"查八旗米局,现存自数百石至千余石不等。臣部行文各该旗,将米石平粜,俟将次粜完,再酌拨接济。"将黑豆"每局发一千石平粜",被批准执行。② 八月,因"京城粮价渐平,所有八旗与内务府米局,及五城米厂平粜米,应请暂停派拨。如关仓后,米价或长,臣等再行酌量奏明办理"③。十月,将内务府、八旗共二十七处米局,"每局各先发五百石,及时平粜"④。十一月,又令"将仓贮豆石,分发各米局,减价平粜"⑤。乾隆九年二月,户部议奏:"今黑豆市价尚昂,旗民需豆甚殷,请将仓贮豆,仍按八旗、内务府二十七局,每局各再拨五百石,共一万三千五百石,及时平粜,价仍照前,每石市平银一两。"⑥ 乾隆十三年六月,因"京师米价渐昂",政府按照乾隆八年之例,"将京仓官米给发各旗,并五城米局减价出粜,以平市价,至开仓之日为止"⑦。乾隆十五年十一月,京师米价较上年冬月稍昂,政府暂停八旗米局收购,但因"市价一时尚未平减,时届隆冬,小民艰于糊口"。政府令"将八旗米局,现在收买存贮米石,照时价酌减发粜,如有不敷,著于京仓支领。五城

---

① 李洵、赵德贵、周毓方、薛虹主校点《钦定八旗通志》卷七七,吉林文史出版社,2002,第1321~1322页。
② 《清高宗实录》卷一九四,乾隆八年六月己未,中华书局,1985,第493页。
③ 《清高宗实录》卷一九九,乾隆八年八月,中华书局,1985,第557页。
④ 《清高宗实录》卷二〇三,乾隆八年十月丙寅,中华书局,1985,第613页。
⑤ 《清高宗实录》卷二〇五,乾隆八年十一月庚子,中华书局,1985,第638页。
⑥ 《清高宗实录》卷二一一,乾隆九年二月丙寅,中华书局,1985,第710页。
⑦ 《清高宗实录》卷三一七,乾隆十三年六月辛巳,中华书局,1985,第214页。

由京仓各领米一千石，照八旗定价，一体设厂平粜"①。十六年五月，在四乡设米厂八处，拨给米石，进行平粜。这里既有"四乡地方所设米局"，又称"四乡各一厂外，再于适中之地，各添一厂，共为八厂"，说明米局与米厂一样，都有平粜作用。② 十七年正月，"于京仓拨米四万石"，分给通州"左、右翼米局"，减价平粜。③ 二月，因"京城米价既已平减"，"不必平粜"。"令将从前赏发米局出粜米四万石，及由八旗米局内所籴未粜余米，一并暂行止粜，收储米局。"④ 从以上官米局的运作过程与结果看，初期作用比较得力。到乾隆时，官米局平粜仓米的作用十分明显。在总体上，保障八旗官员、兵丁生计，平抑市场米价方面起到了一定的作用，不过这是抑制市场作用而完成的，所以不能长久。

然而，官米局的经营也有一些弊端，即违背设立目的，与商贩勾结，贱卖贵买，赚取利益。雍正九年，镶白旗汉军米局在灯市口大街另行截买，"赊与铺家米石，值银一千余两，内二百七十余两有票帖，九百余两无票帖"。这类"殷实铺家，常川在局买米者，只登记账簿，按期查收，未取票帖"⑤。官米局收购官兵的俸米、甲米，然后赊卖给米铺，显然是以赚取利益为目的，根本与低于市场价格卖给所需官兵无关。细谷良夫用《镶红旗档案》中的数字，推算了雍正年间，镶红旗米局在实际营运中的盈利情况。雍正十二年十二月十七日，镶红旗满洲都统爱音图，关于镶红旗满洲米局的奏折中记载："雍正九年九月十六日，臣等将三年内滋生利息与用过银两数目具奏。"雍正六年，米局从户部领资本银五千两，减去必要费用，经过三年经营，约得银7454两，纯利银2454两。"赏赐滋生银一万两，投资布、米、衣服、钱、典当等五店，取得利息银"。他认为，米局应该是贵价籴买，贱价粜卖，本不能盈利，可能因为米局有一定存储的米谷，所以能盈利。⑥

---

① 《清高宗实录》卷三七七，乾隆十五年十一月己巳，中华书局，1986，第1185页。
② 《清高宗实录》卷三八八，乾隆十六年五月甲辰，中华书局，1986，第96页。
③ 《清高宗实录》卷四〇六，乾隆十七年正月癸亥，中华书局，1986，第326页。
④ 《清高宗实录》卷四〇九，乾隆十七年二月辛酉，中华书局，1986，第366页。
⑤ "雍正九年二月十六日镶白旗汉军副都统補熙奏折"，见中国第一历史档案馆编《雍正朝汉文朱批奏折汇编》第19册，江苏古籍出版社，1986，第1027页。
⑥〔日〕細谷良夫：「八旗米局攷—清朝中期の八旗経濟をめぐって—」，载『集刊東洋學』，第31號，東北大學中國文史哲研究會，1974年，第181—208頁。

乾隆三年，仓场侍郎塞尔赫等奏称，通州官米局"局内原存本银六千两，数年以来，共得利银六百九十余两"。但本年"春季所买米石，实因彼时雨泽稍愆，价值高昂。今米价大减，较之现今市价粜卖，每石约亏本银一二钱不等，共约亏本银七百余两"。将过去所赢，补现在所亏。① 七月，也有官员奏请禁止官米局米价"随市价并长"，提出"开仓时仍随市价收买，出粜时务令酌量减增，以是局内杂项之费不至过昂"。实际是官米局与商人一样，按照市场价格收买米石。②"内务府及正蓝旗汉军都统米局，俱用车载米，卖与米铺商人，任其堆积，是非裕旗人生计，反致奸商射利，米价焉得平减"③。官兵在通州将领米票据，直接"卖给官局，则官局于各旗领完后，再行赴仓支领"。其中原因"不过串通书役、花户、斗甲人等，拣米满斛，遂致日积月久，仓储有缺"④。这无疑为官米局从权力中获得利润提供了机会。官米局本来是依靠国家供给资本而设立的，贵价籴买，贱价粜卖就不可能赢利。如果官米局想赚取利益，就需要像粮商一样经营，按照市场价格收购和出售米石，但这与其设立的目的背道而驰。所以，官立米局为八旗官兵免于贱卖贵买俸米、甲米，违背了市场价值规律，开始暂时起到保护官兵的利益的作用，之后就有所改变，与其建立之初的目的越行越远。

三 停办与原因

乾隆元年，官米局设立已经达到二十七处。二月，和硕庄亲王允禄等认为，米局设立与旗人无大益，提请"议裁米局"。后经大臣议论，怕全部裁汰对旗人生计有碍，先"将满、蒙、汉三旗共留八座，其余俱行裁汰"。"包衣三旗，每旗米局各一座，亦属过多，请裁去二座，三旗共留一座"⑤。二年十月，步军统领鄂善等提出"将八旗及包衣三旗，现

---

① 《军机处录副奏折》，"乾隆三年六月十日仓场侍郎塞尔赫等奏折"，中国第一历史档案馆藏，档案号：03-0735-020。
② 《军机处录副奏折》，"乾隆三年七月十三日鸿胪寺少卿查斯海奏折"，中国第一历史档案馆藏，档案号：03-0735-025。
③ 《清高宗实录》卷七五，乾隆三年八月戊申，中华书局，1985，第194~195页。
④ 《清高宗实录》卷四〇八，乾隆十七年二月辛丑，中华书局，1985，第356页。
⑤ 李洵、赵德贵、周毓方、薛虹主校点《钦定八旗通志》卷七七，吉林文史出版社，2002，第1317页。

有米局全行裁除,任其兵民卖买"的意见。十二月,和硕庄亲王允禄等覆议后也称,米局买卖米石,与兵民无裨,"将八旗、包衣三旗现在所有九局,俱行裁除,其局内余米交承办大臣办理交部",意见被批准。① 同月,在讨论通州米局时,仓场侍郎塞尔赫等提出"本年二月间正值青黄不接,米价高昂,应俟秋成米价平减之后,再行奏请裁汰"的意见,被批准。② 三年三月,御史舒赫德、朱凤英奏称:"自裁革米局以来,奸民冀图重利,任意收买旗人米石,以致米价昂贵。请复设立米局"。八旗大臣等覆议后提出,"八旗官弁食余米必粜卖,商人囤米特为渔利垄断,奸民彼此齐行,兵民兼受其累。若官为设局收买,米贵时,平价发粜,则市价自减"。"除现在八旗米局八处,包衣佐领米局一处,八旗再添设米局十六处,包衣佐领米局二处"。恢复设置二十七处米局,被批准。③ 从前设立米局,米价平减,续因有人条奏裁汰米局,米价渐致腾贵,所以又复令开设。而"都统等漫不经心,并不以此为事"。"若似此不以为事,一任属员苟且滥卖,不但米价断不能平,日久必致有人以开设米局,亦属无益,复奏请裁汰也"。政府认为:"国家之事,屡次更改,忽行忽止,于体统亦属未合。"决定只换管理米局的官员,不停办米局。④ 九年六月,查办通州厂镶白旗汉军都统永兴奏称,通州两米局归并一处后,"领银不过六千两,收买无多。民间增长价值,官米不足调剂平减,徒有官局之名,而无平价之实",请再添设一处。后经大学士鄂尔泰等议覆,同意添设米局一处。⑤ 十五年十一月,"暂停八旗米局,收买米石"⑥。十六年八月,又有人提出裁并官米局问题,但经八旗大臣等议奏,加强米局管理,其旧设米局仍然保存。⑦ 十七年二月,"令将从前赏发米局出粜米四万石,

---

① 李洵、赵德贵、周毓方、薛虹主校点《钦定八旗通志》卷七七,吉林文史出版社,2002,第1318页。
② 《军机处录副奏折》,"乾隆三年六月初十日仓场侍郎塞尔赫、户部郎中博尔和奏折",中国第一历史档案馆藏,档案号:03-0735-020。
③ 《清高宗实录》卷六四,乾隆三年三月壬戌,中华书局,1985,第45~46页。
④ 《清高宗实录》卷七五,乾隆三年八月戊申,中华书局,1985,第194~195页。
⑤ 《清高宗实录》卷二一八,乾隆九年六月庚申,中华书局,1985,第812页。
⑥ 王先谦:《东华全录》乾隆十五年十一月丁卯,见《清东华录全编》第六册,学苑出版社,2000,第441页。
⑦ 《清高宗实录》卷三九七,乾隆十六年八月癸亥,中华书局,1986,第226~227页。

第七章 政府参与交易

及由八旗米局内所籴未粜余米,一并暂行止粜,收贮米局"①。是年,所有官立米局全部停止收买粜卖米石②。乾隆十七年六月,原任大学士傅恒等官员,"以维时米价增长",奏请暂行停办官米局。"奉旨米局之设原为有益于旗民。看得自立米局以来,并未能平减米价,是不但无益,且籴勒粜之米,反累旗人。此后米局著停止"③。五十二年五月,副都御史刘权之奏请复设官米局④。政府高层官员纷纷反驳,最终刘权之的意见被否决。⑤ 由此可知,当发现官米局弊病时,先是换管理米局的官员,但不停办米局。以后又有人提出裁并官米局,政府高层官员认为加强管理即可,仍然维持米局的存在。到十七年,官米局已经无平粜余米,于是被全部停止收买粜卖米石。后来,刘权之又提出复设官米局,政府高官都认为,本为防弊而设的官米局,反而弊端丛生,最后决定停办官米局。

官米局停办的原因之一,是起不到平抑粮价的作用,且不能与商铺竞争,无益旗人。乾隆二年,步军统领鄂善等奏言,八旗米局出粜米石,"旗人买者少,而奸商买者多,与米价实无裨益"。"兵丁只图省便,所关米石若由仓卖至米局,车脚浩繁,是以就近卖与商人,实得便益。再官局之米俱系未舂(即粗米),碓房所售乃多细米,关仓后来买米接济者,皆便于碓房卖用。此官局之米所以徒见堆积,无济于旗人,欲令民人买之,则又属奸商射利者,陆续买去,私行囤积,难于稽查,此一向米局之情形也"。自官米局设立以来,"有益旗人者半,无益旗人者亦半"⑥。三年,有人提出,"米局之设,原在悉心筹划,妥协办理。如以多贮米石为事,争相采买,既有官局争买收贮,商民百姓又复偷籴积囤,米价何由得平"⑦。九年六月,查办通州厂镶白旗汉军都统永兴奏称:

---

① 《清高宗实录》卷四〇九,乾隆十七年二月辛酉,中华书局,1986,第366页。
② 乾隆官修《清朝文献通考》卷三十七,市粜六,浙江古籍出版社,2000,考5198。
③ 《军机处录副奏折》,"乾隆五十二年六月八日镶蓝旗满洲都统永琅等奏折",中国第一历史档案馆藏,档案号03-0765-024。
④ 《军机处录副奏折》,"乾隆五十二年五月十七日左副都御史刘权之奏折",中国第一历史档案馆藏,档案号03-0765-020。
⑤ 《清高宗实录》卷一二八一,乾隆五十二年五月甲申,中华书局,1986,第163页。
⑥ 李洵、赵德贵、周毓方、薛虹主校点《钦定八旗通志》卷七七,吉林文史出版社,2002,第1317~1318页。
⑦ 《清高宗实录》卷七四,乾隆三年八月丙戌,中华书局,1985,第178~179页。

"每季通仓约放俸米十九万余石，关米人员所卖之米，不下十万石。官局尽所有本银六千两收买外，其余俱系民间分买。关仓之后，民间所收之米，尽行增长价值。官局虽欲平市价，而所收米石无多，实有寡不敌众之势。是徒有官局之名，究无平价之益。"① 说明官米局违反市场规律，难以执行平价出售，即使令"放米时先仅官局买足，方准民间收买。官兵等有情愿借支者，准于前一月将局米价借支，至放米时扣还"②。实际也难于应对。这些奏折反映出市场控制价格，官米局实属无奈的情况，官米局停办势所必然。

官米局停办原因之二，是官员管理不善，屡现一些官员违规与商人勾结的弊端。乾隆三年四月，乾隆帝称："从前请裁米局者，亦八旗大臣，从来朝廷立政，有治人无治法，必须办理得宜，方为有利无弊。若米局既设，而奉行不善，有失初设之美意，则虽属良法，终何益之有？""现今管米局之大臣，有止派副都统者，该都统亦当留心查察，不可谓身无责成，漠视公事。"③ 六月，参领王进泰奏请："定额派员专管。应令该旗大臣，每局拣选廉能参领一员，章京一员，骁骑校二员，以专责成。俟三年查奏米局时，该员分别劝惩"。被批准。④ 八月，乾隆帝又指出，官米局办理不善，各米局"以多贮米石为事，争相采买"，然后"偷卖于民"，"不但市价不能平减，转使奸商得以囤积居奇，而于兵民均无益矣"⑤。同月，步军统领鄂善奏参："内务府所属米局，及正蓝旗汉军都统米局，用车载米，卖与米铺商人，任其堆积，是非裕旗人生计，反致奸商射利，米价焉得平减。此皆都统等漫不经心，并不以此为事之所致也。"⑥ "八旗米局，原因铺户乘贱收买、居奇抬价、有妨民食起见，但现设二十四局，不能尽得妥协之人经理其事，以致办理多有未善，或任听奸民赴局私买，囤积渔利，转滋弊窦。"⑦ 对此，八旗大臣们奏称：

---

① 乾隆官修《清朝文献通考》卷三六，市籴五，浙江古籍出版社，2000，考5193。
② 《清高宗实录》卷二一八，乾隆九年六月庚申，中华书局，1985，第812页。
③ 《清高宗实录》卷六六，乾隆三年四月壬辰，中华书局，1985，第70~71页。
④ 《清高宗实录》卷七〇，乾隆三年六月甲申，中华书局，1985，第125页。
⑤ 《清高宗实录》卷七四，乾隆三年八月丙戌，中华书局，1985，第178~179页。
⑥ 《清高宗实录》卷七五，乾隆三年八月戊申，中华书局，1985，第194~195页。
⑦ 乾隆官修《清朝文献通考》卷三七，市籴六，浙江古籍出版社，2000，考5197~5198。

"京师地广民繁，官局米需多贮，一局地窄，收贮无几，且籴米人众拥挤，恐奸商混杂私贩。从前办理不善，原因每局分隶一旗，经管多员，责成未专所致。""今分为左、右二翼，特派大臣总理。其旧设之局仍存，惟按该局坐落地方，需米多少，不必拘定原额。其八旗总理大臣，请旨简用一切粜籴平价，及岁底销算，令其酌办。至管理人员，亦候旨简派，令专司米局，不必更兼旗务，三年期满，分别议叙处分。"① 三十四年正月，御史屏治奏称："通州城内原有官设米局，接买旗员俸米，因办理不善，续经撤回。"② 对此弊端，政府也有清醒的认识。"从前雍正年间，设立八旗、内务府官局收买旗米，官为转粜，原系一时调剂之法，行之日久，即不免滋生弊端。是以仍行归并停止，况国家重熙累洽，生齿日繁，百物价值，势不能不较前增贵，即如从前一人之食，今且将二十人食之。其上地所产，仍不能有加，是以市集价值，不能不随时增长。""旧例设立官局，无论弊端难以杜绝，前已碍难经久施行。且官局共有二十七处，而办事大臣为朕亲信者，不敷简派，况大臣中，非办理机务，即系兼综部旗各事，岂能舍紧要政务于不办，令其专司收米贩粜之理，若仅随便充数管理，于事仍属无益，抑且更滋弊窦，均所难免。且经管大臣，耳目难周，虽悉心稽查督办，家人胥吏等，俱难保无暗中串通滋弊情事。而奸商狡狯倩雇之人，亦难一一从而辨识，是欲防弊，而弊即丛生，仍属有名无实，殊多未便。"③ 镶蓝旗满洲都统永琅等官员也都认为，官员经理弊端较多。"防弊而弊即丛生，仍属有名无实。况官局之设，原所以平市价，必使旗民乐于官局粜籴，市侩自不能抬价居奇。目下米价方昂，既未便抑令旗人贱粜于官，而官为转粜之时，市价或已就稍平，弊转近于勒籴，揆之目下情势，尤属未便施行"④。官米局的弊端跃然纸上。

有人总结说：雍正年间"设立八旗米局二十四处，内府米局三处，通州米局二处，嗣于乾隆元年，经总理王大臣议将八旗二十四局归并八局，内府三局归并一局，通州二局亦归并一局。乾隆二年，经总理王大

---

① 《清高宗实录》卷三九七，乾隆十六年八月癸亥，中华书局，1986，第226~227页。
② 《军机处录副奏折》，"乾隆三十四年正月二十日掌京畿道监察御史屏治奏折"，中国第一历史档案馆藏，档案号：03-0755-035。
③ 《清高宗实录》卷一二八一，乾隆五十二年五月甲申，中华书局，1986，第163页。
④ 《军机处录副奏折》，"乾隆五十二年六月八日镶蓝旗满洲都统永琅等奏折"，中国第一历史档案馆藏，档案号：03-0765-024。

臣议复步军统领鄂善奏请,将八旗并内府米局概行停止。乾隆三年,旋经办理军机处议复御史舒赫德、朱凤英奏请,八旗仍设二十四局,内府仍设三局。乾隆十七年,复经原任大学士傅恒等,以维时米价增长,奏请暂行停止"。"米局之设,原为有益于旗民。看得自立米局以来,并未能平减米价,是不但无益,且籴勒巢之米,反累旗人"。此后米局停止。"通州米局亦于是年经管局大臣丰安奏请一并裁汰。此八旗米局设立停止之原委也"①。日本学者细谷良夫对官米局也有中肯的评价。他认为,乾隆三年复设米局,开始时对商人购买有抑制作用,后来就不行了。米局籴买俸米,资本少,购入量少。虽然以后米局资本从六千两增加到一万两,又添设二局,且在米局购入时,不许商人购买,但米局仍不能与商人购入、囤积的数量相竞争,实际上起不到平粜的作用。八旗米局从雍正六年设立,至乾隆十七年废止。米局设立最初的目的是救济旗人,也是北京全城调节米价的平粜机构,但最终没有充分发挥平减米价的作用。而且商人的存在,可以左右市场粮食价格,所以官立米局也没有存在的必要。②

第二节 政府采购

康熙时有人指出:"今河南、山东、直隶之民,往边外开垦者多。大都京城之米,自口外来者甚多。"③但此时未见政府采购。从雍正时期开始,每当京城粮食短缺,粮价上涨时,政府就会派官员赴外省采购粮食。雍正元年七月,政府"遣官赴盛京、江西、湖广,籴米运京师"④。六年,政府采买稻米,"户部题准,此项稻米计采买之价,与漕项粟米每石一两二钱,价值不相上下,应代粟米照例支放"⑤。

---

① 《军机处录副奏折》,"乾隆五十二年六月八日镶蓝旗满洲都统永琅等奏折",中国第一历史档案馆藏,档案号:03-0765-024。
② 〔日〕細谷良夫「八旗米局攷—清朝中期の八旗經濟をめぐって—」,載『集刊東洋學』1974 年,第 31 號,第 181—208 頁,東北大學中國文史哲研究會出版。
③ 《清圣祖实录》卷二四〇,康熙四十八年十一月庚寅,第 393 页。
④ 王先谦:《东华全录》雍正元年七月甲申,见《清东华录全编》第五册,学苑出版社,2000,第 33 页。
⑤ 雍正《漕运全书》卷二一,《京通粮储·历年成案》,见北京图书馆古籍出版编辑组编《北京图书馆古籍珍本丛刊》055,《史部·政书类》,书目文献出版社,1989,第 531 页。

乾隆时政府采购粮食情况增多。李文治等《清代漕运》以列表显示，不过，书中所列之表的数据并不完全，这里重新列表进行说明，参见表7－1。

表7－1 乾隆至道光年间政府采购粮食

序号	时间	采购地区	采买数量（石）
1	乾隆三年八月	山东、河南	山东50000；河南30000
2	乾隆三年十一月	古北口、喜峰口、热河	陆续运到粟米、豆二千余
3	乾隆三年十一月	官商范毓馪出口	杂粮26000
4	乾隆四年十二月	遣员领帑出口购买杂粮	粟米44900
5	乾隆四年	奉天黑豆海运至通州	无数量
6	乾隆八年十一月	奉天黑豆	采买数万石
7	乾隆九年三月	直隶保安、宣化、万全	存储屯豆，无数量
8	乾隆十一年闰三月	八沟运昌平	5000
9	乾隆十六年五、七月	奉天海运至天津	黑豆17000；余豆27000
10	乾隆二十四年四月	河南	麦100000
11	乾隆二十四年九月	山东、江苏	山东50000；江苏100000
12	乾隆二十七年六月	奉天	黑豆50000
13	乾隆二十七年七月	豫、东等省	豆麦，无数量
14	乾隆二十七年十一月	豫、东	麦100000
15	乾隆二十八年二月	豫、东二省	豆麦各50000
16	乾隆三十五年四、七月	豫、东二省	豫麦200000
17	乾隆三十六年五月	山东	麦120000
18	乾隆三十九年六月	豫	麦120000
19	乾隆三十九年	奉天黑豆，运京被冻阻	无数量
20	乾隆四十三年四月	盛京	7000
21	乾隆四十三年四月	陕西常平仓拨运	麦50000
22	乾隆四十五年	奉天头运冻阻；二运冻阻	粟米19000
23	乾隆四十七年	豫省	黑豆10000～15000
24	乾隆五十年	奉天	麦30000
25	乾隆五十一至五十五年		麦57200
26	乾隆五十二年五月	豫省	麦40800

续表

序号	时间	采购地区	采买数量（石）
27	嘉庆十年	从各省常平仓调拨稻米	四川 150000；山东 200000；河南 100000；浙江 125000；安徽 100000；江西 100000；湖北 60000；湖南 200000
28	道光五年	奉天	粟米 200000

资料来源：

①《清高宗实录》卷七四，乾隆三年八月辛卯，中华书局，1985，第 184~185 页。

②《清高宗实录》卷七七，乾隆三年九月辛未，中华书局，1985，第 214 页。

③李洵、赵德贵、周毓方、薛虹主校点《钦定八旗通志》卷七七，吉林文史出版社，2002，第 1321 页。

④《军机处录副奏折》，"乾隆四年十二月十三日巡视中城监察御史鄂泰等奏折"，中国第一历史档案馆藏，档案号：03-0736-046。

⑤"请照乾隆四年海运之例，由奉天海口运至通州，交仓存贮。""乾隆十六年七月十八日直隶总督方观承奏折"，见台北"故宫博物院"编辑《宫中档乾隆朝奏折》第一辑，台北"故宫博物院"，1982，第 180~181 页。

⑥《清高宗实录》卷二〇五，乾隆八年十一月庚子，中华书局，1985，第 638 页。

⑦《清高宗实录》卷二一二，乾隆九年三月己卯，中华书局，1985，第 722 页。

⑧《清高宗实录》卷二六三，乾隆十一年闰三月乙卯，中华书局，1985，第 406 页。

⑨《清高宗实录》卷三八九，乾隆十六年五月癸亥，中华书局，1986，第 112 页；《乾隆十六年七月十八日直隶总督方观承奏折》，见《宫中档乾隆朝奏折》第一辑，台北"故宫博物院"，1982，第 180~181 页。

⑩《清高宗实录》卷五八二，乾隆二十四年三月庚寅，第 444 页；卷五八四，乾隆二十四年四月癸丑，中华书局，1986，第 471 页。

⑪《清高宗实录》卷五九七，乾隆二十四年九月乙亥，中华书局，1986，第 663~664 页。

⑫《军机处录副奏折》，"乾隆二十七年六月十二日奉天府府尹通福寿奏折"，中国第一历史档案馆藏，档案号：03-0541-013；"乾隆二十七年六月十四日盛京刑部侍郎朝铨奏折"，中国第一历史档案馆藏，档案号：03-0541-011。

⑬《清高宗实录》卷六六六，乾隆二十七年七月癸亥，中华书局，1986，第 445 页。

⑭《清高宗实录》卷六七五，乾隆二十七年十一月甲戌，中华书局，1986，第 545~546 页。

⑮"乾隆二十八年二月初六日河南布政使辅德奏折"，见台北"故宫博物院"编辑《宫中档乾隆朝奏折》第 16 辑，台北"故宫博物院"，1983，第 782~783、843 页。

⑯《清高宗实录》卷八五六，乾隆三十五年四月丙辰，中华书局，1986，第 468~469 页；卷八八四，乾隆三十六年五月甲辰，第 843 页；卷八六四，乾隆三十五年七月丙辰，第 601 页。

⑰《清高宗实录》卷八八四，乾隆三十六年五月甲辰，中华书局，1986，第 843 页。

⑱《清高宗实录》卷九六〇，乾隆三十九年六月壬辰，中华书局，1986，第 1016 页。

⑲（清）载龄等修纂《钦定户部漕运全书》卷七四，《采买搭运·采运米石》，见顾廷龙主编《续修四库全书》第八三七册，《史部·政书类》，上海古籍出版社，2002，第 544~545 页。李文治指出，实际可能运不了五万石。见李文治、江太新：《清代漕运》（修订版），社会科学文献出版社，2008，第 75 页。

⑳《清高宗实录》卷一〇五四，乾隆四十三年四月癸巳，中华书局，1986，第 81 页；卷一〇五五，乾隆四十三年四月壬子，第 101~102 页。

㉑《清高宗实录》卷一〇五五，乾隆四十三年四月丁未，中华书局，1986，第 96~97 页。

㉒（清）载龄等修纂《钦定户部漕运全书》卷七四，《采买搭运·采运米石》，见顾廷龙主编《续修四库全书》第八三七册，《史部·政书类》，上海古籍出版社，2002，第539页。

㉓《清高宗实录》卷一一六八，乾隆四十七年十一月乙未，中华书局，1986，第662页。

㉔（清）潘世恩等纂《钦定户部漕运全书》卷六五，《京通粮储·发粜仓粮》，故宫博物院编《钦定户部漕运全书》故宫珍本丛刊第321册清代则例，海南出版社，2000，第28页；《清高宗实录》卷一二四二，乾隆五十年十一月庚戌，中华书局，1986，第701页。

㉕李文治、江太新：《清代漕运》（修订版），社会科学文献出版社，2008，第79页。原书没有注明出处，不知道史料来源，但从所引数量估计应该是麦而不是米。

㉖《军机处录副奏折》，"乾隆五十二年五月十四日留京王大臣永琅、永瑢、定亲王绵恩奏折"，中国第一档案馆藏，档案号：03-0765-017。

㉗嘉庆九年，户部曾经奏称："采买搭运事属权宜，可暂而不可久。照市价发给，则费帑不赀。若概给例价，则商民均累。查各省每年额运到通米三百七十余万石，除支放俸、甲等米外，尚盈余米六十万余石，嗣后偶遇偏灾蠲缓若在六十万石以内，则抵通之米，仍可足敷支放，毋庸筹办采买。"〔（清）载龄等修纂《钦定户部漕运全书》卷七四，《采买搭运·采运米石》，见顾廷龙主编《续修四库全书》，第八三七册，《史部·政书类》，上海古籍出版社，2002，第539页〕但第二年，政府就从各省常平仓中调拨粮食。其中四川三十万石，被江苏截留十五万石，只剩十五万石。山东二十万石。河南碾米十万石。浙江一十二万五千石。安徽十万石。江西十万石中，因漕船在"王家庄失火，被焚船十三只，米一万三千余石"。湖北六万石。湖南二十万石，"因收成歉薄，分作两年，每年买米五万石"。所以原本各省办京仓米共一百三十万五千石，实际剩一百一十万石左右〔（清）载龄等修纂《钦定户部漕运全书》卷七四，《采买搭运·采运米石》，见顾廷龙主编《续修四库全书》第八三七册，《史部·政书类》，第2~3页，上海古籍出版社，2002，第539~540页〕。

㉘李文治、江太新：《清代漕运》（修订版），社会科学文献出版社，2008，第75页。

乾隆三年九月，政府派"户部司员赫赫、那尔善，内务府官员王常保、王慎德，于张家口、古北口二处，每处各二员，携带内库帑银前往，会同地方官，将米豆杂粮等项，照时价采买，运送来京，交八旗米局平粜，使都门兵民，得资外来之米，以供饔飧"①。与此同时，有"商人范毓馪，请自行采买，回京领价。"② 两月后，户部奏报："派往古北口等处人员，陆续运到米豆二千余石。据该员赫赫等呈称，先带银六万两，采买米粮四万六千余石，尚可买米一万余石，加运脚，尚不敷银三万两，请拨库项，派员送至，以资及时采办。""又据商人范毓馪呈称，买得杂粮二万六千石，现今运交官局小米四千余石，请领银三万两，再行陆续攒运。"③ 八年十一月，政府"简派员贤能司官一员，前往奉天，会同该

① 《清高宗实录》卷七七，乾隆三年九月丙寅，中华书局，1985，第211页。
② 《清高宗实录》卷七七，乾隆三年九月辛未，中华书局，1985，第214页。
③ 李洵、赵德贵、周毓方、薛虹主校点《钦定八旗通志》卷七七，吉林文史出版社，2002，第1321页。

将军、府尹等,采买数万石,接济京师"。奉天官员回复:"运京豆石,请即委员,由海运至天津,转运通仓,交坐粮厅运送至京。"① 在京城麦价高时,政府派官员在外省采购麦子。五十年十一月,政府令永玮、鄂宝等,在奉天"查照向例,采买麦二万石,委员运京,以备支放籴粜之用"②。五十二年四月,政府考虑到"恐商民闻知京城麦价昂贵,在豫采买不无居奇牟利,或致京城市价,未能得减,而河南本省麦价,转致加增,亦不可不虑",于是命令河南巡抚毕沅:"除商民自行粜买者,听其自便,以资流通外,若能采买四五万石,仍可于该处民食市价,两无妨碍。即奏闻派员,妥协办理运京。若实与豫省民情不便,或于彼处市价转致加昂,亦即据实奏明,不可因有此旨,稍涉迁就。至该省麦价现虽甚贱,若采买运京,自当照彼处市价,每斤酌加二三文,于豫省民人亦可稍沾余润。"③

这时期,政府购买粮食,一方面派官员外出分头采买,另一方面招募官商购粮。所谓官商,孙晓莹研究指出,内务府商人是官商的一种。内务府之外,还有户部等部门,雇用官商采买物资。应该注意的是,官商是独立承担政府的经济任务,民商是被政府雇用的。④ 总之,官商是由户部、内务府,或国家其他部门,分别招募的商人。所不同的是,由内务府招募的商人,一般通过"赐产""入籍""赐职"等方式接受内务府委托,从事各种商业活动。例如著名的山西商人范氏家族,"顺治初年,范家被赐产在张家口定居,并正式入了内务府籍,顺治帝还要赐给范永斗官职"⑤。由户部,或国家其他部门招募的商人,似没有入旗籍、赐产等方式,而是设立总商制,通过总商或商头来管理属下众多官商。因此,由内务府招募的商人是终身制的官商,他们可以父子、子孙相传,

---

① 《清高宗实录》卷二〇五,乾隆八年十一月庚子,中华书局,1985,第638页。
② 《清高宗实录》卷一二四二,乾隆五十年十一月庚戌,中华书局,1986,第701页。
③ 《清高宗实录》卷一二七八,乾隆五十二年四月庚子,中华书局,1986,第112~113页。
④ 孙晓莹:《清代前期における内務府商人の研究》,此文是留学日本的孙晓莹用日文所写博士学位论文。
⑤ 《清代著名皇商范氏的兴衰》,见韦庆远著《档房论史文编》,福建人民出版社,1983,第43页。

官商范毓馪就是范氏家族的代表。① 与官方采购相比，官商采买"更为便易"。②"商人范毓馪自言口外买米，系伊熟练之事，张家口外现有伊之伙计人等，断无贻误，请令范毓馪自行采买回京，较之官买自然节省。"③

一般来说，康熙时京城麦、豆等杂粮已经出现短缺现象，是时主要听从商人贩运，政府并未动用行政力量采购。从雍正、乾隆年间开始，每当漕粮来迟，政府都要从外省采购麦、杂粮，如从奉天、山东、河南采购，再运到直隶地面，由直隶总督接运进京；或由奉天海运至天津，再运京师。④ 与政府动用行政力量采购各类粮食不同的是，嘉庆年间，"全漕到通每年积存米六十万石，积至嘉庆十四以后，京仓即可盈满。通仓现有廒二百五十座，计可储米二百余万石"⑤。"节年均有轮免漕粮省份，是以到通漕米比之往年较少。然仓储并无不敷，至明岁以后，则全漕抵通，源源挽运，倍臻饶裕"⑥。在漕粮并不缺少的情况下，政府仍然在嘉庆九年下令调拨南方省份的常平仓粮，可能是为了其他目的储备稻米。

对于政府采购，吴建雍认为，"有清一代，以国帑采买粮食运京，十分有限，而主要采取招商购运的办法"，似不准确。⑦ 政府采购的数量还是不少的，参见表7-1。据笔者掌握的史料，乾隆时政府采买共25次，其中只有乾隆三年一次招商采购，尽管政府很明白招商采购比官方派人采买"更为便易"。⑧ 但似乎不能说政府"主要采取招商购运的办法"。

---

① 参阅韦庆远《清代康熙时期"生息银两"制度的初创和运用——清代"生息银两"制度兴衰过程研究之一》，载《中国社会经济史研究》1986年第3期。
② 《清高宗实录》卷七七，乾隆三年九月辛未，中华书局，1985，第214页。
③ 李洵、赵德贵、周毓方、薛虹主校点《钦定八旗通志》卷七七，吉林文史出版社，2002，第1320页。
④ "嘉庆十五年五月二十六日上谕"，见中国第一历史档案馆编《嘉庆道光两朝上谕档》第15册，广西师范大学出版社，2000，第281、299、331页。
⑤ （清）祁韵士：《议驳通州裁仓折》，"嘉庆四年六月初二日奏折"，《己庚编》卷上，见《丛书集成续编》第五○册，社会科学类，台北，新文丰出版公司，1989，第532~534页。
⑥ 《清仁宗实录》卷八七，嘉庆六年九月庚子，中华书局，1986，第156~157页。
⑦ 吴建雍：《清代北京的粮食供应》，见北京社会科学院等编《北京历史与现实研究》，北京燕山出版社，1989。
⑧ 《清高宗实录》卷七七，乾隆三年九月辛未，中华书局，1985，第214页。

小　结

从官立米局的减裁、复设和撤销的过程中可以看到，分配给八旗官兵的漕粮，是他们赖以生活的来源。有的官兵分到漕粮，一家人吃不完，就想变现为银钱，用于其他方面的消费。现实是这种变现必须依靠粮商进行，而政府则不允许漕粮转移到商人手中，于是想出设立官米局，从官兵手中购买余粮，再卖给有需求的官兵，目的是对较贫苦的旗人官兵做一种补贴。但因官米局的运行违反市场价值规律，又由于掌管营运的官员具有一定的权力，他们可以任意将官米局的粮食卖给铺户，而不是卖给有需要的官兵，使得自己在粮食交易中得到好处，因而形成了官米局勾结商铺，贿赂在仓场掌握大权的花户、仓役，得到好米，到市场上贱买贵卖，获取利润，所以在实际中官米局的弊端凸显。"京、通仓支发各旗米，向系旗人自行载运，乃希省脚费，并图简便，卖于官局。则官局于各旗领完后，赴仓支领，卖于民局。则总票中分出小票，自行支领。因而串通书役、花户、甲斗人等，拣择好米，斛面满足，遂致仓储有缺无盈"①。官米局管理"责任不专"，自设立以来，"米价并未能平，且有勒买之弊"②。官米局经营不善，难与粮商铺户竞争，致使官米局和仓储都赔本营运，政府只得退出市场，最后停办官米局。从中可见，官米局受到市场冲击，是政府参与交易的失败案例，并且说明政府建立官米局，直接参与市场上的粮食交易，与民争利，是不适合的。

另外也可以看到，政府禁止米局粮食卖给铺户，实际上禁而不止，管理米局的官员与商人勾结，从米局营运中获利。官员在通州售卖俸米，"以致米局、铺商，贿托仓役，有撞斛量多之弊"③。官米局成为官员腐败的温床。吴建雍也指出："官局演变为倒卖商，这无疑是清廷取消八旗

---

① （清）托津等奉敕纂《钦定大清会典事例》卷一五七，《户部·仓庾》嘉庆朝，见沈云龙主编《近代中国史料丛刊三编》第六六辑，台北，文海出版社，1991，第7025页。
② （清）王庆云：《石渠余纪》卷四，纪五城米局（八旗米局附），北京古籍出版社，1985，第189~190页。
③ （清）托津等奉敕纂《钦定大清会典事例》卷一五七，《户部·仓庾》嘉庆朝，见沈云龙主编《近代中国史料丛刊三编》第六六辑，台北，文海出版社，1991，第7018页。

米局的真正原因。"① 对此，邓海伦认为：米局的解散标志着一种转变，这种转变是从雍正到乾隆早期的强烈干涉的供应保护主义到相信粮食自由流通，显现出一种经济自由化的迹象。②

笔者认为，政府办官米局，参与粮食交易的认识有一个过程。官米局开始于雍正时期，政府自然比较重视设立与干预，但这时政府也看到了官立米局中，官员与商铺勾结问题，发现米局贱买贵卖的情况。正是在此基础上，乾隆时期政府进一步发现官米局的弊端，停止官米局的运行，为粮食流通提供了条件。实际上是政府参与粮食交易的行动，受到市场机制的冲击而失败，如果说政府停办米局是"相信粮食自由流通，显现出一种经济自由化的迹象"，也未必成立。从清代前期政府对京城的粮食流通政策，及参与、监管等行为看，是因事制宜、因时制宜的，很难用现代经济学的概念来衡量、评价。

政府动用行政力量，或依靠内务府籍商人采购粮食，虽然也是政府参与粮食交易的一种，但与建立官米局不同，政府比较注意采购不能影响当地的粮价，或以当地市场价格购买，或加价购买，使当地百姓不受政府采购的影响，共同得到利益。这种政府采购是值得肯定的。实际上，政府对待官商与民商有不同的政策和管理方式。官商与民商是可以相互转化的，一个商人也可以在不同时期，充当不同性质的商人。政府利用官商采购粮食，以确保充足的粮食来源，官商显然是政府控制资源的工具。政府会给官商一定的资本，所以条件比较优惠，使他们可以迅速为政府提供服务，自身也获得厚利。民商不能与之比拟，在清中期以前，富有商人都愿意充当官商。

---

① 吴建雍：《清代北京的粮食供应》，见北京社会科学院等编《北京历史与现实研究》，燕山出版社，1989。
② 转引自〔美〕李明珠著《华北的饥荒——国家、市场与环境退化》，石涛、李军、马国英译，人民出版社，2016，第199页。

第八章 政府对市场的监管

政府对市场的监管，主要针对商人粮食交易等经营活动，当然也涉及对官员违规等问题的管理。

第一节 监管商人

一 禁囤积

（一）政策

政府认为商人收购粮食，囤积起来是为了卖高价，所以禁止商人这类经营活动。康熙五十五年六月，大学士等议覆："河南、山东与京师甚近，兼之连年丰收，乃京师麦价未见甚减者，皆由商贾富户等，预行收买所致。"政府"行文直隶巡抚，凡本处商贾及沿途富户，有多买者，俱严行禁止"①。六十年，"京师禁止买米居积，系府尹专职，并交与八旗都统步军统领等，一同严行禁止"②。"倘有买去积贮贩卖之人，该管各官严行查拿"③。后来嘉庆帝称："康熙年间，因八旗兵丁多有将所得甲米，私自卖给奸民囤积贩卖，及至该兵丁等食米不足，则又仍向铺户，用贵价购买，奸民等因得抬价居奇，大妨八旗生计。"④

雍正四年五月，"京城近日米价腾贵，恐有奸人囤积射利"。政府出示"晓谕各行户，不得过高价值，勒索小民。倘有囤积遏籴，不遵劝谕者，该城御史密行察访，从重治罪"⑤。康雍时期，政府的政策是禁止商

---

① 《清圣祖实录》卷二六九，康熙五十五年六月丁巳，中华书局，1985，第637页。
② （清）托津等奉敕纂《钦定大清会典事例》卷一六〇，《户部·积储》，嘉庆朝，见沈云龙主编《近代中国史料丛刊三编》第六六辑，台北，文海出版社，1991，第7187页。
③ 《雨雪粮价单》，"康熙六十年四月三十日户部右侍郎兼管仓场张伯行奏折"，中国第一历史档案馆藏，序号：12-05-0001。
④ 《清仁宗实录》卷二一四，嘉庆十四年六月乙卯，中华书局，1986，第873页。
⑤ 《清世宗实录》卷四四，雍正四年五月庚申，中华书局，1985，第664~665页。

人多收购和囤积粮食。

乾隆时期,政府的政策改成以定量来衡量囤积。二年四月,官员发现"有奸民图利,串通胥役,转相贩卖,甚至运往通州,售为烧锅之用"。步军统领鄂善等派人直接抓获这类商贩。并且将"不能督率司坊等官,亲加查察,一任弊端叠出,怠玩已极"的官员"交部严加议处"①。给事中马宏琦奏称,平粜仓中气头、廒底之米,即减色米,一般无商人收购囤积,所以司坊官员"无所畏避",尽数多粜,而赴买者亦可随意多籴。但对仓内平粜的十成粳米,商人就积极收购囤积。又由于政府对官员管理严格,致使"司粜各官","闻风震恐,畏噎废食,以规避失察之处分,遂生出不行多粜之一法"。即对赴厂籴米者,"往往过加盘诘,竟有候至终日不见升斗者",给食粮民众带来很大不便。马宏琦认为,官员可以严查商贩,但对贩卖粮食的小贩,不能查究过严,否则对粮食流通不利。"如穷民以籴之所余,转行售卖,虽云违禁,而获利无多",且有零星小贩,沿街巷贩卖,使街衢胡同居民,"俱可以食官米之利,而市米不能坐索高价"。所以应该规定,限止商贩囤积米量,超过者再查拿治罪。对"赴籴穷民,肩挑背负,转行售卖,总以一石为率,免其查拿,以济民食"。这个意见经高层商议后决定:"五城发粜官米,如有奸民串买囤积至四、五十石,及买作烧锅之用者,俱严行查拿治罪外,其余肩挑背负不过数石者,概免查咎"②。

嘉庆时期,政策有所放宽。元年,政府重申:"仓谷出粜之时,该督抚转饬地方官严禁囤户。"③五年,政府将政策修改为"铺户所存米麦杂粮等项,每种不得过八十石。其收买各仓土米、黑豆,不在此例"④。六年,政府申明定例:"京师五城米铺所存米麦杂粮等项定例每种不得过八

---

① 《清高宗实录》卷四一,乾隆二年四月丁丑,中华书局,1985,第733页。
② 乾隆官修《清朝文献通考》卷三六,浙江古籍出版社,2000,考5187~5188。
③ (清)托津等奉敕纂《钦定大清会典事例》卷一六〇,《户部·积储》,嘉庆朝,见沈云龙主编《近代中国史料丛刊三编》第六六辑,台北,文海出版社,1991,第7195页。
④ (清)昆冈等修,刘启端等纂《钦定大清会典事例》卷七六五,《刑部·户律市廛》,见顾廷龙主编《续修四库全书》第七九九册,《史部·政书类》,上海古籍出版社,2002,第425页。

十石，倘逾数囤积居奇，即照违制律治罪。"①"若非囤积居奇，系流通粜卖者，无论米石多寡，俱听其便。"②但在实际中，官员发现多起商人违规囤积，如在"广宁门内外各铺户及城内各米局详查，俱存各色米有四五百石至千余石不等"。商人称是"流通粜卖之米，并无囤积"。官员认为，京城内外各处米局，一般多存米石自数百石至千余石不等，若概行查拿治罪，则处罚商铺众多，不利于粮食流通。他们认为，商人贸易"流通买卖原有参差不齐，如定数太迫，未免罹法网难以遵循"，建议将"各种米石杂粮"存储量，每种提高至一百六十石，被批准。③政府提升各米铺存储量，"各种米麦杂粮，俱准存贮一百六十石，以便流通粜卖"④。重申"若非囤积居奇，系流通粜卖者，无论米石多寡，俱听其自便"。"其收买各仓土米、黑豆，不在此例"⑤。若铺户存粮超额，则"准其平价粜卖"⑥。十五年，政府所定章程，又增加"各处杂粮店"，"收买米粮，均不得过一百六十石，倘敢多贮居奇，分别惩办"⑦。二十二年六月，政府严令京城官员"查京城米铺，如有违例多囤至五百石以外者，照例惩办"⑧。

道光二年，政府申明："米店碓房，如有违例囤积至五百石以上者，

---

① 《军机处录副奏折》，"嘉庆十一年十一月十四日大学士管理刑部事务董诰等奏折"，中国第一历史档案馆藏，档案号：03-2445-012。
② （清）昆冈等修，刘启端等纂《钦定大清会典事例》卷一〇三八，《都察院·五城·囤积》，见顾廷龙主编《续修四库全书》第八一二册，《史部·政书类》，上海古籍出版社，2002，第416页。
③ 《军机处录副奏折》嘉庆六年，"无名人奏折"，中国第一历史档案馆藏，档案号：03-2431-056。根据《清仁宗实录》卷九一，嘉庆六年十一月壬寅，中华书局，1986，第212页，记载"据明安等密派番役，潜访得京城内外各米局，所存米石，自数百石至千余石不等，恐不无囤积居奇情事。"可知上奏折人是明安。
④ 《清仁宗实录》卷九一，嘉庆六年十一月壬寅，中华书局，1986，第212页。
⑤ （清）昆冈等修，刘启端等纂《钦定大清会典事例》卷七六五，《刑部·户律市廛》，见顾廷龙主编《续修四库全书》第七九九册，《史部·政书类》，上海古籍出版社，2002，第425页。
⑥ 《军机处录副奏折》，"嘉庆十一年十一月十四日大学士管理刑部事务董诰等奏折"，中国第一历史档案馆藏，档案号：03-2445-012。
⑦ 《军机处录副奏折》，"嘉庆十五年二月十八日巡视西城礼科给事中庆明等奏折"，中国第一历史档案馆藏，档案号：03-2143-022。
⑧ 《清仁宗实录》卷三三一，嘉庆二十二年六月辛丑，中华书局，1986，第375~376页。

查明照例严办,以除积弊。"① 步军统领英和等官员重提:"店铺例储之外,分租庙宇房间,肆行堆积,始谓之囤积。""米价贱时收买,贵时粜卖,始谓之居奇。"对"官员兵丁应领俸米饷米,因无处堆积,俱向米铺碓房寄存,亦事所必有,均未便科以违制之罪"。由此,政府进一步分清了细则,便于执行。② 五年,给事中郭泰成奏请暂弛禁商贩囤积。他认为,原规定铺户囤积粮食不准逾数,是为"年岁歉收,恐奸商垄断居奇,有妨民食,为此权宜之制"。政府认为,这条例禁并非为歉岁而设,如果不限制铺户囤积数目,"奸商乘此丰稔之年,恣意收买,将来囤积居奇,必至粮价增昂,有妨民食",从而否定了他的意见。③

(二) 执行

乾隆时期,每当粮食涨价,政府官员都认为是商人囤积图利所致,所以通过各种方式进行处罚。二十五年二月,山东、河南麦子已经运到京城,但顺天府府尹奏报,麦价较上半月每石增三钱。官员认为,"此必其中奸商市贩,巧为牟利,以致翔贵"。本来政府将官员"俸禄先行借放",以期米石充裕,"而商贩乘时落价,收买存积,及至支放已停,则乘机昂价获利,在在有之"。政府严饬禁止,"多收囤积高抬市价者"。④ 二十六年、二十七年间,政府严查京城内外行店,"囤积养价"之事。⑤ 三十七年七月,御史张若淮奏称:"京城杂粮铺户,如有囤积齐行,操纵市价者,诚当尽法究处。"但有商铺"开张铺面,逐日交易,即有存留二、三百石者,亦系随买随卖,流通无滞,请不必绳其多寡"⑥。政府认为,以后"查察市价长落,惟在实力严拿囤积齐行,不稍宽纵"⑦。三十

---

① 《清宣宗实录》卷三三,道光二年四月乙巳;道光二年四月甲寅,中华书局,1986,第587、597页。
② 《军机处录副奏折》,"道光二年四月初十日步军统领英和等奏折",中国第一历史档案馆藏,档案号:03-3684-024。
③ 《清宣宗实录》卷八二,道光五年五月甲辰,中华书局,1986,第325~326页。
④ 《清高宗实录》卷六〇七,乾隆二十五年二月乙巳,中华书局,1986,第820页。
⑤ 《军机处录副奏折》,"乾隆三十四年正月二十日掌京畿道监察御史屏治奏折",中国第一历史档案馆藏,档案号:03-0755-035。
⑥ 《清高宗实录》卷九一三,乾隆三十七年七月丙辰,中华书局,1986,第235页。
⑦ (清)昆冈等修,刘启端等纂《钦定大清会典事例》卷一〇三八,《都察院·五城·囤积》,见顾廷龙主编《续修四库全书》第八一二册,《史部·政书类》,上海古籍出版社,2002,第416页。

九年九月，步军统领英廉奏称："京城粮价，近来渐有加长，米谷、麦、豆各长至一、二、三钱不等"，而"今岁畿辅地方收成丰稔，惟京南所属间有零星偏灾，粮价即不能平减，何至转有增昂？"他怀疑"有奸商狡侩，藉以囤积图利"。政府批示："密派番役，实力察访，如有此等情弊，严行究治数人，以示惩儆。"① 第二年，乾隆帝提出疑问，京城粮价上涨，五城设厂平粜，且"近来甘澍叠沛，远近一律普沾，秋成可望，米价自应日有减落，何以市值未见渐平？"官员估计不外乎两个情况，其一，因为"上年河间、天津一带歉收较甚，而地方官所办，未尽确实，致商运多趋该处，未能直达京师"。其二，"在京铺户，囤积居奇，致五城虽平粜月余，市价未能平减"。乾隆帝即令舒赫德、英廉在京城内外严密饬查，"如访有囤积射利奸徒，即行严拿到案，从重治罪，勿稍宽纵"②。另有官员分析粮价上涨原因说："京城民食藉以流通，但粜鬻者缓急有时，愿购者复旗民相左，于是市胥牙侩贱买贵卖，既得居奇。""每闻有狡黠囤户，又潜匿京外各仓左近，勾串领催及在仓斗级人等，非以米色低潮，即以车脚昂贵，多方哄诱，务令贱值售与，或密行囤积，或四出获利，奸商内外把持，京师米贵职此之由。"③ 政府饬步军统领、顺天府及五城，出示严禁。"如铺户人等，违禁预买兵米，除将兵丁责处，仍饬自行赴仓关支，用过铺户银钱，不准偿还。奸商等仍敢索讨，许兵丁等首告，将索债人从重治罪"④。基于以上认识，政府对商铺囤积粮食的处罚比较严厉，将粮食罚没，然后在市场上平粜，再将出售后的银钱给还该商铺。官员永兴发现，虽然规定米铺"不许堆积米过五十石"，但是有的商人"往往多赁房屋，分头任买。虽系一铺，散作数家，或数十家不等"。若一铺如此，家家可知。推及其他商人，将所买之米散而分储，每家存储不过五十石之数，但合计之，他们堆积之米就不下六

---

① 《清高宗实录》卷九六六，乾隆三十九年九月丁巳、戊午，中华书局，1986，第1115、1119页。
② 《清高宗实录》卷九八五，乾隆四十年六月癸巳，中华书局，1986，第141~142页。
③ 《军机处录副奏折》，"乾隆五十二年五月十七日左副都御史刘权之奏折"，中国第一历史档案馆藏，档案号：03-0765-020。
④ 《清高宗实录》卷一四五四，乾隆五十九年六月戊辰，中华书局，1986，第389页。

七百石,"明为不敢违例堆积,实是照旧堆积矣"①。一个多月后,步军统领衙门拿获"奸商潘七等,巧为囤积,垄断居奇",将潘七等治罪。政府认为,现在米价渐平,原来曾私自囤积的商人,"畏罪不敢发粜",令各官员出示晓谕:允许他们"及时粜卖,以赎前愆。若有米数过多,运粜需时者,许其于该管衙门,呈明存案,限以日期,照市价发卖,完日报查",但不许"番甲人等,借端滋扰"②。此外,政府还不许旗人将支领米石卖于民人。③ 对于那些"多赁房屋,一铺散作数家,或数十家等,巧为囤积"的商人,令官员不时稽察,严拿惩治。④

一般来说,"地方官办理平粜,赴籴者俱限以升斗,只许零星籴买。虽有巨商挟重赀以图倍利者,亦无所施其技,立法綦严"。而实际上也出现一种情况,一些行铺,雇用穷苦民人,让其赴厂购买平粜米,然后行铺再从这些人手中收购。对此,政府下令严防,"至若串通经手胥役,朦混官司,以致冒滥,尤不可不防其渐"。并令"直隶总督严饬地方官,于平粜时,如有前项情弊,查出照例治罪"⑤。五十二年,京城内外米价昂贵,大学士和珅奏称:"各粮铺逐一盘查,计所贮之米,竟自数十石至千余石不等。麦石亦有数石至百余石不等。"在这些商铺内,查出粮食"米共五万九千三百五十四石,麦共七千六十八石零"。和珅认为:"显系该商等藉此青黄不接之际,有心垄断。"政府认为"该商等究系出赀贩运谋利,若遽行入官,未免亏折货本",令官员"酌减价值粜卖,所卖钱文,仍给付该商等收领"⑥。

在通州,有官员发现商人米局囤积粮食。"每季八旗俸、暨王俸,计

---

① 《朱批奏折》,"乾隆三年二月三十日永兴奏折",中国第一历史档案馆藏,档案号:04-01-35-1380-012。
② 《清高宗实录》卷六七,乾隆三年四月辛丑,中华书局,1985,第76~77页。
③ 《清高宗实录》卷七四,乾隆三年八月丙戌,中华书局,1985,第178~179页。
④ (清)昆冈等修,刘启端等纂《钦定大清会典事例》卷一一六〇,《步军统领·职制·禁令》,见顾廷龙主编《续修四库全书》第八一四册,《史部·政书类》,上海古籍出版社,2002,第170页。
⑤ (清)托津等奉敕纂《钦定大清会典事例》卷一六〇,《户部·积储》,嘉庆朝,见沈云龙主编《近代中国史料丛刊三编》第六十六辑,台北,文海出版社,1991,第7193~7194页。
⑥ 《清高宗实录》卷一二八〇,乾隆五十二年五月壬申,中华书局,1986,第148~149页;《军机处录副奏折》,"乾隆五十二年五月六日大学士和珅奏折",中国第一历史档案馆藏,档案号:03-0765-014。

数十万石，半系卖与米局。若辈势众心齐，素与花户斗级交通，各行店不敢与争。而八旗之领催、家人等，恃有各局支借钱文，未有不愿卖与米局者。"① 对此政府提出："通州人民不得于通州及近京地面私立米局，囤积俸米。若地方官不切实查拿，照例议处。至各该处卖米行店，不系囤积俸米者，胥役仍不得藉端滋扰。"② 与此同时，直隶总督袁守侗也上报："通州、马驹桥、沙河等处，居民稠密，今秋均获丰收，且又系口外粮石贩运经由之所，商贾辐辏，其中恐有奸商渔利情事。"他派差役前往密访，得知"通州三义号李大囤积杂粮八千石。恒泰号魏将方囤积杂粮六千石。丰泰号白三囤积杂粮四千五百石。通聚号王大囤积杂粮三千石。广米号李二囤积杂粮三千石。马驹桥元增号张国安囤积杂粮二千五百石。合盛当张国正囤积杂粮二千五百石。昌平州之沙河集义升局刘二囤积杂粮三千石。广兴店曾大囤积杂粮二千石"。袁守侗等官员认为，这些商铺"敢囤积至数千石之多，显系垄断居奇"。"应将李大等照违制律杖一百，折责四十板。再请加重枷号两个月，并将米石照数入官"。请交部办理。③ 后经审办，政府认为，"此等渔利奸徒，囤积居奇，实为病民之蠹，自应杖责枷号，以示惩儆"。若将所有查出囤积米石，一律查封入官，"恐市中缺此粮石流通，转于民食有碍"。所以责令官员按"顺天府上月未长之价，每石再行减价二钱，勒令即行出粜，俾民间得以贱价籴粮。而奸商不但无利可觅，且较常时平价，更减二钱，又复身受枷责，庶足使远近垄断之徒，闻风警畏，不敢再为效尤滋事"④。四十三年六月，直隶麦子歉收，当地官员一边"出示晓谕商民，凡有囤积粮食，悉令出粜，以平市价"，一边命令通永道刘峨等到通州调查。据查，通州东关"永茂、永成、福聚、勇源等号堆坊内，现储客麦，自数百石以至数千石不等，共计客商二百二十余人，计麦约有二十万石"。进一步询问得

---

① 《清高宗实录》卷八二七，乾隆三十四年正月丁未，中华书局，1985，第21页。
② （清）托津等奉敕纂《钦定大清会典事例》卷一六〇，《户部·积储》，嘉庆朝，见沈云龙主编《近代中国史料丛刊三编》第六十六辑，台北，文海出版社，1991，第7194~7195页。
③ 《军机处录副奏折》，"乾隆三十九年九月十五日袁守侗等奏折"，中国第一历史档案馆藏，档案号：03-1414-017。
④ 《清高宗实录》卷九六七，乾隆三十九年九月丙寅，中华书局，1986，第1142~1143页。

知,"此项麦石乃系陆续运通粜卖。因有本客现不在通者,是以粜卖稍迟"①。中央政府怕地方官员有保护本地的倾向,于是派中央大员金简、胡季堂前往通州查办。② 据金简等官员调查:"此次堆贮麦石,系乾隆四十二年商人张圣如等二百二十余家,自各处贩运麦五十三万九千余石。去年消去二十四万四千六百有奇,结至年底,存剩二十九万四千四百余石。今年三月起至五月底止,尚有运到麦二万五千八百余石。自本年正月至今又消去一十一万零二百四十余石,现在存麦二十一万零九百八十余石。"目前有商人八十余名,询问商人,他们供称:"我等历年贩运麦石来通消售",但缘商人众多,情形不一。"有粮数稍多,消而未尽者;有本客去岁到通,未及消完,复置办新粮,尚未到来者;有因事回家将粮暂交行户存贮者;又有京通铺户已经批定,尚未运去者;种种悉属实情,并非有意囤积。"在当地承买麦石的铺户冯慎修等人供称:"本年正月直至五月,我等俱有籴买客人麦石,零星消售。"以上行商与坐贾所述无异。金简等官员分析:"不但麦石总在堆房收贮,凡水运一切货物抵通,先行起卸,店行堆集,然后批发各铺消售。是此项麦石存贮堆房,实非囤积。"后据商人连名具呈:"将现存麦二十万石,照依时价,每市石减二钱,在京、通两处,自往招商,作速粜卖,以两月为期,全行消售。"③ 商户提出减价销售存麦,每石二钱,政府决定宽减一钱,每石减一钱出售。

嘉庆时,政府的监管比较宽松。六年,官兵发现,在广宁门内开设粮铺的杨正楷、王万全和在广宁门外开设粮铺生理的任峙,"俱存各色米有四五百石至千余石不等"。商铺等人称:俱系"陆续收买米石,以备零星转卖"。官员认为,商人流通贩卖,原有参差不齐,实际上各商铺存粮量并不太固定。请求提高执行政策的界限,将商铺各种存粮从八十石,升至每种一百六十石。④ 政府认为,若按原定数额将"全数入官,该铺户等必致亏折赀本",所以根据各铺户现存储量,"除现定额每种准积至

---

① 《乾隆四十三年六月初八日直隶总督周元理奏折》,见《宫中档乾隆朝奏折》第43辑,台北"故宫博物院",1985,第337~338页。
② 《清高宗实录》卷一〇五八,乾隆四十三年六月戊戌,中华书局,1985,第144~145页。
③ 乾隆四十三年《查办堆房堆贮客麦疏》,"刑部尚书胡季堂、户部侍郎金简奏折",见乾隆《通州志》卷之十,《艺文·疏议》,清乾隆四十八年刻本,第23~27页。
④ 《军机处录副奏折》,"嘉庆六年无名人奏折",中国第一历史档案馆藏,档案号:03-2431-056。

一百六十石外，余俱著加恩准其平价粜卖，不许稍有囤积"①。十一年十月，步军统领禄康等上奏折，"查得朝阳门外北河沿起至东便门外一带地方，共有米局九十七家"，调查结果，其中十九家米局存粮超额。"王大等十九家铺内存贮米豆正至数千余石之多，显有囤积居奇情弊，其所称内有已经卖出未拉之米，仍恐供词掩饰"，"请将王大、刘二、吴大、胡大、李大、齐六、张二、李六、许四、陈大、毕大、齐三、畅大、张大、王三、吴大、陆大、陆二，俱交刑部审明办理"②。十一月，刑部董浩等官员审办后奏称："朝阳门外拿送米铺十九家，广宁门内拿送米铺八家，门头等村拿送米铺四家，共被拿米铺三十一家，人犯三十三名"，对这些商人进行调查。其中有七家储存的是黑豆，即"刘二开设万通米局，现存黑豆一百七十五石。齐六开设玉米局，现存黑豆二百石。张二、李大伙开万兴米局，现存黑豆一百七十一石。许四开设广丰盛米局，现存黑豆一千八百石。齐三开设义成米局，现存黑豆九百石。张大开设恒昌米局，现存黑豆一千石。杨义开设元丰米局现已歇业，有黑豆二百八十石，存放开万顺车店之李六铺内。"

有九家米局，从铺中账簿查看，米粮处于正在交易中，存米未超额。"彭大开设隆丰米店，现存谷米一百二十石，小米一百三十石，内已经卖与武大小米一百三十石，尚未拉去。传讯武大属实。王万全开设永兴米店，现存粗稄米一百三十石，细稄米一百一十石，内已经卖与普济堂细米一百石，尚未拉去。传讯普济堂司事周姓属实。王大开设永通米局，现存仓米七百五十石，内已经卖与西顶并六里屯地方同裕等四家杂粮铺，各一百五十石，尚未拉去。传讯同裕等四家米铺属实。吴大开设兴泰米局，现存仓米五百五十石，内有已经卖与兴胜号杂米铺一百石，卖与田大、白二、王二各一百石，均未拉去。传讯兴胜号并田大、白二、王二属实。陆大开设隆盛米局，现存仓米二百九十石，内有崔姓寄放一百四十石，传讯崔姓属实。郑元吉开设恒源米局，现存仓米一百六十石，稄米一百四十石，老米七十七石，小米十石，又另存仓米六百石，系广育、勉善两堂买备，每日煮粥施舍贫民，暂寄铺内，陆续取用。查据该堂司

---

① 《清仁宗实录》卷九一，嘉庆六年十一月壬寅，中华书局，1986，第212页。
② 《军机处录副奏折》，"嘉庆十一年十月二十一日步军统领禄康等奏折"，中国第一历史档案馆藏，档案号：03-1600-026。

事结报属实。岳四开设隆昌米店，现存粗稂米四百四十六石，细稂米一百八十石，小米三百石，内已经卖与种菜园之李大粗稂米一百五十石，卖与王二粗稂米一百五十石，卖与天宁寺稂米六十石，小米一百四十石，俱未拉去，传讯李大等属实。王显益开设庆泰米店，现存稂米二百三十五石，仓米八十石，小米一百八十石，内已经卖与善果寺稂米一百石，小米一百石，卖与秦姓仓米五十石，稂米三十石，尚未拉去，传讯善果寺僧等属实。高玉开设万兴米店，现存稂米一百九十五石，小米一百四十五石，仓米三十石，老米三十五石，内已经卖与种菜园之马姓稂米五十石，尚未拉去，传讯马姓属实。以上各铺户实存米石均未逾额。"

还有三家出售后又购入，也正在交易中。"盖大向种地亩，并开设万盛号粮店，除所存黑豆二百七十石不在例禁外，现存麦子八百五十石，内种地收获七百一十九石零，高粱二百七十石，内种地收获一百四十一石零，均有账簿可查。除去种地收获，余存麦子、高粱并未逾额。稂米二百一十石内，有已经卖与工头张德米四十五石，尚未拉去，计存米逾额仅止五石。又买得万恒米局稂米四十石，拉至中途被获。王三开设云懋号粮店，现存小米二百八十石，黑豆二百石，计存米逾额一百二十石，又因铺内稂米卖完，甫向德润米局买得稂米九十六石，向万恒米局买得稂米五十八石，拉至中途被获。要三开设亨顺号粮店，现存高粱一百八十石，麦子一百七十五石，计高粱逾额二十石，麦子逾额十五石，又因稂米已经卖完，甫向光裕米局买得稂米三十九石，拉至中途被获。"

剩下十一家铺户，即："侯起富开设义恒米店，现存粗细稂米一百七十石，计逾额十石。王三开设永来米局，现存仓米二百石，计逾额四十石。陆二开设隆元米局，现存仓米二百一十石，计逾额五十石。龚廷锡开设庆丰米店，现存谷米、小米二百五十石，计逾额九十石。毕大开设庆和米局，现存仓米二百八十石，计逾额一百二十石。要大开设庆来米局，现存仓米二百八十石，计逾额一百二十石。李大开设天顺米局，现存仓米二百九十石，计逾额一百三十石。陈大开设顺和米局，现存仓米二百九十二石，黑豆四百石，计存米逾额一百三十二石。胡大开设大成米局，现存仓米三百一十石，计逾额一百五十石。吴大开设裕合米局，现存仓米三百五十石，计逾额一百九十石。畅大开设同义米局，现存小米三百六十五石，计逾额二百零五石。"

刑部审查后称，七家铺户，存储"黑豆不在例禁之内"。对十二家铺户审核，"检查流水账簿，委系逐日有卖有买，轮转流通，并无抬价居奇、收贮不卖情弊。其已卖未经拉去米石，开载明晰，众证确凿，核与各供亦属相符"。还有十一家铺户，虽存粮有超额，但刑部未在奏折中说明原因。最后对三十家铺户的结论，"均非囤积，无论米石多寡，俱听其自便例，概予省释"。

刑部在奏折称，这次只对铺户车大进行了处罚，因为车大"既在朝阳门开设米店，又在通州开设碾房，两地影射，若非计在回漕，即系巧图偷运。且现经提督衙门于中途截获米石，赃证确凿，自应从严惩治。车大应照违制律，杖一百，再加枷号两个月。即于朝阳门外，枷号示众。截获米石入官，并由臣部牌行通州，将该犯所开碾房，勒令关闭，以杜弊窦而儆奸商"①。嘉庆帝也评论说："奸商等囤积居奇，致妨民食。并或启偷运回漕之弊，是以加之例禁。其本系流通粜卖者，无论米石多寡，俱听其自便。定例本为明晰，今若不问是否流通，一经逾额，即以囤积拘拿，必致铺户畏累，商贩不前，于民食商情转有妨碍。"②

嘉庆十八年五月，步军统领吉纶等奏报："广渠门内天泰店等十铺，东便门内广顺和店等七铺，西直门内合盛公店等十五铺，以上各处共囤积粗细老米、稜米一万三千一百六十八石零。"③ 有御史称，前次步军统领抓获商铺囤积超额案件，刑部一一分析，认为处于流通交易中，不是超额存储，无罪释放，由此认为，囤积与流通粜卖"两相影射，亦觉难以区别"。应该划清囤积与流通粜卖的界限，"流通粜卖铺户，间有卖少存多，并非有心滋弊者，虽在一百六十石之外，亦当体察情形，以昭区别"。也就是说，铺户在买卖流通中，存粮多一点，也是自然的，要分清具体情况，不能一概以囤积论处。如果商人"租赁庙宇、民房堆贮，随时粜卖，即系囤积居奇，虽不及一百六十石，亦当严行查禁"④。商人到处租房存储粮食，就有囤积的嫌疑，应当严查。十九年二月，御史孙汶

---

① 《军机处录副奏折》，"嘉庆十一年十一月十四日大学士管理刑部事务董诰等奏折"，中国第一历史档案馆藏，档案号：03－2445－012。
② 《清仁宗实录》卷一七〇，嘉庆十一年十一月丁巳，中华书局，1986，第220页。
③ 《军机处录副奏折》，"嘉庆十八年五月初十日步军统领吉纶等奏折"，中国第一历史档案馆藏，档案号：03－1848－040。
④ 《清仁宗实录》卷二七〇，嘉庆十八年六月壬寅，中华书局，1986，第652页。

第八章　政府对市场的监管

奏称："奸商牟利居奇，巧为缘饰，或分囤数处，或集伙贩运，避囤积之名，而阴居其实。"政府令地方官"认真访查，勿任垄断网利。其胥吏等有贿纵讹诈者，一并严拿惩办，毋稍宽纵"①。此外，也有对商人囤积处罚的事例。十五年二月，给事中庆明等奏称，发现右安门内陈永等开设的义成粮店，存"粳、稄粗米约计六七百石"。②政府抓捕奸商陈永等囤积的米石，并查出账簿及交易字号，③虽然笔者未见到刑部意见，但是从政府对查出案件的官兵进行表彰来看，说明对商人囤积进行了处罚。

道光十六年，捐职从九品官员张瑞秀，在四王府小府地方居住，并开有碾房生理。经官员抽查门牌，发现其家内"设立米囤，高于墙屋。随进伊家眼同点查，计积米四囤，杂粮六囤，共计十囤"。张瑞秀供称："家内自存稄米三十石。有正白旗明老爷寄存老米五十石。正蓝旗双老爷寄存老米三十石。又自存小米七十石等。""囤积粗米一百余石，本属大干例禁。"④十七年，查获在朝阳门外大街裕泰粮店，"该铺内积有粗米大小十二囤"。又于该铺串堂内，有"粗米七囤，铺后西房套间内粗米三囤，约共四五百石"，"实存粗老米四百三十余石"，⑤均按照囤积例处罚。

从以上事实中可以看到，政府对商人囤积的政策、管理过程的变化。康雍时期，政府的政策是禁止商人多收购和囤积粮食。商人是想尽办法囤积粮食，政府随实际情况变化，改变政策。乾隆时，因为管事官兵，害怕遭到失察处分，对所有赴厂籴米者，盘查过严，⑥给食粮民众带来很大不便。政府推行政策也有所改变，商人存量米、麦"不过五十石"，可"视年岁丰歉，随时量加增减"⑦。因此，从乾隆开始，政府为商人囤

---

① 《清仁宗实录》卷二八五，嘉庆十九年二月戊申，中华书局，1986，第 890~891 页。
② 《军机处录副奏折》，"嘉庆十五年二月十八日巡视西城礼科给事中庆明等奏折"，中国第一历史档案馆藏，档案号：03-2143-022。
③ "嘉庆十五年三月十二日吏部移会折"，见中研院史语所藏明清史料，序号：125526-001。
④ "道光十六年九月一日巡视西城察院奏折"，见中研院史语所藏明清史料，序号：147399-001。
⑤ 《军机处录副奏折》，"道光十七年六月初七日给事中蔡赓飏等奏折"，中国第一历史档案馆藏，档案号：03-3783-034。
⑥ 乾隆官修《清朝文献通考》卷三六，市籴五，浙江古籍出版社，2000，考 5187~5188。
⑦ （清）昆冈等修，刘启端等纂《钦定大清会典事例》卷一〇三八，《都察院·五城·囤积》，见顾廷龙主编《续修四库全书》第八一二册，《史部·政书类》，上海古籍出版社，2002，第 416 页。

积粮食定量，商人为避囤积之名，不断突破规定的囤粮数量。嘉庆、道光时期，政府多次修改禁止商人囤积粮食数量，每铺户各类每种不得过八十石，但可以收买各仓土米、黑豆，不在此例。以后，又将规定存量增加为每种粮食不超过一百六十石。同时补充规定，如果不是囤积居奇，是流通粜卖者，无论米石多寡，俱听其便。至道光二年，实际上已经有一些商铺存粮量至五百石以上，所以政府将规定的囤积数量增加至五百石。这时也有官员提出，不限制铺户囤积数量，政府否定了这个意见。这说明政府并非固守一个纯粹的纸上定例，而是根据实际情况，不断修改政策，但也仍然坚持严管原则，认为商铺囤积粮食，就会抬高粮价，必须管制。经过八十多年的变化，政府的政策随时调整，虽然干预市场粮食交易，但也向有利于市场交易的方向变化。

在政策推行过程中，政府按照规定，对违法的处理方式较严格。逾数囤积居奇者，照违制律治罪。在档案中，常常可以看到，政府命令步军统领、五城御史、顺天府尹，不时稽察，严拿惩治。对"不能督率司坊等官亲加查察"，"任弊端叠出，怠玩已极"的官员，"交部严加议处"。另外，政府也从实际出发，灵活掌握和执行政策。乾隆时，政府对逾额存粮的商铺米麦入官，并对该商等从重治罪。令商人按照以前平稳时的粮价，每石减价二钱出卖，商人根本没有利润。当然也有商户提出每石减价二钱，政府决定每石减一钱出售。后来，政府怕商人赔本，将罚没粮食在市场上平粜，出售粮食所得银钱还给商人。嘉道时，政府官员执行政策更实际，更具有灵活性。最典型的是嘉庆十一年，步军统领衙门等官员在朝阳门外、广宁门内、门头等村共查获超额存储粮食的铺户31家。由刑部官员进一步审查，并按照定例判定30家铺户虽有超额存储，但一部分铺户存储黑豆不在禁例，其他大部分铺户存粮处于正在交易中，并未违规囤积，决定释放30家铺户商人，只有一铺户违例受到处罚。在这案例中，基层官员查奏后，由上级部门审核，避免执法过度，产生冤案，说明政府有一定的纠错能力。

道光时，对囤积犯罪的处罚仍然比较宽松。十二年七月，联顺奏请查禁米局囤积。他认为，"现因雨泽愆期，米价昂贵，平粜煮赈，以济民食。市价当不致增昂。第奸商牟利，囤积居奇，自应严行禁止"。政府令"都察院、步军统领衙门、顺天府，拣派妥员，会同查禁，毋任稍有影射囤积"，并令"各城内外米店，概不准收买零星米石，并饬该委员等亲身前往，实力盘查，不许随带胥吏，倘有办理不善及借端滋扰等弊，除将该委员等从严惩办外，其原派之该管上司，亦必一并议处，决不宽贷"①。值得一提的是，政府对囤积与正常买卖流通作了分界，有利于官兵执行。此后，商人囤积储米，逐渐变为向京城以外地区贩运了。

二 禁向京外贩运

（一）政策

雍正以前的旧例："老米、稜子米不准过卢沟桥。"雍正元年，西城巡城御史鄂齐善奏请，五城分卖的变色米，准许运出卢沟桥，使远郊之民获利。② 这里的变色米是仓中陈米，未见政府批准。八年十一月，步军统领阿齐图奏称："今年米价又觉稍长，密访其由，乃系在外商人来京，籴去贩卖之所致。"于是，规定官米局"惟准卖与京城内外之人，将在外商人买至数百石之多者，严行禁止。如有不遵禁约，将官局之米多卖与在外商人者，一经查出，即将办理米局事务官员，交部严加议处"③。

乾隆时，仍然禁止京城米外贩。三年二月，永兴奏称："京师之米不可远去也。查围城百里内外，现有五城十处米局，减价平粜，其薄收之处，皆有赈济。且京师乃天下人民辐辏之所，需米更多，使不严禁，则米远贩，则京师米少，京师米少则价必贵，势必然也。"请申禁京米外贩。④ 八年七月，步军统领舒赫德奏报："年逢闰月，来京就食者多。"为防止商人外贩，他"已照例传知内外各城门，除三四石之米，仍旧放行，倘有车载马驮至十数石以上者，俱盘诘拦阻"。按"兴贩奸商，量米多寡"的情况，"酌加惩治"，将商贩米粮，交给较近米"厂减价粜卖，所买钱文，仍给本人"，被批准。⑤ 三十七年，有御史指出，"查京城米石，除一石以内，及

---

① 《清宣宗实录》卷二一五，道光十二年七月戊午，中华书局，1986，第201页。
② "雍正元年二月初九日西城巡城御史鄂齐善奏折"，见第一历史档案馆译编《雍正朝满文朱批奏折全译》上册，黄山书社，1998，第30页。
③ （清）允禄等编《世宗宪皇帝谕行旗务奏议》卷八，见纪昀等编纂《景印文渊阁四库全书》第413册，《史部·诏令奏议类》，台湾商务印书馆，2008，第544～545页。
④ 《朱批奏折》，"乾隆三年二月三十日永兴奏折"，中国第一历史档案馆藏，档案号：04-01-35-1380-012。
⑤ 《清高宗实录》卷一九七，乾隆八年七月庚戌，中华书局，1985，第536～537页。

肩挑背负外，概不准其贩运出城，禁例綦严"①。四十七年，步军统领英廉提出："查京城米石例禁奸商贩运出城，旧例各门俱令稽查。其凡有肩挑背负籴卖细米者，许其出城售卖，其有车载牲驮者，毋论米之粗细，例不准出城，以防贩运。"②

嘉庆五年，政府重申"京师米粮，无论官民铺户，一概不准出城鬻卖"③。六年，"各门米石一石以外，不准出城"④。十一年，大学士管理刑部事务董浩等官员在奏折中，提出"城内之米勿许出城，城外之米勿许出境。其流通粜卖者，照例听其自便，俾商贩铺民得所遵守，则商贩源源接济，铺民户户充盈"，⑤ 意见得到政府的肯定。⑥ 十三年，政府规定："因城外四乡居民，亦有进城买细米食用者，故定以限制，其细米一石以内者，验明放行。其一石以外概不准出城。"⑦ 十九年，定律："京城粗米，概不准贩运出城。如有违例私运出城者"，"一石以内，即照违例律，杖一百。"一石以上至一千石各有律条。有进城买细米食用者，一石以内，准其出城。一石以上，即行严禁。逾额贩运，照违制律，各有处罚。⑧

道光二年，"米石例禁，请循照旧章"，"细米颗粒不准出城。城外之米，无论粗细，概不准其出境"⑨。同年，步军统领衙门官兵，抓获商人王二，他在一年之内偷运"米一千一百余石"，按律"杖一百，枷号三个月，发边充军"。李五一年之内偷运"米九百余石"，也受到"杖一百，枷号两个月，发近边充军"的处罚。根据这个案例，规定"一年之

---

① 《军机处档折件》，"乾隆三十七年六月二十一日巡视东城给事中富尔敏等奏折"，台北"故宫博物院"藏，编号：017275。
② 《军机处录副奏折》，"乾隆四十七年八月二十三日东阁大学士英廉奏折"，中国第一历史档案馆藏，档案号：03-1428-023。
③ 《清仁宗实录》卷六一，嘉庆五年三月癸丑，中华书局，第807页。
④ 《军机处录副奏折》，"嘉庆六年无名人奏折"，中国第一历史档案馆藏，档案号：03-2431-056。
⑤ 《军机处录副奏折》，"嘉庆十一年十一月十四日大学士管理刑部事务董浩等奏折"，中国第一历史档案馆藏，档案号：03-2445-012。
⑥ 《清仁宗实录》卷一七〇，嘉庆十一年十一月丁巳，中华书局，1986，第220页。
⑦ 《军机处录副奏折》，"嘉庆十三年十一月初七日步军统领宜兴等奏折"，中国第一历史档案馆藏，档案号：03-1630-019。
⑧ （清）昆冈等修，刘启端等纂《钦定大清会典事例》卷七六五，《刑部·户律市廛·市司评物价》，见顾廷龙主编《续修四库全书》第八〇九册，《史部·政书类》，上海古籍出版社，2002，第425~426页。
⑨ 《清宣宗实录》卷三三，道光二年四月甲寅，中华书局，1986，第597页。

内，偷运米至一千石以上"，即照此律办理①。十四年，重申"京城粗米概不准贩运出城"，违例私运者，"自一石至五百石以上，分别问拟、枷、杖、军徒，米石变价入官"。"纂入则例遵行"。② 禁止贩米出城的政策，在雍正以前就已经有了，一直延续到道光。乾隆之后对政策不断细化，从规定一石以外，或车载牲驮者，概不准外贩，到分别对细米和粗米做出规定。嘉庆时订立了处罚标准。

（二）执行

乾隆时具体执行与政策有所不同。是时管理比较宽松，"畿辅地方今岁歉收，米价昂贵，朕深以为廑念，向来口外米谷不令进口，留为彼地民食之需。今年口外收成颇丰，而内地不足，自当酌量变通，以次接济。如有出口籴粮及贩进口者，听其往来，不必禁止。管口官弁但行稽查违禁货物，毋得苛索。如此内地民人多得米谷，可无艰食之虞，而口外余粮亦获贸易之利，该部可遵谕速行"③。十六年，步军统领舒赫德称，秋雨连绵，道途泥泞，四乡杂粮尚未运至，京城米价上涨。开仓支放俸米、甲米后，杂粮也如愿贩运进京，数日以来，京城米价下降。因"四乡需米甚殷，京师米价又复不昂，是以未经查禁远贩"。待秋天京城米价上涨时，再照从前规定，禁止"四乡兴贩"。乾隆帝朱批："亦不必过严。"④ 有时管理较严，如三十七年，左安门铺户郝二在灯市口米市贩买了稜米和仓米40石，雇车户运往城外，被官兵抓获。⑤

嘉庆时期，发生多起外贩粮食案件，刑部在审办中采用不同方式。第一种是对贩运各类粮食的不同处理，外贩老米、稜米的商人治罪，外贩小米的商人释放，小米给还。嘉庆六年，"良乡县开设粮铺人张之春、

---

① 《军机处录副奏折》，"道光二年四月初十日步军统领英和等奏折"，中国第一历史档案馆藏，档案号：03-3684-024。
② 《清宣宗实录》卷二五〇，道光十四年三月己丑，中华书局，1986，第782页。
③ 光绪《畿辅通志》卷三，《帝制纪·诏谕》，宣统二年刊本重印，《中国省志汇编》之十一，第89页。
④ 《乾隆十六年七月二十三日舒赫德奏折》，见《宫中档乾隆朝奏折》第一辑，台北"故宫博物院"，1982～1987，第231页。
⑤ 《军机处档录副奏折》，"乾隆三十七年六月二十一日巡视东城给事中富尔敏等奏折"，见台北"故宫博物院"藏，档案号：017275，转引自〔日〕堀地明《清代北京粮食流通》于2018年3月16日在中国人民大学"灾害与社会"系列讲座第八期。

王二（车夫）来京收买各铺老米、稜米、小米，运良乡县卖与民食用"。他们从在广宁门内外开设粮铺的杨正楷、王万全那里购买了粮食，"装载口袋，雇车拉运小米十三石"，内影射老米二十石，稜米二十石，行至大井村地方，被官兵抓获，"按律治罪"。"老米稜米四十石，俱变价入官"，小米，向不查禁，还给张之春。① 十年，官兵在广渠门外抓获商贩高通等"米车三车，共三十七石一斗二升零"。他们从"东便门外椿树园米局拉运，同往马驹桥吉成号"。② 第二年，又在"广渠门外拿获马大等拉运小米出京"。刑部尚书长麟等官员复查后认为，马大"在马驹桥地方开吉成号杂粮铺生理，向在各城门外米店贩买小米，回铺给附近农民食用"。因为马大"并非贩运京内米石出城"，而且拉运的是小米，均与释放，小米、车辆给还。③

第二种，按贩卖地区处罚，京城以内地区的贩运商人获释，贩至京外地区的商人获罪，大部分案件都属于后一类。嘉庆十三年，官员在小井、大井等村，抓获任二等三十七人，他们分别"用驴驮运细老米、稜米、小米共计一百四十三石五斗"。其中"有在京汛村庄买回家内食用者，亦有运至良乡、房山等处村庄食用者"。有从"城内铺户买米八十二石"，也有在城外铺户购买。"每次装米数斗，扛运出城寄存隙处，成总雇驴驮载"。对"由关厢粮铺驮运小米十七石，运至京汛大井村"的商人不处罚而获释。对将米粮"运至良乡、房山等处村庄"的商人，属于运粮出境被议处。④ 十五年，给事中庆明等奏称，商人从右安门内陈永等开设的义成粮店购买粮食后，将米运至"洪门、黄村、庞各庄、固安县等处。一年之内约出粳、稜米数千石"，为贩米出境证据。这些商人交待说，"在黄村地方开设义盛粮店，内外串通囤积贩运已非一日"。请

---

① 《军机处录副奏折》，"嘉庆六年无名人奏折"，档案号：03 - 2431 - 056。此上奏折者为步军统领明安，见"嘉庆六年十二月十一日步军统领明安等奏折"，见中研院史语所藏明清史料，序号：159166 - 001。
② 《军机处录副奏折》，"嘉庆十年十二月二十八日巡视南城礼科给事中明舒奏折"，中国第一历史档案馆藏，档案号：03 - 1842 - 066。
③ 《军机处录副奏折》，"嘉庆十一年二月二十二日刑部尚书长麟等奏折"，中国第一历史档案馆藏，档案号：03 - 2442 - 028。
④ 《军机处录副奏折》，"嘉庆十三年十一月初七日步军统领宜兴等奏折"，中国第一历史档案馆藏，档案号：03 - 1630 - 019。

交刑部审办。① 虽然笔者未见到审办结果，但从政府对参与查办官兵进行表彰来看，对外贩商人应进行了处罚。② 十六年三月，官兵在永定门及左安门内，抓获六辆私贩米车出城事件。六辆车上"荆筐内暗藏米袋，上面覆以粪土"。交"刑部严审定拟"③。十八年五月，武清县河西务永和粮店的赵九等多名商人，分别在广渠门内，天泰号王呈云粮店内买稉米十五石，谦益号刘善相米铺四次买稉米九十七石。于家维地方的贾大，在谦益号粮店内买稉米二十二石，杨七买广渠门内兴义号赵大成粮店稉米老米四十石。杨七又在东便门内，买"广盛、广兴、永德兴粮店稉米四十八石"。通州双树村的刘大，"在东便门内，高明祥吉兴粮店买稉米二十六石"。东便门外南花园的宋九，"买吉兴祥粮店稉米十六石，毛二买稉米十五石"。以上所购米粮均由各该铺户包送出城，运至河西务等处，"凭经纪赵五、邓四评价贩卖"。另外，四王府等处的李大、高五、杨三、杨二、艾大等人，"在西直门李二永义公粮店、段廷喜广隆粮店、许佩永泰粮店，各买米三四斗不等，亦系铺户包送出城。该城门官兵知情放出"④。十九年，步军统领英和等奏称，官兵在广渠门外三间房等处，抓获向天津贩运米车四辆及车夫四人，并抓获开店替商人窝藏米石的王二，共有稉米六十一石。据王二供说，王家五兄弟，老大在广渠门内开天泰号王大粮店，王二、王三在广渠门外开信丰客店，王四、王五在店前开饭铺。某日，王三等人，从城内雇觅妇女幼孩，零星背运米六十九石出城。信丰店内"尚存米八石，其余四十三石，系广兴米铺姜二寄存，每米一石，给王二信丰店铜钱五文"。由王二雇车四辆，将米运到天津县城内石桥地方交卸。另据王三供称，王家是武清县赵家庄人，在京经商已经是第四辈了。他与在天津县北门外开兆来斗店的丁来兆商定，每稉米一石，卖给丁某钱八吊，计除价本脚钱，还剩钱两吊。还有山东福山县商人姜二，在广渠门内开广兴粮店为生。

---

① 《军机处录副奏折》，"嘉庆十五年二月十八日巡视西城礼科给事中庆明等奏折"，中国第一历史档案馆藏，档案号：03-2143-022。

② "嘉庆十五年三月十二日吏部移会折"，见中研院史语所藏明清史料，序号：125526-001。

③ 《军机处录副奏折》，"嘉庆十六年三月二十三日巡视东城给事中龄椿奏折"，中国第一历史档案馆藏，档案号：03-2218-035。

④ 《军机处录副奏折》，"嘉庆十八年五月初十日步军统领吉纶等奏折"，中国第一历史档案馆藏，档案号：03-1848-040。

他"在东珠市口遇见，在天津县属蒲口开大来米店的丁大"。丁大买其稉米，"每石价钱六吊九百文"。由姜二雇人零星背送出城，丁大自雇车拉运。以上抓获的贩米外运商人，均交刑部审办。① 二十二年，有御史王松年说，隆丰等粮铺运米出城。他看见"大车十余辆，运米出广宁门，并见大街各米铺门口，车辆络绎装载"②。二十五年，在朝阳门外新桥地方，有车夫装大"拉米十三口袋。董七车拉米八口袋"。他们说："本日在朝阳门外关厢地方，有胡聚雇伊等车辆拉运至通州西关交卸。"③ 这些系贩运出城事例，有关的商人均获罪。

  道光时，贩米出京的商人仍然络绎不绝，主要是老米和稉米，参与贩卖的商人均受到处罚。二年闰三月，御史邱家炜在朝阳门外新桥地方，"目睹负米出城者，自朝至暮，肩摩踵接，络绎不绝"。初四日，又见"马车一辆，载米急驰"而来，询问得知，有买米人杜二，"雇觅闲人零星背负出城，凑成十石"，雇车夫康三运出城。二十七日，续见"李四米车一辆，载米五石"④。同时，官兵亦在永定门外抓获"张五等押送出城米车二辆"。据张二称是前门外珠市口复兴粮店学徒，有客人买米，店主叫跟车押送。官员从复兴号周若旭粮店，查出入账簿，店内"囤积米石竟有一千余石之多"。据店主周若旭说："杨村开万全堂糕干作房的杜云鹏，在店里买了细白老米二十四石，开去发票一纸，装了二十七个口袋，雇车装载，我叫学徒张五跟送。"周若旭、杜云鹏及张五等，交刑部审讯。⑤ 十一月，有官员在彰仪门前，看见"有驴驮米石五支，一连飞奔出城"。抓获一起，发现均不是细米，为带壳老米。核对商人张九、郝三等"铺卖米账簿"，"多者一日卖至二千九百余串"。"铺内老米现积有大小二十三囤"⑥。四年三月，御史祥安等官员看到，广安门外开城后，

---

① 《军机处录副奏折》，"嘉庆十九年闰二月十三日步军统领英和等奏折"，中国第一历史档案馆藏，档案号：03-1849-002。
② 《清仁宗实录》卷三三二，嘉庆二十二年七月辛未，中华书局，1986，第389~390页。
③ 《军机处录副奏折》，"嘉庆二十五年三月初五日御史永明额等奏折"，中国第一历史档案馆藏，档案号：03-1764-066。
④ 《朱批奏折》，"道光二年闰三月二十九日掌湖广道监察御史邱家炜奏折"，中国第一历史档案馆藏，档案号：04-01-01-0632-044。
⑤ "道光二年闰三月巡视南城察院奏折"，见中研院史语所藏明清史料，序号：128550-001。
⑥ "道光二年十一月巡视西城察院奏折"，见中研院史语所藏明清史料，序号：175609-001。

"有驴驮米石络绎出城"。抓获"赶驴运米人耿二、李大儿、张三等三名，米十二石五斗"，俱为细米。他们供述是从广安门内粮店购买的。官兵调查广安门内几家粮店，其中马大开设云生号粮店，"积米大小二十二囤"，杨三开设云聚隆号粮店，"积米大小二十囤"。① 十一年八月，御史琦琛等奏称，西直门内有万和、永裕、广兴隆、丰隆、永和等铺户，发卖糙稜米石十二石有零，由闫四等人，用"骆驼一只，骡驴十余头，驮载布袋，自东而西"，运往西直门外，到八里庄地方被抓获。②

从以上事例看，政府对贩运地区与贩运粮食种类分类管理。对贩运出京的商人，采取比较严厉的措施，抓获贩运商人，并追查所购粮店的店主，查对账簿，发现问题，继续抓捕。对贩运小米的商人，抓后释放，给还粮食。对贩运粗米出城的商人，因可能涉及回漕，检查格外严厉。

三 禁放债

（一）政策

康熙时，京城市场上有"贾人多以私钱牟重息，有印子、坠子、转子之目，贫民称贷者不胜其苦"③。但似乎政府并未禁止放贷。雍正年间，政府禁放印子钱。"二年，有佐领、骁骑校，串通领催人等，指称他人名色，或于该管佐领，或于其弟兄所管佐领下，借放印子银两。有十个月扣完者，亦有十二个月扣完者，每月关领钱粮之时，勒令清偿，不许暂缓"。政府规定："除兵丁等自相借贷不行禁止外，其佐领等支放印子银两，坐扣钱粮之处，概行禁止。"④ 五年，出台政策，"如有买人钱粮米石，及借放印子银者，一经拿获，即照此例，赏给拿获之人。再如七八人同卖钱粮米，借用印子银，其中若有一人首出，将伊等所借已还

---

① 《军机处录副奏折》，"道光四年三月十一日巡视西城御史祥安等奏折"，中国第一历史档案馆藏，档案号：03-3920-027。
② 《军机处录副奏折》，"道光十一年八月二十八日巡视西城御史琦琛等奏折"，中国第一历史档案馆藏，档案号：03-4043-068。
③ （清）朱彝尊《曝书亭集》卷七五，《掌京畿道监察御史任君墓志铭》，见（清）纪昀等编纂《景印文渊阁四库全书》第1318册，《集部·别集类》，台湾商务印书馆，2008，第1318～486页。
④ （清）鄂尔泰等修《八旗通志》初集，第二册，卷七十，《艺文志六·奏议二》，东北师范大学出版社，1985，第1352页。

未还银两，悉令追出，赏给遵旨实首之人"①。七年八月，"凡兵丁等，承应官差养赡家口，专于粮饷是赖。乃有射利之铺户土豪人等，交结队目，广放营债，以取重利。兵丁堕其术中，借银到手，随意花费，及至领饷之时，不足以饱债主之谿壑，此实兵丁等，暗中耗费，以致窘乏之由也"。政府通令，文武官员，出示晓谕，不许铺户土豪人等，再放营债，违者从重治罪。其从前已经借给者，清还本银，不许收取利息。营伍兵丁中，彼此借贷者，除朋情缓急通融外，若有放债图利，剥削同辈者，"该管官稽查严禁，倘违禁不遵，一经发觉，将该管官，一并议处"②。乾隆十七年，"近日无赖匪徒，重利放债，于旗人生计攸关，尔等应留心查办"。政府下令，将"重利放债"者，"发遣拉林阿勒楚喀耕种地亩。但该处除耕种外，别无他务，伊等如至彼处，仍不改悔"，再"发往黑龙江，给与索伦等为奴"。放债钱，督抚可以自行处理，"其所放重利债，追出不必入官"。"分贮各旗，或奖赏兵丁，或赒急贫穷，尔等酌量办理。"③嘉庆十五年，官员称："民人违禁向八旗兵丁放转子、印子长短钱，扣取钱粮，例禁綦严。"④

（二）执行

雍正五年，顺承郡王锡保等奏称："贾富成私买甲米，放印子钱。"雍正帝下令："将卖钱粮米石及借印子银人之已还未还，本利银两，悉令追出，赏给拿获之官兵。"⑤乾隆二年，御史嫩布奏称："有一项山东民人开铺放债，置买兵丁饷米，图取重利。"因为"旗人所以情甘重利借贷者，亦因困迫之所致"⑥。三年，陕西道御史常龄疏称："八旗俸饷米石逾期半月有余甫行开放。旗人不能计日支领，大半转向铺家，加利赊

---

① （清）允禄等编《清雍正上谕内阁》第三函，内务府藏雍正九年刻本（康熙六十一年到雍正七年上谕）。
② 《清世宗实录》卷八五，雍正七年八月甲辰，中华书局，1985，第130~131页。
③ 《清高宗实录》卷四一八，乾隆十七年七月丁卯，中华书局，1986，第481页。
④ 《军机处录副奏折》，"嘉庆十五年二月初八日山东道监察御史西琅阿奏折"，中国第一历史档案馆藏，档案号：03-2143-021。
⑤ （清）允禄等编《清雍正上谕内阁》第三函，内务府藏雍正九年刻本（康熙六十一年到雍正七年上谕）。
⑥ 李洵、赵德贵、周毓方、薛虹主校点《钦定八旗通志》第一册，卷首十一，吉林文史出版社，2002，第230~231页。

第八章 政府对市场的监管

借。""责成承办旗员,并书算领催,不得舛错,一经驳查,指名严参。"①嘉庆十二年十二月,"镶蓝旗满洲马甲保禄,向领催平德借贷五分利债,又托平德向开堆房民人林作楷指米借钱"。政府令"八旗都统,督率该参佐领等,不时认真查禁,倘兵丁等有向民人借重债典银米者,一经查出,即行参奏,拿交刑部照例治罪"②。十五年,"有山东民人在八旗都统、护军统领等衙门附近地方托开酒店布铺为名,以潜其身,专放钱债与八旗兵丁使用。以一月之期取倍蓰之利,名曰典钱粮。其已典之后,至每月放钱粮之期,该民人即在各该衙门首等候,俟该兵丁等领出,当即拦去扣算,且一经扣去,该兵丁于本月养赡必至不敷,势不能不将次月钱粮再典与彼。如此逐月递典,经年累月,层层盘剥,以致兵丁受亏无穷"。③政府令步军统领衙门对山东放债商人"严密查拿,勿令潜踪"④。道光十四年,御史赵光奏称:"近年通州一带,多有地匪奸商,于沿河开设银钱字号,名为大斗铺。有兴隆、万隆等号,交结粮帮丁舵及拨船水手,重利盘剥。平日称贷,专指粮到清偿,通同作弊。"政府"饬令通州知州及坐粮厅监督,责成地方官严密访查,如有奸商匪徒于沿河开设大斗铺,偷买偷卖,囤积回漕,预备杂物搀和等弊,立即严拿,从重惩办,不准稍有疏忽懈弛,致滋蠹害,以清积弊而肃漕政"⑤。十九年,有御史善奎奏称:"八旗各营附近之处,多有回民开设印局,重利放债,引诱赌博。旗人受其诓骗,钱粮不能顾家,稍不遂意,结党成群,踵门威吓。"政府令"步军统领衙门、顺天府、五城于各旗营附近处所一体严查,遇有回民开局诱赌之事,拿获究办"⑥。

从以上记载看,政府政策禁止放债,但一般是放债事情出现后,政府令地方官员严拿从重惩办。方法有几种,将放债人的本银和利息,赏给拿获之人;将卖钱粮米石及借印子银人之已还未还本利银两,悉令追出,赏给拿获之官兵;对已经借出者,清还本银,不许收取利息;有时

---

① 《清高宗实录》卷六六,乾隆三年四月丁亥,中华书局,1985,第68~69页。
② 《清仁宗实录》卷一八九,嘉庆十二年十二月辛巳,中华书局,1986,第505页。
③ 《军机处录副奏折》,"嘉庆十五年二月初八日山东道监察御史西琅阿奏折",中国第一历史档案馆藏,档案号:03-2143-021。
④ 《清仁宗实录》卷二二五,嘉庆十五年二月壬辰,中华书局,1986,第22页。
⑤ 《清宣宗实录》卷二四九,道光十四年二月甲子,中华书局,1986,第765页。
⑥ 《清宣宗实录》卷三二八,道光十九年十一月丙申,中华书局,1986,第1152页。

放债的钱,让督抚自行处理。嘉庆时,更有查出后,放债人受到从重惩办,更或流放边疆,给与索伦等为奴的严惩。这种监管的后果也是很严重的。放债的本利银,分赏给抓获官兵,后果可能是吏役乱抓;令地方官自行处理,也会产生贪污。政府禁令不可谓不严,但放债始终没能禁止。应该说,借贷在日常生活中是不可或缺的。后有旗人说:"世族俸银米悉抵押于老米碓房,侵渔逼勒久,遂握有全部之财权。因债权故,碓房掌柜之乡亲故旧稍识之无者,率荐入债家为教读,遂握有满族之教权。于是旗籍人家无一不破产,并其子弟之知识亦无一不破产矣。"①

如何从根本上解决放债问题,乾隆时,政府令官员提出解决意见,"若八旗酌量每旗支给数万银两,以轻利借给,以资接济穷人缓急困迫。即以伊等钱粮坐扣,则旗人不待禁止,自不以重利借贷矣"②。三年,御史稽鲁提出解决八旗生计的难题,"请每旗各设一库,每库用银五十万两,借与本旗官员以及包衣、兵丁,每月每两令出利银二分,计年终之时,每库可得利银十二万两,以五万两归还库帑,余银七万两散与本旗兵丁。十年以后帑银归完,即将此项银两永作八旗公库"。乾隆帝批驳这个意见:"朕御极之初,加恩借给旗人库银,本期有益生计。乃迩年以来,细加体察,知伊等所领银两,随手花费,每月扣除额饷于生计转觉艰难,是以降旨豁免未完之项,停止再借。""资本必须营运,方能获利,旗人办事当差,日不暇给,何术而能坐获二分之厚息乎。原不过随手花销,而按季按月交纳利银,将受永远无穷之剥削,是非欲行以厚其生计而转以朘其膏脂,此富豪盘剥小民之计,而稽鲁反以为养赡资生之良策,悖谬极矣。"③ 总之,政府最终没有较好解决官兵借贷的问题。

四 禁烧锅

(一) 政策与处罚例律

较早与京城有关的禁令在康熙三十二年。这年,由于"蒸造烧酒,

---

① 夏仁虎:《旧京琐记》卷九,市肆,北京古籍出版社,1986,第98页。
② 李洵、赵德贵、周毓方、薛虹主校点《钦定八旗通志》第一册,卷首十一,吉林文史出版社,2002,第230~231页。
③ 王先谦:《东华全录》乾隆三年八月乙酉,见《清东华录全编》第六册,学苑出版社,2000,第102~103页。

多费米谷",所以康熙就令直隶巡抚"将顺、永、保、河四府属,蒸造烧酒,严行禁止"①。五十一年,有人提出:"蒸烧酒用米太多,故米价腾贵。"又有人称:"蒸烧酒多用高粱,则高粱宜贵,其他米谷宜贱。而高粱价值,并未增于别种米谷,别种米谷价值,亦未减于高粱。"② 所以,政府在禁与弛两方面始终摇摆不定。雍正时,有人说:"查烧酒一项并非民之必需之物,前虽曾禁止,但人为图其利,私下烧制,地方官员失于觉察,亦未可料。兹烧酒价较之往年高出一至二倍。"③ 是年,原任直隶巡抚李维钧奏请弛烧锅之禁,谓:"宣属所产高粱,米涩性燥,丰收之年,人皆不食,只作烧酒图利,每年不下六七十万金,并请其余各府一概弛禁。"政府同意此意见。此后"陆续开设缸房四百余座,每座岁征税银一两二钱,而开设之家,屯买高粱(高粱)、烧酒,鬻贩一岁约用高粱数十万石"。八年,因宣化府米价上涨,影响周围保安、万全、张家口等处小米价格,"小米每石则一两三钱五六分,及一两四钱不等。即高粱亦每石七钱有奇。穷民籴买委属艰难"。因此提出"宜将宣府烧锅停其征税,暂行禁革,俟来年秋收之后,许其复开"④。

从乾隆时起,政府规定越来越多。二年,政府定例:"富户巨商,广收麦石,肆行踩曲,大开烧锅者,杖一百,枷号两个月。其失察之地方官,每案降一级调留任,失察至二三案者,降三级调用。"⑤ 三年三月,政府继下令"严禁踩曲",主要在直隶、山东、河南等省。"每年麦秋之际,地方有富商大贾,挟持重赀,赴各处大镇,水陆通衢,贩买新麦,专卖与造曲之家,以图厚利。而造曲之家,盖成丘房,广收麦石,惟恐其不多。小民无知,但顾目前得价售卖,不思储蓄为终岁之计。而此辈奸商,惟以垄断为务,不念民食之艰难,此实闾阎之大蠹,不可不严禁重惩者"⑥。九月,政府重申:"旧例禁止烧锅,原为储蓄米粮,以裕民

---

① 《清圣祖实录》卷一六一,康熙三十二年十一月庚申,中华书局,1985,第763页。
② 《清圣祖实录》卷二五〇,康熙五十一年四月甲戌,中华书局,1985,第476页。
③ "雍正元年二月初六日巡城御史莫尔浑奏折",见第一历史档案馆译编《雍正朝满文朱批奏折全译》上册,黄山书社,1998,第26页。
④ "雍正八年十一月十五日直隶分守口北道王棨奏折",见中国第一历史档案馆编《雍正朝汉文朱批奏折汇编》第19册,江苏古籍出版社,1986,第415~416页。
⑤ 《乾隆定例杂钞》,"私烧踩曲",抄本。
⑥ 《清高宗实录》卷六五,乾隆三年三月戊辰,中华书局,1985,第50页。

食之计。而遇歉收之岁，尤当加意奉行。今年畿辅地方，收成歉薄，民食未免艰难。而烧锅不减，酒贩甚多，是必有司奉行不力之故。"令"总督李卫，转饬所属严行查禁，毋得视为具文"①。同时规定，"民间置曲自用，为数无多者，免其查禁。如广收麦石开坊踩曲，数三百斤以上者，除本人照例治罪外，乡地保长徇隐不报事发，照赌博总甲例笞五十，贩运曲块之为数止百斤以上者，照违例制例杖一百，现枷号一个月。牙行经纪、车户、船家代为交易贩运者，照不应重律杖八十。所有曲块全数入官，发与本地铺户为制造卖酒之用"②。四年，政府重申"耗费米谷高粱，如烧锅等事，断宜严禁。小民无知必因目前偶尔有余，任意糜费于烧锅造酒，以图一时小利，转瞬即有不足之患，所关甚大。封疆大吏，不可视为泛常，而存听从民便之浅见也"③。五年，政府又规定："广收麦石，开坊踩曲，数至三百斤以上者，如系本差查曲之员，察出拿获，每案准其纪录一次，四案以上者，加一级，以次递加。其失察之地方官，仍照例议处。"④

嘉庆时，政府直接提出在荒歉时严禁烧锅，平时似不禁止。"开设烧锅，有妨民食，在荒歉处所，尤应严加防禁"⑤。

道光时，政府改禁烧锅造酒为对贩运私酒收税。九年七月，政府订立缉拿私酒章程："崇文门宣课司衙门拿获偷运私酒人犯，核计隐匿正课税银在五十两以上，罪应拟徒。一百两以上，罪应拟流者，咨送刑部审办。其罪止拟杖者，由崇文门自行拟结。所获之酒，照例入官。官弁兵役知情故纵者，与犯同罪。受贿者，计赃以枉法从重论。失察者，兵役责革，官弁交部议处。"⑥

（二）执行

乾隆二年四月，步军统领鄂善称："有奸民图利，串通胥役，转相贩卖，甚至运往通州，售为烧锅之用。"⑦ 三年，政策细分为，"商民贩卖

---

① 《清高宗实录》卷七六，乾隆三年九月癸亥，中华书局，1985，第207页。
② 《乾隆定例杂钞》，"私烧踩曲"，抄本。
③ 《清高宗实录》卷九八，乾隆四年八月甲申，中华书局，1985，第490页。
④ 《乾隆定例杂钞》，"私烧踩曲"，抄本。
⑤ 《清仁宗实录》卷二八五，嘉庆十九年二月戊申，中华书局，1986，第890页。
⑥ 《清宣宗实录》卷一五八，道光九年七月丙午，中华书局，1986，第435页。
⑦ 《清高宗实录》卷四一，乾隆二年四月丁丑，中华书局，1985，第733页。

麦石,则粮食流通,于百姓有济,不必稽查,致有阻滞"。要对"踩曲之家,严行禁止,违者从重治罪"。令"督抚转饬各地方官,实心奉行,毋得视为具文,苟且塞责,倘稽查不力,仍有违禁私踹者",经查实,"必将地方官从重处分,不稍宽贷,即督抚亦不得辞其咎"[①]。十一月,步军统领衙门抓获烧锅数起。[②] 其中在"东直门大兴县"天竹、北埠两村,有人开设烧锅造酒。天竹村十二座烧锅,有董四等二十二人。北埠村三座烧锅,有冯大等七人。这些烧锅大部分建于乾隆二年、三年,均为山西人开设。因大兴县知县,既不能遵令严行查禁,"该县衙役受财卖纵,漫无觉察",从优赏赐抓获番役,受贿官吏严加察议。[③] 五年九月,御史齐轼奏称:"窃见近日京师九门,每日酒车衔尾而进,市价每烧酒一斤,值大制钱十六文,数年以来无此贱价。是必网利之富贾,贩酒者多,故其价大减,亦必附近之州县,私烧者众,故车载日来也。"政府令直隶总督孙嘉淦禁烧锅。[④] 七年,"畿辅地方,秋成丰稔,米粮饶裕","私开烧锅者颇多,盖愚民无知,止贪目前小利,而不计日后之匮乏"。政府令"署督史贻直,严饬所属,实力禁止,毋得视为具文。其他省丰收地方,该督抚应一体遵行"[⑤]。九年五月,"近闻畿辅地方,私烧之弊,犹未尽绝"。令地方官"加意防维,实力查禁"[⑥]。十六年,方观承奏称:"宣化府州县,目下粮价昂贵,缸户率皆图利私烧,罔知撙节。现饬地方密封禁缸房,暂免缸税。"但政府又怕"税虽免而缸终不封,徒使缸户潜自开烧,居奇获利,奸胥猾吏更复乘机需索,以饱囊橐,而与民间食用、市肆粮价实无裨益"。乾隆帝认为:"向来缸户给领牙帖,本属有数可稽,不但粮贵之年,即屡丰大有,亦应明定缸户之数,不令日加,则盖藏日裕矣。其偶遇歉收,于额定缸户每日所烧粮石,亦约以定数。此外不得任意糜耗,即就成法之中,自可寓稽察撙节之

---

① 《清高宗实录》卷六五,乾隆三年三月戊辰,中华书局,1985,第50页。
② 《清高宗实录》卷八〇,乾隆三年十一月庚戌,中华书局,1985,第254页。
③ "乾隆三年十一月初二日提督九门步军巡捕三营统领鄂□(善?)奏折",见《明清档案》,中研院史语所现存清代内阁大库原藏明清档案,序号:A86~38,B48595~48597。
④ 《清高宗实录》卷一二七,乾隆五年九月丙申,中华书局,1985,第860~861页。
⑤ 《清高宗实录》卷一七八,乾隆七年十一月壬戌,中华书局,1985,第296页。
⑥ 《清高宗实录》卷二一七,乾隆九年五月辛丑,中华书局,1985,第794页。

道矣。"方观承回复称："宣化一府，每年额征缸税银六百一十六两，谷九石三斗二升零。旧例丰年按帖征收，歉岁缴帖免税。原有可稽之数。"①

道光十一年，给事中寅德奏称："附京之双桥、于家卫、羊坊、马店、看丹村、三间房等处地方，每有酒局截卸进京大车烧酒，私运漏税，并有不服查拿之事。"政府令"直隶总督、顺天府、五城一体查拿惩办，毋得轻纵"②。

因为酒是人们日常生活所必需，政府酒禁并不成功。正如范金民研究指出的，乾隆帝根据实际情况，"采用了禁而不苛，宽而不失，丰歉有别，自用与兴贩不同的"灵活方法。③ 乾隆帝分别情况对贩卖烧酒进行处理，如车装马驮运出境者，务须严禁究询。如本地民人照例责惩，将酒交与本人，止许在本地零星售卖。如别处之人，则连人并酒解回本籍，移交地方官照例发落，不必将酒入官。④ 所以在京城禁曲、禁酒，禁而不止。最后政府改酒禁为收税，也顺应了市场规律。

第二节　管理官兵

由于官员、兵丁直接参与监管粮食交易的各项政策，所以政府对官兵的管理也主要围绕这方面进行。⑤

一　要求官兵按规定执行

官兵在执行政策时，一般会出现几种情况，政府分别给予处理。

（1）处罚违法。乾隆四十七年，林大运两斗细米出永定门。门军刘秉瑛阻拦检验，致林大不服，待林大将米运到地方后，返回与守城门军刘秉瑛理论，被刘等人殴打，受重伤，死于官署，门军刘秉瑛交刑部

---

① 《清高宗实录》卷三八九，乾隆十六年五月己未，中华书局，1986，第105页。
② 《清宣宗实录》卷一九九，道光十一年十月乙巳，中华书局，1986，第1134页。
③ 范金民：《国计民生——明清社会经济研究》，福建人民出版社，2008，第49页。
④ 《乾隆定例杂钞》，"私烧踩曲"，抄本。
⑤ 关于回漕问题，在本书第六章第三节专门进行了描述，由于回漕与外贩直接相关，这里从官员执行政策的角度，一并叙述。

审办。① 嘉庆十八年，刘永舟"买食米数升出城，被朝阳门官厅鞭责受伤"，东城门官春成阿等解任严审。② 道光十八年，御史福隆珠阿奏称，城门军藉端勒索贫民。"贫民自买细米，门军勒索未遂，致被阻留，给米放行，实属玩法，扰害穷黎，不可不严行惩办"。政府令"将该门员弁兵丁，严参惩治"③。

（2）纠正错误。嘉庆十一年，吏目杨立干控副指挥盘获出城米，隐匿不报。经刑部调查发现，该指挥盘获出城米，"系民家食米，并非贩卖细米，止有八斗，不在例禁之内"④。官兵"往往规避处分，概行拦阻"，从而使"附近乡民买食细米"，也被禁止了。营员因噎废食，"懔干处分，因而无论粗细升斗米石，概行拦阻，以致实系附近乡民买食之细米，亦一概不令出城"⑤。政府规定，一石以内的米"准其出城，毋得拦阻"⑥。"守门官弁兵役，因有查拿回漕米石之例，辄将民间买食细米一并缉拿"。官兵怕犯错误，禁米过严，影响流通。但对贩运粗米，"经行贿，悉皆卖放"。政府一方面重申民间买食细米不得"索诈阻拿"，否则按例治罪。⑦ 另一面，纠正官兵的错误。地方官兵在广渠门外抓获拉运米出城的车户，经刑部尚书长麟等官员复查，"将各铺买卖米细账，挨次核阅。该铺户等收买米豆，均系每月初十日以后，零星收买，其随时转卖，亦有日逐账据"。令铺户照常经营，抓获人、车与米全部给还。⑧ 十一年，政府重申"其本系流通粜卖者，无论米石多寡，俱听其自便。定例本为明晰，今若不问是否流通，一经逾额，即以囤积拘拿，必致铺户

---

① 《军机处录副奏折》，"乾隆四十七年八月二十三日东阁大学士英廉奏折"，中国第一历史档案馆藏，档案号：03-1428-023。
② 《军机处录副奏折》，"嘉庆十八年六月二十五日巡视东城给事中清安奏折"，中国第一历史档案馆藏，档案号：03-2470-029。
③ 《清宣宗实录》卷三一七，道光十八年十二月丁亥，中华书局，1986，第953～954页。
④ 《军机处录副奏折》，"嘉庆十一年二月初九日都察院左都御史英善等奏折"，中国第一历史档案馆藏，档案号：03-2194-011。
⑤ 《军机处录副奏折》，"嘉庆十五年六月二十一日福建道监察御史兴安奏折"，中国第一历史档案馆藏，档案号：03-1632-030。
⑥ 《清仁宗实录》卷二三一，嘉庆十五年六月甲辰，中华书局，1986，第103页。
⑦ 《清仁宗实录》卷三四一，嘉庆二十三年四月己卯，中华书局，1986，第504页。
⑧ 《军机处录副奏折》，"嘉庆十一年二月二十二日刑部尚书长麟等奏折"，中国第一历史档案馆藏，档案号：03-2442-028。

畏累，商贩不前，于民食商情转有妨碍"①。有人勾结天津铺户，向天津贩运米石，直隶总督那彦成认为，贩运的只是一万四千余石细米，并无大碍。嘉庆帝批评那彦成说，天津一带为漕艘经过通津的关键地段，系回漕弊薮所在，岂能不严密查禁？并指示他确查。② 道光十一年九月，宛平县人张二，在广安门外五里店居住，以卖草为生。二十五日，用自家"驴六头，驮草进城售卖，将草卖完"。就在广安门内，山西阳曲商人李二开设的广兴粮店，买"细稄米四石八斗，零星背运出城，用驴驮回家内食用"。同日，在广安门外大井居住，以卖草为生的宛平县人张三，也用自家驴五头，驮草进城售卖，将草卖完，"随在李二广兴米店内买了细稄米四石四斗，零星背运出城，用驴驮回家内食用"。还有东直门外晾马桥地方，"运米出境人犯萧七、王大牛、李明善、闫三、宋三、焦二路、王保儿、管大、董二、刘一儿、胡五儿、张大等十二名"，他们均居住在大兴县、昌平州，"起获稄米十石零七斗，老米四石"，是自食米石，并非贩运粗米出城。但这些人均被官兵截获。是时，京城米禁检查过严，"民间买食细米，一并缉拿"。而实际只有粗米可以回漕，可贩运粗米商贩，则因"行贿悉，皆卖放"。守门官吏"将贫民买食细米，索诈阻拿"实属违例，均照例治罪。③ 十三年十二月间，官兵抓获张三、赵二贩运粗米出城。因他们贩运"数在三石以上，例无治罪明文，应从重比例，依各拟枷杖"。御史蔡赓飏奏请"将此项贩米之人，酌量轻重，明定罪名，著为新例"④。

（3）严管守城官兵受贿放行。"京汛四王府等处民人李大、高五、杨三、杨二、艾大"等人，"在西直门李二永义公粮店、段廷喜广隆粮店、许佩永泰粮店，各买米三四斗不等，亦系铺户包送出城。该城门官兵知情放出"。均交刑部审办。⑤ 武清县商人王二等，"来京贩运米石，在左安门内升元粮店杜德仁铺内，并永兴粮店杜大铺内，每次买米二三

---

① 《清仁宗实录》卷一七〇，嘉庆十一年十一月丁巳，中华书局，1986，第220页。
② 《清仁宗实录》卷二八八，嘉庆十九年三月乙卯，中华书局，1986，第940~941页。
③ 《军机处录副奏折》，"道光十一年十月初六日步军统领耆英等奏折"，中国第一历史档案馆藏，档案号：03-3762-008。
④ 《朱批奏折》，"道光十四年二月初一日巡视东城山西道监察御史蔡赓飏奏折"，中国第一历史档案馆藏，档案号：04-01-01-0760-032。
⑤ 《军机处录副奏折》，"嘉庆十八年五月初十日步军统领吉纶等奏折"，中国第一历史档案馆藏，档案号：03-1848-040。

石至四五石不等，俱系铺户杜德仁等包运出城，放在升和粮店内堆贮，驮至武清县贩卖"。张大在左安门内，开设元兴粮店，向各铺户收钱，贿给守城门军头共二百串钱，众兵每人分得八百文，并嘱军兵不阻拦张大等铺户运米出城。城门官兵"受铺户钱文，包庇卖放"①。二十二年，政府申明："其各城门私放米石，接济回漕"的必须"实力查拿，有犯必惩，毋稍疏纵。"② 御史熊塈奏请，对各城门守军进行互相稽查偷运米石出城之事。他说："步军统领、顺天府、五城俱应随时随地，查拿究办。凡有奏事之责者，如查有赃证确据，亦均可据实举发。"政府令"步军统领、顺天府、五城一体认真查禁。如所属官吏有包庇纵放情弊，该管上司勿稍回护，严参重惩，则奸商积蠹，自无所施其伎俩矣"③。政府重申："各城门于买米数在一石以外，及叠次出入，形迹可疑者，自应查拿究办。若小民零星自买食米，及受雇背负，凡在一石以内者，不得纷纷查拿，以杜扰累。"④

（4）官员犯法参处。道光时，有官员汪瑟庵违规，"以京师米颇昂，乃屯积数十廪，以待厚价，几为金吾所举劾"⑤。十六年，有捐职从九品官员张瑞秀，在四王府小府地方居住，并开有碾房生理。经官员抽查门牌，发现其"家内自存稉米三十石，有正白旗明老爷寄存老米五十石。正蓝旗双老爷寄存老米三十石，又自存小米七十石等"。因为有可能涉及回漕，政府令严厉追查。⑥

（5）政府反复申明政令。嘉庆时，回漕问题比较严重，政府认为"全在步军统领等衙门，严密巡查，遇有违禁私囤，及包揽拉运者，将奸商拿获重惩，自可剔除积弊"⑦。令直隶总督、顺天府分饬地方官，严密

---

① 《军机处录副奏折》，"嘉庆十九年三月二十日步军统领英和等奏折"，中国第一历史档案馆藏，档案号：03-2230-011。
② 《清仁宗实录》卷三三一，嘉庆二十二年六月辛丑，中华书局，1986，第375~376页。
③ 《清仁宗实录》卷三三四，嘉庆二十二年九月己酉，中华书局，1986，第403页。
④ 《清仁宗实录》卷三三四，嘉庆二十二年九月丙寅，中华书局，1986，第410页。
⑤ （清）昭梿：《啸亭续录》卷五，汪瑟庵，中华书局，1980，第537页（原文记甲申夏以前事，甲申即乾隆二十九年和道光四年，汪瑟庵生于乾隆二十二年，卒于道光七年，所以甲申当为道光四年）。
⑥ "道光十六年九月一日巡视西城察院奏折"，见中研院史语所藏明清史料，序号：147399-001。
⑦ 《清仁宗实录》卷二九一，嘉庆十九年五月丙午，中华书局，1986，第974页。

稽查。"运河口岸运米上船之处,及附近寺观空房因积米石","有奸商在彼私囤装运,即行严拿究办"①。"步军统领衙门、顺天府、五城,即查京城米铺,如有违例多囤至五百石以外者,照例惩办。其各城门私放米石,接济回漕,并著实力查拿,有犯必惩,毋稍疏纵"②。道光年间,政府令"步军统领衙门、顺天府、五城一体严密稽查。如有米店碓房违例囤至五百石以上者,即行照例惩办,并严饬该管员弁于各城内实力访拿,毋任稍有偷漏。倘徇隐不办,仍复运米出城,一经有人参奏,定将步军统领、两翼总兵、顺天府尹、五城御史一并重惩,决不宽贷"③。政府规定:"城内责成城门领等,城外责成各营汛员弁等,分别实力巡查。如有得钱卖放,失察偷漏,即行据实究办。如管门官兵,将乡民买食细米索诈阻拿,照例治罪。"④ 特别在粮价上涨时,政府会发出"现在京城粮价腾贵,此等嗜利之徒,辄敢私贩出城。恐城外囤户尚不止此一处,著步军统领、五城一体严密访拿究办,毋稍徇隐"的命令。⑤ 十一年,政府降旨,令顺天府遴选干员,严拿惩办运米出城准备回漕的事件,并令"步军统领、顺天府,五城认真查办。再有米石出城,惟守门弁兵是问"。"如兵役有隐庇卖放者,即行从重惩办"⑥。十三年,令"耆英等于各城门严行查禁,如有回漕弊端,即著严拿惩办"⑦。十四年,御史赵光奏称:"近年通州一带,""有兴隆、万隆等号,交结粮帮丁舵及拨船水手,重利盘剥。平日称贷,专指粮到清偿,通同作弊,偷买偷卖,囤积回漕。又恐粮数亏短,收买麦稞谷秕糠土药物,预备各船潮湿搀杂之用。""著顺天府府尹、仓场侍郎,即饬令通州知州及坐粮厅监督,责成地方官严密访查,如有奸商匪徒于沿河开设大斗铺,偷买偷卖,囤积回漕,豫备杂物搀和等弊,立即严拿,从重惩办,不准稍有疏忽懈弛,致滋蠹害,以清积弊而肃漕政。"⑧ 十五年,给事中富彰奏称:"东直门出

---

① 《清仁宗实录》卷三〇八,嘉庆二十年七月辛卯,中华书局,1986,第90页。
② 《清仁宗实录》卷三三一,嘉庆二十二年六月辛丑,中华书局,1986,第375~376页。
③ 《清宣宗实录》卷三三,道光二年四月乙巳,中华书局,1986,第587页。
④ 《清宣宗实录》卷三三,道光二年四月甲寅,中华书局,1986,第597页。
⑤ 《清宣宗实录》卷六六,道光四年三月戊辰,中华书局,1986,第39页。
⑥ 《清宣宗实录》卷一九六,道光十一年九月丙辰,中华书局,1986,第1090页。
⑦ 《清宣宗实录》卷二三二,道光十三年二月乙卯,中华书局,1986,第468页。
⑧ 《清宣宗实录》卷二四九,道光十四年二月甲子,中华书局,1986,第765页。

米甚多，均由各粮店发给，陆续运至长营村地方，再递运至通州城大斗铺，以便上船交纳。又有以羊骨锉灰，拌合粗米朦混出城。""著步军统领、五城各衙门认真查察，遇有回漕弊端，即行严密查拿，交部审办。"① 十六年，在京城周边于家卫及杨村一带，有奸商囤积，令"顺天府府尹、直隶总督，各派文武干员前往查拿，有犯必惩，毋得视为具文，以清积弊"②。十九年，政府令"步军统领严饬各营员弁及各城门领等，随时查察"。其"朝阳门外百胜庄六里村一带，为运往杨村、蔡村、河西务、天津等处必由之路"，令有关衙门派官员前往各该处严查。③

二 禁官员放重利

雍正时，有"不肖领催人等"，"或有妄行图利，于领米之先预为借给，领米之时，用钱价折算者"，政府令"一经查出，俱交刑部从重治罪。俟命下之日，传谕步军统领、顺天府府尹、五城御史知悉"④。"佐领、骁骑校等，系管辖兵丁之员，乃有借放重利银两，每月支领钱粮之时，勒令清偿本利，以致兵丁生计匮乏。"以后"除兵丁等自相借贷外，其佐领等借放重利银两，坐扣钱粮，概行严禁。违者议处"⑤。"兵丁每月关领钱粮，务令佐领、骁骑校亲身验看给发，并严饬各该参领不时稽查。如有违者，或经查出，或被首告，将失察之参领等，一并交与该部议处。"⑥

嘉庆时，有值年旗官汇奏："八旗兵丁本年一年内并无私自放借重利债，及典卖米石。"政府批评说："此奏不过虚应故事。""本日据刑部审明，镶蓝旗满洲马甲保禄，向领催平德借贷五分利债，又托平德向开堆房民人林作楷，指米借钱一案。可见八旗查报该管兵丁，并无私自放借重利债，及典卖银米，竟属虚言，俱不可信。""该都统等，平日并不实

---

① 《清宣宗实录》卷二七〇，道光十五年八月乙卯，中华书局，1986，第157页。
② 《清宣宗实录》卷二八四，道光十六年六月壬申，中华书局，1986，第389~390页。
③ 《清宣宗实录》卷三二一，道光十九年四月己巳，中华书局，1986，第1024~1025页。
④ （清）鄂尔泰等修《八旗通志》初集，第二册，卷七十，《艺文志六·奏议二》，东北师范大学出版社，1985，第1351页。
⑤ 《清世宗实录》卷二五，雍正二年十月癸酉，中华书局，1985，第389页。
⑥ （清）鄂尔泰等修《八旗通志》初集，第二册，卷七十，《艺文志六·奏议二》，东北师范大学出版社，1985，第1353页。

心查办，惟于年终照例咨报值年旗。而值年旗亦照缮历年奏折，塞责具奏，不问可知。"令"八旗都统督率该参佐领等，不时认真查禁，倘兵丁等有向民人借重债典银米者，一经查出，即行参奏，拿交刑部照例治罪，勿得仍前并不查禁于平时，惟于年终一奏塞责也"①。十六年，御史李培元奏称："八旗甲兵米石多由领催串通铺户放债挟买，巧图重利。""旗人率先豫借米铺钱文，至领米时，则由领催串通铺户汇总代领，克扣折算，及至甲兵等食米缺乏，又转向铺户按市价买用。"政府下令"八旗都统等，严饬该管参佐领等，于兵丁支领甲米时，认真稽察，务俾各兵丁等，将领米石均得全数领回，以资口食。并严查各领催，如有前项情弊，查明严行惩处，庶积弊渐除，旗人生计亦可日臻饶裕"。并将此通令八旗知之。②二十年七月，有"候补候选官员在京借用重利私账，及放债之徒勒掯盘剥"。政府令"步军统领、顺天府、五城各衙门，严行查禁。如有违例私设账局者，即行拿究。其潜赴外省官员任所索欠者，该督抚访闻，一并查参究治"③。二十三年，有官员西城"藉查办囤积为名，索诈米铺钱文至四千五百千之多"，实属执法犯法。同时"巡城御史伊绵泰、萧镇"，"各得受赃钱一千二百千"。所有受贿官员一律革职。④

三　禁官员勾结商人通同取利

雍正五年，"东城兵马司指挥章廷圻，将卖米之钱借易银名色，发与各铺户，通同取利，任意拖欠，以致亏空银六千余两，误国计而害民生，甚属可恶"。章廷圻被革职，追赔家产。铺户马君章追赔。⑤

乾隆时，"内务府及正蓝旗汉军都统米局，俱用车载米，卖与米铺商人，任其堆积，是非裕旗人生计，反致奸商射利，米价焉得平减。此皆都统等漫不经心，并不以此为事之所致也"。内务府所属米局事务，改由

---

① 《清仁宗实录》卷一八九，嘉庆十二年十二月辛巳，中华书局，1986，第505页。
② 《清仁宗实录》卷二五〇，嘉庆十六年十一月丁酉，中华书局，1986，第384页。
③ 《清仁宗实录》卷三〇八，嘉庆二十年七月丁酉，中华书局，1986，第92页。
④ 《清仁宗实录》卷三三三，嘉庆二十二年八月丁丑，嘉庆二十二年八月乙亥，中华书局，1986，第392页。
⑤ （清）允禄等编《清雍正上谕内阁》第三函，内务府藏雍正九年刻本（康熙六十一年到雍正七年上谕）。

和亲王总统管理，正蓝旗汉军都统米局事务，由弘暟管理。①

嘉庆七年八月，御史泰维岳奏称："京城米石全赖仓储收放，岁有定额，与外省随年岁丰歉为多寡者有间。现在米价之贵，其故不在直隶收成之少，而在各仓花户需索之多。缘官员兵丁应领米者，或食之较少，而使用乏资，兼恐赴仓领米，难定美恶，是以多将米票转售米铺，虽属违禁而暗自通融，其裒益亦总在民间。但铺家买得米票，必领好米，方能获利，势不能不嘱托仓中花户。花户以米价腾贵，为可居奇索费，自必过多，米铺亦必将所用使费俱摊入米价内售卖。窃以官员等自领俸米未能尽好，而米铺领出粜卖之米，无不一律匀净，其明证也。"② 二十二年七月，御史王松年看见，十余辆大车，两天内"运米出广宁门"，而"守门员弁毫无稽察，藐玩已极"。随后，将是日在广宁门守门值班的官弁，"先行交都察院议处"③。巡城御史等官员"通同舞弊，索诈分肥，赃证确凿"。其上级官员也交吏部议处。④ 被派查"铺户米囤"的吏目朱学斐，"起意索诈，将并未逾额米石，先行封禁，串通凑钱打点"，也被判为绞监候。⑤

小　结

禁商人囤积粮食量，从允许商铺囤积四五十石，到五百石，囤积粮食增加了十倍。这种变化是政府根据粮食市场的实际情况做出的对应措施。尽管如此，京城粮商所储粮食有限，规模受到限制。正如李明珠指出的："清政府利用许多直接或间接的手段来控制和限制粮食贸易，小额贸易已经在京畿以外的地区扩散开来。相比之下，政府对都城范围内粮食贸易的控制能力更强。"⑥ 吴建雍也评价说："米局取消后，清政府对俸甲米的流通，采取'听民之便'，与'去其太甚'相结合的政策。就

---

① 《清高宗实录》卷七五，乾隆三年八月戊申，中华书局，1985，第 194～195 页。
② 《军机处录副奏折》，"嘉庆七年八月二十九日浙江道监察御史泰维岳奏折"，中国第一历史档案馆藏，档案号：03-1841-033。
③ 《清仁宗实录》卷三三二，嘉庆二十二年七月辛未，中华书局，1986，第 389～390 页。
④ 《清仁宗实录》卷三三三，嘉庆二十二年八月丁丑，中华书局，1986，第 392 页。
⑤ 《清仁宗实录》卷三三三，嘉庆二十二年八月庚子，中华书局，1986，第 399～400 页。
⑥ 〔美〕李明珠：《华北的饥荒——国家、市场与环境退化（1690—1949）》，石涛、李军、马国英译，人民出版社，2016，第 214 页。

后者而言，重点打击转售米票、囤积居奇等活动。""注意保护正常的商业经营的意图。这些政策，对于维系俸、甲米流通，平抑粮价起到了积极作用。"① 总的来看，清代前期在政府的严密控制下，虽然京城没有出现明代那样的巨富粮商，但比起早期京城从事粮食经营商人限于山东、山西等省，嘉庆、道光时期有大量其他地区商人进入粮食贩卖队伍，特别是直隶一些县及本地大兴、宛平县的商人在经营粮食贸易。

值得指出的是，政府希望从道德角度改变商人囤积垄断粮食的行为。雍正六年，政府批评八旗官员，"怠惰疏玩"。"兵丁等所藉以养家口者米石甚属紧要。若大臣官员果于平素开导训诲，令兵丁等皆晓然于谋生之道，值领米之时务使存留以敷家口之资，余剩者些须粜卖何由致于窘迫。今大臣等并不详加教诲，其不肖之徒不能谋生，一得米石全不计及家口，妄以贱价粜卖，一至不能接续之时又以贵价籴买。如此则徒令逐末之民得其利耳。"② 乾隆帝上谕："朕因米粮价值，民食攸关，凡可以设法调剂者，无不预为筹划，且商人亦系四民之一，皆当激发天良，改其垄断恶习。今流风日下，但知为利，无怪天时之不和。朕亦愧诚感之不至，道德之未淳，天下之商人，皆当各发天良，而尤临民之官，所当加之意者也。"③ 一般来说，禁囤积的政策应该有一定作用，但道德说教的效果微弱。

禁商人向京城以外地区贩运粮食，在嘉庆、道光时处罚是比较严格的。但推行政策的边界，则不易掌握，往往是发现了事故，才能纠正。商人想方设法钻空子，突破政策底线。如规定细米一石以上，不许运出城，商人则分成数斗，雇多人运出。商人"将粗米稍碾串一次，即算细米，仍雇乡民冒充民买零星负运，或五六斗，或八九斗不等，每斗给予制钱三四十文、六七十文，与良民相混出城，其门军营弁无从分辨，此

---

① 吴建雍：《清代北京的粮食供应》，见北京社会科学院等编《北京历史与现实研究》，北京燕山出版社，1989年。
② 李洵、赵德贵、周毓方、薛虹主校点《钦定八旗通志》第一册，卷首十，勅谕四，吉林文史出版社，2002，第206页。
③ （清）刘锦藻撰《皇朝续文献通考》卷五六，《市籴考·市》，见顾廷龙主编《续修四库全书》第816册，《史部·政书类》，上海古籍出版社，2002，第339页。

漏米出城之弊"①。"此项米石，本系串过粗皮，嗣运至通州、张家湾等处，即有将米糠挼和成做，与未经串过之粗米无异"②。即便政府及时出台政策，商人总会改变应对方式。

禁商人向八旗兵丁放债。八旗兵丁将米谷送碓房，受到碓房商人的盘剥，"除一石止舂八斗外，或用大斗小升，多入少出；或因先借后还，贵价贱折，甚至有寄放既多乘便买尽，而飘然远遁者"，对此，有官员提出将"开设碾、碓之人"，"移出外城别图生理。如敢仍留内城，开设碾、碓者，该地方步营既行查拿，交送步军统领转交刑部治罪"③。这位官员似乎觉得将商人碾、碓房一概移出京城，兵丁就不受盘剥了，并未获政府认可。另外，政府也对八旗兵丁不能节俭，提出了批评。应该说，原来由政府掌控的粮食资源，流入市场以后，粮食流通、交易就由市场调节了。因为兵丁需要而借贷，商人乘机放债也是市场需求使然。在市场功能的强力推动下，禁止放债政策，事实上无法完全推行。

而对于禁烧锅，政府则推行不同政策。先是烧锅禁而不止。随后政策放宽，只在荒歉时禁烧锅，平时一般不禁。至道光时期，进一步放开民间烧锅、造酒，禁贩私酒漏税。从中可见，因为烧锅、贩酒可以征税，且烧锅用粮以高粱为主，与民食并无大碍，政府放宽了限制。

从以上各项政策的推行中，可以看出政府制订、执行政策的目的，无非就是保障八旗官兵的生计，而市场对资源的调节自然存在，是为所有人服务的，这与政府的目的不同。但政府在实际中，并非完全按照原来制订的政策行事，而是参照当时的实际情况，改变原定政策，客观形势变化了，又调整执行政策的边界，也可以说是不断适应市场的变化。本来诸如借债、烧酒等事情，都是人们生活所必需，根本无法严格禁止，政府因时制宜，就是适应市场的做法，值得肯定。

---

① 《军机处录副奏折》，"嘉庆二十年七月初八日掌广东道监察御史孙世昌奏折"，中国第一历史档案馆藏，档案号：03－2143－045。
② 《军机处录副奏折》，"道光四年三月初五日湖广道监察御史嵩山奏折"，中国第一历史档案馆藏，档案号：03－3920－023。
③ 《镶红旗汉军副都统革职留任尚崇坦奏折》，见中国第一历史档案馆编《雍正朝汉文朱批奏折汇编》第32册，江苏古籍出版社，1986，第218～219页。

第九章　政府调控粮价

政府调控粮价，主要就是靠定价平粜仓储粮，调整八旗官兵俸米、甲米的发放时间等措施，以达到平抑京城粮价的目的。

第一节　平粜仓储粮

一　设厂平粜

康熙时，政府减价平粜仓米，由政府设厂，出卖仓中陈米。所设厂是临时性，并没有制定章程。如五十二年二月，因"各省人民来集者甚多，米价故较往年翔贵"。政府以"仓内米数充足，先发一万石，照时价减粜，则来集之民，可以贱价得米，而京城米又得盈余"。"若一万石不敷，再发一万石粜卖，尔等将价值定议具奏"①。

雍正三年，政府在京师东、南二城，"立厂一处，西、北城立厂一处，照时价减粜，按成色核收"。在五城各"酌发官房二所，以为米厂"②。六年，政府建立的官米局也起到平粜作用。八年，已设立的米厂，"买米人多，每至拥挤"。又在"每城暨通州各添一厂，将成色米石，广为减粜"③。

乾隆二年，"增五城为十厂"④。九年八月，都统永兴请在通州添设米厂，增派官员监管，"于每翼满蒙汉内拣选章京、骁骑校等员，每厂各派官四员，并照京城米厂例，三年一换，交部察其能否。其看守领

---

① 《清圣祖实录》卷二五三，康熙五十二年二月丁丑，中华书局，1985，第508页。
② 吴廷燮等编纂《北京市志稿》"民政志"，卷三，北京燕山出版社，1998，第147～148页。
③ 《清世宗实录》卷一〇一，雍正八年十二月庚戌，中华书局，1985，第338～339页。
④ （清）王庆云《石渠余纪》卷四，纪五城米局（八旗米局附），北京古籍出版社，1985，第189～190页。

催、马甲，于旧设十六名外，添足四十名之数，按翼分补"①。十六年二月，京师米价上涨，政府认为："向来八旗米厂，原为平减市价而设，但照旧发粜，恐尚不足以资调剂。从前曾因米贵，添设厂局，派乾清门侍卫等，分局监粜。今虽不至如甚贵之年，但米价既昂，应酌量添设米局，自于民食有益。"据总理事务大臣回奏："老米尚不甚贵，且买食者少。稉米、仓米买食者多，时价稍贵。"请照乾隆十三年例，酌减定价平粜。② 三月，和硕庄亲王允禄等奏称："京城米贵，自分乡设厂，并节次拨米减粜，京米减价钱许。"③ 二十四年四月，因入春以来，雨泽未霈，米价稍昂。政府"量发仓米，分遣大员，在五城、圆明园各处，及通州地方，设厂平粜，以济民食"④。三十五年九月，巡视南城御史增禄、给事中王懿德奏请在南城设立麦面厂。他们提出："将东省运京麦石，通盘合算，按日计数，麦面兼粜，每厂每日以六十五石为率，约至明春二麦登场。""附近居民踊跃赴买者甚众。"后内阁学士臣富察善奏称："粜卖麦石，莫若磨面粜卖，更为有益，奏请停粜麦石，专卖面麸"，被批准。但十厂中，"厂地宽者，容设二十余磨，厂地狭者，仅容设十余磨，一城两厂，通融合算，所磨麦石不过七八十石"。"一城两厂，亦不过止于百石，以每日每厂六十五石合算，尚有三十余石，不能尽磨。"于是增禄等又提出："莫若将现在十厂不能尽磨之麦，以九十余石令该城关内两厂磨卖，以三十余石令该城关外增设一厂磨卖，虽添设五厂，仍与现在十厂核定，逐日所磨麦数相符，尽可接至明春二麦登场。且关外地方辽阔，一带居民日食有资，无须远赴内城籴买。"⑤ 四十年五月，因京师粮价稍增，照向例"于京仓内，量拨米石，分给五城，设厂平粜，以裨民食"。并要求订立办理章程，"详悉妥议，具奏"⑥。

---

① 《清高宗实录》卷二二二，乾隆九年八月丙午，中华书局，1985，第861~862页。
② 《清高宗实录》卷三八三，乾隆十六年二月癸未，中华书局，1986，第30页。
③ 《清高宗实录》卷三八五，乾隆十六年三月乙丑，中华书局，1986，第63页。
④ 《清高宗实录》卷五八五，乾隆二十四年四月丁丑，中华书局，1986，第492页。
⑤ "乾隆三十五年九月一日巡视南城御史增禄、给事中王懿德奏折"，见《明清档案》台湾中研院史语所现存清代内阁大库原藏明清档案，序号：A209~145，B116979~116981。
⑥ 《清高宗实录》卷九八二，乾隆四十年五月丁巳，中华书局，1986，第112页。

嘉庆二年四月，政府认为，每当平粜仓米，"商贩闻风，即有居奇抬价"，"平粜粮石之事，不可轻易举行"①。五月，官员费淳奏请平粜。政府认为："若实在民间米价长，又不可拘此，当即平粜，俾民受实惠也。"② 也就是说，政府根据实际情况，改用临时设厂平粜的办法，若粮价上涨，则可以平粜。五年闰四月，户部议定平粜章程时，仍按乾隆时平粜成案，"于五城分设厂座，平价粜卖"。"五城分设正副十厂，拨给京仓稜米及成色米，其五万石。又拨给麦四万石，按市价酌减粜卖。俟市价递平，官价亦量为酌减。其粜卖之数，每人每日准买一二升至二斗为止"③。六年十一月，"发京仓粟米，命五城设十厂，减价平粜，派监粜大臣尚书琳宁、刘权之、纪昀、德瑛、左都御史熊枚、侍郎范建丰、高杞、成书、祖之望、副都御史陈嗣龙，督同御史稽查"④。七年，京城米价昂贵，政府设厂"减价平粜"。⑤ "各仓现有稜、粟二项，溢额米二万六千余石。并十成土米二万五千余石，即分给五城十厂，减价平粜。"⑥ "发京仓稜、粟米二万五千石，于五城平粜。"⑦ 十一年三月，因京城米价较昂，政府举办平粜，"于五城适中处所，分设厂座，发给米麦共十万石，平价粜卖"。为了防止商人"假作贫民分投赴厂籴买，囤积居奇"，在原来每厂派大臣一员监察，增加"乾清门侍卫孟住、隆福、苏冲阿、和世泰、庆长、庆惠、玉福，大门侍卫丰绅济伦、丰绅殷德、明兴，此内有管旗各员，即带本旗弁兵二三人，其不管旗分者，即带亲军二三人，分赴各厂，严密稽查"⑧。"在京仓存储粳米内拨四万石，分

---

① 《清仁宗实录》卷一六，嘉庆二年四月丁酉，中华书局，1986，第223页。
② 《清仁宗实录》卷一七，嘉庆二年五月甲辰，中华书局，1986，第226~227页。
③ （清）祁韵士：《己庚编》卷下，嘉庆五年闰四月初四日《奏平粜米麦折》，见《丛书集成续编》第五〇册，社会科学类，台北，新文丰出版公司，1989，第592页。
④ 《清仁宗实录》卷九四，嘉庆六年十一月乙巳，中华书局，1986，第252页。
⑤ （清）潘世恩等纂《钦定户部漕运全书》卷六五，《京通粮储·发粜仓粮》，故宫博物院编《钦定户部漕运全书》，"故宫珍本丛刊"第321册，海南出版社，2000，第32~33页。
⑥ （清）昆冈等修，刘启端等纂《钦定大清会典事例》卷一〇三四，《都察院·五城·米厂》，见顾廷龙主编《续修四库全书》第八一二册，《史部·政书类》，上海古籍出版社，2002，第381页。
⑦ 吴廷燮等编纂《北京市志稿》"民政志"，卷三，北京燕山出版社，1998，第71~73页。
⑧ 《清仁宗实录》卷一五九，嘉庆十一年三月乙亥，中华书局，1986，第46页。

第九章 政府调控粮价

给五城十厂，减价粜卖"①。十二年四月，"命五城设厂，平粜仓米"②。十四年平粜小麦。③ 十六年五月，政府"于城内及关厢处所分设厂座"平粜粮食。为了方便城外贫民买食，"于城外择地分设，以便民食而杜弊端"。并规定以后"凡遇平粜，俱照此办理。"④ 十八年四月，政府平粜小麦，有御史奏请照十六年的成案，交"殷实铺户，承领粜卖。"⑤ 二十三年三月，于大兴、宛平二县平粜。⑥ 四月，将京仓粟米"交顺天府减价平粜"⑦。五月，政府因"大兴、宛平二县所属村庄粮价加增，民食未免拮据"，从"京仓拨给麦一万石，交顺天府领运，于城外四乡，按村庄远近，分设厂座，减价平粜"，以后又在"燕郊夏店、三河一带地方，分厂减价平粜"，并于"南石槽、怀柔一带地方，分厂减价平粜"⑧。二十四年八月，在大兴、宛平二县设厂平粜。⑨

道光仍然沿用嘉庆临时设厂平粜的办法，米价上涨时，上奏设厂平粜。三年七月，"于海运仓拨给粳米三万石，稉米二万石，分给五城平粜"⑩。四年二月，因"京畿市集粮价增昂"，官员奏请临时设厂平粜，"北新仓拨给粳米三万石、稉米二万石，分给五城，即速平粜"⑪。十二

---

① （清）昆冈等修，刘启端等纂《钦定大清会典事例》卷一〇三四，《都察院·五城·米厂》，见顾廷龙主编《续修四库全书》第八一二册，《史部·政书类》，上海古籍出版社，2002，第381页。
② 《清仁宗实录》卷一七八，嘉庆十二年四月壬辰，中华书局，1986，第336页。
③ （清）昆冈等修，刘启端等纂《钦定大清会典事例》卷一〇三四，《都察院·五城·米厂》，见顾廷龙主编《续修四库全书》第八一二册，《史部·政书类》，上海古籍出版社，2002，第382页。
④ 《清仁宗实录》卷二四三，嘉庆十六年五月庚寅，中华书局，1986，第279页。
⑤ 《清仁宗实录》卷二六九，嘉庆十八年四月乙丑，中华书局，1986，第639~640页。
⑥ 吴廷燮等编纂《北京市志稿》"民政志"，卷三，北京燕山出版社，1998，第71~73页。
⑦ 《清仁宗实录》卷三四一，嘉庆二十三年四月壬午，中华书局，1986，第508页。
⑧ （清）载龄等修纂《钦定户部漕运全书》卷六五，《京通粮储·发粜仓粮》，见顾廷龙主编《续修四库全书》第八三七册，《史部·政书类》，上海古籍出版社，2002，第392页。《清仁宗实录》卷三四二，嘉庆二十三年五月丁未，中华书局，1986，第521页。
⑨ 吴廷燮等编纂《北京市志稿》"民政志"，卷三，"赈济二"，北京燕山出版社，1998，第71~73页。
⑩ 《清宣宗实录》卷五五，道光三年七月丙戌，中华书局，1986，第977~978页。
⑪ 《清宣宗实录》卷六五，道光四年二月戊戌，中华书局，1986，第18页；《军机处录副奏折》，"道光四年二月初四日协办大学士户部尚书英和等奏折"，中国第一历史档案馆藏，档案号：03-3362-012。

年六月,"在京五城正副十厂,著拨给米五万石平粜"。"其大兴、宛平之黄村、采育、定福庄、孙河、沙河、卢沟桥、庞各庄七厂,著拨给秾米二万石,加拨黑豆二万石平粜"。"又通永、霸昌二道所属之通州、蓟州、三河、昌平、平谷、密云、顺义七州县被旱较重,著拨给粟米三千石、白麦三千石、黑豆二万石平粜"①。七月,又在"顺天府分设厂座七处,平粜米豆,以济民食"②。可见,道光时期,减价平粜米麦,已经扩大至京畿等地。

据民国时人调查,中城米厂两处,分别在正阳门外鹞儿胡同和粮食店。东城米厂两处,分别在崇文门外小市口和朝阳门外会芝楼东。南城米厂两处,分别在崇文门外香串胡同和广渠门内栏杆市街。西城米厂两处,分别在宣武门外轿子胡同和阜成门外关厢内。北城米厂两处,分别在宣武门外方壶斋和德胜门外酱房胡同。③ 政府设立官厂,办理平粜事宜,参见表9-1。

表9-1 清前期设置平粜米厂情况

年代	设厂	出处
雍正三年	"于京师东、南二城立厂一处,西、北城立厂一处。""又令五城各酌发官房二所。"	吴廷燮等编纂《北京市志稿》民政志,卷三,北京燕山出版社,1998,第147~148页
雍正四年	复"于内城设厂数处"	吴廷燮等编纂《北京市志稿》民政志,卷三,北京燕山出版社,1998,第46页
雍正八年	"于每城暨通州,各添一厂"	《清世宗实录》卷一〇一,雍正八年十二月庚戌,中华书局,1985
雍正无年	"五城开设十厂"	"雍正无年月日巡视中城掌浙江道监察御史臣杨士鉴奏折",见中国第一历史档案馆编《雍正朝汉文朱批奏折汇编》第33册,江苏古籍出版社,1986,第354页
乾隆二年	五城共设十厂	吴廷燮等编纂《北京市志稿》民政志,卷三,北京燕山出版社,1998,第49页

---

① 《清宣宗实录》卷二一四,道光十二年六月甲辰,中华书局,1986,第178页。
② 《清宣宗实录》卷二一六,道光十二年七月癸丑,中华书局,1986,第196页。
③ 吴廷燮等编纂《北京市志稿》"民政志",卷三,赈济二,北京燕山出版社,1998,第147~148页。

第九章　政府调控粮价

续表

年代	设厂	出处
乾隆三年	五城设立十厂，六居城内，四居城外。后将原设城内六厂移于城外关厢复设崇文门、宣武门外米厂，并永定、德胜二门适中地方添设米厂	（清）昆冈等修，刘启端等纂《钦定大清会典事例》卷一○三四，《都察院·五城·米厂》，见顾廷龙主编《续修四库全书》第八一二册，《史部·政类类》，上海古籍出版社，2002，第378页 吴廷燮等编纂《北京市志稿》民政志，卷三，第50~51页
乾隆九年	四乡设厂	（清）潘世恩等纂《钦定户部漕运全书》卷六五，《京通粮储·发粜仓粮》，故宫博物院编《钦定户部漕运全书》，"故宫珍本丛刊"第321册，海南出版社，2000，第23页
乾隆十六年五月	四乡各一厂外，再于适中之地，各添一厂，共为八厂	《清高宗实录》卷三八八，乾隆十六年五月甲辰，中华书局，1986，第96页
乾隆二十四年四月	在五城、圆明园各处，及通州地方设厂	《清高宗实录》卷五八五，乾隆二十四年四月丁丑，中华书局，1986，第492页
乾隆二十七年	五城设厂分粜	《清高宗实录》卷六五二，乾隆二十七年正月己亥，中华书局，1986，第302页
乾隆五十七年	五城分设正副十厂	（清）祁韵士《己庚编》卷下，嘉庆五年闰四月初四日《奏平粜米麦折》，见《丛书集成续编》第五○册，社会科学类，台北，新文丰出版公司，1989，第592页
嘉庆五年	五城分设十厂	（清）昆冈等修，刘启端等纂《钦定大清会典事例》卷一○三四，《都察院·五城·米厂》，见顾廷龙主编《续修四库全书》第八一二册，《史部·政类类》，上海古籍出版社，2002，第381页
嘉庆六年	五城设十厂	《清仁宗实录》卷九四，嘉庆六年十一月乙巳，中华书局，1986，第252页。
嘉庆十一年	五城适中处所，分设厂座	《清仁宗实录》卷一五九，嘉庆十一年三月乙亥，中华书局，1986，第46页。
嘉庆十二年四月	五城设厂	《清仁宗实录》卷一七八，嘉庆十二年四月壬辰，中华书局，1986，第336页。
嘉庆十六年	五城设厂平粜，厂设于城外	《清仁宗实录》卷二四三，嘉庆十六年五月戊子，中华书局，1986，第279页。
嘉庆十八年	五城设厂	《清仁宗实录》卷二六八，嘉庆十八年四月庚申，中华书局，1986，第636页。
嘉庆二十三年	大兴、宛平二县设厂	《清仁宗实录》卷三四二，嘉庆二十三年五月丁未，中华书局，1986，第521页

续表

年代	设厂	出处
道光三年	照旧于城外分设十厂	《清宣宗实录》卷五五,道光三年七月癸巳,中华书局,1986,第985页
道光四年	五城分设厂座	《清宣宗实录》卷六五,道光四年二月丙申,中华书局,1986,第16页
道光四年	向年平粜章程系五城分设正副十厂	《军机处录副奏折》,"道光四年二月初四日协办大学士户部尚书英和等奏折",中国第一历史档案馆藏,档案号:03-3362-012
道光十二年	在京五城正副十厂	《清宣宗实录》卷二一四,道光十二年六月甲辰,中华书局,1986,第178页
道光十二年	大兴、宛平之黄村、采育、定福庄、孙河、沙河、卢沟桥、庞各庄七厂	《清宣宗实录》卷二一四,道光十二年六月甲辰,中华书局,1986,第178页

二 平粜数量

雍正三年,平粜米共一百余万石,这一百余万石三色米,是否都发粜了,值得怀疑。因为"雍正十一年,经仓场奏明,将存仓稜米发粜一百万石,节年粜卖十万余石,尚存未粜米八十余万石,均雍正三年以前陈积,其间多有气头廒底,亟需售粜"①。

各时期政府推行减价平粜粮食及数量,参见表9-2。

表9-2 清前期平粜粮食数量情况

年代	数量(石)	出处
康熙三十二年	"通仓每月发米万石"	《清圣祖实录》卷一六一,康熙三十二年十一月庚申,中华书局,1985,第763页
康熙三十三年	"通州仓米平价发粜"	王先谦:《东华全录》,康熙三十三年二月,见《清东华录全编》第四册,学苑出版社,2000,第44页

---

① (清)载龄等修纂《钦定户部漕运全书》卷六五,《京通粮储·发粜仓粮》,见顾廷龙主编《续修四库全书》第八三七册,《史部·政书类》,上海古籍出版社,2002,第380页。

第九章　政府调控粮价

续表

年代	数量（石）	出处
康熙四十年	"各仓久贮米粮，遇有附近地方，米价腾贵，挨陈发往平粜"	（清）托津等奉敕纂《钦定大清会典事例》卷一五八，《户部·仓庾》嘉庆朝，见沈云龙主编《近代中国史料丛刊三编》第六十六辑，台北，文海出版社，1991，第7065页
康熙四十三年二月	"每月发通仓米三万石"	《清圣祖实录》卷二一五，康熙四十三年二月丙申，中华书局，1985，第182页
康熙四十三年十一月	"自正月为始，于京师及通州地方发仓米，照今年例平粜"	《清圣祖实录》卷二一八，康熙四十三年十一月戊戌，中华书局，1985，第202页
康熙五十二年	"减价平粜"	吴廷燮等编纂《北京市志稿》卷三，"民政志"，北京燕山出版社，1998，第45页
康熙五十五年	"减价平粜" "再发米三万石"	吴廷燮等编纂《北京市志稿》卷三，"民政志"，北京燕山出版社，1998，第45页。《清圣祖实录》卷二六八，康熙五十五年五月壬戌，中华书局，1985，第633页
康熙五十六年	（石）10000	《雨雪粮价单》，"康熙六十年四月三十日户部右侍郎兼管仓场张伯行奏折"，中国第一历史档案馆藏，序号：12-05-0001
雍正元年	"开仓米，低于时价粜卖"	"雍正元年二月初六日巡城御史莫尔浑奏折"，见第一历史档案馆译编《雍正朝满文朱批奏折全译》上册，黄山书社，1998，第26页
雍正三年	"京、通二仓二成至七成三色米一百余万石，本裕仓三成、四成米共三万二千余石。"共1032000①	吴廷燮等编纂《北京市志稿》卷三，"民政志"，北京燕山出版社，1998，第147~148页。
雍正四年	50000	吴廷燮等编纂《北京市志稿》卷三，"民政志"，北京燕山出版社，1998，第46页
雍正五年	"成色米照例发粜"	（清）昆冈等修，刘启端等纂《钦定大清会典事例》卷一〇三四，《都察院·五城·米厂》，见顾廷龙主编《续修四库全书》第八一二册，《史部·政书类》，上海古籍出版社，2002，第377页
雍正八年	"将成色米石，广为减粜"	《清世宗实录》卷一〇一，雍正八年十二月庚戌，中华书局，1985，第338~339页。
雍正十二年	复平粜成色米一次。	"雍正十二年六月初三日太常寺少卿雅尔呼达奏陈平市场物价折"，见中国第一历史档案馆编译《雍正朝满文朱批奏折全译》，黄山出版社，1998，第2269页

续表

年代	数量（石）	出处
无年	"粜卖成色米石减价"，"又发好米五万石"	"雍正无年月日巡视中城掌浙江道监察御史臣杨士鉴奏折"，见中国第一历史档案馆编《雍正朝汉文朱批奏折汇编》第33册，江苏古籍出版社，1986，第354页。
乾隆二年	（粳米）20000	乾隆官修《清朝文献通考》卷三十六，浙江古籍出版社，2000，考5187~5188。
乾隆三年	（稜米）9000（粟、稜米）180000	吴廷燮等编纂《北京市志稿》卷三，"民政志"，北京燕山出版社，1998，第50~51页；《清高宗实录》卷六六，乾隆三年四月癸未，中华书局，1985，第65页。
乾隆九年（通州）	（十成米）2000	《清高宗实录》卷二一七，乾隆九年五月丙午，中华书局，1985，第802~803页
乾隆十六年	（老米、仓米、稜米）100000，（黑豆）80000	《清高宗实录》卷三八八，乾隆十六年五月庚子；第93页；乾隆十六年五月甲辰，第96页，中华书局，1985
乾隆二十四年	（米）50000，（麦）100000	《清高宗实录》卷五八三，乾隆二十四年三月壬寅，中华书局，1985，第456页；（清）昆冈等修，刘启端等纂《钦定大清会典事例》卷一〇三四，《都察院·五城·米厂》，见顾廷龙主编《续修四库全书》第八一二册，《史部·政书类》，上海古籍出版社，2002，第378页
乾隆二十六年	（黑豆）50000	（清）昆冈等修，刘启端等纂《钦定大清会典事例》卷一〇三四，《都察院·五城·米厂》，见顾廷龙主编《续修四库全书》第八一二册，《史部·政书类》，上海古籍出版社，2002，第378页
乾隆二十七年	（三色米）50000	《清高宗实录》卷六五五，乾隆二十七年二月壬午，中华书局，1985，第329页
乾隆三十五年	（麦）200000	《清高宗实录》卷八六四，乾隆三十五年七月丙辰，中华书局，1985，第601页
乾隆三十六年	（三色米）50000，（粟米）50000	《清高宗实录》卷八八三，乾隆三十六年四月丁酉，中华书局，1985，第834~835页；（清）昆冈等修，刘启端等纂《钦定大清会典事例》卷一〇三四，《都察院·五城·米厂》，见顾廷龙主编《续修四库全书》第八一二册，《史部·政书类》，上海古籍出版社，2002，第379页
乾隆三十七年	（粟米）50000	（清）昆冈等修，刘启端等纂《钦定大清会典事例》卷一〇三四，《都察院·五城·米厂》，见顾廷龙主编《续修四库全书》第八一二册，《史部·政书类》，上海古籍出版社，2002，第379页

第九章 政府调控粮价

续表

年代	数量（石）	出处
乾隆四十年	（老米）10000、（秔米）20000、（粟米）50000	（清）昆冈等修，刘启端等纂《钦定大清会典事例》卷一〇三四，《都察院·五城·米厂》，见顾廷龙主编《续修四库全书》第八一二册，《史部·政书类》，上海古籍出版社，2002 第379页
乾隆四十三年	（老米）5000、（秔米）10000、（粟米）20000、（麦）32400	（清）昆冈等修，刘启端等纂《钦定大清会典事例》卷一〇三四，《都察院·五城·米厂》，见顾廷龙主编《续修四库全书》第八一二册，《史部·政书类》，上海古籍出版社，2002，第379页
乾隆四十四年	（麦）20000	（清）昆冈等修，刘启端等纂《钦定大清会典事例》卷一〇三四，《都察院·五城·米厂》，见顾廷龙主编《续修四库全书》第八一二册，《史部·政书类》，上海古籍出版社，2002，第379页。
乾隆四十八年	（旧麦）295	（清）载龄等修，福祉等纂《钦定户部漕运全书》卷六五，《京通粮储·发粜仓粮》，见顾廷龙主编《续修四库全书》第八三七册，《史部·政书类》，上海古籍出版社，2002，第386页
乾隆四十九年	（麦）9100	（清）昆冈等修，刘启端等纂《钦定大清会典事例》卷一〇三四，《都察院·五城·米厂》，见顾廷龙主编《续修四库全书》第八一二册，《史部·政书类》，上海古籍出版社，2002，第380页
乾隆五十二年	（米、麦）60000	《军机处录副奏折》，"乾隆五十二年五月十四日定亲王绵恩奏折"，中国第一历史档案馆藏，档案号：03-0765-018
乾隆五十二年	（米）50000	（清）潘世恩等纂《钦定户部漕运全书》卷六五，《京通粮储·发粜仓粮》，故宫博物院编《钦定户部漕运全书》"故宫珍本丛刊"第321册"清代则例"，海南出版社，2000，第29页。
乾隆五十三年	（秔米）34000、（麦）44000	《清高宗实录》卷一三〇一，乾隆五十三年三月乙酉，中华书局，1985，第505页；（清）潘世恩等纂《钦定户部漕运全书》卷六五，《京通粮储·发粜仓粮》，故宫博物院编《钦定户部漕运全书》"故宫珍本丛刊"第321册"清代则例"，海南出版社，2000，第30页。
乾隆五十五年	（秔米）30000	（清）潘世恩等纂《钦定户部漕运全书》卷六五，《京通粮储·发粜仓粮》，故宫博物院编《钦定户部漕运全书》"故宫珍本丛刊"第321册"清代则例"，海南出版社，2000，第31页。

续表

年代	数量（石）	出处
乾隆五十七年	（稜米、成色米）50000[②]、（麦）40000	（清）潘世恩等纂《钦定户部漕运全书》卷六十五，《京通粮储·发粜仓粮》，故宫博物院编《钦定户部漕运全书》，"故宫珍本丛刊"第321册"清代则例"，海南出版社，2000，第31~32页
嘉庆五年	（粳米）40000、（麦）40000	（清）昆冈等修，刘启端等纂《钦定大清会典事例》卷一○三四，《都察院·五城·米厂》，见顾廷龙主编《续修四库全书》第八一二册，《史部·政书类》，上海古籍出版社，2002，第381页
嘉庆六年	"发京仓粟米，命五城设十厂，减价平粜"	《清仁宗实录》卷九四，嘉庆六年十一月乙巳，中华书局，1986，第252页
嘉庆七年	（粳、粟米）26000[③]、土米25000	（清）昆冈等修，刘启端等纂《钦定大清会典事例》卷一○三四，《都察院·五城·米厂》，见顾廷龙主编《续修四库全书》第八一二册，《史部·政书类》，上海古籍出版社，2002，第381页
嘉庆十一年[④]	（粳米）40000、（麦）60000	《清仁宗实录》卷一五九，嘉庆十一年三月乙亥，中华书局，1986，第46页；（清）昆冈等修，刘启端等纂《钦定大清会典事例》卷一○三四，《都察院·五城·米厂》，见顾廷龙主编《续修四库全书》第八一二册，《史部·政书类》，上海古籍出版社，2002，第381页
嘉庆十二年	"命五城设厂，平粜仓米"	《清仁宗实录》卷一七八，嘉庆十二年四月壬辰，中华书局，1986，第336页
嘉庆十四年	（麦）73000	（清）昆冈等修，刘启端等纂《钦定大清会典事例》卷一○三四，《都察院·五城·米厂》，见顾廷龙主编《续修四库全书》第八一二册，《史部·政书类》，上海古籍出版社、2002，第382页
嘉庆十五年	（麦）74000	（清）昆冈等修，刘启端等纂《钦定大清会典事例》卷一○三四，《都察院·五城·米厂》，见顾廷龙主编《续修四库全书》第八一二册，《史部·政书类》，上海古籍出版社，2002，第382页
嘉庆十六年	"五城设厂平粜"	《清仁宗实录》卷二四三，嘉庆十六年五月戊子，中华书局，1986，第279页
嘉庆十八年	"命于五城设厂，平粜麦石。"（麦）40000	《清仁宗实录》卷二六八，嘉庆十八年四月庚申，中华书局，1986，第636页；（清）载龄等修纂《钦定户部漕运全书》卷六五，《京通粮储·发粜仓粮》，见顾廷龙主编《续修四库全书》，第八三七册，《史部·政书类》，上海古籍出版社，2002，第392页

第九章　政府调控粮价

续表

年代	数量（石）	出处
嘉庆二十三年四月	（粟米）10000	《清仁宗实录》卷三四一，嘉庆二十三年四月壬午，中华书局，1986，第508页
嘉庆二十三年五月	（麦）5000、（粟米）5000	《清仁宗实录》卷三四二，嘉庆二十三年五月丁未，中华书局，1986，第521页
道光三年	（粳米）30000、（稉米）20000	《清宣宗实录》卷五五，道光三年七月丙戌，中华书局，1986，第977~978页
道光四年	（粳米）30000、（稉米）20000	王先谦：《东华全录》，道光四年二月戊戌，见《清东华录全编》第十一册，学苑出版社，2000，第65页
道光十二年	（粳、稉米）50000	《清宣宗实录》卷二一四，道光十二年六月甲辰，中华书局，1986，第178页

注：①"雍正三年，因雨水过多，米价腾贵，将厫内成色米酌量平粜，将京、通二仓二成至七成三色米一百余万石，本裕仓三成、四成米共三万二千余石，于京师东、南二城立厂一处，西、北城立厂一处，照时价减粜，按成色核收。又令五城各酌发官房二所，以为米厂。"吴廷燮等编纂《北京市志稿》卷四，"民政志"，北京燕山出版社，1998，第147~148页。这一百余万石三色米，是否都发粜了，值得怀疑。因为"雍正十一年，经仓场奏明，将存仓稉米发粜一百万石，节年粜卖十万余石，尚存未粜米八十余万石，均雍正三年以前陈积，其间多有气头廒底，亟需售粜"。（清）载龄等修纂《钦定户部漕运全书》卷六五，《漕运额征·兑运额数》，见顾廷龙主编《续修四库全书》第八三六册，《史部·政书类》，上海古籍出版社，2002，第380页。

②乾隆五十七年，"平粜拨出京仓气头廒底粳、稉、粟米二千七百余石"。"谢君美米局入官各色米一千二百余石。又仓存稉米四万六千余石，共米五万石。又拨出仓存糟麦四万石，分给五城十厂，减价平粜。"（清）潘世恩等纂《钦定户部漕运全书》卷六五，《京通粮储·发粜仓粮》，故宫博物院编《钦定户部漕运全书》，"故宫珍本丛刊"第321册，"清代则例"，海南出版社，2000，第32页。李文治、江太新：《清代漕运》（修订版），社会科学文献出版社，2008，第63页，表中五十七年，平粜稉米46000石，糟麦40000石，似有误。

③嘉庆七年，"各仓现有稉、粟二项，溢额米二万六千余石。并十成土米二万五千余石，即分给五城十厂，减价平粜"。（清）昆冈等修，刘启端等纂《钦定大清会典事例》卷一〇三四，《都察院·五城·米厂》，见顾廷龙主编《续修四库全书》第八一二册，《史部·政书类》，上海古籍出版社，2002，第381页。

④嘉庆十一年，"谕内阁，昨因京城米价较昂，降旨于五城适中处所，分设厂座，发给米、麦共十万石，平价粜卖"。《清仁宗实录》卷一五九，嘉庆十一年三月乙亥，中华书局，1986，第46页。嘉庆十一年，"现在京仓存储粳米内拨四万石，分给五城十厂，减价粜卖。又前议搭放甲米之麦六万余石，全数拨出，与米石一同减价平粜"。（清）昆冈等修，刘启端等纂《钦定大清会典事例》卷一〇三四，《都察院·五城·米厂》，见顾廷龙主编《续修四库全书》第八一二册，《史部·政书类》，上海古籍出版社，2002，第381页。

据表9-2统计，康熙时期平粜8次，仓谷米约490000石。雍正时期7次，二成至七成三色米1032000石，好米50000石，成色米50000石。乾隆时期20次，粳米、稉米、粟米、麦、黑豆共约147.6石。嘉庆时期 11 次，粳米、稉米、粟米、麦共 43.8 石。道光前半期 3 次，粳米、稉米共 150000 石。

三 平粜价格

表 9-3 清前期平粜粮价情况

序号	年代	每石市场价格（钱文）	每石平粜价格（钱文）	市场价与平粜价之差
1	康熙五十六年		比时价减一分	
2	康熙六十年		比时价减五分	
3	雍正	老米：1.6~1.7 两（银） 粟米：1.1~1.2 两	老米：1 两（银） 粟米：0.6 两（银）	老米：0.6~0.7 两（银） 粟米：0.5~0.6 两（银）
4	乾隆二十三年七月	老米：1450 文 稉米：1250 文 粟米：1000 文	老米：1200 文 稉米：1000 文 粟米：800 文	老米：250 文 稉米：250 文 粟米：200 文
5	乾隆二十四年三月	老米：1550 文 稉米：1340 文 粟米：1170 文	老米：1450 文 稉米：1240 文 粟米：1070 文	老米：100 文 稉米：100 文 粟米：100 文
6	乾隆二十四年四月	麦价：2125 文	麦价：1800 文	麦价：325 文
7	乾隆二十七年二月	老米：1690 文 稉米：1426 文 粟米：1373 文	老米：1590 文 稉米：1326 文 粟米：1273 文	老米：100 文 稉米：100 文 粟米：100 文
8	乾隆二十七年五月	老米：1690 文 稉米：1426 文 粟米：1373 文	老米：1440 文 稉米：1200 文 粟米：1100 文	老米：250 文 稉米：226 文 粟米：273 文
9	乾隆二十七年六月	麦价：1900 文	麦价：1700 文	麦价：200 文
10	乾隆三十五年	麦价：2074 文	麦价：1800 文 又减至 1700 文 再减至 1600 文 （质次）	麦价：274 文 又减：374 文 再减：474 文（质次）
11	乾隆三十六年四月	老米：1790 文 稉米：1339 文 粟米：1267 文	老米：1650 文 稉米：1200 文 粟米：1000 文	老米：140 文 稉米：139 文 粟米：267 文
12	乾隆四十年	老米：1618 文 稉米：1202 文 粟米：952 文	老米：1450 文 稉米：1100 文 粟米：850 文	老米：168 文 稉米：102 文 粟米：102 文

第九章 政府调控粮价

续表

序号	年代	每石市场价格（钱文）	每石平粜价格（钱文）	市场价与平粜价之差
13	乾隆四十五年	麦价：1.8两（银）	麦价：1.7两（银）	麦价：0.1两（银）
14	乾隆四十八年	麦价：1.94两（银）	麦价：1.67两（银）	麦价：0.27两（银）
15	乾隆四十九年	麦价：2361文	麦价：2271文	麦价：90文
16	乾隆五十年	麦价：2.555两（银）	麦价：2.3两（银）	麦价：0.255两（银）
17	乾隆五十二年六月	稷米：1540文	稷米：1440文	稷米：100文
18	乾隆五十二年七月	豫麦：2530文 奉麦：2380文	豫麦：2400文 奉麦：2200文	豫麦：130文 奉麦：180文
19	乾隆五十三年三月	麦价：2170文	麦价：2000文	麦价：170文
20	乾隆五十五年	稷米：1400文	稷米：1300文	稷米：100文
21	乾隆五十七年	稷米：1350文 麦价：2120文 老米：1400文 江米：2400文	稷米：1200文 麦价：2000文 老米：1250文 江米：2000文	稷米：150文 麦价：120文 老米：150文 江米：400文
22	嘉庆五年闰四月	粳米（老米）：1900文 麦价：2080文	粳米（老米）：1700文 麦价：1800文	粳米（老米）：200文 麦价：280文
23	嘉庆七年	稷米：2900文 粟米：2600文	稷米：2500文 粟米：2200文	稷米：400文 粟米：400文
24	嘉庆十一年	粳米（老米）：1850文 漕麦：2800文	粳米（老米）：1600文 漕麦：2500文	粳米（老米）：250文 漕麦：300文
25	嘉庆十五年	漕麦：2850文	漕麦：2250文	漕麦：600文
26	嘉庆十六年	老米：2200文 稷米：1700文	老米：1800文 稷米：1300文	老米：400文 稷米：400文
27	嘉庆十八年	麦价：2700文	麦价：2100文	麦价：600文
28	道光三年	粳米（老米）：2300文 稷米：1800文	粳米（老米）：1800文 稷米：1200文	粳米（老米）：500文 稷米：600文
29	道光四年二月	粳米（老米）：2700文 稷米：2500文	粳米（老米）：1900文 稷米：1500文	粳米（老米）：800文 稷米：1000文

资料来源：

①~②《雨雪粮价单》，"康熙六十年四月三十日户部右侍郎兼管仓场张伯行奏折"，中国第一历史档案馆藏，序号：12-05-0001。

③"雍正无年月日巡视中城掌浙江道监察御史臣杨士鉴奏折"，见《雍正朝汉文朱批奏折汇编》第33册，江苏古籍出版社，1986，第354页。

续表

④ 吴廷燮等编纂《北京市志稿》卷三,"民政志",北京燕山出版社,1998,第 66~67 页。

⑤ （清）潘世恩等纂《钦定户部漕运全书》卷六五,《京通粮储·发粜仓粮》,故宫博物院编《钦定户部漕运全书》,"故宫珍本丛刊"第 321 册,"清代则例",海南出版社,2000,第 25 页。

⑥ （清）潘世恩等纂《钦定户部漕运全书》卷六五,《京通粮储·发粜仓粮》,故宫博物院编《钦定户部漕运全书》,"故宫珍本丛刊"第 321 册,"清代则例",海南出版社,2000,第 25 页。

⑦ 《清高宗实录》卷六五五,乾隆二十七年二月壬午,中华书局,1985,第 329 页;（清）潘世恩等纂《钦定户部漕运全书》卷六五,《京通粮储·发粜仓粮》,故宫博物院编《钦定户部漕运全书》,"故宫珍本丛刊"第 321 册"清代则例",海南出版社,2000,第 25 页。

⑧ （清）潘世恩等纂《钦定户部漕运全书》卷六五,《京通粮储·发粜仓粮》,故宫博物院编《钦定户部漕运全书》,"故宫珍本丛刊"第 321 册,"清代则例",海南出版社,2000,第 25 页。

⑨ （清）潘世恩等纂《钦定户部漕运全书》卷六五,《京通粮储·发粜仓粮》,故宫博物院编《钦定户部漕运全书》,"故宫珍本丛刊"第 321 册,"清代则例",海南出版社,2000,第 25 页。

⑩ （清）潘世恩等纂《钦定户部漕运全书》卷六五,《京通粮储·发粜仓粮》,故宫博物院编《钦定户部漕运全书》,"故宫珍本丛刊"第 321 册,"清代则例",海南出版社,2000,第 26 页。

⑪ （清）潘世恩等纂《钦定户部漕运全书》卷六五,《京通粮储·发粜仓粮》,故宫博物院编《钦定户部漕运全书》,"故宫珍本丛刊"第 321 册,"清代则例",海南出版社,2000,第 26 页。

⑫ （清）潘世恩等纂《钦定户部漕运全书》卷六五,《京通粮储·发粜仓粮》,故宫博物院编《钦定户部漕运全书》,"故宫珍本丛刊"第 321 册,"清代则例",海南出版社,2000,第 27 页。

⑬ （清）潘世恩等纂《钦定户部漕运全书》卷六五,《京通粮储·发粜仓粮》,故宫博物院编《钦定户部漕运全书》,"故宫珍本丛刊"第 321 册,"清代则例",海南出版社,2000,第 27 页。

⑭ （清）载龄等修纂《钦定户部漕运全书》卷六一,《京通粮储·俸甲米豆》,见顾廷龙主编《续修四库全书》第八三七册,《史部·政书类》,上海古籍出版社,2002,第 322 页。

⑮、⑯ （清）潘世恩等纂《钦定户部漕运全书》卷六十五,《京通粮储·发粜仓粮》,故宫博物院编《钦定户部漕运全书》,"故宫珍本丛刊"第 321 册,"清代则例",海南出版社,2000,第 28 页。

⑰ 《清高宗实录》卷一二八二,乾隆五十二年六月辛亥,中华书局,1986,第 187~188 页。（清）潘世恩等纂《钦定户部漕运全书》卷六五,《京通粮储·发粜仓粮》,故宫博物院编《钦定户部漕运全书》,"故宫珍本丛刊"第 321 册,"清代则例",海南出版社,2000,第 29 页。

⑱ 《军机处录副奏折》,"乾隆五十二年七月二十七日留京王大臣永琅等奏折",中国第一历史档案馆藏,档案号：03-0765-036。

⑲~㉑ （清）潘世恩等纂《钦定户部漕运全书》卷六五,《京通粮储·发粜仓粮》,故宫博物院编《钦定户部漕运全书》,"故宫珍本丛刊"第 321 册,"清代则例",海南出版社,2000,第 30、31、32 页。

㉒（清）祁韵士：《己庚编》卷下，嘉庆五年闰四月初四日，《奏平粜米麦折》，见《丛书集成续编》第五〇册，社会科学类，台北，新文丰出版公司，1989，第 592 页。

㉓（清）潘世恩等纂《钦定户部漕运全书》卷六五，《京通粮储·发粜仓粮》，故宫博物院编《钦定户部漕运全书》，"故宫珍本丛刊"第 321 册，"清代则例"，海南出版社，2000，第 32~33 页。

㉔（清）载龄等修纂《钦定户部漕运全书》卷六四，《京通粮储·仓粮拨赈》，见顾廷龙主编《续修四库全书》第八三七册，《史部·政书类》，上海古籍出版社，2002，第 373 页。

㉕（清）载龄等修纂《钦定户部漕运全书》卷六四，《京通粮储·仓粮拨赈》，见顾廷龙主编《续修四库全书》第八三七册，《史部·政书类》，上海古籍出版社，2002，第 374 页。

㉖（清）载龄等修纂《钦定户部漕运全书》卷六四，《京通粮储·仓粮拨赈》，见顾廷龙主编《续修四库全书》第八三七册，《史部·政书类》，上海古籍出版社，2002，第 374 页。

㉗~㉙（清）载龄等修纂《钦定户部漕运全书》卷六五，《京通粮储·发粜仓粮》，见顾廷龙主编《续修四库全书》第八三七册，《史部·政书类》，上海古籍出版社，2002，第 391~392、393、394 页。

据表 9-2、表 9-3 所示，从乾隆二十三年至五十七年，政府平粜共十七次，其中老米最高差价在二十三年七月和二十七年五月，都为 250 文，平粜价格比同年老米市场价格，二十三年七月约降低 17%；二十七年五月约降低 15%。最低差价在二十四年、二十七年二月，为 100 文，平粜价格比市场价平均约降低 6%。稜米最高差价在二十三年七月，为 250 文，平粜价格比同期稜米的市场均价降低 20%。最低差价分别在二十四年三月、二十七年二月、五十二年六月、五十五年，为 100 文，平粜价格比市场价平均约降低 7%。粟米最高差价在二十七年五月，为 273 文，平粜价格比同期粟米市场均价约降低了 20%。最低差价分别在二十四年三月、二十七年二月，为 100 文，平粜价格比市场价分别约降低 9%、7%。麦价除四十五年、四十八年、五十年的麦价用银表示不计外，最高差价在二十四年四月，为 325 文，平粜价格比市场价格约降低 15%，最低差价在四十九年为 90 文，平粜价格比市场价格约降低 3.8%。总计之，乾隆时平粜价格比市场价平均降低：老米 6%~17%、稜米 7%~20%。粟米 8%~20%、麦价 3.8%~15%。据记载，二十三年降价平粜后，老米、稜米、粟米"与平时价值相同"。①

---

① （清）王庆云：《石渠余纪》卷四，北京古籍出版社，1985，第 190 页。

嘉庆、道光时期，老米：道光四年二月最高，为 800 文，嘉庆五年闰四月最低，为 200 文，平粜价格比市场价约降低 11%~30%。稷米：道光四年二月，为最高 1000 文，嘉庆七年、十六年最低，为 400 文，平粜价格比市场价平均降低 19%~40%。粟米：嘉庆七年 400 文，平粜价格比市场价降低 15%。麦价：嘉庆十五年、十八年，为最高 600 文，嘉庆五年闰四月最低，为 280 文，平粜价格比市场价平均降低 13%~21.5%。总计之，嘉道时平粜价格比市场价平均降低：老米 11%~30%、稷米 19%~40%、粟米 15%、麦价 13%~21.5%。

政府通过平粜方式，调控京城粮价，究竟起到多大作用？李文治等认为，平粜政策在稳定粮价方面是起过一定作用的。① 李明珠也认为："在内城、外城和郊区同时分设米厂的这一布局反映了平粜的根本目的。即保证包括旗人和其他领俸粮的人在内的整个城市人口的粮食安全。""平粜最重要的功能是保持粮价的平稳。"同时她又说，"由于没有详细的粮价数据，因此无法量化平粜销售在多大程度上稳定了粮食价格。"② 如表 9-2 所示，乾隆时期政府平粜共 20 次，各类粮食共计 1475795 石，平均每次平粜粮食量为 73789.75 石，约为 7.4 万石。是时市场上各类粮食流通量 239 万石，（参阅 126 页）平粜量占 3%。嘉庆时期各类粮食平粜共 11 次，共平粜量 438000 石，除去两次没有数据，平均 9 次，每次约为 48667 石，约为 4.9 万石。道光前半期，共平粜三次，粳米、稷米共 150000 石，平均每次 30000 石，为 3 万石，若按每年俸米、甲米进入市场量计算，约占 2%，无疑比乾隆、嘉庆年间都少。特别是道光时，将平粜仓米扩大至京畿地区，于是虽然"平粜官价，较之市价减至大半"。但仍然不能满足需要，"次贫者自可糊口有资，而极贫之户及流离觅食之人，无钱籴买，仍复待哺。自系实在情形"③。如上所述，政府平粜粮食数量少，作用是十分有限的，不可过高估量。

---

① 李文治、江太新：《清代漕运》（修订版），社会科学文献出版社，2008，第 65 页。
② 〔美〕李明珠：《华北的饥荒——国家、市场与环境退化》，石涛、李军、马国英译，人民出版社，2016，第 203、204 页。
③ 《清宣宗实录》卷六五，道光四年二月乙巳，中华书局，1986，第 22~23 页。

第二节 平粜中的措施

一 规定每人领米数量

康熙三十二年，政府规定，平粜仓米时，"止许贫民零籴数斗，富贾不得多籴转贩"①。雍正八年，因"五城各厂，买米人多，每至拥挤"。政府官员议定，改变原来"止许零星籴买。每人不过三斗"的规定，放开限额，"不必拘定米数"。②乾隆二十四年四月，政府增加平粜米石数量，每日"不必拘定五万石之数。此次所拨米石，粜竣即行陆续酌拨，无拘石数，务使民食充裕，普沾实惠。"③三十四年，"京仓气头廒底，存积日多"，因而不"拘定成数，无论三石五石，俱听民籴买"。四十三年，"每日籴买，自一二升起，不得过二斗之数"。五十五年，籴买粗米，"每人每日准买三五升至七八升，总不得过一斗之数，听其自向碾房对换"④。五十七年，每人每日又回到"买一二升至二斗为止"⑤。道光四年二月，平粜地点在京畿地区，依靠平粜米的人口比较多，所以每人以一斗为限。⑥十二年，政府在京城内外设十厂平粜，规定"每人每日准粜米自一二升至二斗止，不得逾数"⑦。可见，每人每日籴买数量是不断变化的。

二 平粜米质

政府减价平粜的米，并非是好米，而是成色米、陈米。雍正三年，

---

① 《清圣祖实录》卷一六一，康熙三十二年十一月庚申，中华书局，1986，第763页。
② 《清世宗实录》卷一〇一，雍正八年十二月庚戌，中华书局，1986，第338～339页。
③ 《清高宗实录》卷五八五，乾隆二十四年四月戊辰，中华书局，1986，第485～486页。
④ （清）昆冈等修，刘启端等纂《钦定大清会典事例》卷一〇三四，《都察院·五城·米厂》，见顾廷龙主编《续修四库全书》第八一二册，《史部·政书类》，上海古籍出版社，2002，第378，379，380～381页。
⑤ （清）昆冈等修，刘启端等纂《钦定大清会典事例》卷一〇三四，《都察院·五城·米厂》，见顾廷龙主编《续修四库全书》第八一二册，《史部·政书类》，上海古籍出版社，2002，第381页，
⑥ 《清宣宗实录》卷六五，道光四年二月乙巳，中华书局，1986，第22～23页。
⑦ 《清宣宗实录》卷二一四，道光十二年六月甲辰，中华书局，1986，第178页。

"将廒内成色米酌量平粜","将京、通二仓二成至七成三色米一百余万石,本裕仓三成、四成米共三万二千余石"平粜。① 这年平粜米共一百余万石,这一百余万石是三色米,据"雍正十一年,经仓场奏明,将存仓稜米发粜一百万石,节年粜卖十万余石,尚存未粜米八十余万石,均雍正三年以前陈积,其间多有气头廒底,亟需售粜"②。八月,又"将廒内旧贮米,减色平粜",同时"行文直隶总督,凡近水州县,可通舟楫者,俱令赴通州领运,平粜便民"③。八年,平粜米仍为"成色米石"④。偶尔也有发好米平粜的时候,"因米价未平,又发好米五万石,各城减价平粜"⑤。

乾隆二年,"现在京、通各仓气头、廒底之米,运贮五城发粜者,每日尚粜百余石,此项减色之米,若按成计算,春碓折耗,其价实与十成粳米无异,乃十成者所卖甚少,而减色所卖较多,总缘减色米石向无囤贩之禁"⑥。四年,政府平粜的"京仓气头廒底为数有限","待哺者甚众。每至粜米时,男女挨挤,甚至远乡来者,终日不得一粒"。即使如此,也没有"将京仓好米广为发粜"⑦。六年六月,巡视东城给事中吴元安奏称,"向来京、通各仓气头廒底成色米石,分发五城十厂,减价粜卖"⑧。四十八年,政府将各仓旧存的小麦平粜,其"麦石贮仓日久,虫蛀霉变,体质低微"⑨。五十七年,"平粜拨出京仓气头廒底粳、稜、粟

---

① 吴廷燮等编纂《北京市志稿》卷四,"民政志",北京燕山出版社,1998,第147~148页。
② (清)载龄等修纂《钦定户部漕运全书》卷六五,《京通粮储·发粜仓粮》,见顾廷龙主编《续修四库全书》第八三七册,《史部·政书类》,上海古籍出版社,2002,第380页。
③ (清)允禄等编《清雍正上谕内阁》第二函,内务府藏雍正九年刻本(康熙六十一年到雍正七年上谕)。
④ 《清世宗实录》卷一〇一,雍正八年十二月庚戌,中华书局,1986,第338~339页。
⑤ "雍正无年月日巡视中城掌浙江道监察御史臣杨士鉴奏折",见《雍正朝汉文朱批奏折汇编》第33册,江苏古籍出版社,1986,第354页。
⑥ 乾隆官修《清朝文献通考》卷三六,浙江古籍出版社,2000,考5187~5188。
⑦ 《军机处录副奏折》,"乾隆四年八月二十四日御史沈嶰奏折",中国第一历史档案馆藏,档案号:03-0736-031。
⑧ 《清高宗实录》卷一四四,乾隆六年六月壬寅,中华书局,1985,第1074页。
⑨ (清)载龄等修纂《钦定户部漕运全书》卷六五,《京通粮储·发粜仓粮》,见顾廷龙主编《续修四库全书》第八三七册,《史部·政书类》,上海古籍出版社,2002,第386页。

米二千七百余石"①。可见平粜仓粮中有以积储日久恐生霉烂而出粜的，有由陈米改为京、通各仓气头廒底成色米石，总之，米质基本不是正常米粮，以后各时期也延用。

三 平粜米粮范围

康熙三十三年，政府曾将"通州仓米平价发粜，米价顿减，于民大有裨益"。② 四十年，政府将"各仓久贮米粮，遇有附近地方，米价腾贵，挨陈发往平粜，仍将粜价，依限交部"，并以此年平粜事为定例。③ 五十五年，政府"行文直隶巡抚，凡本处商贾及沿途富户，有多买者，俱严行禁止"④。雍正元年，规定平粜的地域范围限制在京城内外，不许过卢沟桥。⑤ 虽未见批准，说明此时政府考虑的只是京城食粮，未照顾周围地区。乾隆时期，范围扩大到外城及郊区。"三年移城内厂于城外，俾城乡皆就近籴买"⑥。八年十二月，因直隶河间等地灾民来京觅食，政府虽然已经进行赈济。但各类人中，"尚有不在赈济之数者，或手艺营生，或佣工度日"。对此类人，"户部将京仓米石，酌量给发各旗局，及五城米厂，照依时价，核减平粜"。允许将平粜米"卖与零星肩贩之人，俾得沿途粜卖，使僻巷穷檐，皆沾实惠"⑦。二十四年四月，政府从河南采购小麦，第一次运到三万石，"令酌量拨留十分之一二，运赴通邑大郡，民居辐辏之地，如保定、天津、涿州等处，设厂平粜，不特京师麦价可平，即近京州县，亦可无虑麦价腾贵矣"⑧。道光三年，京畿市集杂

---

① （清）潘世恩等纂《钦定户部漕运全书》卷六五，《京通粮储·发粜仓粮》，第19~20页，故宫博物院编《钦定户部漕运全书》，"故宫珍本丛刊"第321册，"清代则例"，海南出版社，2000，第31页。
② 王先谦：《东华录全编》康熙三十三年二月，见《清东华录全编》第四册，学苑出版社，2000，第44页。
③ （清）托津等奉敕纂《钦定大清会典事例》卷一五八，《户部·仓庚》嘉庆朝，见沈云龙主编《近代中国史料丛刊三编》第六六辑，台北，文海出版社，1991，第7065页。
④ 《清圣祖实录》卷二六九，康熙五十五年六月丁巳，中华书局，1985，第637页。
⑤ "雍正元年二月初九日西城巡城御史鄂齐善奏折"，见第一历史档案馆译编《雍正朝满文朱批奏折全译》上册，黄山书社，1998，第30页。
⑥ （清）王庆云：《石渠余纪》卷四，纪五城米局（八旗米局附），北京古籍出版社，1985，第189页。
⑦ 《清高宗实录》卷二〇六，乾隆八年十二月壬子，中华书局，1985，第651页。
⑧ 《清高宗实录》卷五八四，乾隆二十四年四月癸丑，中华书局，1985，第471页。

粮昂贵。平粜"粳米每石减制钱五百文,以一千八百文出粜。稷米每石减制钱六百文,以一千二百文出粜"。第二年,京畿市集平粜粮价。"粳米每石减制钱八百文,以一千九百文出粜。稷米每石减制钱一千文,以一千五百文出粜"①。十二年,"京师亢旱,畿辅一带,二麦歉收"。"直隶地方,入夏以来,农田未得透雨,小民素鲜盖藏,亟于谋食"②。政府决定在"大兴、宛平之黄村、采育、定福庄、孙河、沙河、卢沟桥、庞各庄七厂",设立平粜"稷米二万石"。是时,御史徐培深奏请:"顺天府所属被旱较重地方,请饬查极贫之户赈粜并施",得到批准:"通永、霸昌二道所属之通州、蓟州、三河、昌平、平谷、密云、顺义七州县被旱较重","拨给粟米三千石,白麦三千石,黑豆二万石平粜。"同时,对参与平粜的官员也提出要求:"仓场侍郎查照成案,即于京城十一仓内照数动拨。该府尹等即刊刻誊黄,遍行晓谕,责成监粜各员,恪照所议章程,妥为设厂经理。不得搀和糠土及私增粜价,克减升斗,并囤户冒买,吏胥勒索诸弊。倘查有经理不善,即指名严参惩办,不准稍有徇隐,务期实惠及民,用平市价。"③ 同年,给事中王玮庆奏称:"本年畿辅一带亢旱,自应赈粜兼施,必须早为筹备,以资接济"④。十三年,政府平粜涉及"五城暨大兴、宛平并通永、霸昌二道所属通州等八州县,均各承领"⑤。由此可见,平粜米已经扩大到直隶等地。

四 平粜时对官员的管理

乾隆二年四月,五城平粜米石时,"离厂稍远之贫民,奔赴稍迟,即不得升斗,且有守候终日,忽然停止粜卖,贫民含怨空回"。乾隆帝表扬官员说:"步军统领鄂善、侍郎托时,即时将作弊之人查拏,甚属可嘉。"同时批评御史"于粜米要务,约束稽查,是其专责,乃不能督率司坊等官,亲加查察,一任弊端叠出,怠玩已极"。将御史、监粜各官、

---

① (清)载龄等修纂《钦定户部漕运全书》卷六五,《京通粮储·发粜仓粮》,第28页,见顾廷龙主编《续修四库全书》第八三七册,《史部·政书类》,上海古籍出版社,2002,第394页。
② 《清宣宗实录》卷二一四,道光十二年六月己亥,中华书局,1986,第167~168页。
③ 《清宣宗实录》卷二一四,道光十二年六月甲辰,中华书局,1986,第178页。
④ 《清宣宗实录》卷二一六,道光十二年七月戊申,中华书局,1986,第190页。
⑤ 《清宣宗实录》卷二三四,道光十三年三月甲午,中华书局,1986,第504页。

司坊官"交部严加议处"①。三年二月，御史丛洞发现："数月以来，乏食者益多，买米者益众，承办官恐米石将来不继，仍复不与多卖，每名只给一斗半斗，无论人口众多之家，一日所买不敷一日所食。且籴米之数减而愈少剩籴米之人祈而愈多，纷纷杂集，不堪拥挤守候之苦，于是一切手艺工匠各行人等，惟恐误工失业，遂不籴官米而买食于米铺。且米铺亦惟以买米转卖，得沾微利。"他认为："四乡农民赴城买米，道里遥远，若止日买升斗，势必仆仆道路不独失时废事荒。"政府决定："将通仓米分拨五城各二三千石，减价平粜，倘有不敷，再行拨给"，并"严饬肩挑背负小贩，止许亲身赴厂籴买，碓舂转卖，以供离厂窎远老弱妇女不能赴厂籴者，零星买食，如有雇觅代买囤积兴贩勒抬价值情弊，该城严拿治罪"②。

嘉庆六年十一月，朝阳门外开仓平粜米粮，这里原属通衢大路，"车辆甚多，往来行人拥挤，一时行走不开。至在外门门洞内，挤毙男妇十一名口"③。事件发生后，嘉庆帝要求调查原因，以后如何解决放米不致拥挤，令步军统领衙门酌定章程。④ 据官员调查此案"皆由门内官员兵丁等，于车马行人拥挤时，不能及早疏通，及至黄昏愈积愈多，闭城时又复过于仓猝，以致城内城外行人争先纷拥，俱挤至海墁之上，倾跌践踏，惨毙多命"。政府将所有城门领同保，门千总三益，城门吏雅达那，署守备千总王明玉，守备毕成均革职。翼尉岐山，参将阿尔绷阿、王元凯，游击王永宁、六十五，降三级调用。"朝阳门地方系左翼总后所管，恭阿拉之咎较国霖为重，恭阿拉著改为革职从宽留任，免其折罚世职半俸。国霖著改为降三级，从宽留任。"⑤ 步军统领衙门官员议定放米章程："开仓放米之期，令该仓监督将米车挨次逐辆放出仓外，不准齐放，自仓门口起，至朝阳门止，即交该营将备多派千把带领兵丁逐段稽查，不许争先抢越。其朝阳门至城内大街止，责令左翼翼尉、该城门官及步

---

① 《清高宗实录》卷四一，乾隆二年四月丁丑，中华书局，1985，第733页。
② 《军机处录副奏折》，"乾隆三年二月二十一日御史丛洞奏折"，中国第一历史档案馆藏，档案号：03-0735-005。
③ "嘉庆六年十一月初十日步军统领明安等奏折"，见中研院史语所藏明清史料，序号：125934-001。
④ 《清仁宗实录》卷九〇，嘉庆六年十一月甲申，中华书局，1986，第196页。
⑤ 《清仁宗实录》卷九〇，嘉庆六年十一月戊子，中华书局，1986，第200~201页。

营官员管束。如遇三仓一齐放米之日,饬交各该营员多派官兵,按段稽查,开通道路,鱼贯而行,不得拥挤。所有寻常车辆各令分上下车辙,逐段随行,毋许搀越停留。如有车户人等不遵约束,擅自抢车者,立即枷号示众。""至通州二月、八月间放俸米之日,亦饬令该营自朝阳门外东岳庙之东管辖起,俱令循辙鱼贯而行,进朝阳门。设遇城外五仓有开仓之日,恐该门外更加拥塞,饬令该营将寻常来往买卖轻车,俱令绕道由东直门行走,不至搀越朝阳门外,可免拥挤之虞。至于各门外车辆行人出入事同一律,并严饬各门及旗营官员一体严行稽查,不使稍有拥塞。"获得批准。①

道光三年七月,在平粜仓米时,"有指挥私运米石之弊",有"奸商雇觅私人,到厂籴买"之弊。政府令"贫民买米交钱,俱传经纪带同铺夥逐一数清。每日结算,不许在官人役经手"。"巡城科道放米时,留心查验,其代奸商籴买者,从严究治"②。同时,"严密查访指挥私运,胥役需索,及奸商影射偷籴,棍徒率先拥挤,匪类乘机偷窃等弊,其领运米石,严禁该仓花户短少斛面搀杂泥土,交各该巡城御史抽查,妥为收贮。由户部较准升斗烙印备用"③。"向来各厂分粜时,弊端百出,并有私运米石拥挤伤人等案"。各官员和御史,"随时严密稽查"④。四年,平粜时,政府令"仍照向例,毋许逾限多买,致启奸胥市侩囤积居奇之弊"。"向来各厂平粜时,弊端百出,并有偷漏米石,及办理不善挤压伤人等事"。"责成各该城御史严查妥办",并令"都察院堂官随时前往稽查"⑤。十二年七月,在郊区定福庄平粜仓米,发生"拥抢粮石之案"。据大兴县知县胡德璜报称:"因领粜人数过多,赴粜之人多系通州及京营人户,始出示定为各粜各境。"后因"领粜人户未知邻境不准领粜,遂致拥抢"。政府认为:"开厂平粜,自应先期出示,详为晓谕,俾远近村

---

① 《议奏五仓及通仓放米不致城内拥挤章程》,(清)多罗定郡主等纂《金吾事例》章程,卷一,咸丰年间刻本,第45~46页。
② (清)昆冈等修,刘启端等纂《钦定大清会典事例》卷一〇三四,《都察院·五城·米厂》,见顾廷龙主编《续修四库全书》第八一二册,《史部·政书类》,上海古籍出版社,2002,第383页。
③ 《清宣宗实录》卷五五,道光三年七月癸巳,中华书局,1986,第985页。
④ 《清宣宗实录》卷五五,道光三年七月丙戌,中华书局,1986,第978页。
⑤ 《清宣宗实录》卷六五,道光四年二月戊戌,中华书局,1986,第18页。

庄俱各周知。该处系初八日开厂，何以不妥定章程，豫行示谕。自是办理不善所致。"办理不善的官员俱交部察议。①

第三节　招商平粜

平粜仓米，一般是官方在五城设厂，由官员进行平粜。乾隆时，改官员平粜为招商平粜。开始是招商平粜小麦，主要是因为小麦需要"磨面粜卖"。② 四十三年，政府平粜麦石，招商先买官麦，再磨面出售。"令磨面小铺零星承买，以二石为率。民间家有磨具，情愿领买者，亦听其便"。令京城官员"确查稳实铺户认买。先交麦价，给予执照赴领"，再磨面出售。第二年，仍延续这种办法，"令五城查稳实铺户认买领粜"③。四十五年，刑部尚书胡季堂等奏请："将通仓现贮麦石运京，令五城司坊官，查明稳实铺户认买，先交麦价，由户部给与执照，听其自赴通仓支领。并令仓场侍郎、委员监放，同在通巡漕御史，严查斗级花户，搀易勒索之弊。"由"步军统领、五城御史，及臣衙门"监管。④ 四十九年，也是延续以前的办法，政府"令五城磨面粜卖，接济民食"⑤。

以后，政府又招商平粜仓米。五十二年六月，京城粮价稍昂，官员称，现在麦面价值，既已平减。"惟米价一时未能即减，恳请于京仓内拨米三万石，交与五城设厂平粜"。政府认为，拨三万石米粮"为数尚少"，需"拨米五万石"平粜。按招商平粜小麦那样，"在城内城外，公同拣择殷实大铺户各一处，将官米交给该铺户，自行粜卖，仍官为酌定

---

① 《清宣宗实录》卷二一六，道光十二年七月庚申，中华书局，1986，第205页。
② （清）潘世恩等纂《钦定户部漕运全书》卷六五，《京通粮储·发粜仓粮》，故宫博物院编《钦定户部漕运全书》，"故宫珍本丛刊"第321册，"清代则例"，海南出版社，2000，第26页。
③ （清）昆冈等修，刘启端等纂《钦定大清会典事例》卷一〇三四，《都察院·五城·米厂》，见顾廷龙主编《续修四库全书》第八一二册，《史部·政书类》，上海古籍出版社，2002，第379页。
④ 《清高宗实录》卷一一一二，乾隆四十五年八月壬子，中华书局，1986，第868页。
⑤ （清）潘世恩等纂《钦定户部漕运全书》卷六五，《京通粮储·发粜仓粮》，故宫博物院编《钦定户部漕运全书》，"故宫珍本丛刊"第321册，"清代则例"，海南出版社，2000，第28页。

价值，令其稍沾余润，俾资赡给"①。同时，留京办事王大臣永琅等官员酌定招商平粜章程，②内容如下。

其一，平粜办法。"改交商办，仍应于内外城适中地方，每城选择殷实铺户二家，令其承办"。由于"仓贮均系粗粮（应指未去皮之米粮），民间逐日所买无多，势难自为春碾，从前平粜粗米，小民籴买后，兑给碾房，每一升换细米八合"。此次按照雍正九年，政府"将细米平粜，亦以粗加二核算"的办法，"出粜粗米，则辗转兑换"，以堵"铺户及碓房转买囤积之弊"。于是，又令"该铺户春细，令其按八折交出细米，每细米八斗，仍照粗米一石，比市价酌减平粜，所余碎米糠秕，尽可抵给春碾工费"。

其二，平粜价格。以前各处报部粮价，参差不一。"据五城等处呈报实在粮价，每粗稑米一仓石，制钱一千五百四十文，今较市价酌减一百文。其粜出细米，即照此以八折核算，如此后市价再能平减，即将出粜官米，续行递减"。

其三，招商人平粜米量及领米办法。开粜时，"先期知会户部，札知仓场，派定仓口"。"令五城司坊官，亲身赴仓支领"，并派官员"眼同量给，各铺户收卖"。

其四，铺户升斗官为校准。"各铺户所用升斗，大小不一"，由"胡季堂会同户部，照依官设仓斗，较准烙印，领取给用"。

其五，车户领米车价。"例按道路远近核给，此次系归商办，应即于出粜米价内，按部定车脚，随时给发，不得另行开销"。

其六，对商人承办的监查。政府"派出之监粜大臣、步军统领、顺天府、五城，或五日，或十日轮流亲往各该处抽查，情弊自无难立见。倘于米色升斗价值内，或恐随时参差不齐，暗中舞弊，不能即时查出，何难密遣亲信员役，前往籴买升斗，则米色之纯杂，升合之大小，及照官定价，有无私自增加之处，无难水落石出矣"③。

这年八月，定亲王绵恩奏报："京城米价自招商平粜以来，随时体察情形，旗民人等得食贱价之米，莫不踊跃欢欣感颂弥深，而市集各商因

---

① 《清高宗实录》卷一二八二，乾隆五十二年六月乙巳，中华书局，1986，第181页。
② 《清高宗实录》卷一二八二，乾隆五十二年六月辛亥，中华书局，1986，第187~188页。
③ 《清高宗实录》卷一二八二，乾隆五十二年六月辛亥，中华书局，1986，第187~188页。

有官米兼卖，且值农田届熟之际，所卖一切粮价，不惟不敢垄断居奇，现已日渐平减。"① 九月，政府仍从京仓内，"拨米五万石，分给五城地方，发交殷实铺商减价平粜"。"派监粜大臣，率同五城御史，专办其事，并令会同步军统领、顺天府各衙门，严密查察，以平市价。自平粜以来，虽觉粮价渐减"②。五十三年，政府招商平粜小麦，"拣选殷实面铺，磨面粜卖"。并令官员监管商铺，"多收钱文，短少斤两，以及将次白顶替头白，黑面搀和杂白面等弊"，规定："各制十六两秤一杆，注明姓名，交该指挥，持赴户部较准，烙印发给应用。"否则治罪。③

在招商承办平粜中，也出现一些问题。五十二年七月，仓场侍郎苏凌阿等奏请，将仓麦"酌定价值，发给各铺户粜卖"④。此后，留京王大臣永琅等奏报，在京城粜卖米石时，抓获"冒收米石之民人白三"。当时，各商铺户认为："籴米人众，易致混杂，请收钱后，每升给一竹牌领米。"永琅等认为可行，于是"听其制用"。七月二十四日，"大兴县民人白三，假做东城永泰号竹牌十只，冒收素不认识之李贵细米五升粜价大制钱九十文，给与竹牌五只，及向铺家领米。经该铺户认出假牌，立将白三拿获。并于该犯身边搜出竹牌五只"。将该犯交司坊官，于该处枷号示众。⑤ 总体上对商铺承担平粜的评价还是不错的。

嘉庆时只在十五年，政府平粜小麦时，"交铺户领卖"，也就是招商承办。⑥ 道光以后政府就没有招商承办平粜了。

对于政府招商承办平粜粮食，各学者有不同意见。吴建雍认为："这种招商承办平粜的做法，同样是清代京师商品经济进一步发展的结果，并进一步反映了乾隆年间注重利用商人资本和市场机制解决粮食供应问

---

① 《军机处录副奏折》，"乾隆五十二年八月初九日定亲王绵恩奏折"，中国第一历史档案馆藏，档案号：03－0765－038。
② 《清高宗实录》卷一二八九，乾隆五十二年九月壬辰，中华书局，1986，第285页。
③ （清）潘世恩等纂《钦定户部漕运全书》卷六五，《京通粮储·发粜仓粮》，故宫博物院编《钦定户部漕运全书》，"故宫珍本丛刊"第321册，"清代则例"，海南出版社，2000，第30－31页。
④ 《军机处录副奏折》，"乾隆五十二年七月二十一日仓场侍郎苏凌阿、刘秉恬奏折"，中国第一历史档案馆藏，档案号：03－0765－033。
⑤ 《军机处录副奏折》，"乾隆五十二年七月二十七日留京王大臣永琅等奏折"，中国第一历史档案馆藏，档案号：03－0765－036。
⑥ 《清仁宗实录》卷二六九，嘉庆十八年四月乙丑，中华书局，1986，第639页。

题的政策。"① 于德源提出不同意见，他认为："清朝政府的这项改革并不是像某些学者想象的那样是对商业资本的倚重，实际上此举是对米商的强行摊派行为，是对北京米商经济利益的打击，让米商来承担本应由政府承担的经济负担。"②

笔者认为，政府招商承办平粜粮食，是因为官方平粜，经费需多，且官员腐败，不能承担平粜粮食的职能，难以为八旗兵丁、京城百姓提供应有的食物。"若仍照旧例，每城设立官厂，既不免经费之繁，而经管之大臣官员耳目难周，势不能不透之司坊官、家人、吏胥等承办，难保无暗中串通滋弊情事，仍属有名无实。"③ 招商承办，是将"仓内官米"，由商人出资购买，再平粜出售，就是利用商人担当"本应由政府承担的经济负担"，而不是"强行摊派"，也不是"对北京米商经济利益的打击"。但招商承办，是否如李明珠所说的商人从中得不到利润呢？"零售商从平粜的生意中几乎得不到利润。他们的销售所得必须立刻全部上缴给政府。"④ 肯定不是的，政府有意让商人沾余润。当时政府指出：招商承办平粜，"仍官为酌定价值，令其稍沾余润，俾资赡给"⑤。同时，政府也严管商人，不能抬高价格获利，令官员"严密查察，如该铺户不遵官定价值，仍私行抬高牟利者，一经查出不但将官米彻回，另选殷实大铺承粜。并将其铺内自买米石，一并入官，为平粜之用，仍将该商治罪。其有不愿领米者即是把持，禁令奸商，治罪如前。另选一人充之，如此惩一儆百，则粜卖官米之商人，知所畏惧，自不敢复蹈故辙"。并且政府还考虑到发给仓米，"恐该铺无地容贮"，"酌定数目，陆续发交该铺户收领，零星粜卖"⑥。应该说，政府招商承办平粜，仍是政府主导下的暂

---

① 吴建雍：《清代北京的粮食供应》，见北京社会科学院等编《北京历史与现实研究》，北京燕山出版社，1989。
② 于德源：《北京漕运和仓场》，同心出版社，2004，第404页。
③ 《清高宗实录》卷一二八二，乾隆五十二年六月乙巳，中华书局，1986，第180~182页。
④ 〔美〕李明珠：《华北的饥荒——国家、市场与环境退化（1690—1949）》，石涛、李军、马国英译，人民出版社，2016，第204页。
⑤ 《清高宗实录》卷一二八二，乾隆五十二年六月乙巳，中华书局，1986，第180~182页。
⑥ 《清高宗实录》卷一二八二，乾隆五十二年六月乙巳，中华书局，1986，第181~182页。

时措施，道光时就没有再招商平粜了。李明珠说："当政府求助商人扮演先前政府的角色时，并不是因为他们对商人的偏见发生了变化，而是因为害怕官僚贪污腐化胜过对商人行为的纵容。事实上，贪污是粮食市场上政府干预的成本之一。当贪污成本上升到政府和商户都无法承担时，政府就会转变政策来减少这种状况的发生。"①

第四节　调整俸米、甲米发放的时间

康熙四十八年十二月，"京城地方人民辐辏，全赖米价平贱"。每当"京城开放官米，米价就贱"。于是，政府"将二月放米之期，暂改放于十二月一次"。待商粮运京，"官米又放，米价自必平贱"②。四十九年，冬季因米价腾贵，政府将"二月应给之米，于正月给发，米价随即稍减"③。五十五年五月，京城米价又涨，"八旗官兵粮米，定例于八月内支放。今若候至八月，米价必愈加腾贵"，改"于五月初十日起，即行支放"④。"秋季拨给之官兵米石，于五月内俱行拨给"⑤。"目前雨水之时，应于未雨之先，即将此米给与众人，始为有益"。"倘雨水过多，道路泥泞，车辆难行，势必至米粮潮湿抛弃，于军民全无实惠"⑥。

雍正元年五月，给事中勾色奏称，米价忽长，俱因支放迟延所致，请将"俸米春季二月初一日起，秋季八月初一日起，俱令五十日内放完。甲米头季三月初一日起，二季七月初一日起，三季十一月初一日起，亦令五十日内放完"。得到批准。⑦三月，"粮价骤减，民得裨益"⑧。二年

---

① 〔美〕李明珠：《华北的饥荒——国家、市场与环境退化（1690—1949）》，石涛、李军、马国英译，人民出版社，2016，第214页。
② "康熙四十八年十二月初四日直隶巡抚赵弘燮奏折"，见《康熙朝汉文朱批奏折汇编》第2册，北京档案出版社，第705～706页。
③ 《清圣祖实录》二四一，康熙四十九年正月庚寅，中华书局，1986，第397页。
④ 《清圣祖实录》卷二六八，康熙五十五年五月壬戌，中华书局，1986，第633页。
⑤ "步军统领隆科多奏报京城雨水粮价并中暑病患情形折"，见中国第一历史档案馆编《康熙朝满文朱批奏折全译》，中国社会科学出版社，1996，第1602～1603页。
⑥ 《清圣祖实录》卷二六八，康熙五十五年五月乙丑，中华书局，1985，第633～634页。
⑦ 雍正《漕运全书》卷二十，《京通粮储·历年成案》，见北京图书馆古籍出版编辑组编《北京图书馆古籍珍本丛刊》055，《史部·政书类》，书目文献出版社，1989，第493页。
⑧ "雍正元年三月十六日东城巡城御史富贵奏折"，见第一历史档案馆译编《雍正朝满文朱批奏折全译》上册，黄山书社，1998，第49～50页。

六月，八旗甲米"原系七月开仓"。"因闰四月，恐食米不能接续，"故"令六月开仓给放"。又考虑到"现今雨水之际，车价必贵，时又暑热，其有愿俟天晴路干领米者，不必催促，仍照七月开放之限"①。四年二月，京师米价腾贵，"将三月应领米粮，令其于二月支放"②。八年十二月，"京城及通州米价"上涨，政府将原定"每年春季，以二月给俸米。三月放甲米"临时改为"春季俸、甲米，各先期一月支放，秋季亦照此例"。"俟米价既平，应停之时，户部再行奏闻"③。

乾隆三年七月，正黄旗汉军参领王廷臣奏称："米价之昂多在开仓之后，米价之减必在开仓之时。"兵丁米在二月、五月、八月、十一月关领，官员米在二月、八月，请将"官员俸米自次年春季为始，改为三月、九月关领，则一年之内半载开仓，庶米价常得平减"④。八月，步军统领喀尔吉善等奏称："当此米价未平，民间盖藏未裕，而坐扣此项兵米，仍恐米价大昂之后，不能及时骤减，积贮丰盈，断不以此为亏缺，兵民赖食以养生。八旗多领一石之米，京师即多收一石之用。"请将去年借给的兵米，缓至秋收后归还，即"己未、庚申两年秋冬二季，均匀扣还"，被批准。⑤ 八年十二月，米价昂贵，平粜仍不能骤减，于是将"明年八旗春季甲米，向于二月给放者，著改于正月初十日放起"⑥。九年，又将"第三季甲米改于四月初十日开放。第四季甲米改于七月初十日开放"。十一年闰三月，"亦照例早放，并将俸米亦早放半月"⑦。五月，米价仍昂贵，又将"一季三个月甲米，即于闰五月给放"⑧。七月，和硕履亲王允祹等奏请，于米价上涨时，提前发放官兵俸米、甲米。"本年秋季官俸、甲米，例于八月开仓支放，为期已近，请早放数日，俾官兵不与民

---

① 《清世宗实录》卷二一，雍正二年六月辛巳，中华书局，1986，第340页。
② 《清世宗实录》卷四一，雍正四年二月丁卯，中华书局，1986，第603页。
③ 《清世宗实录》卷一〇一，雍正八年十二月庚戌，中华书局，1986，第338~339页。
④ 《军机处录副奏折》，"乾隆三年七月二十四日正黄旗汉军参领王廷臣奏折"，中国第一历史档案馆藏，档案号：03-0685-023。
⑤ "乾隆三年八月初十日步军统领喀尔吉善等奏折"，见张伟仁译编《明清档案》中研院史语所现存清代内阁大库原藏明清档案，A84~86，B47729~47730。
⑥ 《清高宗实录》卷二〇六，乾隆八年十二月己未，中华书局，1986，第655页。
⑦ （清）杨锡绂撰《漕运则例纂》卷二十，《京通粮储·支放粮米》，见四库未收书辑刊编纂委员会编《四库未收书辑刊》壹辑，贰拾叁册，北京出版社，2000，第780页。
⑧ 《清高宗实录》卷三八八，乾隆十六年五月辛丑，中华书局，1986，第94页。

间争购"①。十三年六月，京城米价上涨，"照乾隆八年之例，将京仓官米给发各旗，并五城米局减价出粜，以平市价，至开仓之日为止"②。十六年三月，和硕庄亲王允禄等奏称："因雨多路泞，京外商贩杂粮难到，米价仍增。查京城夏季甲米，经仓场侍郎鹤年等奏准，于四月十五开放，请挪前半月。"③ 五月，"当青黄不接之时，又值闰月，八旗兵丁，未免艰于糊口"。于闰五月发放甲米，"俾穷兵饔飱优裕，不藉籴食贵米，市价自必平减，于闾阎生计，甚有裨益"④。七月，"查本年秋季官俸甲米，例于八月开仓支放，为期已近，请早放数日，俾官兵不与民间争购。转瞬秋成，杂粮上市，亦得源源接济"⑤。和硕履亲王允祹等奏称，提前发放官兵俸甲米，"以资调剂"。"市价每石减至四、五钱不等"⑥。十七年二月，有军机大臣提出，"八旗支放甲米，向有定期，开仓日米多，市价平减，奸商乘机囤积。放完后米少，抬价居奇，以致日长"。他们提出"按月轮放，俾源源接济，粮价自无时落时长之虞，囤积不禁自止"，办法是按旗轮放。即"镶黄、正黄、正白三旗，并上三旗包衣，应领米数较下五旗为多，请将镶黄、正黄二旗，于正月、四月、七月、十月支放。正白、正红、镶白三旗，于二月、五月、八月、十一月支放。镶红、正蓝、镶蓝三旗，于三月、六月、九月、十二月支放，办理不繁，而接济兵民食用，实有裨益"。获批准执行。⑦ 十八年正月，因清查通仓藏米丰裕，将官员俸米预放三季。⑧ 二十三年七月，"向来京官俸米，例于八月支放"。政府"（提早）一月，即于七月支放"。"俾京城内外米粮充裕，价值自可平减"⑨。二十四年四月，政府于闰六月放"给一月甲米"。"俾

---

① 《清高宗实录》卷三九五，乾隆十六年七月辛巳，中华书局，1986，第185页；《乾隆十六年七月二十三日和硕履亲王允祹等奏折》，见《宫中档乾隆朝奏折》第1辑，台北"故宫博物院"，1982，第229页。
② 《清高宗实录》卷三一七，乾隆十三年六月辛巳，中华书局，1986，第214页。
③ 《清高宗实录》卷三八五，乾隆十六年三月乙丑，中华书局，1986，第63页。
④ 《清高宗实录》卷三八八，乾隆十六年五月辛丑，中华书局，1986，第94页。
⑤ 《清高宗实录》卷三九五，乾隆十六年七月辛巳，中华书局，1986，第185页。
⑥ "乾隆十六年七月二十三日和硕履亲王允祹等奏折"，见《宫中档乾隆朝奏折》第1辑，台北"故宫博物院"，1982，第229页。
⑦ 《清高宗实录》卷四〇九，乾隆十七年二月戊申，中华书局，1986，第361~362页。
⑧ 《清高宗实录》卷四三一，乾隆十八年正月丙戌，中华书局，1986，第637页。
⑨ 《清高宗实录》卷五六六，乾隆二十三年七月丙戌，中华书局，1986，第172页。

兵丁饷殡优裕，不藉籴食，市价自必愈加平减，于闾阎生计，均有裨益"①。六月，"将通仓八月应放官员秋季俸米，即于七月内，先期一并开支"②。十一月，"将在京三品以下满汉文武各官，准其豫支半年俸米，于来年春秋两季，应领俸米内分扣"。原因赴通州领米，更需路费，"米石亦易透漏外出"，于是"准于京仓内，按数支放"。"则京城米石充裕，市价必平，于民食亦为有益"③。二十七年，政府重申，"五旗王公等甲米，及八旗佐领坐甲米石"，在京仓支放，以后为例。④ 三十二年闰七月，尚书裘曰修等奏称："因道途泥泞，通州交仓余米，商贩等艰于挽运，是以上月米价稍昂。请将八月甲米，移前数日开放。"得到批准，"将八月甲米，于本月二十五日开仓支放"⑤。"官兵等俱已赴仓支领。现在各色米价每石较前减价六百五十文至二百文不等。小米减银一钱，高粱豆谷亦俱有减无增。九月甲米自可无庸续行早放。"⑥ 三十五年六月，因"夏闰秋成节候稍远，而距官员等领俸之期，亦迟一月。市肆米粮未免不敷接济，所有王公大臣官员，秋冬二季俸米"，"于七月十五日起，开仓支放"⑦。四十年闰十月，"八旗兵丁甲米，闰月例不支放，向虽曾特恩赏给，并非常例，第念京师五方聚集，食指浩繁，兵丁所得甲米，饷殡自给之余，或将剩米出粜，尚可润及闾阎，数十万户，仰资其利"。是年政府准闰月放甲米，"于本月十五日开放"。"其十一、十二两月放米之期"，"移于每月十五日"。明年仍按旧例。每"遇闰月，俱照此一体实给甲米"。过后"仍循其旧则，御冬度岁，更得饶裕，市价亦可藉以益平，于兵民生计，均有裨益"⑧。三十五年，"以京师米贵，移各官

---

① 《清高宗实录》卷五八五，乾隆二十四年四月丁丑，中华书局，1986，第492页。
② 《清高宗实录》卷五八九，乾隆二十四年六月乙亥，中华书局，1986，第549页。
③ 《清高宗实录》卷六〇一，乾隆二十四年十一月甲戌，中华书局，1986，第747页。
④ （清）托津等奉敕纂《钦定大清会典事例》卷一五七，《户部·仓庾》嘉庆朝，见沈云龙主编《近代中国史料丛刊三编》第六十六辑，台北，文海出版社，1991，第7029页。
⑤ 《清高宗实录》卷七九一，乾隆三十二年闰七月癸丑，中华书局，1986，第706页。
⑥ "京师米价昂贵请将八月分甲米于七月开放"，（清）多罗定郡主等纂《金吾事例》章程，卷一，咸丰年间刻本，第44页。
⑦ 《清高宗实录》卷八六三，乾隆三十五年六月己亥，中华书局，1986，第583~584页。
⑧ 《清高宗实录》卷九九四，乾隆四十年闰十月丁未，中华书局，1986，第279~280页。

第九章 政府调控粮价

秋俸于七月开支"。四十年,"特赏兵丁闰月甲米,皆一时旷典"①。五十一年六月,顺天府府尹吴省钦奏请:"将京员秋俸,先支领十分之六,以冀民食流通。"意见被批准。② 同月,经留京王大臣会同户部、仓场侍郎等官员筹议,以后"遇麦价平减,无须出粜,即于俸甲米内以之配低搭放,并声明,如麦贱于米之年,即应抵作俸米,麦贵于米之年,抵作甲米"③。同月,吴省钦称:"京城粮价,自有指令在京文武各员,移前一月关支俸米之后,当即平减,每斗减价数十文。"乾隆帝批评他说:"现在六月下旬,距秋成之时尚远,何以米价即能平减。此必奸商市侩,豫行减落,以图关俸米时贱价籴买,囤积居奇地步。其所减数目,届期必不止此。此等垄断伎俩,最为可恶。吴省钦系书生,一见减价,即以为喜,所谓知一而不知二也。"④ 十一月,政府又决定,"所有乾隆五十二年京员春季俸米","再移前于正月开印之次日,即行开放,务于二月二十日以前,全行完竣"⑤。

嘉庆四年二月,麦价贵于米价,政府决定将"仓存麦五万七千余石","于八旗甲米内应领粟米项下,自本年三月起至五月止,分作三个月搭放"⑥。五年二月,仓场侍郎达庆等奏称:"现存麦五万一千余石。查麦粒质性较嫩,不耐久贮。若不豫行筹办,恐一过夏令不免发鬓折耗之虞。"且该年豫、东二省新麦运通,旧麦无须存储,提请户部"酌情办理"。户部回复按乾隆五十二年六月例,"于八旗闰四月甲米内,应领稜粟米项下尽数均匀抵放"⑦。十月,因黑豆不耐久储,向例"照时价酌减,令王公、大臣、官员等各按品级承买,于俸廉等项银内扣价归款"⑧。六年十月,原

---

① (清)王庆云:《石渠余纪》卷四,北京古籍出版社,1985,第190页。
② 《清高宗实录》卷一二五六,乾隆五十一年六月甲申,中华书局,1986,第878页。
③ 嘉庆四年二月三十日《议准搭放仓麦折》,(清)祁韵士《己庚编》卷上,见《丛书集成续编》第五〇册,社会科学类,台北,新文丰出版公司,1989,第524~525页。
④ 《清高宗实录》卷一二五七,乾隆五十一年六月戊戌,中华书局,1986,第896~897页。
⑤ 《清高宗实录》卷一二六九,乾隆五十一年十一月丁亥,中华书局,1986,第1106~1107页。
⑥ 《议准搭放仓麦折》,嘉庆四年二月三十日,(清)祁韵士《己庚编》卷上,见《丛书集成续编》第五〇册,社会科学类,台北,新文丰出版公司,1989,第524~525页。
⑦ 《议复搭放仓麦折》,嘉庆五年三月初一日,(清)祁韵士《己庚编》卷下,见《丛书集成续编》第五〇册,社会科学类,台北,新文丰出版公司,1989,第576页。
⑧ 《奏官员承买豆石折》,嘉庆五年十月十七日,(清)祁韵士《己庚编》卷下,见《丛书集成续编》第五〇册,社会科学类,台北,新文丰出版公司,1989,第597页。

"支放甲米，及明春官员俸米，俱搭放黑豆"。此年因黑豆价低，"本年冬月以后甲米，仍照旧支给，不必搭放黑豆"。"官员等俱有马匹喂养，需用黑豆"，在明春俸米中搭放。① 十四年十一月，御史福克精阿奏称："本年该领俸米并豫领明年春、秋二季之米，一次领米太多，明年停领，未免米价昂贵。"请将预领俸米按年分扣，不致京城米价昂贵，被批准。②

道光四年，户部奏请"先期支放闰月甲米，以裕兵食，而平市价"。"其漕麦一项，俟三月抵通后，即照例于粟米内尽数抵放"③。十五年闰六月，铁麟等奏："朝阳门外太平、储济、万安、裕丰四仓，现贮米石较之城内七仓，多至一两倍。新粮抵通，难于照例拨派。"政府批准"十五年秋季、十六年春季，八旗文职四品以下、武职三品以下官员俸米，准其援照旧案，改由城外四仓支放"。并令户部"自本年七月起，将八旗甲米，于外四仓应行轮放之外，接续多放两轮。俾得疏通旧贮，即可拨进新漕，以速转运而利回空"④。

从以上调整俸米、甲米的发放时间的原因看，显然是与市场粮价上涨有直接关系，市场粮价上涨时，就提前发放俸米、甲米，使市场粮价下降。刘凤云认为，调整俸米、甲米的发放时间是"针对商人囤积米石"，⑤ 似不准确。

第五节 政府调控粮价

一 老米、稜米

康熙时，老米、稜米价格因为有政府行为介入，所以变动不大。每当米价上涨时，政府用平粜方法，即出仓米平抑粮价。三十二年十一月，

---

① 《清仁宗实录》卷八八，嘉庆六年十月甲寅，中华书局，1986，第166页。
② 《军机处录副奏折》，"嘉庆十四年十一月二十一日掌陕西道监察御史福克精阿奏折"，中国第一历史档案馆藏，档案号：03-1527-043。
③ （清）载龄等修纂《钦定户部漕运全书》卷六一，《京通粮储·俸甲米豆》，见顾廷龙主编《续修四库全书》第八三七册，《史部·政书类》，上海古籍出版社，2002，第330页。
④ 《清宣宗实录》卷二六八，道光十五年闰六月丙子，中华书局，1986，第121页。
⑤ 刘凤云：《俸米商业化与旗人身份的错位——兼论商人与京城旗人的经济关系》，载《中国人民大学学报》2012年第6期。

"今岁畿辅地方歉收，米价腾贵，通仓每月发米万石，比时价减少粜卖"①。"通州仓米平价发粜，米价顿减"②。"减时价发粜，米价稍平"③。四十三年二月，"以京城米价腾贵，命每月发通仓米三万石，运至五城平粜"④。此后，以四十三年平粜为例，⑤ 政府经常使用仓米平粜办法。另外，就是用提前发放俸米、甲米的方式。当时商贩称："本年粮食丰收，小米、高粱、黑豆、麦子、面粉价皆贱。唯京城商贾、富殷者食老米、稄子米甚多，自六月闭仓，七月五城所卖官米皆尽，故老米、稄子米涨价。"⑥ 政府则顺势提前发放八旗官兵俸米甲米，以调节米价。五十六年，"将京、通各样米石，京城、通州每处各动米五万石，比时价减一分粜卖在案"。六十年四月，"京城所报粮价甚贵，京通仓米石著交与侍郎张伯行，比时价减五分粜卖"⑦。隆科多还将粜卖官米前后的价格进行比较称，每石老米约卜降三分，稄米降一分。⑧ 时人作诗《偶叹》："米贵长忍饥，米贱长不饱。由来无米炊，那得责妇巧。顷闻天语切，阛阓杜奸狡。又发天庚粟，市价贬已稍。"⑨ 真实地反映了开仓发放俸米、甲米前后的实况。

雍正时，老米、稄米均价上涨，政府仍用老办法，即变动发放俸米、甲米的时间，调控市场米价。每当市场上米价贵时，有俸米、甲米投放市场，米价就会下降。元年三月，东城巡城御史富贵奏称："年前粮价腾贵"，"开仓卖米，更低于时价，使粮价骤减，民得裨益。"⑩ 五月，给事

---

① 《清圣祖实录》卷一六一，康熙三十二年十一月庚申，中华书局，1985，第763页。
② 王先谦：《东华全录》康熙三十三年二月，见《清东华录全编》第四册，学苑出版社，2000，第44页。
③ 《清圣祖实录》卷一六八，康熙三十四年八月癸巳，中华书局，1985，第820~821页。
④ 《清圣祖实录》卷二一五，康熙四十三年二月丙申，中华书局，1986，第182页。
⑤ 《清圣祖实录》卷二一八，康熙四十三年十一月戊戌，中华书局，1986，第202页。
⑥ "步军统领隆科多奏报京城米价情形折"，见《康熙朝满文朱批奏折全译》，中国社会科学出版社，1996，第1601页。
⑦ 《雨雪粮价单》，"康熙六十年四月三十日户部右侍郎兼管仓场张伯行奏折"，序号：12-05-0001。
⑧ "步军统领隆科多奏报京城粮价情形折"，见《康熙朝满文朱批奏折全译》，第1606、1601页。
⑨ （清）鲍珍：《道腴堂诗编》，见《清代诗文集汇编》第267册，上海古籍出版社，2010，第111页。
⑩ "雍正元年三月十六日东城巡城御史富贵奏折"，见第一历史档案馆译编《雍正朝满文朱批奏折全译》上册，黄山书社，1998，第49~50页。

中勾色奏称:"米价忽长,俱因支放迟延所致。"① 二年二月,仓场总督法敏等奏称:"去年因米价腾贵,蒙我皇上特发仓粮粜卖,米价得平。"②"(四年二月)直隶雨水过多,二麦收获与否,尚未可知,因此京师米价腾贵。""八旗兵丁,冀得善价,将所领之米,尽皆粜卖,将来必致乏食。再复倍价籴买,则伊等生计,仍觉艰难。"③ 六月,正蓝蒙古族副都统岳兴阿奏称,因米价昂贵,政府将七月应发之米,于六月支放两个月的米。又继续发放八月之后的两个月的米。"自此之后,米价多为下跌,于官兵颇有裨益"④。

乾隆时,仍沿用改动发放俸米、甲米的时间调控米价的方法。因为八旗官兵得到配给漕米,就有相当部分出售给商铺,而"各铺户闻二十日开仓,将所存米石俱行发卖,是以顿减"⑤。"向来八旗甲米,俱按四季支放,米石既多,奸商乘机囤积,放完之后,抬价居奇"⑥。刑部尚书舒赫德奏称:"现在京师米价稍昂,缘由闰月向不开仓,又值秋禾尚未登场之际,是以米价稍昂。"⑦ "京员秋俸,向例以中秋前后起支,今遇闰又迟一月,米石不能及早流通,价值未免日渐昂贵,自应设法调剂。"政府决定,将所有八旗及在京文武各员俸米,俱移至一个月前发放。⑧

嘉庆时期,京城漕粮储备充足。四年,据仓场侍郎称:"全漕到通每年积存米六十万石,积至嘉庆十四以后,京仓即可盈满。通仓现有廒二

---

① 雍正《漕运全书》卷二十,《京通粮储·历年成案》,见北京图书馆古籍出版编辑组编《北京图书馆古籍珍本丛刊》055,《史部·政书类》,书目文献出版社,1989,第493页。
② 《雍正二年二月二十八日仓场总督法敏等奏折》,见中国第一历史档案馆编《雍正朝汉文朱批奏折汇编》第2册,江苏古籍出版社,1986,第638页。
③ 《清世宗实录》卷四一,雍正四年二月丁卯,中华书局,1986,第603页。
④ "雍正四年六月十三日正蓝蒙古族副都统岳兴阿奏陈官兵俸米定期发放折",见中国第一历史档案馆译编《雍正朝满文朱批奏折全译》下册,黄山书社,1998,第1352页。
⑤ "乾隆十六年七月二十日蒋炳、顾汝奏折",见《宫中档乾隆朝奏折》第一辑,台北"故宫博物院",1982,第192页。
⑥ (清)载龄等修纂《钦定户部漕运全书》卷六十,《京通粮储·俸甲米豆》,见顾廷龙主编《续修四库全书》第八三七册,《史部·政书类》,上海古籍出版社,2002,第315页。
⑦ 《军机处录副奏折》,"乾隆三十二年闰七月二十二日刑部尚书舒赫德奏折",中国第一历史档案馆藏,档案号:03-0865-074。
⑧ 《清高宗实录》卷一二五六,乾隆五十一年六月甲申,中华书局,1986,第878页。

第九章　政府调控粮价

百五十座，计可贮米二百余万石。"① 充足的粮食储备，使得市场上的米粮，基本上依靠俸米、甲米外卖。"向来京师粮石，全藉俸米、甲米，辗转流通。其资于商贩者本少"②。"本处产粮既少，又无别项贩运粮石，专赖官员、兵丁等所余之米，流通粜籴，资糊口"③。每当米价上涨时，政府就用以前的办法，支放仓储粮，平抑市场上的米粮价格。④ 米价昂贵时，政府发给"米、麦共十万石，平价粜卖。原期嘉惠穷黎，俾得藉资口食"⑤。十六年五月，米价昂贵，政府设厂平粜仓米。⑥ 不仅京城人依靠仓米，而且"京城外附近居民向赖八旗兵丁余米，以资养赡"⑦。十八年五月，"近年以来，京城米价颇属昂贵"。"有武清县属河西务地方开设粮店之赵九等，在京城广渠、东便二门内粮店陆续买米，贩运出境，至该处销售之事。"是时各粮店"共囤积粗、细老米、稷米一万三千百六十八石零"⑧。以后又有贩运到天津等地销售的情况。⑨ 政府下禁令，不许商人将内城米粮运到外城，也不许外城粮食运往京城之外的地区。⑩，对稳定市场粮价起到一定作用。

道光时期，仓储粮食依然充裕。为了保障京城市场的粮食量和价格，政府仍然禁止商贩外运，但是商人外贩粮食的情况更多。二年，在雨水调和，粮食丰收，且正处于俸米、甲米粮支放的情况下，粮价本不应该上涨，但"自三月以来，粳、稷二米每石忽增制钱四五百文，风闻由于米店违例囤积，私运出城所致"。进一步检查，在"朝阳门外新楼地

---

① （清）祁韵士：《议驳通州裁仓折》，嘉庆四年六月初二日奏折，《己庚编》卷上，见《丛书集成续编》第五〇册，社会科学类，台北，新文丰出版公司，1989，第532～534页。
② 《清仁宗实录》卷九九，嘉庆七年六月甲辰，中华书局，1986，第323～324页。
③ 《清仁宗实录》卷一九二，嘉庆十三年二月己巳，中华书局，1986，第533页。
④ 嘉庆四年六月二十六日《议驳粟米折钱折》，（清）祁韵士《己庚编》卷上，见《丛书集成续编》第五〇册，社会科学类，台北新文丰出版公司，1989年，第536页。
⑤ 《清仁宗实录》卷一五九，嘉庆十一年三月乙亥，中华书局，1986，第46页。
⑥ 《清仁宗实录》卷二四三，嘉庆十六年五月戊子，中华书局，1986，第279页。
⑦ 《军机处录副奏折》，"嘉庆十五年六月二十一日福建道监察御史兴安奏折"，中国第一历史档案馆藏，档案号：03-1632-030。
⑧ 《军机处录副奏折》，"嘉庆十八年五月初十日步军统领吉纶等奏折"，中国第一历史档案馆藏，档案号：03-1848-040。
⑨ 《军机处录副奏折》，"嘉庆十九年闰二月十三日步军统领英和等奏折"，中国第一历史档案馆藏，档案号：03-1849-002。
⑩ 《清仁宗实录》卷六一，嘉庆五年三月癸丑，中华书局，1986，第807～808页。

方","目睹负米出城者,自朝至暮,肩摩踵接,络绎不绝"①。"京师五城地方,于本年七八月以后各项粮价加增,或因近京各州县被潦歉收,亦不应较前翔涌几至加倍,自因奸商囤积过多,高抬时价,各门疏于防范,即私行贩运,牟利居奇,不可不严申例禁"②。四年三月,有官员看见,在朝阳门外,"有多人负米出城,虽约计不过二斗之多,而络绎不绝"。"访得负米之人由城内附近地方囤积,将米分作零石,纷运出城"③。同年,又在广安门内查出,"云陞粮店积米大小二十二囤,云聚隆粮店积米大小二十囤"④。此外,在九年、十一年、十五年、十六年、十七年、十九年等年,官兵都先后在朝阳门、西直门、广安门、东直门等多处查获贩粮出城或贩往京城之外地区的案件。⑤ 应该说,政府的禁令起到一些作用,但并不能从根本上改变商人外贩的情况。

关于嘉庆、道光时期粮价上涨的原因,李文治等研究认为,京师仓储粮逐渐减少,粮价逐渐上涨。嘉庆七年,每石稷米价格已增到2900文,比乾隆间上涨一倍,银钱比价变动虽有一定影响,国家缺粮平粜乃是原因之一。⑥ 笔者认为,嘉庆、道光时期仓储粮食丰足,京人粮食食用有余,并未见减少。从另一角度看,政府对商人囤积粮食的限量增加,乾隆为五十石,嘉道时期提高到每种一百六十石,至五百石,也能说明市场上粮食量是增多的。是时官兵查获多起外贩粮食案件,特别是道光时的回漕现象,这正说明京城仓储粮食有余,才会出现囤积与外贩现象

---

① 《军机处录副奏折》,"道光二年闰三月二十九日掌湖广道监察御史邱家炜奏折",中国第一历史档案馆藏,档案号:03-3105-035。
② 《清宣宗实录》卷四五,道光二年十一月庚寅,中华书局,1986,第796~797页。
③ 《军机处录副奏折》,"道光四年三月初五日湖广道监察御史嵩山奏折",中国第一历史档案馆藏,档案号:03-3920-023。
④ 《军机处录副奏折》,"道光四年三月十一日巡视西城御史祥安等奏折",中国第一历史档案馆藏,档案号:03-3920-027。
⑤ 《军机处录副奏折》,"道光九年五月二十七日步军统领耆英等奏折",档案号:03-4035-050;"道光十一年八月二十八日巡视西城御史琦琛等奏折",档案号:03-4043-068;"道光十一年十月初六日步军统领耆英等奏折",档案号:03-3762-008;"道光十五年十月二十二日礼科给事中富彰奏折",档案号:03-3430-069;"道光十七年六月初七日给事中蔡赓飏等奏折",中国第一历史档案藏,档案号:03-3783-034;《清宣宗实录》卷二七八,道光十六年二月丙寅,第290~291页;卷三二一,道光十九年四月己巳,中华书局,1986,第1024~1025页。
⑥ 李文治、江太新:《清代漕运》(修订版),社会科学文献出版社,2008,第65页。

较多的情况。那么，市场上粮食增多，粮价应该下降，但为什么嘉庆、道光时期，粮价上涨呢？从整个嘉庆时期粮价变动情况看，老米、稉米、小米、小麦、高粱、黑豆的均价都比以前各时期上涨了，可参见表4-11。笔者认为，嘉道时期粮价上涨的原因之一应该是外来人口增加，市场需求量加大，消费自然也随之增长。又由于全国米价也是增长趋势，所以京城高米价并没能阻止商人囤积粮食，向京外贩运。这一时期在北京周围已经形成了粮食聚集地，如"通州马头镇，武清县北蔡村，为南粮籴粜之区，大斗案犯包买旗丁余米"①。"于家卫及杨村一带，奸商囤积"②。"京西新城所辖白沟河地方，向多开设粮店，近因天时亢旱，奸商希图重利，囤积极多，以致贫民买食维艰"。据查"白沟粮店六家，共存粮十三万余石"③。京城粮价虽然比以前增长了，但仍然比京城以外地区低，所以才会有向外贩运和回漕等现象，两者相辅相成，也使得京城市场上的粮价上涨。

二 粟米

由于"京仓向因粟米不敷支放"，"以存仓稉米代粟搭放"④。乾隆三年，政府"派往古北口等处人员，陆续运到米（粟米）、豆二千余石"。同时"商人范毓馪呈称，买得杂粮二万六千石，现今运交官局小米四千余石"。因"旗人平日多食老米，民人平日多食杂粮"⑤。所以尽管政府"每岁约放粟米三十六万余石"，"旗人得粟米多系粜去"⑥。粟米仍然价昂不敷食用，政府经常调整仓储粮食品种，以稉米替代粟米，或以豆代粟米。四年，"向例官俸米内，有粟米一项，以采买直隶营田稻米抵支。

---

① 《清宣宗实录》卷二七八，道光十六年二月丙寅，中华书局，1986，第290~291页。
② 《清宣宗实录》卷二八四，道光十六年六月壬申，中华书局，1986，第389~390页。
③ 《清宣宗实录》卷三二三，道光十九年六月甲戌，第1067页；卷三二四，道光十九年七月丁巳，中华书局，1986，第1095页。
④ （清）海望：《请乘时平粜以济兵民疏》乾隆三年，载《皇清奏议》卷三五，见顾廷龙主编《续修四库全书》四七三，《史部·诏令奏议类》，上海古籍出版社，2002，第294页。
⑤ 李洵、赵德贵、周毓方、薛虹主校点《钦定八旗通志》卷七七，吉林文史出版社，2002，第1321页。
⑥ （清）海望：《请乘时平粜以济兵民疏》乾隆三年，载《皇清奏议》卷三五，见顾廷龙主编《续修四库全书》四七三，上海古籍出版社，2002，第294页。

但直属或遇歉收，停止采买，即不敷支发，应以稷米抵稻米支给。如直属稻米丰收，采买运通，仍支稻米"①。十八年，因"每年应需四十万余石，不敷所放之数，往往以稷代粟，仓无存积，而价值日昂"，或"以豆抵粟"，"自十九年为始，豫、东二省，应运黑豆，酌半改征粟米"②。三十六年、三十七年、四十年、四十三年，粟米价格上涨，政府将京仓粟米五万石，投放五城，"照市价酌减出粜。"③ 由此可见，粟米还是有供不应求的情况，仍然有相当部分的小米依靠商人从外省运入。

三　黑豆

黑豆是八旗官兵喂养马、驼的主要饲料，顺治十二年，"京师需用豆草，令崇文门、大兴、宛平等官，责成商人承买备用"④。之后，官兵所需黑豆，由政府每月发给马银，官兵从市场上购买，豆价由市场调节。康熙时期，黑豆的市场价格比较平稳。雍正元年六月，"东省自海运至津麦、豆、高粱共四百六十三万，通共来直麦、豆、芝麻、高粱四千七百六十三石"⑤。雍正十年，大学士鄂尔泰等奏称："今岁自立夏以来，访得豆价因卖者无多，是以价日腾贵。八旗官兵每月所领马银，仅敷喂马，不能致马肥壮。""城内养马，俱赖附近州县各庄头所种之豆，及山东、河南两省商贾贩卖之豆，遇豆稍缺，价即踊贵。"鄂尔泰等人奏请将山东、河南两省每年"应交粟米内，每省改交豆，各五万石，运送至仓"，被批准。⑥ 当年运入京仓的黑豆共十万石。"山东、河南二省额征黑豆，

---

① （清）托津等奉敕纂《钦定大清会典事例》卷一五七，《户部·仓庚》，嘉庆朝，见沈云龙主编《近代中国史料丛刊三编》第六十六辑，台北，文海出版社，1991，第7019~7020页。
② 《清高宗实录》卷四四三，乾隆十八年七月壬午，中华书局，1986，第775页。
③ （清）昆冈等修，刘启端等纂《钦定大清会典事例》卷一○三四，《都察院·五城·米厂》，见顾廷龙主编《续修四库全书》第八一二册，《史部·政书类》，上海古籍出版社，2002，第379页。
④ （清）伊桑阿等纂修《大清会典（康熙朝）》卷三五，《户部·课程·杂赋·时估》，见沈云龙主编《近代中国史料丛刊》三编，第72辑，台北，文海出版社，1992，第1712页。
⑤ "雍正元年七月十七日直隶巡抚李维均奏折"，见中国第一历史档案馆编《雍正朝汉文朱批奏折汇编》第1册，江苏古籍出版社，1986，第675页。
⑥ （清）允禄等编《世宗宪皇帝谕行旗务奏议》卷十，见《钦定四库全书》第413册，《史部·诏令奏议类》，上海古籍出版社，1987，第550页。

俱系粟米改征。视京仓粟米黑豆何项不敷，或应多征黑豆，或仍征粟米。户部随时酌量情形，奏明办理"①。

乾隆三年八月，因仓储豆少，政府决定从山东"采买五万石，河南采买三万石，共八万石"，用于支放。② 八年，黑豆价格上涨，供给不足，③政府又从"豆价平减"的奉天采购"运京豆石"，"由海运至天津，转运通仓"④。九年三月，"京城豆价日昂"，又"以保安、宣化、万全三州县存贮屯豆，运京平粜"⑤。八月，准兵部侍郎雅尔图之请，将河南"额米一十五万余石，悉改黑豆起运"⑥。十六年五月，"京师官员兵丁喂养马匹众多，非他处可比。黑豆一项在所必需，自应广为储积，以备支粜"。故规定，"奉属附近海口州县内"，"征收多余豆"二万零七百余石，由海运通。"豫、东二省，向为出产黑豆之地。自雍正十年以来，已于该二省漕粮粟米内，节次改征，每年合计，额解黑豆二十万九千余石，以供支放八旗马驼之用。""现在豫、东二省额征运通粟米，尚有三十七万余石"。政府决定以粟米改征黑豆。⑦ 到乾隆二十年十一月，"仓场侍郎双庆奏，京仓收贮黑豆，积五十余万石"⑧。二十七年、二十八年、四十七年，京城黑豆价格昂贵，政府令奉天、山东、河南分别购买运京。⑨ 五十九年六月，"八旗官兵，并各项官兵拴养马匹，及五营差马等项，每年共应领豆十六万余石"⑩。由此可见，京城黑豆价格受到市场机制的影响，每当市场上黑豆数量少时，价格腾贵，政府或将部分粟米改征黑豆，或从外省购买运京，投

---

① （清）潘世恩等纂《钦定户部漕运全书》卷一，《漕粮额征·兑运额数》，见故宫博物院编《钦定户部漕运全书》，"故宫珍本丛刊"第319册，"清代则例"，海南出版社，2000，第12页。
② 《清高宗实录》卷七四，乾隆三年八月辛卯，中华书局，1985，第184～185页。
③ 《清高宗实录》卷二〇三，乾隆八年十月丙寅，中华书局，1985，第613页。
④ 《清高宗实录》卷二〇五，乾隆八年十一月庚子，中华书局，1985，第638页。
⑤ 《清高宗实录》卷二一二，乾隆九年三月己卯，中华书局，1985，第722页。
⑥ 《清高宗实录》卷二二二，乾隆九年八月壬子，中华书局，1985，第865页。
⑦ 《清高宗实录》卷三八九，乾隆十六年五月癸亥，中华书局，1986，第112～113页。
⑧ 《清高宗实录》卷五〇一，乾隆二十年十一月戊戌，中华书局，1986，第318～319页。
⑨ 《清高宗实录》卷六六四，乾隆二十七年六月甲午，中华书局，1986，第426页；卷六八四，乾隆二十八年四月丁酉，第658页；卷一一六八，乾隆四十七年十一月乙未，第661～662页；"乾隆二十八年二月初四日山东巡抚阿尔泰奏折"，见《宫中档乾隆朝奏折》第16辑，台北"故宫博物院"，1983，第753～754页。
⑩ 《清高宗实录》卷一四五四，乾隆五十九年六月戊辰，中华书局，1986，第388～389页。

放市场，调节价格，同时也有商贩运豆来京售卖。

四 调节麦价实例

政府第一次调节麦价，是在乾隆四十三年。这年四月，"京师尚未得有透雨，市间粮价，恐未免稍昂"，怕粮价上涨，政府令"于五城设厂，酌拨米、麦平粜"，让有关部门速议上报所办事宜。由于这次粮价上涨主要是麦价，又因"向来京师市肆麦石，大半由豫、东二省，商贩前来，以资民食"。但山东、河南两省"春膏未渥，麦收未免歉薄，恐北来贩运，不能源源接济，将来京师麦价，未免渐昂"。所以，政府令弘晌、喀尔崇义、富察善三人，"酌量情形"，派官员从盛京"采买二三十万石，即由海道，运至天津，届期接运至京，以供平粜，俾市粮充裕，于民食更为有裨"①。"京师自三月至今，未得透雨，二麦难望有收，市中面价渐次昂贵。是以四月初，即降旨将仓贮麦石，于五城设厂平粜，以裕民食。每日需麦较多，各仓现有之麦，尚不敷用"。政府又令陕西巡抚毕沅、河南巡抚郑大进从常平仓所储小麦，酌筹五万石，分二次运京。②

派官员从河南、山东采购麦石运京之外，政府还对通州小麦集散地进行了调查。六月，通永道刘峨将通州存麦情况上报，由直隶总督周元理上奏中央政府。在报告中称，"已查得该州东关永茂、永成、福聚、勇源等号堆坊内，现贮客麦，自数百石以至数千石不等，共计客商二百二十余人，计麦约有二十万石"③。得到密报后，乾隆帝怕地方官员从本地利益考虑，不能全盘掌握情况，又专门派中央官员金简、胡季堂前往通州确实查办。④ 金简、胡季堂对"各商账目，逐细确查"。向乾隆帝奏称："讯问现在客民八十余人，佥称此项麦石实系众商自各处运到，节次粜卖，除已卖三十余万，现存二十万有零，正在陆续出售，并非囤积观望。"⑤ "查明通州城关堆贮麦石，实系众商自各处运来，陆续出售，并非囤积，当为分别办理。"政府也认识到："京畿种麦本少，即遇二麦丰

---

① 《清高宗实录》卷一〇五四，乾隆四十三年四月癸巳，中华书局，1986，第80~81页。
② 《清高宗实录》卷一〇五五，乾隆四十三年四月丁未，中华书局，1986，第96~97页。
③ "乾隆四十三年六月初八日直隶总督周元理奏折"，见《宫中档乾隆朝奏折》第43辑，台北"故宫博物院"，1985，第377页。
④ 《清高宗实录》卷一〇五八，乾隆四十三年六月戊戌，中华书局，1986，第144~145页。
⑤ 《清高宗实录》卷一〇五八，乾隆四十三年六月庚子，中华书局，1986，第146~147页。

收之岁，亦藉商贩流通，客麦愈多，则市值愈减，乃一定之理。"① 此时，金简等人与周元理的意见出现了分歧，周元理认为，商人是囤积小麦，当全数归官。而金简等人则认为，商人并非囤积观望，当分情况办理。乾隆帝同意金简等人的意见，并批评周元理等人称："目今麦价较昂，如果有奸商囤积居奇，自当从重惩治。如系随时粜售，正当听其源源接济，以利市廛。此项通州麦石，若非朕派令金简、胡季堂往查，地方官必不能如此细询妥办，倘据刘峨初报，不为分别查核，概行入官，既以苦累众商，且致此后商贩闻风裹足，于京城民食，亦多未便。刘峨禀报时，祇知以稽查为尽职，未免近于孟浪。而周元理闻有商麦囤积，惟图直隶多留麦石，于通商利民之道，岂竟未曾计及耶。"② 另据通州八十余名行商共称："愿将现存麦二十万石，照依时价，每市石减二钱，在京、通两处，自往招商，作速粜卖，以两月为期，全行消售。"最后，乾隆帝上谕："止令减价一钱，宽限四个月。"③ 是时，政府派官员采购的小麦，也已经运到通州，将一万石"留于直隶备用，其余七万石，全行运京平粜"④。第二年，政府"拨麦二万石"平粜，又"将上年仓存余麦二万石，再行拨发五城出粜"⑤。这些调节暂时解决了该年缺麦问题。

政府第二次调节在乾隆五十二年。这年四月，"京城缺雨，麦价较昂"，百姓食麦，亟待解决。⑥ 京师市集麦价昂贵，政府又派金简等官员前往通州，调查各铺户有无堆积居奇之事。据金简覆奏："亲赴各铺户逐细查勘，尚无此等情弊。"⑦ 他传唤商人询问情况，各碓房、铺户商人等称："前两年河南、山东一带歉收，无麦运京，通州并无存留旧麦，是以近日粮价不无昂贵。但现在河下间日仍有陆续运到麦数百石，及千余石

---

① 《清高宗实录》卷一〇五八，乾隆四十三年六月辛丑，中华书局，1986，第148~149页。
② 《清高宗实录》卷一〇五八，乾隆四十三年六月辛丑，中华书局，1986，第148~149页。
③ 乾隆四十三年《查办堆房堆贮客麦疏》，"刑部尚书胡季堂、户部侍郎金简奏折"，见乾隆《通州志》卷十，《艺文·疏议》，清乾隆四十八年刻本，第23~27页。
④ 《清高宗实录》卷一〇五八，乾隆四十三年六月戊戌，中华书局，1986，第144~145页；卷一〇五八，乾隆四十三年六月庚子，第146~147页。
⑤ （清）昆冈等修，刘启端等纂《钦定大清会典事例》卷一〇三四，《都察院·五城·米厂》，见顾廷龙主编《续修四库全书》第八一二册，《史部·政书类》，上海古籍出版社，2002，第379页。
⑥ 《清高宗实录》卷一二七八，乾隆五十二年四月庚子，中华书局，1986，第112页。
⑦ 《清高宗实录》卷一二七九，乾隆五十二年四月己未，中华书局，1986，第136页。

不等。即本日亦现运到五百余石，俱系随到随卖。""本年自二月十三日开关起，至四月二十日止，河下共来麦十二万五千余石。此项麦石到时，俱即陆续发贩运京，并未在通零星磨面之用。迄今两月有余，堆房发卖已完，各铺户存贮零星麦石，不过本地消售。"商人们说："听得德州一带现有河南、山东客商运来麦二十余万石，只因河水稍浅，不无阻滞。东省粮船又须起剥。此项麦船一时不能前进。"① 金简等官员认为情况属实。于是政府派官员"前赴德州一带催查，俾前项麦石，得以遄行无阻"②。政府令从天津拨"船一千三百只"，"前赴德州一带起拨粮米"。"既可省封雇之烦，而商贩更无阻碍，自属一举两得"③。同时，山东"东昌等处，亦有麦船三百余只"。政府令"管闸各官，不必俟南漕到闸，即令各商麦船一齐过闸，并派委员弁上紧催趱前进"，迅速抵通州，"俾麦石源源接济，以期民食益臻充裕，市价大加平减"④。五月十二日，苏凌阿奏称："豫省有应运京麦一万八百余石，已全数抵坝，起运收仓。"是时，商贩麦船，也陆续到通。两项共到"通者已有三万四千余石，正足以次接济"⑤。解决了缺麦问题，政府为了防止以后京城麦子短缺，令官员考虑"将豫省应征小米等项"，"改折麦石"的问题。⑥ 六月九日，官员回复称，从明年开始改豫省应征粟米"十二万八百余石，以十之三改折麦石核算，可得麦三万六千余石"。还恐不敷用，再将山东"每岁应征粟米二十四万七千余石，若酌改麦石，以十之一核算，可得二万余石，二共有麦六万石，以之豫备平粜，可资充裕"。并"于俸米、甲米，均匀搭放，更可行之经久"。政府要求平粜麦石，在城内城外，公同拣择殷实大铺户，由铺户商人，"自行粜卖，仍官为酌定价值，令其稍沾余润，俾资赡给，所有卖出价值，即随时缴纳"⑦。

---

① 《军机处录副奏折》，"乾隆五十二年四月二十二日工部尚书金简奏折"，中国第一历史档案馆藏，档案号：03-0765-013。
② 《清高宗实录》卷一二八〇，乾隆五十二年五月丁卯，中华书局，1986，第143页。
③ 《清高宗实录》卷一二七九，乾隆五十二年四月己未，中华书局，1986，第136~137页；《军机处录副奏折》，"乾隆五十二年四月二十二日工部尚书金简奏折"，中国第一历史档案馆藏，档案号：03-0765-013。
④ 《清高宗实录》卷一二八〇，乾隆五十二年五月丁卯，中华书局，1986，第143~144页。
⑤ 《清高宗实录》卷一二八〇，乾隆五十二年五月戊寅，中华书局，1986，第152~153页。
⑥ 《清高宗实录》卷一二八二，乾隆五十二年六月己亥，中华书局，1986，第177页。
⑦ 《清高宗实录》卷一二八二，乾隆五十二年六月乙巳，中华书局，1986，第180~182页。

从实例看，政府调控市场麦价，主要是运用行政力量采买，增加市场上的麦量，使麦价下降。其次是派中央官员做市场调查，根据实际情况分别处理。好处是避免地方官员为了本地区利益过于严苛，使商人裹足不前，粮食不能流通。问题是粮价本应由市场机制平衡，政府用行政力量给商人施压，让商人减价出售，实际是干预市场价格。

小 结

一般来说，粮价涨落是市场供求关系决定的，价格由市场调节为主，政府调控为辅。政府行为只是影响粮食价格变动的因素之一。与其他省区不同，京城有定额漕粮，使政府掌握粮食资源，可以通过减价，设米厂平粜仓粮，调整支放俸米甲米时间，变换仓储粮食的种类进行搭配存储，从外省调运粮食进京等手段，调节京城市场粮食价格。在仓储稻米丰厚的康熙时，老米、稜米价格因为有政府行为介入，每当米价上涨时，政府用平粜方法，即出仓米平抑粮价，所以变动不大。雍正时，老米、稜米均价上涨，政府用更改支放俸米甲米的时间，调控市场米价。乾隆时，也因漕粮进入市场买卖，可调节米价，所以政府用改变开仓支放俸米甲米的时间进行调控。嘉庆时期，充足的粮食储备，使得市场上的米粮，基本上依靠俸米、甲米流入。每当米价上涨时，政府就会支放仓储粮，增加官兵出卖漕粮的数量。道光时期，政府仓储粮食依然充裕，市场上的粮食也更多了，商人向城外贩粮食的情况增多。

市场上的米谷来源基本上依靠官兵出卖的仓米。特别在嘉庆、道光时，"京城向无米贩，全赖甲米转售，以裕民食"[①]。道光时旗人不仅不将俸米、甲米领到家，也不在领米地交易，而是直接将米票交给米铺，或在商铺中交易，或由商铺去仓领米，然后直接将细米送到旗人家里。这证明俸米、甲米发放对市场起到重要作用。正如李明珠所说："俸粮配给时间对市场价格影响巨大。""当市场物价已因歉收而普遍上涨时，提前配发俸粮可使价格趋于平稳。"[②] 吴承明指出："封建政府采用均输、平准等办法，从供求上加以调剂，也不失为补救之道。维护市场平稳，

---

① 《清仁宗实录》卷八七，嘉庆六年九月庚子，中华书局，1986，第156~157页。
② 〔美〕李明珠：《华北的饥荒——国家、市场与环境退化（1690—1949）》，石涛、李军、马国英译，人民出版社，2016，第195、196页。

对统治者十分重要,这就形成一种传统。"① 笔者认为,政府调节俸米、甲米支放时间与平粜政策的措施,受惠人群不一样,前者对象可能是比平民富裕一点的群体,"八旗兵丁仰给天庾,均系计口授食,按月开粮,非如五城居民,专赖粜食市米可比"②。而后者可能是比较贫穷的一般平民,但从整体上看,调节俸米、甲米的支放时间要比平粜的作用大一些。

---

① 吴承明:《市场理论和市场史》,见吴承明《市场·近代化·经济史论》,云南大学出版社,1996,第220页(原载《平准学刊》第3辑下册,1986年)。
② 李洵、赵德贵、周毓方、薛虹主校点《钦定八旗通志》卷七七,吉林文史出版社,2002,第1321页。

第十章　政府、粮商、市场

本章论述政府与粮商、与市场的关系。

第一节　政府与粮商

一　政府对粮商的态度

首先，政府禁止商人在内城进行交易，包括禁止粮商开设店铺。顺治元年，清军还未进入北京城时，就发布命令，禁止商民"于城内交易，但在城外互市"①。因为未见更具体的档案，不知道政府的决策过程，但反映出政府对商人极不信任的看法。康熙四十三年九月，康熙令胤祉等皇子，调查京城粮价。他们"遣人往正阳门外大米铺，及皇城内外米铺、市肆小面米铺等地访问"②。"遣人往京城内米铺访问粮价，东西四牌楼、南城粮价大约相同，皇城内粮价稍贵"③。这说明康熙时内城已经有米铺了。虽然政府禁止粮商在内城开设店面，但是八旗官兵的生活需要离不开粮商，又因为八旗官兵分得漕粮基本上就是仓储稻谷，需要自行舂碓，即用捣米的器具，捣去外壳再食用，所以给他们的生活带来许多麻烦。雍正时，有官员称："查八旗官兵自定鼎以来，居住内城，所关粮米原系自行舂碾，未有雇觅旁人者。乃数十年来，享国家升平之福，惮劳苦而习宴安，遂有山东、山西两省来历不明之人，入京开设碓、碾。而旗人所关之粮，交与舂碾，久久习熟，竟有关米出仓，并不载运回家，而直送至碾碓，听其销算者，以致无籍奸民得以施其盘剥之计，除一石止舂

---

① 王先谦：《东华全录》顺治元年九月甲午，见《清东华录全编》第二册，学苑出版社，2000，第 207 页。
② "康熙四十三年九月十四日胤祉等奏折"，见中国第一历史档案馆译编《康熙朝满文朱批奏折全译》，中国社会科学出版社，1996，第 343 页。
③ "康熙四十九年六月二十二日胤祉等奏报京城粮价并阴雨情形折"，见中国第一历史档案馆译编《康熙朝满文朱批奏折全译》，中国社会科学出版社，1996，第 686 页。

八斗外，或用大斗小升，多入少出，或因先借后还，贵价贱折，甚至有寄放既多乘便买尽，而飘然远遁者。"① 是时，城内有粮商设立碓房，专门将带壳稻米，用捣米的器具，捣去米壳，然后出售。这种店铺为八旗官兵生活提供了方便。到乾隆初期，"内外城碓房不下千余所"②。应该说内城所设碓房数量当比外城多，因为仓米大部分分配给在内城居住的八旗官兵，他们需要碓房自然多。在外城居住的旗人数量少，且当地人多食用麦面和各种杂粮，粮商设立碾房较多。乾隆五十二年，步军统领衙门官员查封京城内外"米麦共计六万余石，铺户共有数百余家"③。嘉庆时，有米局、米铺至少数百家。④ 十三年，政府下令在城内粮仓附近开设的米局，限三个月，全部移迁至城外。朝阳门外左营地方有米局29座，北营地方有37座，也限三个月挪移。⑤ 实际上很难执行。是时，城内"多有开设米铺"，据调查，"各门及东、西两市各米铺共存老米、稉米约计九万余石"，⑥ 而且在东四牌楼附近的西堂子胡同、金鱼胡同一带则是米局集中地，⑦ 逐渐形成了米粮批发交易市场。在西城西安门外、阜成门内三道栅栏、石老娘胡同、广安伯街、华嘉胡同，在西直门内，都已经形成了粮食零售市场。道光时，除了西直门内至新街口大街，及各胡同中出现了零星米局、米铺外，内城粮食市场本身并没有明显扩大。可见，尽管政府主观上反对商铺设在内城进行交易，但是客观上又无法完全禁止商铺的存在，致使经营粮食的商铺增至数百余家，其他商铺也

---

① "雍正无年月日镶红旗汉军副都统革职留任尚崇坦奏折"，见中国第一历史档案馆编《雍正朝汉文朱批奏折汇编》第32册，江苏古籍出版社，1986，第218~219页。
② 乾隆官修《清朝文献通考》卷三六，市粜五，浙江古籍出版社，2000，考5187~5188。
③ 《军机处录副奏折》，"乾隆五十二年五月十四日定亲王绵恩奏折"，中国第一历史档案馆藏，档案号：03-0765-018。
④ 《军机处录副奏折》，"嘉庆十一年十月二十一日步军统领禄康奏折"，档案号：03-1600-026；《近仓米局全得挪移》，《申禁城内米石不许出城城外米石不许出境》，见多罗定郡主等纂《金吾事例》章程，卷一，咸丰年间刻本，第64~66页；《军机处录副奏折》，"嘉庆十一年十一月十四日大学士管理刑部事务董浩等奏折"，中国第一历史档案馆藏，档案号：03-2445-012。
⑤ 《近仓米局全得挪移》，多罗定郡主等纂《金吾事例》章程，卷一，咸丰年间刻本，第61~62页。
⑥ 《申禁城内米石不许出城城外米石不许出境》，多罗定郡主等纂《金吾事例》章程，卷一，咸丰年间刻本，第64~66页。
⑦ 《军机处录副奏折》，"嘉庆十四年正月初六日内务府大臣英和等奏折"，中国第一历史档案馆藏，档案号：03-1790-003。

多有开设。据咸丰三年政府对内城商户作的统计,"铺户一万五千零五十三户"①。可见,政府对内城设立商铺的禁限逐渐放开,对商铺设置的认识也随着市场的变化不断改变。

其次,政府禁止粮商囤积、抬价。康雍时期,政府的政策是禁止商人多收购和囤积粮食。乾隆时,政府已经无法禁止粮商从事经营了,开始严格监管粮商的经营活动。囤积粮食是商人为了进行交易的必要方式,也是提高粮价的做法,因为如果不囤积粮食,商人很难在经营中赚取利润。政府规定商人囤积粮食的数量,从乾隆时允许商铺囤积四五十石,到嘉道时,允许囤积五百石,数量增加了十倍。这中间粮商不断突破规定数量,政府也随之不断改变规定的数量,这证明政府的政策是根据市场的实际情况,也就是市场需求,不断变化的。在实际中,各官员的看法也不一样。三十一年,直隶总督方观承在奏折中称:"访有河间、天津商民,因与德州、临清一水可通,多在水次收买,转贩射利,然于邻省歉地民食有裨,未便概行禁止。惟各处奸牙,闻此风声,并非水次,曾无外贩,亦复故昂其价,而附京附省为尤甚。"政府认为:"粮价随时低昂,虽物情所常有,但此等奸牙囤户,风闻邻省需米,借端昂价,冀以居奇牟利,实属可恶",下令"查拿严究"。②三十七年,左都御史张若溎提出粮商"开张铺面,逐日交易,即有存留二三百石者,亦系随买随卖,流通无滞,请不必绳其多寡"的建议,得到政府的肯定。③政府官员从禁止商人囤积,到认识囤积是商人经营的一种方式,是对粮商认识的深化,因此,既禁止粮商囤积,又支持商人存储一定的粮食量,以保证粮食流通。五十一年,政府认为,要允许粮商减价,待到俸米支放时,"若有减籴后而贵粜者,将倡首抬价奸侩,查拿一二,从重处治,以儆其余"。如果"王公大臣及官员领出俸米,自食之余,不能不粜卖资用"时,务必"等价而沽,不可急于求售,贱价卖去,致堕奸商术中"④。说明政府对商人追求利润有很清楚的认识。五十二年四月,京城麦价上涨,

---

① 《军机处录副奏折》,"咸丰三年七月十三日步军统领花沙纳等奏折",中国第一历史档案馆藏,档案号:03-4170-039。
② 《清高宗实录》卷七六八,乾隆三十一年九月丁丑,中华书局,1986,第431页。
③ 《清高宗实录》卷九一三,乾隆三十七年七月丙辰,中华书局,1986,第235页。
④ 《清高宗实录》卷一二五七,乾隆五十一年六月戊戌,中华书局,1986,第896~897页。

政府准备从河南采购麦子。但怕"商民闻知京城麦价昂贵,在豫采买不无居奇牟利。或致京城市价,未能得减,而河南本省麦价,转致加增,亦不可不虑"。政府一方面不干涉商人贩运,以便小麦流通;另一方面,若官方采购,"与豫省民情不便,或于彼处市价转致加昂,亦即据实奏明"。"该省麦价现虽甚贱,若采买运京,自当照彼处市价,每斤酌加二三文,于豫省民人亦可稍沾余润"①。官方加价采购,政府既照顾两地粮商的利益,又注意不妨碍河南民食,主张粮食自由流通。

是时,发生了和珅与绵恩对粮商的不同看法。五月六日,和珅报称,派官员在京城调查商铺存粮情况,查出各商铺存"米共五万九千三百五十四石,共麦七千六十八石七斗"。他认为这是在粮价上涨时,商人"有心垄断"的结果,提出在京城内外分设官厂,将商铺存粮入厂,减价粜卖,得钱还给原商。② 同日,政府批准了和珅的建议,"所办甚是",并提出"商人有心垄断,高抬粮价,任意居奇查出后,即将米麦入官,按律治罪"③。

十二日,政府得到奏报,河南省有应运京麦一万零八百余石,"已全数抵坝,起运收仓"。同时商贩麦船,也陆续到通州。两项共到"通者已有三万四千余石,正足以次接济"。为了防止"奸商乘机截买,私行囤积,俟价昂抬价出售",政府要求粮商将小麦"其全数运京,毋许在通起卸"④。

十四日,留京办事王大臣永琅、永瑢等官员认为,这批小麦是"商人自行贩运"的,如果令这些粮商立刻全数运京出售,"恐一时车脚昂贵,商人未能获利。或将来商贩闻风不前,转不能源源接济"。他们提出,既然政府采购的粮食已经到了通州,令这些原本自贩粮食的商人,自行比之前略微降价出售即可。⑤ 同日,刚任职步军统领的绵恩单独上

---

① 《清高宗实录》卷一二七八,乾隆五十二年四月庚子,中华书局,1986,第 112~113 页。
② 《军机处录副奏折》,"乾隆五十二年五月六日大学士和珅奏折",中国第一历史档案馆藏,档案号:03-0765-014。
③ 《清高宗实录》卷一二八〇,乾隆五十二年五月壬申,中华书局,1986,第 148~149 页。
④ 《清高宗实录》卷一二八〇,乾隆五十二年五月戊寅,中华书局,1986,第 152~153 页。
⑤ 《军机处录副奏折》,"乾隆五十二年五月十四日留京王大臣永琅、永瑢、定亲王绵恩奏折",中国第一历史档案馆藏,档案号:03-0765-017;《清高宗实录》卷一二八〇,乾隆五十二年五月辛巳,中华书局,1986,第 156~157 页。

第十章 政府、粮商、市场

奏，请停止让京城数百家粮商铺户，将米麦运入厂中平粜，即令商人"就近在各本铺内按照减定之价，零星粜卖"①。他们提出了反对令粮商立刻将小麦全数运京，反对让数百家商户将米麦减价入厂平粜等两种意见。

十五日，乾隆帝平衡两种意见，认为留京王大臣等似有误会，政府决定让这些商铺的米麦，入厂平粜，不是入官，平粜后的钱文"仍给该商等收领"，目的是"惩儆奸商囤积，使军民咸资口食"，不过是一时权宜之计。"并非欲将嗣后所有商贩米麦，俱令官为办理也"。实际上是将商人的小麦减价平粜。乾隆帝认为："留京王大臣等，及绵恩所奏，似有为难掣肘之意，自系误会朕旨。"由此，他基本上同意留京王大臣和绵恩等官员的意见，"此时只可且从绵恩所请，仍著步军统领衙门会同五城、顺天府官员，于京城内外，留心访查，实力查办，俾商民两有裨益"②。

十六日，乾隆帝改变了看法。他批评绵恩"殊不思奸商图利，诡计百出"。京城地方广远，如果听任商人自行出售，无法控制散于各处的粮铺，"卖少报多，暗中仍私自囤积"，或有商铺向外贩运又无从查察。这次并非将商人粮食入官，只是令其减价粜卖，"已属从宽办理"。而且政府已经出示禁止，怎么可以"任奸贩刁商，抗违梗令，置之不办乎"。绵恩"因商铺众多，公具呈词，阻挠政令，即曲从其请"，以后如何履职步军统领？如何办事？"设遇有纠众抗官不法情事，岂亦将惟所欲为，从而听之乎"。绵恩"办事日浅，未能谙练"。应详细"告知绵恩，务须派员实力严查"。"若惟事因循调停，以博宽大之名，将来设遇年岁稍歉，奸商抬价居奇，又将何以办理耶？所谓水懦民玩转足，以长刁风而玩官法，留京办事王大臣等及绵恩，不可不咸喻此意"③。

六月三日，乾隆帝继续批评绵恩，称他"因商人等擅具公呈"，就如此糊涂办事，若按绵恩奏请改办，"是不但该商等得以倚恃人众，阻挠政令，为齐行罢市之渐，并使小民等闻知，竟若因该商等有具呈一节，禁令遂格于不行。更复成何政体？若使各行奸侩，复从而效尤，岂不益

---

① 《军机处录副奏折》，"乾隆五十二年五月十四日定亲王绵恩奏折"，中国第一历史档案馆藏，档案号：03-0765-018。
② 《清高宗实录》卷一二八〇，乾隆五十二年五月辛巳，中华书局，1986，第156~157页。
③ 《清高宗实录》卷一二八一，乾隆五十二年五月壬午，中华书局，1986，第159~161页。

长刁风，此不过事之最小者，尚如此茫无定见，若遇紧要重务，及作奸犯科之大于此者，又将何以处之乎？"乾隆帝反复思考，对绵恩替商人说话"愈增郁懑"①。

  上述史实除了反映出乾隆帝对和珅言听计从的个人关系之外，也说明乾隆帝对粮商的矛盾态度和处置的摇摆性。开始他同意和珅将商铺内的现存米麦，全部入厂平粜的意见。而后又倾向留京王大臣和绵恩的意见，从谕旨看是围绕对粮商的看法展开的。但上谕发出的第二天，乾隆帝又反转同意和珅的意见，很气愤地批评绵恩听从粮商的意见，办事糊涂。也许有找回面子的动机，同时也反映出乾隆帝既看到商人贩运粮食，对流通有好处，又看到粮商抬价，垄断市场，他对粮商两方面的看法并不固定，左右摇摆，说明政府对干预市场与主张粮食自由流通的矛盾。"传统观念中，官方文献蔑视商人，视之为奸商，但始终承认其必要的作用。对待商人的态度是很矛盾的"②。

  两个重要高级官员都从各自不同角度看待粮商，从而提出采取不同措施，反映出是政府干预为主，还是听从粮商自营顺应市场规律的问题。和珅是从管理官员的角度看粮商，只看到粮商阳奉阴违，狡狯伎俩，垄断市场，从而主张严管，实际是主张政府干预市场。绵恩府内人员与粮商往来比较多，前述米局商人谢君美案件中，谢君美就揭发"绵恩府内之人"恐吓花户，"既不给与钱文，又欲支领好米，以致争殴"③。说明绵恩与商人有一定关系。绵恩听取了粮商的意见，主张不让数百家商铺将存储米麦运厂平粜，而是在本铺内减价零星粜卖，节约了运费，有利于粮商。他们对粮商的看法，具有代表性，从大局看，绵恩的做法，顺应市场规律，支持粮商自由经营，也是正确的。因为这时由政府采购和商人贩运的小麦到了京城，"已有三万四千余石，足资接济"④。根本不用再让原有数百家商铺，将米麦运厂减价平粜了。而这个时候如果政府再推行干预市场的措施，无疑反映政府干预市场的主观性还是很强的。

---

① 《清高宗实录》卷一二八二，乾隆五十二年六月己亥，中华书局，1986，第176~177页。
② 〔美〕李明珠：《华北的饥荒——国家、市场与环境退化》，石涛、李军、马国英译，人民出版社，2016，第210页。
③ 《清高宗实录》卷一四〇〇，乾隆五十七年四月庚子，中华书局，1986，第793~794页。
④ 《清高宗实录》卷一二八〇，乾隆五十二年五月辛巳，中华书局，1986，第156~157页。

政府高层官员对商人的态度不一样，有强调管制、干预的意见，也有顺应商人自由经营的意见。从实际看，乾隆时期，政府对商人经营的干预比较多，嘉庆、道光时期则较宽松。政府官员对商铺存粮也有进一步认识。他们认为，存米是商铺交易的前提，"多贮为善策"，因为"米愈多则民食愈充，亦米愈多则市价愈贱，此一定不易之理也"。也就是说，没有囤积便没有市场粮食的充足，粮价也难下降。"是以定例既云铺户存米每种不得过八十石。又云若非囤积，无论多寡，听从其便，可见囤积始有常额，流通原无定数。盖囤积者系贱时收买，平时不卖，必待市粮短缺，时价极昂而后出粜，始得谓之囤积"。所以商铺当有一定量的囤积。"今若不问是否流通，一经逾额，即以囤积论，不惟核与定例不符。京师为中外辐辏之区，毂击肩摩，食米者日不下亿万万口。又安能以铺户有限之积存，供亿众无穷之口食"。"例禁宽则近售畿辅，例禁严则远运他乡，商贾无亏本经营之事"。"查拿急则暂时藏匿，查拿严则较前弥昂，更恐铺户畏累，商贩裹足，有钱者不敢易米，有米者不能易钱，更非易事通工之道"。在实际执行中，需要分析，要辨别商铺是囤积，还是处于买卖过程，只有仔细审查，才能对京城食粮百姓有益。若铺户囤积，对其超额部分平价出售，不"加之罪谴，不累商而已可利民。"政府为保证京城的粮价，禁止商人将粮食外运。大学士管理刑部事务董诰等官员提出定例，"城内之米勿许出城，城外之米勿许出境。其流通粜卖者照例听其自便，俾商贩铺民得所遵守，则商贩源源接济，铺民户户充盈，似于民食商情两有裨益"，① 得到政府的肯定。② 特别是政府为官兵划清了具体执法界限，如商铺是否有囤积，商铺是否有贩运粮食出城、出境的问题，使官兵能理解政府的意图，更准确地执行政策。政府因时制宜，既允许商人贩运粮食，又不禁止周围乡民买粮；既禁止囤积、外贩，又保证粮食流通。政府监管商人，积极务实，既保护商人利益，对官员、军队和牙行滋扰商贾，屡下禁令；又减税、修路为商人经营提供有利交易的环境，保证了市场商品粮食的流通。

当然从另一角度看，政府对粮商存储粮食量的限制与严管，使得清

---

① 《军机处录副奏折》，"嘉庆十一年十一月十四日大学士管理刑部事务董诰等奏折"，中国第一历史档案馆藏，档案号：03-2445-012。
② 《清仁宗实录》卷一七〇，嘉庆十一年十一月丁巳，中华书局，1986，第220页。

代前期的京城粮商，从开始只有山东、山西商人，到嘉庆、道光时，有部分直隶、天津商人，特别是本地宛平、大兴县的商人参与其中，粮商的籍贯扩大了，京城未出现粮商垄断市场的情况，但也没有产生明代那样的巨富粮商，说明政府对粮商严管打压的做法，在一定程度上也有阻碍京城的商品经济发展的问题。

二 保障商人贩运粮食的一些措施

首先，政府对船商与车户的看法与各项管理措施。当时，粮食主要的运输方式，有船运和车运两种，所以政府也注意船商与车户的保障问题。通州是漕粮和商人贩运粮食的集散地，有漕运船只，也有商船只，都在通州东门外起卸粮食。明代"旧例不许商船挨挤河道，不许地方开设舂杵研磨"，"以防偷盗混冒之弊"。"客贩杂粮，俱在张家湾起卸，不许抵通"。顺治六年，巡仓御史称："漕粮、杂粮起卸，原各有地，如通州东门外，天下漕粮毕集之所。"① 因此，改变明代的做法，允许商贩粮食的船只在运输漕粮的河道中行驶，所以商船也能到达通州。康熙三十五年，总督仓场侍郎德珠等官员提出："通州至大通桥闸河，向无民船往来。今应令小舟泛载，于民殊有利济。"政府令官员详奏，于是仓场侍郎等官员将通州至京城河道，"绘图呈览"。康熙帝看后，改变了政策，允许"民船贸易行走"，但要避让粮艘，并打造装载二十石小船通行。② 可见这时民船可达京城大通桥了。雍正三年，因多雨，"道路泥泞，民商客货，车辆难行"。政府暂时不禁止"其五闸运河内载货民船"③。乾隆五十七年，京城粮食"向多仰给于豫、东二省商贩运往接济"。"运河原以济送漕船，但商贩船只亦资利济"④。

在通往京城的道路上，除了运河水路之外，就是陆路运输，载货往

---

① 雍正《漕运全书》卷十八，《京通粮储·历年成案》，见北京图书馆古籍出版编辑组编《北京图书馆古籍珍本丛刊》055，《史部·政书类》，书目文献出版社，1989，第430页。
② 《清圣祖实录》卷一七四，康熙三十五年七月丙辰，中华书局，1985，第884页；雍正《漕运全书》卷十九，《京通粮储·历年成案》，见北京图书馆古籍出版编辑组编《北京图书馆古籍珍本丛刊》055，《史部·政书类》，书目文献出版社，1989，第468页。
③ 《清世宗实录》卷三五，雍正三年八月戊辰，中华书局，1985，第526页。
④ 《清高宗实录》卷一四〇三，乾隆五十七年闰四月丙申，中华书局，1985，第857页。

来的车户，不仅关系到承办政府的公务，而且也关系到京城粮食流通。如夏天阴雨不断，陆路受阻，"车行多阻，而脚价倍增。脚价重，物价随之，京都居人历受此累"①。"京城之内，素无车户，惟外来装载客货之车"。政府的公务需要封雇民车，"向由五城承办，后归大、宛等县雇觅，或二三百辆至四五百辆不等"。因政府不合理定价，"每辆重载日给银七钱二分，守候日给银五钱二分，回空日给银三钱六分四厘"。从统计看，车户所获"仅足供往来草料饭食之费，实无盈余养赡家口"。此类车户"俱系贸易贫民，若逢出口，远道往返数月，则举室嗷嗷，殊忧内顾"。他们从政府封押到领到费用，"已多赔累守候之苦"，所以在京车辆视封雇为畏途，往往"闻风藏匿，而外来客车亦即远飏"。"客车被封，则货物阻滞中途，莫能运动，更有不肖车户，乘机高抬脚价，勒掯行商，实有种种未便之处"②。十六年，"京师米粮食物俱各腾贵"，官员称原因"车辆短少。而车辆之所以短少者，固由用车处多，亦由草料价昂，各州县车户无力拴养马骡，间有更换牛驴之故，遂致大车渐少，不特于公务雇觅较难，且民间拉运货物不能充裕，于民生日用亦绌"。有官员想到设立官车，政府认为，早在康熙年间，政府"曾经设立官车，以应差务，至雍正初年停止"。现在不便重新设立③。是年，政府出资银二万四千两，"置备大车三百辆"，为应对公务，同时，令地方官"不得藉名封拿，致滋扰累"④。以后，又有粜卖土米，"五城领米车脚，每石旧给大制钱三十五文，惟各厰远近不同，酌为增减，每石东城减为三十二文，南城减为三十三文，中城减为三十四文，北城增为三十七文，西城增为三十九文"⑤。可见民间车户是运输的主力。据统计，乾隆十二年用车七千四百十辆，乾隆十三年用车九千九百四十四辆，乾隆十四年用车

---

① "侍讲学士德龄奏折"，见中国第一历史档案馆编《雍正朝汉文大朱批奏折汇编》第33册，江苏古籍出版社，1986，第639~640页。
② 乾隆九年十一月初八日顺天府府尹蒋炳奏折，《乾隆年间筹办京差车辆情况》，《内务府上传档》，载中国第一历史档案馆编《清代档案史料丛编》第五辑，中华书局，1980。
③ 《乾隆年间筹办京差车辆情况》，《内务府上传档》，载中国第一历史档案馆编《清代档案史料丛编》第五辑，中华书局，1980。
④ 《清高宗实录》卷四〇〇，乾隆十六年十月丙申，中华书局，1986，第262页。
⑤ （清）昆冈等修，刘启端等纂《钦定清会典事例》卷一〇三四，《都察院·五城·米厂》，见顾廷龙主编《续修四库全书》第八一二册，《史部·政书类》，上海古籍出版社，2002，第378页。

八千五百三十四辆,十五年用车八千八百三十三辆,十六年用车八千八百九十九辆,其中各年用车包括兵部用车数量。① 估计这些车辆大部分由政府给价,雇用民车。由于车户的重要,嘉庆时期,专门对车户进行管理。每当朝阳门外开仓放米时,为了不致道路拥挤,一般要求"车辆各分上下车辙,逐段随行"。通州仓放米时,令"买卖轻车,俱令由东直门行走,以免拥挤"②。

其次,政府免粮食通关税。这里专指对京城的粮商免征米、豆、粮食通关税。《崇文门商税则例》中对粮食类税收的规定:乾隆二年,征收"酒、米之税,其余豆、麦、杂粮概不征收"③。在四十六年上奏的《崇文门商税则例》中有详细说明,米、面类:"洋米、沙米、粱谷米、葛仙米,每百斤各税一钱四分四厘,干面每百斤税六分,江米每石税一分二厘。"④ 通州坐粮厅征收米、面类:"糯米每石税一分四厘,落地起京同。食米,各色杂粮,每石白面、豆粉每百斤落地各税八厘,起京各税三厘。"⑤ 天津关对江米每石征税四分。其他面、杂粮不征税。⑥ 临清关对米、麦"每石各税二分二厘",杂粮"每石税一分一厘",白面"每百斤税一分六厘"⑦。从税则中可以看出,京城、通州对商贩征收江米税,比天津关少;对杂粮征收税量比临清关量少。京城、通州都没有对小麦征税,只收麦面税,比临清关征收的少,还有免税措施。乾隆三年春季,政府颁布政策,"将临清、天津二关及通州、张家湾、马头等处米税,宽免征收"。同时,由

---

① 《乾隆年间筹办京差车辆情况》,《内务府上传档》,载中国第一历史档案馆编《清代档案史料丛编》第五辑,中华书局,1980。
② (清)昆冈等修,刘启端等纂《钦定大清会典事例》卷一八六,《户部三五·仓庚》,见顾廷龙主编《续修四库全书》第八〇一册,《史部·政书类》,上海古籍出版社,2002,第110~111页。
③ (清)昆冈等修,刘启端等纂《钦定大清会典事例》卷二三九,《户部·关税·禁令》,见顾廷龙主编《续修四库全书》第八〇一册,《史部·政书类》,上海古籍出版社,2002,第823页。
④ 《钦定户部则例》卷六二,《税则·崇文门商税则例》,见"故宫珍本丛刊"第285册,"清代则例",海南出版社,2000,第122页。
⑤ 《钦定户部则例》卷六八,《税则·坐粮厅商税则例》,见"故宫珍本丛刊"第285册,"清代则例",海南出版社,2000,第153页。
⑥ 《钦定户部则例》卷七十,《税则·临清关商税则例》,见"故宫珍本丛刊"第285册,"清代则例",海南出版社,2000,第178页。
⑦ 《钦定户部则例》卷六八,《税则·坐粮厅商税则例》,见"故宫珍本丛刊"第285册,"清代则例",海南出版社,2000,第153页。

于沿河一带水灾较重，政府令"将内河前项米粮各税，一并暂停征收，俾商贾争趋云集，于畿辅民食，自有裨益"①。七年，"直省各关口所有经过米豆应输额税，悉行宽免，永著为例"②。乾隆帝对关税与粮食价格的关系很注意。他简单地认为，只要关税低，粮食价格就会下降。所以在七年推行征收米粮税的各关全面免税的政策，这期间有些官员提出不同意见，都被乾隆驳斥。到十三年，粮食价格上涨仍然如故，于是在督抚以上各级官员中展开了粮食价格上涨原因的讨论，提出了一些原因，也不能说不对，可是没有从理论上探讨解释，没有对关税与粮食价格的关系进行深入分析。二十三年，政府因免税试验不成功，各关重新征收粮税。应该说，免税后商人贩粮食往来增多，对粮食流通有一定作用。"宽免征收，商贾闻风踊跃，往来贩运，民食无缺，已有成效"③。是时，"畿辅之地四方辐辏，买米糊口之人实倍繁于他省"④。此后，过关免税则根据具体情况临时进行。嘉庆七年，政府再次提出"奉天、豫、东商运杂粮，在京外各处售卖，例不纳税"。经过各关津隘口，"毋许留难需索"。"务令商运流通，京畿粮石日增，以平市价，而裕民食"⑤。道光四年，台湾"米多价贱"，政府"在台招募商民运米十四万石，用糖商各船七十四只，陆续开放"。先行给收米价，收买十万石，"运米原船带回货物，官给印照，所过关津一律免税"⑥。十九年，政府因粮价增昂，"将奉天、河南、山东三省客贩米船，赴直售卖者，照例免征税银"。到秋谷收获时，"民食无虞缺乏"，又恢复"米船照旧纳税"⑦。税收是政府控制市场的手段，掌握税收这个杠杆，随时调节，以及税则中不适应物价的情况，才能进一步发展商品经济，百姓生活才能安定。

再次，政府以行政力量修理道路，不仅为政务提供便利，而且也为

---

① 《清高宗实录》卷七六，乾隆三年九月丁巳，中华书局，1985，第204页。
② 《清高宗实录》卷一六四，乾隆七年四月辛卯，中华书局，1985，第63页。
③ 《清高宗实录》卷七六，乾隆三年九月丁巳，中华书局，1985，第204页。
④ 《孙文定公奏疏》卷七，天津米税疏，敦和堂本，第3页。
⑤ 《清仁宗实录》卷九九，嘉庆七年六月甲辰，中华书局，1986，第323~324页。
⑥ （清）载龄等修纂《钦定户部漕运全书》卷七四，《采买搭运·采运米石》，见顾廷龙主编《续修四库全书》第八三七册，《史部·政书类》，上海古籍出版社，2002，第546页。
⑦ "道光十九年十二月初八日直隶总督琦善奏折"，见中国社会科学院经济研究所藏清代钞档。

商人贩运带来了方便。顺治十三年,政府修"自通州至京道路",解决官兵运米,"运费不赀,商民贸易,艰于跋涉"等问题。①康熙三十三年,工部在天坛一带"挑沙铺路"。步军统领凯音布奏称,新修之路,让人照常行走,不久又坏,请"派绿旗兵看守,令往来之人,止走两旁,勿行中路"。康熙帝觉得,修路就是让人走的,"派兵看守,不许行走,则修之何用?""殊于行人不便"。命令让人照常行走,"若毁坏令步兵稍稍葺治"②。三十四年,"谕内阁,通州道路曾禁行车,令于两傍行。今两傍圮坏,来往维艰,可弛其禁。令于道中行车。又京师大街之中,亦令车行毋禁"③。雍正三年,京城各地方"桥梁、道路多被潦水淹没,行旅维艰,诸物腾贵"。政府命"通州一路可交与副将赛都,通永道高矿"管理。"近京一带,可交与大兴、宛平、良乡、涿州等州县,俱速令其相度地势,设法修理,使行旅之人,通行无阻。不可借端差派,以便民之政,反致累民"④。七年,政府修朝阳门至通往石道四十里,这条路"为国东门孔道"。"商贾行旅,梯山航海而至者,车毂织络,相望于道。盖仓庾之都会,而水陆之冲达也"。"建修石路,计长五千五百八十八丈有奇,宽二丈,两傍土道各宽一丈五尺,长亦如之"。"费帑金三十四万三千四百八十四两有奇。经始于雍正七年八月,至雍正八年五月告竣。"⑤又修广宁门外石道。朝鲜使者来京,"到正阳门外,见石路如砥,即直达四十里之路也。马蹄车轮行过于石路之上,声如雷雨之轰轰震叠"⑥。这说明所谓石路,实际是石子铺成的路。京城为四方总会之地,商贩往来,络绎不绝,"广宁门其必由之路。门外通途,轮蹄所践,岁月滋久,渐至深洼。时雨既降,潦水停注,则行旅经涉,淹蹇泥淖之中"。修石道,

---

① 《清世祖实录》卷一〇三,顺治十三年八月癸未,中华书局,1985,第799页。
② 《清圣祖实录》卷一六三,康熙三十三年五月戊戌,中华书局,1985,第781~782页。
③ 雍正《畿辅通志》卷一,诏谕,见(清)纪昀等编纂《钦定四库全书》第五〇四册,史部二六三,地理类,台湾商务印书馆股份有限公司,2008,第504~50页。
④ 《清世宗实录》卷三四,雍正三年七月癸亥,中华书局,1985,第523~524页。
⑤ 《雍正朝阳门至通州石道碑文》,见(清)于敏中等编纂《日下旧闻考》卷八十八,郊坰,北京古籍出版社,1981,第1479页。
⑥ 佚名《燕行录》卷之二,雍正七年,收入〔韩〕林基中编《燕行录全集》第38卷,〔韩〕东国大学校出版部,2001,第375页。

"皆填洼为高，砌以巨石，其广二丈"，费帑金八万两。①

到乾隆时，政府重修这两条路。二十二年十月开工，二十五年七月竣工。其中朝阳门至通州石道，"初未甃石，往往积涝成洼，经潦作泞，行者弗不便焉"。重修时建甃石。重修广宁门外石道，"以利行者"。② 是时，京城由工部主持修理的街道有十六条："外曰正阳门街，曰崇文门街，曰宣武门街，曰左安门街，曰右安门街，均南北为衢。曰广宁门街，曰广渠门街，均东西为衢。内曰崇文门街，曰宣武门街，曰安定门街，曰德胜门街，曰地安门街，均南北为衢。曰朝阳门街，曰阜成门街，曰东直门街，曰西直门街，均东西为衢。"③ 政府规定修路的原则："凡石道、土道，皆念平坦坚固，毋许堆积秽土。有洼下者，随时填筑。大街中间，量培土埂，厚数寸，宽数尺，轻车从土埂上走，重车从两旁行走。其道旁开设摊棚，不得有碍车辙，以利遄行。"④ 三年，参领王廷臣奏称："京城九门，南之崇文、宣武，北之安定、德胜，东之东直，西之阜成等门，向未修有石路，每遇阴雨泥泞，行走维艰，请增修石路，以惠行旅。""外城广渠门至广宁门，东西十余里，系商货丛集之要路，亦应增修联络。"政府批准修石路，并令官员常明办理。⑤ 四年，"琉璃河一带石道，系冲衢要路。东西两旁悉行坍塌"，工部奏请修理。政府命由直隶总督委员"确勘具题"再议。⑥ 二十二年，"京师之朝阳、西直、广宁诸门外，旧有石道"，有益于行人和商贩。但"历年既久，凸凹不平，车辆往来，每有倾侧之虞，自应亟为修整"。政府派官员承办，务必

---

① 《雍正广宁门新修石道碑文》，见（清）于敏中等编纂《日下旧闻考》卷九十一，郊垧，北京古籍出版社，1981，第1539页。

② 《乾隆重修朝阳门石道碑文》、《乾隆重修广宁门石道碑文》，见（清）于敏中等编纂《日下旧闻考》卷八八；九一，郊垧，北京古籍出版社，1981，第1480、1540页。

③ （清）允裪等撰《钦定大清会典》乾隆朝，卷七四，《工部·桥道》，见（清）纪昀等编纂《景印文渊阁四库全书》第619册，《史部·政书类》，台湾商务印书馆，2008，第684页。

④ （清）托津等纂《钦定大清会典（嘉庆朝）》卷四八，《工部·掌京师五城河道沟渠之事》，见沈云龙主编《近代中国史料丛刊》三编，第64辑，台湾文海出版，1991，第2275~2276页。

⑤ 《清高宗实录》卷七三，乾隆三年七月戊寅，中华书局，1985，第166页。

⑥ 《清高宗实录》卷九九，乾隆四年八月壬寅，中华书局，1985，第503页。

"坚固平稳，以便行旅"①。"近来朝阳、广宁等门，缮修石道，官民均为便利"。于是，政府又提出："德胜门外至清河一带，地势低洼，一遇大雨时行，遂多泥泞，此时积水虽消，而车马往来尚多未便。现在物价较昂，未必不由于此。"要求"步军统领衙门，会同兆惠、舒赫德、和尔精额、倭赫选派贤能司员，详加相度，妥协修治"。再将"其余各门距从前修理之时，亦属年久，或有未能平坦，不便行旅之处"，"勘查奏明，酌量办理。多兴土功，亦所以养穷民也"②。之后，政府又先后修理了"西直门等处石道"。③ 据韩国使者见闻："都城外，凡系辇道，自城门皆筑石为路，广可方五轨，长至四十里，是故东南城外，石上车响，轰轰如震霆。"④ "卢沟桥为都会通衢，车马辐辏，经行年久，多有残损。兹特发帑鸠工，重加修造。"⑤

道光时，修朝阳门内运粮石路。⑥ 又修"西直门至圆明园，及阜成门、西便门、福园门西南门、扇子河南岸，并佟府栅栏内外石道、桥座、涵洞等"，并"责成耆英派步军统领衙门官员，于石道甫经修竣灰浆未干时，严切稽察，不准车马践踏，以致压损"⑦。九年，时住西城的穆齐贤在日记中写道："自本年春季，工部奏请将自西直门外至圆明园、阜成门外所有石路揭开重修。本日看得此间皆以绳索横隔，车马不得通过。""看得，石路尚在修葺，仍未竣工，车马皆不得过，皆自土路行。"第二年，穆齐贤看到"城外之城门周围正在修缮，车马无法通行"。"石道近日已修缮完毕，然尚未干，是以仍禁止通行"⑧。十一年，修海淀一带石道。阜成门迤南至西便门一带石道，因"石料碎小，地脚未能坚实"。

---

① 《清高宗实录》卷五四九，乾隆二十二年十月甲申，中华书局，1986，第999~1000页。
② 《清高宗实录》卷六七二，乾隆二十七年十月丙申，中华书局，1986，第510页。
③ 《清高宗实录》卷一一七九，乾隆四十八年四月甲申，中华书局，1986，第802页。
④ 〔韩〕洪大容（1731-1783）：《湛轩燕记》二，《京城记略》，收入〔韩〕林基中编《燕行录全集》第42册，第247页，〔韩〕东国大学出版部，2001。
⑤ 《清高宗实录》卷一二二七，乾隆五十年三月丁丑，中华书局，1986，第451页。
⑥ 《清宣宗实录》卷七三，道光四年九月甲寅，中华书局，1986，第179页。
⑦ 《清宣宗实录》卷一四八，道光八年十二月戊寅，中华书局，1986，第276页。
⑧ （清）松筠（穆齐贤）记，赵令志等译《闲窗录梦译编》第四册，中央民族大学出版社，2011，第128~177、150、177~222页。

命修理整齐。① 十五年，穆齐贤看到宣武门内外街道，按照乾隆朝成例，皆修理平整。②

外城街道，雍正七年十月二十三日，韩国使者"到正阳门外，见石路如砥，即直达四十里之路也。马蹄车轮行过于石路之上，声如雷雨之轰轰震叠，而廛肆之富壮，胜于城中。转至顺城（承？）门外，所历诸处繁华，盛密浩浩难状"③。到乾隆时，道路则维修不善。原定例：大街有中路一条，旁路两条，轻车由中路，重辎由旁路，三轨分驱，解决阻滞。而实际上，"外城街面其窄处本狭于内城，并之铺家摆列浮摊，逐渐外占，街心日瘦，致碍巡行"④。这里街道由官员"督催铺户雇夫平治"，办理不善，日久废弛，每当"大雨时行，路心低陷，两旁官沟，渗泄不及，致众车毂，互易启忿争"。更有"惰民于土道低洼处所，暗掘坑坎，致车行陷入泥淖，及令帮同挽曳，复从中索钱渔利"。对此，政府令留京王大臣，会同步军统领、都察院，详细议奏，⑤ 但未见下文。道光九年，御史常恒昌提请修治外城街道。政府"责成管理街道御史，协同各该司员"，"拨役修垫"，⑥ 也未见下文。外城街道虽然是商贾辐辏之处，因维修费用由铺户承担，政府不够重视，所以修理不如内城街道及时，由此说明政府修路的目的主要不是服务商人，而是政令下达方便而已。

从粮商的角度看，他们对政府是一种既想依靠，又怕盘剥，又恨又怕的心理。乾隆四十三年，张圣如等二百二十余名粮商，从各处贩运麦子到通州存储，准备再转向京城市场销售。当年春间雨水少，粮食短缺，政府怕他们囤积粮食，高抬时价，派刑部尚书胡季堂等官员前往调查。经过官员详细解释，粮商们"咸称，我等贩粮获利已历有年，一丝一粟皆被国家恩惠。今岁偶值雨泽稀少，市价昂贵，我等小民不知大义，将

---

① 《清宣宗实录》卷一八四，道光十一年二月己亥，中华书局，1986，第 920~921 页。
② （清）松筠（穆齐贤）记，赵令志等译《闲窗录梦译编》第五册，中央民族大学出版社，2011 年，第 222~272、229 页。
③ 〔韩〕金舜协、《燕行录》卷之二，雍正七年，收入〔韩〕林基中编《燕行录全集》第 38 卷，〔韩〕东国大学校出版部，2001，第 375 页。
④ 《军机处录副奏折》，"乾隆五十年十月二十一日工科掌印给事中弋源奏折"，中国第一历史档案馆藏，档案号：03-1144-084。
⑤ 《清高宗实录》卷一二三五，乾隆五十年七月癸酉，中华书局，1986，第 603 页。
⑥ 《清宣宗实录》卷一五八，道光九年七月癸丑，中华书局，1986，第 439~440 页。

存贮麦石未能及时减售,即属罪无可辞。今蒙明白宣示,如梦方醒,我等具有天良,岂容再行观望,惟求准我等减价出粜就是恩典"。众商决定照依时价,每石减二钱速售,两月内全行售完。上奏后,乾隆帝称,"令减价一钱,宽限四个月"。① 字里行间反映出粮商对皇帝、政府的那种诚惶诚恐的心态。当时,政商关系比较复杂,而且不同层次的商人,对官员、政府的态度也不同。较大粮商多结交官僚,投靠政府,勾结官员,将贪污的粮食变现取得利益。中间较富裕的商人,常常被政府利用,招募他们替官府办事,如平粜粮食等,这是政府不固定的行为。一般小商小贩,与官员、政府没有那种直接关系,所以也难得从官员、政府那里得到好处,反而深受役吏等官府人员的欺压。尽管政府对这部分小商小贩也有专门的政策,给予照顾。乾隆时,有官员提出"查禁四乡兴贩"。乾隆在折后批示:"亦不必过严。"② 政府还特别规定:小商小贩近距离贩运,"肩挑背负不过数石者,概免查咎"③。"细米一石以内,实系乡民买食,准其出城"④。但基层官员执行的情况令人担忧。

第二节 政府与市场

一 认识市场

粮商是市场的主体,政府对粮商的认识也必然影响政府对市场的认识和与市场的关系。市场通过价格机制自动调节粮价,对此,政府虽然早就知道市场上粮食量多,价格就会下降,粮食量少,价格就会上涨的道理,在实践中又通过认识商人交易与粮价形成的过程,了解商人操纵粮食价格的情况。先是康熙帝曾经认为:"据理而论,米价贵贱应与八旗人等绝不相涉。"因为八旗官兵食用的仓粮,不是商人从外地运入的粮

---

① 乾隆四十三年《查办堆房堆贮客麦疏》,"刑部尚书胡季堂、户部侍郎金简奏折",见乾隆《通州志》卷之十,《艺文·疏议》,清乾隆四十八年刻本,第23~27页。
② 《乾隆十六年七月二十三日舒赫德奏折》,见台北"故宫博物院"编《宫中档乾隆朝奏折》第一辑,台北"故宫博物院",1982,第231页。
③ 乾隆官修《清朝文献通考》卷三六,市粜五,浙江古籍出版社,2000,考5187~5188。
④ 《军机处录副奏折》,"道光二年四月初十日步军统领英和等奏折",中国第一历史档案馆藏,档案号:03-3684-024。

食。为什么漕粮能影响市场上的粮价呢？经过官员调查得知，"八旗官兵将所给之米未及抵家，止贪得一时小利辄行变卖。在所得之利甚微，而银两耗去，米价又增，于是众皆怨悔无及。将来八月之米，势必六七月间又求放给，若米价仍然不减，则来年之米又与今年相等矣"①。康熙四十九年，康熙帝令官员奏报米价，以胤祉为首的皇子们派人到市场上进行调查。当时商铺人回复："现正粮价昂贵之时，兹值雨季，车租钱贵，且收新粮前争取好价值，故如此耳。"② 雍正时，八旗官兵分到漕粮后，需要将粗米捣成细米再食用。在市场上，商人设碓房，既卖与民人，又卖与旗人；既允许民人预支，又允许借给兵丁。其经营方式比官米局灵活，因此有官员提请政府设立碓房，准许兵丁借支。先有四十七奏请"八旗米局各安碓，粜卖细米"，后有"副都统布颜图奏请于八旗附近小巷内，照山东民人每旗开设碓房十处，舂串细米发卖，并准兵丁借支"。但经高层官员议论，"以食粮人多，碓房立少，不足敷用，终属徒劳。若立百余处，人多事繁"，提议被否决。③ 御史杨士鉴提出，"京师米价低昂，总操纵于铺户之手"。米厂虽禁止铺户囤买，但是"每日买米者，千百成群，甚之妇女孩童，沿街穷乞，半系铺户之所雇觅，积升成斗，积斗成石，循环运转，好米尽归铺户"。从官米厂买得米之后，这些买米人再把米出售给商铺，自己可多得银钱，商铺则加价再转卖，致使粮价辗转高昂而不能下降。他说："与其禁铺户暗籴，莫如竟准其明买，所买者贱苟得利息，自可贱卖于人，又何庸雇人，私籴辗转，多增其价乎。"由御史饬令司坊、巡检等官员，严查各商铺，"准铺户所买官米，除捣碓折耗、人工费用外，每石照官价量加银一二钱，押粜发卖，敢有私自高抬者，即行拿究治罪"。这样或可以使粮价立平，百姓均沾实惠。雍正帝朱批："九卿详细速议具奏。"④ 可能是杨士鉴提出利用市场机制调控粮

---

① 李洵、赵德贵、周毓方、薛虹主校点《钦定八旗通志》第一册，吉林文史出版社，2002。第165页。
② "康熙四十九年六月二十二日胤祉等奏报京城粮价并阴雨情形折"，见《康熙朝满文朱批奏折全译》，中国社会科学出版社，1996，第686页。
③ 《未批奏折》，"雍正十三年六月二十五日署理正红旗汉军都统事务镶蓝旗汉军都统李禧奏折"，见中国第一历史档案馆藏，档案号：04－01－30－0210－027。
④ "雍正无年月日巡视中城掌浙江道监察御史臣杨士鉴奏折"，见《雍正朝汉文朱批奏折汇编》第33册，江苏古籍出版社，1986，第354页。

价的办法，并未被政府官员普遍认识，所以未见下文，说明这时的政府并未能对市场粮价形成统一的认识。

乾隆时，政府格外重视市场上粮价的波动，要求官员上报粮价，同时也对市场粮价有了较客观的认识。政府免税后，商贩粮食大量流通，粮食价值自当平减。但是由于"客商贩运米豆，皆须投托牙行"。牙行"把持昂价"①。所以在米价波动时，官员一般随时询问五城米行经纪。乾隆十六年七月，京城米价上涨，官员询问米行经纪，据称"自夏徂秋，雨水连绵，道途泥泞，杂粮不能上市。各铺米石短少，是以日渐昂贵"。当"天气晴明，三色米价，又日渐平减"。官员问米行经纪原因，他们说，"各铺户闻二十日开仓，将所存米石，俱行发卖"，米价顿减。② 有官员以"八旗外省出粜官米，悉照常平原法，只比原价略增，不必计时价低昂"。政府批评说，"甚属纰缪"，"全不知事理"。"开仓减粜，以时价为权衡，原虑贩户奸民，利于价值过贱，多方囤积居奇，转使小民不无食贵之累。经九卿定议，遵行已久"。不能随意更张，应该常与市场价格相权衡，低于市场价格出粜。③ 二十三年，政府官员对市场粮价的估值，"五城指挥估验老米每石酌估库平银一两二分，白米酌估银一两六钱三分"。而粮商对粮价的估值，"招买人袁德增估老米每石市平银一两一钱八分，白米市平银一两七钱三分"。官员估价较粮商估价高"一千三百余两"④。三十一年八月，尚书裘曰修据大兴、宛平二县报称，询问粮食行经纪，得知现在"商贩甚多，是以市价稍增"。他认为："当此连岁丰收，粮食充牣，早晚长落不定，惟有听其自然，价将不禁而自减。""若官为示禁，则恐转致居奇。"实际上，他主张粮价随市场机制自然涨落，不要人为控制。政府则不同意这种认识，将粮价上涨的原因归结为"奸商射利"，认为"因新粮尚未登场，故尔居奇昂价"。或者因"山东

---

① 《清高宗实录》卷一六六，乾隆七年五月壬戌，中华书局，1985，第97页。
② "乾隆十六年七月二十日顺天府府尹颜汝修奏折"，见台北"故宫博物馆院"编《宫中档乾隆朝奏折》第1辑，台北"故宫博物院"，1982，第192页。
③ 《清高宗实录》卷三九五，乾隆十六年七月丙戌，1986第191页。
④ （清）潘世恩等纂《钦定户部漕运全书》卷五七，《京通粮储·余米粜变》，故宫博物院编《钦定户部漕运全书》，"故宫珍本丛刊"第320册，"清代则例"，海南出版社，2000，第318页。

地方，岁收稍歉"，贩运者少所致。① 九月，刑部尚书舒赫德奏称："山东省并直隶河间静海等处，偶有被水，客商铺面人等，不无有心观望，希图长价。"但当"奉天及口外地方于七八月间新粮登获之时，随将旧贮杂粮出粜，即有客商陆续贩运至京"。当奉天等地减产时，当地人民就不出售陈粮，"客商无从兴贩，是以京城米价骤有增加之处"②。他虽然说出商贩不兴贩，粮价就上涨，商贩兴贩，粮价就下降的道理。③ 但他对粮商买卖的背后原因并不知道。三十四年正月，御史屏治奏称，通州有十二座私人米局，这些米局每逢支放俸米、甲米就开张，八旗领催家人赴通州，"直投米局歇宿，一切酒食、盘费及仓内领米使用，皆出自米局"。每石给"领催一钱，名曰外续"。"给家人银六分，名曰内续"。各米局预先"议定米价，贵则每石不过一两二钱，平则一两，贱则八钱，其给价银成色九三钱，则八折扣算，此系向来局中买米之常价也"。有旗员在未放米前，"邀同领催赴局预卖"，使得各米局形成垄断。"其余卖米行店，亦不敢争买"。领米之旗员至通州各米局，"先有接应，支借钱文，任情花费，一入其局，势不能不卖矣"。领催家人等因贪其小利，亦未有不怂恿将米卖与米局的。"米局买得米票，素与花户、斗级交通，并不当面索钱，暗中关照"。其实"米局一切使费花销，皆出于所卖俸米价内"。他们用本既多，获得丰厚。"每季八旗俸米，暨王俸约数十万石，内卖与通（州）局囤积者不下一半。其余到京粜卖者，为数无几，是以京城内外虽逢开放俸米之际，而市面米价竟不能稍减者，皆此故也"④。这里屏治说出市场上虽然米量增加，但价格也不稍减的原因。同年八月，又出现商贩杂粮入市，本应该下降的粮价并未减，对此，政府怀疑有"奸商倡议居奇"，达到其垄断的目的。官员们注意查察，市场上是否存在齐行问题。⑤ 后来，步军统领英廉奏报调查发现，"外城粮

---

① 《清高宗实录》卷七六七，乾隆三十一年八月丙寅，中华书局，1986，第424页。
② 《军机处录副奏折》，"乾隆三十一年九月三日刑部尚书舒赫德奏折"，中国第一历史档案馆藏，档案号：03-0864-066。
③ 《清高宗实录》卷七六八，乾隆三十一年九月丁丑，第431页。
④ 《军机处录副奏折》，"乾隆三十四年正月二十日掌京畿道监察御史屏治奏折"，中国第一历史档案馆藏，档案号：03-0755-035。
⑤ 《清高宗实录》卷八四二，乾隆三十四年九月辛巳，中华书局，1986，第247页；乾隆三十四年九月壬午，第248页。

市，有正阳门、东直门外二处，铺户人等，每月于附近庙中，会议一次"，汇集各处粮价，商量酌定市场上整个粮食行情与价格。这些大商铺户可以操控京城粮食行业的价格，但并未发现有倡议齐行之事。① 五十二年，麦价上涨，政府从商人处得知，目前德州一带"有河南、山东客商运来麦二十余万石，只因河水稍浅，不无阻滞"②。于是令官员前往，拨出备用船数百只，到德州运麦。③ 五月，政府又得知，山东"东昌等处，亦有麦船三百余只"。令官员"催令迅速抵通"④。到嘉庆时，政府官员更认识到粮价与其他商品的价格的联动关系。"城内米价一贵，百物亦随之俱贵"⑤。从以上事实中可以看出，乾隆以后政府官员认识到大商人、米行经纪可以决定粮价，知道粮食流通量的多少关系粮价的高低，因此，政府对影响粮价涨落的因素有了比较清醒的共识。不过虽然各时期政府官员都知道市场上的价格操纵于大商铺户之手，但是，他们不知道大商铺背后受到市场价值规律调控的道理。

那么，关于是否应该统一给市场粮食定价呢？政府的答案是否定的。第一次，是副都统朱伦瀚在乾隆十六年提出："京、通仓米，乃各省输将，无关于本年本地之丰歉。市贩因官兵俸粮，出仓即卖，以致窥伺关米前后低昂其价。请将老米、稜米，二色划一定价。"提出统一定价的意见。政府官员覆议称："官兵俸粮留食者三四分，官局收买者二三分，余俱在外流通，藉济民食。辇谷之下，商民云集，所出仓谷，不敷食用，每赖杂粮接济。是以年谷顺成杂粮贱则二色不能独昂，稍歉则杂粮少而二色亦必长价。亿万之众，欲令遵守定价，势有难行，乃寝其议。"⑥ 第二次，是御史罗典在二十四年提出"请定市肆米价"。他想如盐法那样官为粮食定价。乾隆帝认为："若该御史所奏，市肆贸易米面定以升斗，

---

① 《清高宗实录》卷八四三，乾隆三十四年九月是月，中华书局，1986，第267页。
② 《军机处录副奏折》，"乾隆五十二年四月二十二日工部尚书金简奏折"，中国第一历史档案馆藏，档案号：03－0765－013。
③ 《清高宗实录》卷一二七九，乾隆五十二年四月己未，中华书局，1986，第136～137页。
④ 《清高宗实录》卷一二八〇，乾隆五十二年五月丁卯，中华书局，1986，第143～144页。
⑤ 《军机处录副奏折》，"嘉庆十四年十一月二十一日掌陕西道监察御史福克精阿奏折"，中国第一历史档案馆藏，档案号：03－1527－043。
⑥ （清）王庆云：《石渠余纪》卷四，北京古籍出版社，1985，第190页。

限以价值，无论市价不贰，早为子舆所讥，物理断不可行。即专为捃减厂价而论，亦恐贩卖居奇者，愈得因缘为奸，而贫民何从得济，国家令行禁止，固无所不可至。以米价强勒市人，则初无此政体。"国家没有这种强迫定价的政体，也就是说没有这种统一价格的定制，驳斥了罗典的意见。① 第三次发生在道光十二年，给事中王玮庆提出，官为粮食定价，令米商减价出售的意见。道光帝令顺天府府尹、步军统领衙门合同妥议，速行具奏。他们认为："京城情形与外州县不同，外州县所食之粮不过粟、麦、菽、粱，多系本地所产。京城粳、稜、籼米尽系南粮，每逢支放俸米、甲米，官员兵丁食用有余，售与米商，以济用度，亦所恒有。是以各铺均准出卖粳、稜、籼米。"如果"一经裁定市价，奸商售买官兵余米，反得藉口抑勒，少与价值"。所以不同意统一定价。更有顺天府府尹引《钦定康济录》②政书中，不抑制物价，以便招商贩运的条款，指出如果粮商听到政府定价，肯定"裹足不前"，"勒粜不如便民，抑价不如通商"。否定给事中王玮庆的意见。③ 可见，政府认识到，如果统一市场价格，所定价格高，商人因贩运粮食赚不到钱，而停止贩卖；所定价格低，他们则囤积居奇，待高价出手，所以统一定价不利于市场上的粮食流通，更不利于百姓食粮。因此，政府并非依靠统一市场价格来调控粮价，而是派官员做市场调查，根据市场粮价的变化，平抑粮价。可见，粮食市场在当时是起到主导作用，政府顺应市场机制的变化而调控粮价。

二 资源配置

顺治初年，北京城内突然涌进四十余万人，④ 他们是政府官员及其家属，军队官兵及其家属。这些人的食粮问题对政府来说，确实是一个重大问题，也是政治问题，如果解决不好，不仅不能在京城建都，且政府官员与军队无法立足，直接影响清代在京城建立政权，所以制定制度

---

① 王先谦：《东华全录》，乾隆二十四年十二月壬辰，见《清东华录全编》第七册，学苑出版社，2000，第288页。
② 《钦定康济录》是一部关于救荒的政书，表达了政府对救荒的理念。
③ "道光十二年八月顺天府奏折"，见中研院史语所藏明清史料，序号：176605-001。
④ "居于北京者约40万人"。见韩光辉、贾宏辉《从封建帝都粮食供给看北京与周边地区的关系》，《中国历史地理论丛》2001年第3辑；郭松义《清代社会变动和京师居住格局的演变》，《清史研究》2012年第1期。

就是解决这一问题的关键。正如吴承明在论述资源配置时指出的,资源配置的一种途径,就是"主权者或国家制定计划,命令行之"。并指出:"作为经济史研究,应从历史上作实证分析,而不是全靠理论推导。"① 本书用大量史实说明政府通过制定制度配置粮食资源,体现了政府推行政治决策的结果。制度是人们行为的准则,这里所指的制度是与粮食市场有关的具体制度,一般由政府制定,自上而下实行。从清朝统治者的角度看,这一制度在初设时,不仅解决了政府、军队所需的粮食问题,而且对京城百姓所需粮食和日用商品的供应也起到一定作用,无疑都是国家经济支柱之一。不过,由于执政者设立制度的目的,是为政权统治服务,而实际中也出现了一些弊病。

在漕运制度中,政府制定了与北京城市有直接关系的漕粮仓储和分配制度。从漕粮仓储方面看,政府对制度本身也有一个认识过程。由于仓内存储漕粮渐渐爆满,康熙帝、雍正帝都有暂停运粮之意,但这些意见都被否决。到乾隆时,政府指出:"国家之事,屡次更改,忽行忽止,于体统亦属未合。"② 这虽然是政府官员在内部对已经设立的官米局是否关闭问题进行多次讨论时乾隆帝提出的看法,但也表明政府对设置制度规律的普遍认识,即应该维持已确立的制度一定的时间,不能朝令夕改。至乾隆二十五年,粮价上涨,有人提出"出粜以平市价"。但当时小麦源源运京,本可以使粮价下降,只是有商人"巧为牟利",致使价格翔贵。政府认为,此前已经先行借放了官员俸禄,有商贩乘机涨价,收买仓米,囤积居奇,"甚至齐行把持",所以就目前这种情况,不能平粜仓米,乾隆帝认为:"国家立法调剂,原属因时制宜,非可援为定例。"并命令步军统领衙门、五城御史、顺天府,"严行饬禁,如有藉此多收囤积高抬市价者,即行查拿究处,以为逐利病民者戒"③。这里政府提出,建立制度及推行政策,应该遵守一个理念,即因时制宜,在政府看来,制度并非一成不变,需因时势不同而改变的。

嘉庆时,铁保等人提出,将俸米、甲米中十成折征二成的意见,实

---

① 吴承明:《市场经济和经济史研究》,见吴承明《市场·近代化·经济史论》,云南大学出版社,1996,第291页(原文是1995年参加两经济史研讨会发言的综合)。
② 《清高宗实录》卷七五,乾隆三年八月戊申,中华书局,1985,第194~195页。
③ 《清高宗实录》卷六〇七,乾隆二十五年二月乙巳,中华书局,1986,第820页。

际也是一种废漕的意见。嘉庆帝认为，铁保的意见可能窒碍难行，所以他希望官员各抒所见，"集思广益，不厌精详"。特别是与铁保意见相同者，"不妨据实直陈，以备采择"。然而，反对铁保的意见纷纷上奏。有的认为铁保是旗人，一直管理旗务，根本没管理过俸米，"并不通盘筹划，辄请稍为变通"，"实属妄改旧章，冒昧不合"。如果"改给折色二成，不惟于八旗生计，恐致拮据"，"每岁少放米五十余万石计算，于商民口食之需，亦多未便"。"现在市集粮价，已较前加增，倘再减放官粮，势必益形昂贵。"更有官员认为，仍应该"循照旧例，全放本色，毋庸轻议更张"①。结果，这次改革意见也没能施行。十五年，因漕船晚到，赶运不及，仓场侍郎等官员奏请暂储通仓，"京员俸米一体赴通关支，又将秋季俸米豫行给领"，又请"将蓝白布甲等米，在通仓豫放"的意见，被批驳。政府认为："国家立法，皆有一定章程。若辄议变通，必滋流弊。"要求"循照旧章"办理。② 这里的章程就有制度之意，政府认为制度的推行要有一定时间，不能一遇问题就变通。几次改革都受到官员驳议，漕运制度没能改变。这说明因时制宜是政府行为准则之一，他们最在乎的是权力稳固与统治集团的利益，即使客观经济条件具备，主观上也不敢完全停止漕运，惧怕这种经济制度和政策推行结果，不利于维持和服务该统治集团的利益。倪玉平也指出："漕运制度本身就具有一种反市场、反商品经济的特性。""围绕着这种制度，已经结成了巨大的利益集团，并在事实上成为阻止漕粮改制的重要力量。"③

从分配制度看，政府无偿将漕粮分给官兵，并且规定了领取和发放俸米、甲米的种类、时间和方法。每当市场粮价上涨时，政府利用改变发放俸米、甲米的时间分配制度，调控俸米、甲米进入市场的数量，市场上粮食量增加了，粮价自然下降，这说明政府的分配制度对市场粮价形成机制有重要影响。嘉庆、道光时，俸米领取的方法发生了改变，许多官员并不自己到仓领取俸米，而是将领米票据直接交给粮商，换食细米，或者换取银钱。在京城居住的旗人穆齐贤就在日记中多次记载了这类情况。因而使政府利用分配制度调配粮食资源的手段和作用有所下降。

---

① 《清仁宗实录》卷一九二，嘉庆十三年二月己巳，中华书局，1986，第533页。
② 《清仁宗实录》卷二三二，嘉庆十五年七月甲寅，中华书局，1986，第112~113页。
③ 倪玉平：《清代漕粮海运与社会变迁》，上海书店出版社，2005，第491~492页。

与利用制度配置资源的同时政府建立官米局,直接参与粮食交易。政府分配漕粮制度,本来是八旗官兵赖以生活的经济来源。但现实是有的官兵分到漕粮,一家人吃不完,就想变现为银钱,用于其他方面的消费,这种变现必须依靠粮商进行,而政府则不允许漕粮转移到商人手中,于是想出设立官米局,从官兵手中购买余粮,再卖给有需求的官兵,目的是对较贫苦的旗人官兵做一种补贴。但事与愿违,官米局运行之后,掌管营运的官员具有一定的权力,他们可以任意将官米局的粮食卖给铺户,而不是卖给有需求的官兵,使得自己在粮食交易中得到好处,因而形成了官米局勾结商铺,贿赂在仓场掌握大权的花户、仓役,得到好米,到市场上贱买贵卖,获取利润。"京、通仓支发各旗米,向系旗人自行载运,乃希省脚费,并图简便,卖于官局。则官局于各旗领完后,赴仓支领,卖于民局。则总票中分出小票,自行支领。因而串通书役、花户、甲斗人等,拣择好米,斛面满足,遂致仓储有缺无盈"①。又由于官米局的经营不能与粮商铺户竞争,致使官米局和仓储都赔本营运,政府只得停办官米局,退出市场。政府利用掌握的资源给粮食定价,造成京城旗人与民人的不同待遇,旗人能享受免费或低价粮食,民人只能在市场上购买商品粮,从而使京城的部分百姓不能过上平等安稳的生活。从中可见,官米局是政府参与交易的失败案例,也说明政府参与市场上的粮食交易,与民争利是不适合、不合理的。

第三节 双轨并行

双轨制是现代经济学的概念,指两种不同制度在市场上并行的情况,如价格双轨制、生产资料双轨制、要素双轨制等。这里借用这个概念,指的是清代前期政府继承明代的漕运制度,把运到京城的漕粮,主要品种是稻米,无偿分给官员和八旗官兵,这就是粮食供给制度。同时,政府也保留了原有的粮食商品市场,因为居住在京城的北方百姓习惯食用小麦及各类杂粮,如小米、高粱等,主要依靠粮商从外地贩入,这部分

---

① (清)托津等奉敕纂《钦定大清会典事例》卷一五七,《户部·仓庚》,嘉庆朝,见沈云龙主编《近代中国史料丛刊三编》第六六辑,台北,文海出版社,1991,第7025页。

第十章　政府、粮商、市场

粮食始终是市场上杂粮的主要来源，百姓与商人在市场上买卖粮食，从而人为形成两种不同性质的粮食供给方式，也就是政府利用制度配置粮食资源，与市场通过价格机制，在交易的自由竞争中配置粮食资源，两种不同性质的经济制度并存的双轨制。正如吴承明指出的："资源配置主要有两种途径：一是主权者或国家制定计划，命令行之；一是通过交易，由市场调节。两者都是手段，原无绝对优劣之分。""在历史上，这两种配置资源的手段常是并存的。"①

一　各有优劣

政府利用漕运制度和分配制度，将运到京城的漕粮，无偿分配给八旗官兵。从政府的角度看，在一定时期内，有其合理性，而且这种状况在清代前期延续了一百九十六年，对政权巩固和节省交易成本起到重要作用。嘉庆时，有人指出："京师王公百官禄糈，及八旗官兵俸饷，胥仰给于此。"在客观上，"舟行附载南省百货，若遇行走迅速，货物流通，商贾居民，咸资其利"。如果"粮艘中途阻滞，则商船均不得越渡，京师百货亦因以昂贵"②。正是这种漕运和分配制度，解决了清朝官兵进入北京后的食粮问题，客观上带给京城百姓所需的日用商品。漕粮中的稻米不仅在数量上，而且在价格上也影响了市场上的米谷交易。正如倪玉平指出的："应该承认，清代的漕粮运输，在决定京畿地区和征漕省份之粮食市场的价格变动中起到了相当重要的作用。"③ 这无疑是制度上的优势。

然而，政府利用制度配置资源也有解决不了的问题。首先，是这种制度配置是产生腐败的根源。其一，官、吏、商相互勾结，贪占漕粮。嘉庆十四年发生的典型大案，就是这种官、商、吏勾结，致使粮仓亏空白米造成的。上至亲王、郡王、贝勒、贝子及其他有关人员，下到各类吏役、仓书、甲斗等吏役，都参与其中。④ 粮商是重要环节，没有粮商

---

① 吴承明：《市场·近代化·经济史论》，云南大学出版社，1996，第291页。
② 《清仁宗实录》卷二一三，嘉庆十四年六月乙未，中华书局，1986，第856~857页。
③ 倪玉平：《清代漕粮海运与社会变迁》，上海书店出版社，2005，第492页。
④ 《嘉庆十四年通州粮仓吏胥舞弊案》《嘉庆十四年六月初一日步军统领禄康奏折》《嘉庆十四年六月十二日仓场侍郎玉宁奏折》，载《历史档案》1990年第2期。

参与，粮食不能兑现银两，所以官员主动与商人勾结，或者商人主动联络官员，贪污漕粮。其二，各阶层与漕粮运输、仓储、分配有关人员是贪占漕粮的参与者，盗卖仓米是他们贪污粮食的主要手段。除了拦路、戳袋、偷抢，及夜间挖墙偷米，或越墙进仓偷米等这类惯偷之外，官船雇觅的水手、剥船的船户、撑船的甲长、搬运工、车夫、粮仓的从业人员等，也在偷粮。[①] 特别是制度给参与其中的人员造成了贪污的条件。对制度配置资源产生腐败问题，顺治、康熙、雍正、乾隆、嘉庆、道光时期都在反腐败，但事实是腐败始终存在，嘉庆、道光时更为严重。腐败行为从制度内部进行破坏，给制度撕开一道口子，漕粮就沿着这条出口，流入粮食市场，变为商品粮。官员利用自己掌握的权力，贪污漕粮，勾结粮商，形成既得利益集团；没有权力的人们，利用职业便利，偷盗漕粮，形成群体化犯罪。

其次，政府行为主控的粮食资源，有相当部分米粮流入了市场，这部分漕粮的性质就发生了改变，成为市场上流通的商品粮，由政府主控变成市场机制调节了。从实际看，正是这种状况冲击了漕运和漕粮分配制度。本来政府主控粮食资源的目的是为了中低层八旗官兵获得好处，但事实上并非如此。例如"亲王每岁领米万石，甚属宽裕"[②]。有时政府低价平粜好像是在保护八旗消费者，而实际上，受到保护的并不一定是他们的利益，反而使米粮交易的利润流入商人之手，政府用仓粮平粜的行为不止，商人就会从中得到最大的利益。一般来说，制度是需要一定的稳定性，才有可信赖性，但这种稳定性也需要根据环境变化而不断调整，否则制度就会僵化，任何一项制度都不是永远不变的，需要不断修改完善，不过时间也是缓慢的。许多时候政府并非主动顺应市场而产生的改制的意愿，而是受到市场机制阻力之后，才考虑改变制度。市场机制是随着粮食供应量、粮价规律而变化的，政府建立的制度则随着市场的变化而变通，所以才出现清代后期制度崩溃，完

---

① 王先谦：《东华全录》康熙二十年三月庚午，见《清东华录全编》第三册，学苑出版社，2000，第266页；（清）鄂尔泰等修《八旗通志》初集，卷七十，《艺文志六·奏议二》，东北师范大学出版社，1985，第1352页；嘉庆四年三月初九日《议复查仓暨个票钱折》，（清）祁韵士《己庚编》卷上，见《丛书集成续编》第五〇册，社会科学类，台北，新文丰出版公司，1989，第527页。
② 《清仁宗实录》卷一九二，嘉庆十三年二月己巳，中华书局，1986，第533页。

全顺从市场的情况。

市场主导作用在于以价格机制,使漕粮源源不断地进入市场。康熙时,八旗官兵不将俸米、甲米运到家就变卖。① 雍正时,政府则对这种情况进行了一定的限制。到乾隆、嘉庆之际,旗人就不将俸米、甲米领到家,而是直接在仓储地出卖。道光时人穆齐贤原为山东籍,祖先投充旗籍。他在日记中,记录了旗人领到俸薪、米票,或变现钱票,或从粮铺叫米的实际情况。② 可以看到,这时旗人自身并不去仓库领米,而是将自己的俸薪、米票,直接送到商铺那里,由商人去粮仓取米。旗人需用时,或变现钱票,或直接由商铺送米上门,在清代前期已经成为他们生活中的一种常态。特别在嘉道时,俸米、甲米的大部分已经入市,成为市场上稻米的主要来源。在当时,粮食无疑也是京城市场上主要且数量最多的商品,可以说,市场机制为京城粮食市场提供了足够的稻米,为百姓提供了小麦、杂粮和其他所需日用商品,为外地商人来京经营创造了条件,维持了京城商业繁荣。另外,清军在进城之前,即顺治元年九月甲午,政府"晓谕商民,毋得再于城内交易,但在城外互市"③。所以内城很少有商铺。到乾隆二十一年十一月,步军统领调查城内开设商铺的数量,因为政府认为商铺多了不安全,所以只保留内城开设的"猪、酒等项店座七十二处"。其他售卖杂货和旅店等商铺,"均饬令移于城外"④。也就是这时内城商铺只有72处。至咸丰三年,政府令步军统领调查内城铺户,共"一万五千零五十三户"⑤。应该说,内城商铺户数的增加,粮商铺户也是增多的,无疑反映了市场配置资源的作用。

但是市场配置资源也有一些自身解决不了的问题。在交易中有商人和米行经纪人,他们利用勾结官员,低价收购俸米、甲米,高价出售,赚取差价;

---

① 《清圣祖实录》卷二四一,康熙四十九年正月庚寅,中华书局,1985,第397页。
② 散见(清)松筠(穆齐贤)记,赵令志等译《闲窗录梦译编》上,中央民族大学出版社,2011。
③ 王先谦:《东华全录》,顺治元年九月甲午,见《清东华录全编》第二册,学苑出版社,2000,第207页。
④ 《京城内禁止开设店座》,(清)多罗定郡主等纂《金吾事例》章程,卷三,咸丰年间刻本。
⑤ 《军机处录副奏折》,"咸丰三年七月十三日步军统领花沙纳等奏折",中国第一历史档案馆藏,档案号:03-4170-039。

利用政府平粜仓米，赚取仓米出仓价与市场价之差；此外还有商人利用囤积、放债、外运等手段，达到抬高粮价，赚取利润的目的。乾隆三年三月，有御史奏称："京城内外有印子钱文生理一道，多系山西人，携带重本，至京营运。其法以钱十千给人，日取钱四十文，至三百日而本利俱完。人因利钱不重，又可日用零那，故取之者众。彼图现在出放既有生息，又可兴利，故业此者多。"据调查"此项生理竟有四千余家，其中本大者有钱万串，次者亦有七八千串，再次亦不下三四千串。截长补短，每家可有钱五六千串"①。其中300天利率达20%，还属于"利钱不重"。道光四年二月，"据京城现报粮价，粳米每石银二两七钱，合计制钱二千七百文。今请酌减制钱八百文，以一千九百文出粜。稷米每石银二两五钱，合计制钱二千五百文。今请酌减制钱一千文，以一千五百文出粜"②。在市场上，商人每贩卖1石粳米，即可得制钱800文，贩卖1石稷米获得制钱1000文。利用借贷，赚取利息。③ 这些交易中的弊端，是市场自身不能解决的。

从实际看，政府利用制度配置资源和市场配置资源都有自身克服不了的问题。制度是政府设立的，市场是客观存在的，两者同时存在于一个社会中，呈现出相互矛盾、相互制约的局面。第一，制度阻碍市场经济的发展。政府严禁商人囤积粮食，数量从允许囤积四五十石，到五百石，④ 京城粮商所储粮食规模受到限制，使得明代京城出现的巨富粮商，清代前期已经不复存在。漕运制度原本就对南北商品流通渠道有挤压作用，直接影响商品粮的流通，在运河水量小的时候，政府只准运漕粮船

---

① 《军机处录副奏折》，"乾隆三年三月十六日御史李慎奏折"，中国第一历史档案馆藏，档案号：03-0768-013。
② 《军机处录副奏折》，"道光四年二月初四日协办大学士户部尚书英和等奏折"，中国第一历史档案馆藏，档案号：03-3362-012。
③ 《清高宗实录》卷66，乾隆三年四月丁亥，中华书局，1985，第68~69页；《军机处录副奏折》，"乾隆四十年闰十月十七日福隆安奏折"，档案号：03-0526-046；"嘉庆十九年六月初五日步军统领英和等奏折"，档案号：03-2233-005；"嘉庆十九年六月十四日（无上奏人）"，档案号：03-2233-023；03-2233-024；"嘉庆十九年十一月初五日监察御史王嘉栋奏折"，中国第一历史档案馆藏，档案号：03-1721-059。
④ （清）王庆云：《石渠余纪》卷四，北京古籍出版社，1985，第189页；《清仁宗实录》卷三三一，嘉庆二十二年六月辛丑，中华书局，1986，第375~376页；《清宣宗实录》卷三三，道光二年四月乙巳，中华书局，1986，第587页。

通行，运输商品的船只不能通行，有时还封雇部分商船为漕运服务，商船只得停运。第二，政府管理对粮食市场分布格局起了严重影响。如前述，早期清军还未进入北京时，就发布命令禁止商民在城内交易，内城很少有商铺。但旗人生活离不开粮商，所以康雍时期就有零星商铺分布在内城，乾隆、嘉庆、道光时分布才十分普遍了，另外，也与旗人越来越依靠粮商有关。批发市场原来在东四牌楼、西四牌楼，后来扩展到西单牌楼。嘉道时发展到东四牌楼南面的西堂子胡同、金鱼胡同一带。嘉道时，与政府禁粮食外贩的政策相应，在各城门附近形成了兼顾零售和批发的商铺，这是政府监管的影响。这些无疑都是政府或通过制度，或通过监管对市场经济发展的制约。第三，政府对市场解决不了的问题，针对性地进行监管，限制商人囤积、放债、外运等行为，不断修正官兵们在执行政策中的偏差。在用行政命令禁止不了时，政府也改变政策，如人们生活中所需要的烧酒，商贩经营需要的借债等，即使暂时禁止，也不能长久，于是，政府改禁烧酒为征酒税，默认借债存在。由于官员腐败，不能担当平粜粮食的职能，政府招商承办，并调整执行政策的边界，以适应不断变化的实际情况。

与此同时，市场机制也冲击着政府的制度和监管的推行。政府用简单的行政方法，下令解决当时国家面临的问题，利用军队保证政策落实，若不遵守规则，就抓人。然而，政府三令五申，禁止官员与商人勾结贪污漕粮，禁止盗窃漕粮等，禁止这个，禁止那个，也不敌经济利益的驱动，市场的手润物细无声，且更加有效。市场经济把社会中的所有人都调动起来，追求自身利益最大化，有大权的利用大权，有小权的利用小权，有钱的利用钱，有资源的利用资源，有经营能力的利用自身能力，什么也没有的人，还可以偷盗，目的只有一个，追求利益，使制度受到冲击，无法保持原有规则而逐渐走向衰落，乃至崩溃，同时腐败也更加深化。

二 共同作用

事实证明，清代前期北京粮食市场是政府与市场共同起作用。从市场看，政府的仓储麦根本不够人们食用，所以还需要"客麦"，有了商贩小麦，市场麦价就会降低。每年二月河水解冻后，载麦船只来通州，一般可运来五六十万石，至第二年新麦运到时，全部销售完。① 估计京城每年销售小麦约五十五万石。漕麦约六万九千五百六十一石八斗有奇，② 化整约为七万石。将京城每年销售麦量五十五万石，减去额征漕麦量约七万石，剩余约四十八万石，这就是商人从外地贩运到京城市场的小麦数量。道光十九年七月，"近日河南商人运麦子十数万石到天津，可冀价渐平复"③。整个清代前期的京城市场都依靠商人从外省运麦来京售卖，每当市场上麦量少时，麦价就上升，商人贩运进京小麦量多时，小麦价格就下降，这说明小麦价格基本上依靠市场机制调节。

再从当时京城商业繁荣的角度看，客观上市场机制的运行，使北京外城形成高度繁荣的商业局面，吸引了大量外地人入京。据学者研究，是时有20万~30万人涌入京城。④ 见前述，笔者估计市场粮食流通量约为239万石。商人利用旗人出售的俸米、甲米，和政府平粜仓米的方式，收购仓谷，也向官兵放债，或预付款项，兑换成米粮，在京城内外进行粮食买卖，这类活跃的商人非常多，对商铺不能笼统的估算，更不能将不同时期的数字加在一起，因为不同时间有倒闭的商铺，又有新建的商铺，所以只能按照时间估计。康熙、雍正时期，商铺数量比较少，乾隆年间，京城内外有商铺数百余家，嘉庆时至少也有数百家。此外，行商的数量就更多了，无法统计。"商品经济物发展自然也为漕运体制的瓦解做了铺垫，但显然它并不占主导地位。清朝漕运制度的走向崩溃，从本质上说是一种朝廷的自主性行为，它的取消并不是在考虑了商品经济发达程度后的理性选择，而完全是迫于财政压力的无奈之举"⑤。从表面上看，制度崩溃是朝廷的自主性行为，是迫于财政压力的所致。从本质上看，占60%的仓储粮都流入市场，清代前期市场的冲击虽然没有使制度完全崩溃，至少也使政府控制粮食资源的供给制度深受损害而衰落。这

---

① 乾隆四十三年《查办堆房堆贮客麦疏》，刑部尚书胡季堂、户部侍郎金简奏折，见乾隆《通州志》卷十，《艺文·疏议》，清乾隆四十八年刻本，第二三~二七页。
② （清）载龄等修纂《钦定户部漕运全书》卷一，《漕粮额征·兑运额数》，见顾廷龙主编《续修四库全书》第八三六册，《史部·政书类》，上海古籍出版社，2002，第218页。
③ 《清宣宗实录》卷三二四，道光十九年七月丁巳，中华书局，1986，第1095页。
④ 郭松义：《民命所系：清代的农业和农民》，中国农业出版社，2010，第392页。
⑤ 倪玉平：《清代漕粮海运与社会变迁》，上海书店出版社，2005，第493~494页。

说明实际上双轨并行不能长久推行下去，也就是说，市场经济的冲击力量之大，是任何制度都无法抵御的。

政府配置粮食资源由推行制度、政策而形成，因时制宜，所以在政府推行制度和政策中，不断改变政策，调整执行政策的边界，不断适应市场调节。正如李明珠所说："清朝皇帝和政府官员理解并重视市场力量，但是他们并不把市场本身作为目标。他们希望使用市场力量去促进商品流通，但是当市场力量受阻时，他们通常会毫不犹豫地介入其中，特别是对于能够引起政府高度关注的粮食市场。""与帝制中国其他地方相比，清政府对北京粮食供应和销售的控制更紧。然而，政府并没有试图取代市场，甚至都没有尽可能有效和低成本地控制和限制市场，平粜粮食的价格虽由官员确定，但通常都是按照市价来进行买卖。"[1] 这是由于政府以巩固统治为目的，推行以权力占有、控制资源为主导而运行的一种经济制度。对此岸本美绪在评论张瑞威著作时指出，古典经济者"往往对国家和市场这两项采用二元对立（dichotomous）的思考方式"，"因为古典经济学式市场概念的关键在于其自动调节机能"。但"国家的角色与其说是在于直接干预市场调剂供求，不如说是在于为民间自由的经济活动准备基础设施，比如商业法律、统一度量衡等"。同时她也认为，"像著者指出的那么样，若不存在国家的干预，长距离贸易是难以发展的"[2]。彭凯翔也在评论张瑞威书中指出："在现有的清代粮食市场研究中，其实对政府角色的探讨不是非常充分，且多限于对仓储、调运及货币等议题作财政上的讨论，倒也并不存在明显的干预或反干预倾向。"[3] 从统治者的角度看，政府必须设立这种制度，不建立是不行的。如果政府不继承明代的漕运制度，那些官员和军队没有口粮，他们也无

---

[1] 〔美〕李明珠：《华北的饥荒——国家、市场与环境退化》，石涛、李军、马国英译，人民出版社，2016，第210、261页。

[2] 〔日〕岸本美绪对张瑞威著作的中文书评，载香港中文大学《中国文化研究所学报》第53期，第330~336页，2011年7月。张瑞威原书：*The Price of Rice: Market Integration in Eighteenth - Century China*，美国：西华盛顿大学出版社，2008。张瑞威将该书核心观点写成中文论文《十八世纪江南与华北之间的长程大米贸易》，载《新史学》第21卷第1期，2010年3月。

[3] 彭凯翔：《评Sui - wai Cheung, *The Price of Rice: Market Integration in Eighteenth - Century China*》，《新史学》第21卷第1期，2010年3月。

法在京城生存，所以政府延续中国传统的专制体制，设立制度，也是正常的。可见，双轨并行的产生是由政治体制决定的，也是必然的。

应该说，双轨并行不符合价值规律和商品经济的客观要求，人为建立制度产生许多弊病，政府利用掌握的粮食资源，免费分配给官兵，造成京城旗人与民人在食粮中的不同待遇，旗人能享受免费食米，民人只能以市场价格购买商品粮，从而使京城的部分百姓不能过上平等安稳的生活。市场作为资源配置机制最基本的是价格理论，在没有政府干预的情况下，市场上商品价格的高低价差，促使商品流通，也能产生商人倒买倒卖，重利放债，这种非正常的竞争手段，也使官员涉及其中，依靠寻租贪污国家财产。因此，双轨并行中的两方面，即市场价格调节和政府的粮食供应国有制度，任何一方都存在明显的缺陷，都不能独立完好地解决食粮的问题，也不能长久延续，最后的结局就是并轨。然而，从粮食供应的国有制度到与市场并轨，其过程延缓到清代后期，时间漫长。这说明一项制度的存废，需要不断得到实践的验证，政府利用权力设立制度，配置资源，其行为准则是因时制宜。在客观上，市场力量一直起着方向性的作用，政府随着市场的导向，不断修改制度，对此，应全面、历史地评价，或可以肯定政府的因时制宜理念，以及对市场的认识与利用。

小　结

一般来说，政府的有关政策都是针对已发生的事情而提出来的，管理也很具体，各级官员基本上能认真执行，所以政策与管理不难落实。对于未发生的事情，政府按照既定案例，令官员们执行，若情况与之前有变化，就不能及时预测和预防，但政府有因时制宜的执行原则，尽管需要上报过程，尽管比市场实际情况变化慢，但是能基本上适应实际变化而解决问题。因此，因时制宜的观念是值得肯定的。

市场机制可以解决的问题，完全可以交给市场，政府采用的任何干预手段最终是失败的，这种失败案例值得总结。因为政府参与交易，不仅不符合价值规律和商品经济的客观要求，还会产生许多弊病，特别是政府利用掌握的资源给粮食定价，制造价格双轨制，造成京城旗人与民人的不同待遇，旗人能享受免费或低价粮食，民人只能在市场上购买商品粮,从而使京城的部分百姓不能过上平等安稳的生活。这类失败案例说明政府不能既当运动员,又当裁判员。

在不重视商人观念的影响下,政府常常过度干预,不仅限制商铺存储粮食的数量,而且还干预粮食价格,使得清代前期京师经济发展受到极大限制。因此,政府行为不是创造制度,占有资源,而是为商品流通提供公共物品,监管市场上粮商交易中垄断等的不合理做法,且这种干预作用不能过强,必须按照市场经济的发展规律,因时制宜,才能解决好京城百姓生活的问题。不过,到了清代中期,政府干预的作用已经弱化,"漕运系统的衰弱和清政府财政的恶化都意味着在18世纪时政府已经不能完全掌控自己手中的资源,也不能再依靠管制库存和控制囤积来约束粮食的自由流通"①。实践证明,清代前期京城的食粮供应,既不能完全靠政府,也不能完全靠市场,而是由政府和市场共同起作用的结果,所以也既不能完全否定政府,也不能完全肯定市场。

清代前期粮食方面的双轨制,只在京师的内外城实行,并非推广至全国,所以这里总结双轨制的实施有一定局限性。

---

① 〔美〕李明珠:《华北的饥荒——国家、市场与环境退化》,石涛、李军、马国英译,人民出版社,2016,第214页。

结束语

　　关于清代京城市场的分布，高松凡的《历史上北京城市市场变迁及其区位研究》① 一文，较早对历史上北京城市市场进行了研究。该文利用地理学的中地论②对元、明、清北京城市市场空间结构的特点、演变过程、形成机制作了探讨，并绘制出各时期的市场图。该文认为："中地论是建立在一种抽象的均质性地域上的理论学说，而实际市场区除受中地论地域结构的控制，同时还受着多种自然和人文环境因素的作用。"③ 但是作者并未对实际北京城市市场进行具体研究，基本上是从理论推衍出来的，以期对中地论进行"验证"。这无疑值得进一步探讨。清代前期京城的粮食市场分布不是根据中地论形成六边形的，在内城，西、东两个二级批发市场实际上是由于皇城的存在，造成西部与东部的交通往来不方便而形成的，且贯穿了整个清代。外城地面是东西长和南北短的长方形，南北分布的零售商铺距离各批发市场不远，而围绕前三门的一、二级市场与城墙平行存在，东西分布的商铺到各批发市场的距离则比较适中。零售市场则广泛分布于内外城各居民居住的胡同中，是以居民购买便捷为基础而形成的。就粮食市场来说，正阳门外一级市场可能与城市中心地理论有些关系，但东直门外一级市场则与城市中心地理论一点关系都没有。由此是否可以推论，从清代前期北京人的居住情况看，可能是越与百姓生活关系大的商品市场，越分布在百姓住处附近，而且还有送货上门的情况，如蔬菜、粮食、一些小食品，都有部分是沿街叫卖的，送到家门口，人们不用去市场购买。比较高档的消费品，平时百姓

---

① 高松凡：《历史上北京城市市场变迁及其区位研究》，载《地理学报》1989 年 6 期。
② 中地论，由德国地理学家克里斯塔勒（W. Christaller）提出，是"进行这一研究的理论和方法"。"中地论是以市场为中心的宏观区位理论。按照中地论，市场为提供最优服务，应位于圆形市场区的中心地方，但对于整个地域来说，相邻圆形市场区之间会出现空档，为弥合空档，市场区以正六边形最为经济合理"。高松凡：《历史上北京城市市场变迁及其区位研究》，载《地理学报》1989 年 6 期。
③ 高松凡：《历史上北京城市市场变迁及其区位研究》，载《地理学报》1989 年 6 期。

使用少的商品,如珠宝首饰,可能只聚集在正阳门附近的中心地理市场。总之,清代前期京城市场布局,还待进一步从其他具体商品市场和理论上再探讨。

清代前期京师的粮食市场,由市场机制和政府利用制度配置资源两方面共同起作用,其中值得提到的是市场机制起到导向作用,政府的理念是因时制宜,因此随着市场的变化,政府的制度、监管政策及落实行为、调控粮价等也随之改变,这一过程贯穿整个清代前期,也势必影响到以后。从现实看,中国即不是市场经济,也不是非市场经济,而是政府与市场同共配置资源,共同起作用的双轨制经济。

粮商是政府与市场的中间环节,尽管政府也给粮商经营提供了不少便利,但是政府对待商人的看法,表明政府只是利用商人,而不是把商人看成市场主体,没有确立有利于商人发展的理念。政府对粮商贩运经营,应该采取一种宽松的政策,放手让商人在市场上自由竞争,除了收税之外,商人经营粮食的价格多少?如何运输?怎样储存?应该完全由市场机制调节,政府只能监管,不应进行行政干预,也不应直接参与交易。在这方面,政府利用所控制的粮食资源,平粜、调整发放仓米的时间,间接调控市场粮价,实际上就是干预市场价格,但这种干预的能力并不很强,因为市场有价格机制自动调节。清代前期政府的独特管理模式,为维持地主制经济的运转发挥了巨大的作用。然而,到底应该建立怎样的政商关系?清代前期没有标准答案,将课题留给了现今。

仅从清代前期政府与北京粮食市场的历史实际看,一项具体的制度改革,即漕运和供给制度,虽然已经表现出许多弊端,但是因为形成了有稳定获得利益机制的官商集团,构成群体化犯案的事实,使得制度改革十分艰难。也正因为这些弊端的参与者都力图从漕运中得到好处,追求个人利益最大化,致使漕粮制度受到破坏而崩溃。市场与政府的矛盾,使政府的制度受到市场机制的冲击,最后走向崩溃。政府如何处理与市场的关系,既为现今提出了问题,又提供了重要经验。

参考文献

一 政书

巴泰等纂修《清世祖实录》,中华书局,1985。

马齐等纂修《清圣祖实录》,中华书局,1985。

鄂尔泰等纂修《清世宗实录》,中华书局,1985。

庆桂等纂修《清高宗实录》,中华书局,1985~1986。(乾隆十三年之前,出版时间为1985年,乾隆十三年之后,出版时间是1986年)。

曹振镛等纂修《清仁宗实录》,中华书局,1986。

文庆等纂修《清宣宗实录》,中华书局,1986。

允禄等编《清雍正上谕内阁》,内务府藏雍正九年刻本(康熙六十一年到雍正七年上谕)。

允禄等编《世宗宪皇帝上谕旗务议覆》,纪昀等编纂《景印文渊阁四库全书》第413册,《史部·诏令奏议类》,台湾商务印书馆,2008。

允禄等编《世宗宪皇帝谕行旗务奏议》,纪昀等编纂《景印文渊阁四库全书》第413册,《史部·诏令奏议类》,台湾商务印书馆,2008。

中国第一历史档案馆编《乾隆上谕档》,档案出版社,1991。

中国第一历史档案馆编《嘉庆道光两朝上谕档》,广西师范大学出版社,2000。

蒋良骥:《东华录》、王先谦:《东华全录》,见《清东华录全编》,学苑出版社,2000。

赵尔巽等撰《清史稿》,中华书局,1977。

乾隆官修《清朝文献通考》,浙江古籍出版社,2000。

刘锦藻撰《皇朝续文献通考》,顾廷龙主编《续修四库全书》,第815~821册,《史部·政书类》,上海古籍出版社,2002。

伊桑阿等纂修《大清会典(康熙朝)》,沈云龙主编《近代中国史料丛刊》三编,第72辑,台北,文海出版社,1992。

允祹等撰《钦定大清会典》乾隆朝，纪昀等编纂《景印文渊阁四库全书》第619册，《史部·政书类》，台湾商务印书馆，2008。

托津等纂《钦定大清会典（嘉庆朝）》，沈云龙主编《近代中国史料丛刊》三编，第64辑，台北，文海出版社，1991。

《乾隆定例杂钞》抄本，中国社会科学院经济研究所图书馆藏。

托津等纂《钦定大清会典事例》，沈云龙主编《近代中国史料丛刊三编》第六十六辑，台北，文海出版社，1991。

昆冈等修，刘启端等纂《钦定大清会典事例》，顾廷龙主编《续修四库全书》第801~812册，《史部·政书类》，上海古籍出版社，2002。

《钦定户部则例》，故宫珍本丛刊第284~286册，海南出版社，2000（该书有乾隆四十六年奏折，说明是乾隆四十六年以后的版本）。

雍正《漕运全书》，北京图书馆古籍出版编辑组编《北京图书馆古籍珍本丛刊》55，《史部·政书类》，书目文献出版社，1989。该书凡例中有"旧本修自康熙初年，兹续修至雍正十三年。"

杨锡绂撰《漕运则例纂》，四库未收书辑刊编纂委员会编《四库未收书辑刊》壹辑，北京出版社，2000。

托津等纂《钦定户部漕运全书》，嘉庆年间刻本。

潘世恩等纂《钦定户部漕运全书》，"故宫珍本丛刊"第319~321册，海南出版社，2000。

载龄等修，福趾等纂《钦定户部漕运全书》，顾廷龙主编《续修四库全书》第836~838册，《史部·政书类》，上海古籍出版社，2002。

鄂尔泰等修《八旗通志》，东北师范大学出版社，1985。

李洵，赵德贵，周毓方，薛虹主校点《钦定八旗通志》，吉林文史出版社，2002。

故宫博物院编《钦定八旗则例》，海南出版社，2000。

二 奏折、档案

中国第一历史档案馆藏《朱批奏折》，《军机处录副奏折》，《雨雪粮价单》，《内务府奏销档》，《内务府奏案》。

中国社会科学院经济研究所藏《清代钞档》。

《内务府上传档》，中国第一历史档案馆编《清代档案史料丛编》第五辑，中华书局，1980。

张伟仁编《明清档案》，中研院史语所现存清代内阁大库原藏明清档案。

台北"故宫博物院"藏《军机处档折件》。

多罗定郡主等纂《金吾事例》，咸丰年间刻本。

查克丹等修《台规》，京师都察院公署刻本。

中国第一历史档案馆编《康熙朝汉文朱批奏折汇编》，档案出版社，1984~1985（第1册，1984年；第2~8册，1985年）。

中国第一历史档案馆译编《康熙朝满文朱批奏折全译》，中国社会科学出版社，1996。

中国第一历史档案馆编《雍正朝汉文朱批奏折汇编》，江苏古籍出版社，1986。

中国第一历史档案馆译编《雍正朝满文朱批奏折全译》上、下册，黄山书社，1998。

中国第一历史档案馆编《雍正朝汉文谕旨汇编》，广西师范大学出版社，1999。

台北"故宫博物院"编辑《宫中档乾隆朝奏折》，台北"故宫博物院"，1982~1988（第1-7辑，1982年；第8-20辑，1983年；第21-32辑，1984年；第33-44辑，1985年；第45-56辑，1986年；第57-68辑，1987年；第69-75辑，1988年）。

《皇清奏议》，顾廷龙主编《续修四库全书》，第473册，《史部·诏令奏议类》，上海古籍出版社，2002。

中国第一历史档案馆编《清代档案史料丛编》，中华书局，1980。

中国第一历史档案馆编《和珅秘档》，国家图书馆出版社，2009。

《镶红旗档案》日本东洋文库所藏，由《清史编纂委员会》学者复印。

三 碑刻、契约

中国会科学院近代史研究所图书馆藏《清代房契》。

中国第一历史档案馆藏《清代档案》。

〔日〕仁井田陞辑「北京工商ギルド資料集」，第1~2集，『东洋文献センター丛刊』，第 23－25 辑，東京大学東洋文化研究所附属東洋学文献センター刊行委員，1975～1976 年。

李华：《明清以来北京工商会馆碑刻选编》，文物出版社，1980。

《北京图书馆藏中国历代石刻拓本汇编》，中州古籍出版社，1989。

四　地方志

乾隆《盛京通志》，乾隆元年刻本。

乾隆《玉田县志》，乾隆二十一年刻本。

乾隆《通州志》，乾隆四十八年刻本。

道光《重续歙县会馆录》，道光十四年刻版。

民国《新校天津卫志》，《中国方志丛书》，台湾成文出版社，1968。

康熙《浒墅关志》，江苏广陵古籍刻印，1986（原序·康熙十二年苏州府知府宁云鹏撰序文）。

《康熙大兴县志》，《中国地方志集成》，上海书店、巴蜀书社、江苏古籍出版社，2002。

《康熙宛平县志》，《中国地方志集成》，上海书店、巴蜀书社、江苏古籍出版社，2002。

《康熙通州志》，《中国地方志集成》，上海书店、巴蜀书社、江苏古籍出版社，2002。

《康熙延庆州志》，《中国地方志集成》，上海书店、巴蜀书社、江苏古籍出版社，2002。

《康熙怀柔县新志》，《中国地方志集成》，上海书店、巴蜀书社、江苏古籍出版社，2002。

光绪《重修天津府志》，《中国地方志集成》，上海书店出版社，2004。

乾隆《介休县志》，《中国地方志集成》，巴蜀书社、上海书店，凤凰出版社，2005。

雍正《畿辅通志》，雍正十三年，纪昀等编纂《景印文渊阁四库全书》第五〇五册，《史部·地理类》，台湾商务印书馆，2008。

五　清人著作

谈迁：《北游录》，中华书局，1960。

魏象枢:《寒松堂全集》,《四库丛书存目丛书》,齐鲁书社,1997。

宝琳、宝珣编《升勤直公年谱》,《北京图书馆藏珍本年谱丛刊》第126册,北京图书馆出版社,2001。

陆毅:《巡城琐记》,光绪年间重刊本。

王士正:《居易录谈》,《丛书集成初编》,第2824册,中华书局,1985。

钱大昕:《潜研堂文集》、《潜研堂诗集》,顾廷龙主编《续修四库全书》第1439册,上海古籍出版社,2002。

《王鸿绪密折汇存》,沈云龙主编《近代中国史料丛刊》三编,第十八辑,台北,文海出版社,2006年。

朱彝尊:《曝书亭集》,纪昀等编纂《景印文渊阁四库全书》,第1317~1318册,台湾商务印书馆,2008。

鲍珍:《道腴堂诗编》,雍正刻本。

孙嘉淦:《孙文定公奏疏》,敦和堂刻本。

谢墉:《食味杂咏》,道光壬辰扬州阮氏刊版。

昭梿:《啸亭续录》,中华书局,1980。

潘荣陛:《帝京岁时纪胜》,北京出版社,1962。

于敏中等编纂《日下旧闻考》,北京古籍出版社,1981。

前因居士(黄竹堂)著《日下新讴》,北京图书馆善本组辑录,载《文献》,1982年第1期。

吴长元:《宸垣识略》,北京古籍出版社,1983。

祁韵士:《己庚编》,《丛书集成续编》第五〇册,社会科学类,台北新文丰出版公司,1989。

梁绍壬:《秋雨庵随笔》,李淑贞等编辑《丛书集成三编》第6册,台北,新文丰出版社,1997。

庆桂等辑《钦定辛酉工赈纪事》,嘉庆七年刻本,李文海等主编《中国荒政全书》第二辑,北京古籍出版社,2002。

姚元之:《竹叶亭杂记》,中华书局,1982。

戴璐:《藤阴杂记》,北京古籍出版社,1982。

李光庭:《乡言解颐》,中华书局,1982。

杨静亭:《都门纪略》、《都门杂记》,道光二十五年版,见张智主编《中国风土志丛刊》第14册,广陵书社,2003(原著道光二十五年,见自序)。

杨米人等著,路工编辑《清代北京竹枝词》,北京出版社,1962。
震钧:《天咫偶闻》,北京古籍出版社,1982。
王锡祺辑《小方壶斋舆地丛钞》,上海著易堂,光绪十七年本。
吴振棫:《养吉斋丛录》,北京古籍出版社,1983。
徐珂编撰《清稗类钞》,中华书局,1984。
王庆云:《石渠余纪》,北京古籍出版社,1985。
夏仁虎:《旧京琐记》,北京古籍出版社,1986。
英和:《恩福堂笔记》,北京古籍出版社,1991。
贺长龄等编《清经世文编》,中华书局,1992。
〔韩〕林基中编《燕行录全集》,〔韩〕东国大学校出版部,2001。
松筠(穆齐贤):《闲窗录梦译编》上、下册,赵令志等译,中央民族大学出版社,2011。

六 近、现代人著作

〔英〕爱尼斯·安德逊:《英使访华录》,费振东译,商务印书馆,1963。
〔英〕斯坦利·杰文斯:《政治经济学理论》,郭大力译,商务印书馆,1984。
〔英〕斯当东:《英使谒见乾隆纪实》,上海书店出版社,1997。
〔法〕魏丕信:《18世纪中国的官僚制度与荒政》,徐建青译,江苏人民出版社,2002。
北平市社会局编《北平市工商业概况》,北平市社会局,1932。
北平市政府秘书处编《旧都文物略》,中国建筑工业出版社,2005。
蔡蕃:《北京古运河与城市供水研究》,北京出版社,1987。
张宗平等译《清末北京志资料》,北京燕山出版社,1994(原书为〔日〕服部宇之吉编辑《北京志》)。
昌景琳、郭松义等主编《中国封建会经济史》,齐鲁书社、文津出版社,1996。
吴承明:《市场·近代化·经济史论》,云南大学出版社,1996。
韩光辉:《北京历史人口地理》,北京大学出版社,1996。
曹沛霖:《政府与市场》,浙江人民出版社,1998。

卫兴华主编《市场功能与政府功能组合论》，经济科学出版社，1999。

燕归来簃主人辑《燕市负贩琐记》，李淑贞等编辑《丛书集成三编》第83册，台北，新文丰出版社，1998。

吴廷燮等编纂《北京市志稿》，北京燕山出版社，1998。

于德源：《北京农业经济史》，京华出版社，1998

金受申：《北京通》，北京大众文艺出版社，1999。

于德源：《北京漕运和仓场》，同心出版社，2004。

倪玉平：《清代漕粮海运与会变迁》，上海书店出版社，2005。

李文治、江太新：《清代漕运》（修订版），社会科学文献出版社，2008。

刘小萌：《清代北京旗人会》，中国社会科学出版社，2008。

侯家驹：《中国经济史》上卷，新星出版社，2008。

范金民：《国计民生——明清会经济研究》，福建人民出版社，2008。

谢文蕙　邓卫编著《城市经济学》（第二版），清华大学出版社，2008。

邓亦兵：《清代前期商品流通研究》，天津古籍出版社，2009。

〔日〕岸本美绪著《清代中国的物价与经济波动》，刘迪瑞译，社会科学文献出版社，2010。

郭松义：《民命所系：清代的农业和农民》，中国农业出版社，2010。

邓亦兵：《清代前期北京房产市场研究》，天津古籍出版社，2014。

〔美〕李明珠：《华北的饥荒——国家、市场与环境退化》，石涛、李军、马国英译，人民出版社，2016。

七　论文

〔日〕細谷良夫：「八旗米局攷—清朝中期の八旗經濟をめぐって—」，載『集刊東洋學』，第31號，東北大學中國文史哲研究會，1974年，第181~208頁。

刘永成整理《"六必居"的材料证明了什么？》，载《中国古代史论丛》1981年第2辑。

韦庆远：《清代康熙时期'生息银两'制度的初创和运用——清代'生息银两'制度兴衰过程研究之一》，载《中国会经济史研究》1986年第3期。

陈金陵：《清代京师粮价及其他》，载中国人民大学清史研究所编

《清史研究集》第六辑，光明日报出版社，1988。

吴建雍：《清代北京的粮食供应》，载北京社会科学院等编《北京历史与现实研究》，燕山出版社，1989。

王跃生：《清代北京流动人口初探》，载《人口与经济》1989年第6期。

中国第一历史档案馆编《历史档案》，1990、1994。

杨珍：《康熙朝隆科多事迹初探》，载《清史论丛》，辽宁古籍出版社，1994。

黄冕堂：《清代粮食价格问题探轨》，载《清史论丛》，辽宁古籍出版社，1994。

郑备军：《新经济史学方法论述评》，载《史学理论研究》1995年第1期。

刘小萌：《清代北京旗人的房屋买卖》，载《清史论丛》，辽宁古籍出版社，1996。

〔英〕斯坦利·杰文斯：《政治经济学理论》，郭大力译，商务印书馆，1984，转引自胡代光、周叔莲、汪海波编著《西方经济学名著精粹》，第1卷，经济管理出版社，1997。

〔瑞士〕海因兹·斯瓦尔勒，〔联邦德国〕恩斯特·灿德：《推销术》，何涛译，农村读物出版社，1990，转引自胡代光、周叔莲、汪海波编著《西方经济学名著精粹》，第1卷，经济管理出版社，1997。

〔美〕斯坦利·费希尔等：《经济学》上，宋炳良等译，中国财政经济出版社，1989，转引自胡代光、周叔莲、汪海波编著《西方经济学名著精粹》第1卷，经济管理出版社，1997。

〔美〕里查德·黑斯等：《市场营销原理与决策》，韩佩璋等译校，机械工业出版社，1983，转引自胡代光、周叔莲、汪海波编著《西方经济学名著精粹》第1卷，经济管理出版社，1997。

王惠恩：《介绍几件六必居文书》，载《中国历史博物馆馆刊》2000年第2期。

韩光辉，贾宏辉：《从封建帝都粮食供给看北京与周边地区的关系》，载《中国历史地理论丛》2001年第3辑。

刘凤云：《清代北京的铺户及其商人》，载《中国人民大学学报》

2007 年第 6 期。

郭松义:《清代北京的山西商人: 根据 136 宗个人样本所作的分析》, 载《中国经济史研究》2008 年第 1 期。

田伟:《双轨制改革的历史回顾及评价》, 载《理论学刊》2009 年第 4 期。

张瑞威:《十八世纪江南与华北之间的长程大米贸易》, 载《新史学》第 21 卷第 1 期, 2010 年 3 月。

〔日〕岸本美绪对张瑞威著作的中文书评, 载香港中文大学《中国文化研究所学报》第 53 期, 第 330~336 页, 2011 年 7 月。

全汉昇:《乾隆十三年的米贵问题》, 见全汉昇《中国经济史论丛》(二), 中华书局, 2012。

刘凤云:《俸米商业化与旗人身份的错位——兼论商人与京城旗人的经济关系》, 载《中国人民大学学报》2012 年第 6 期。

华生:《双轨制的历史使命和现实意义》, 载《当代财经》2012 年第 1 期。

吴敬琏:《政治不改革经济改革也落实不了》, 载《老年文摘》2012 年 3 月 5 日, 第 3 版。

郭松义:《清代社会变动和京师居住格局的演变》, 载《清史研究》2012 年第 1 期。

王玉茹、罗畅:《清代粮价数据质量研究——以长江流域为中心》, 载《清史研究》2013 年第 1 期。

孙晓莹:「清代前期における内務府商人の研究」, 此文为孙晓莹留学日本的博士论文。

〔日〕堀地明:「清代嘉慶・道光年間における北京の回漕問題」, 载『九州大学東洋史論集』45, 九州大学文学部東洋史研会, 2018 年 3 月。

〔日〕堀地明:「清代北京の食糧流通」, 载『七隈史学』, 第 19 号, 2017 年 3 月。

鸣 谢

本书得到了北京社会科学院孙冬虎研究员，南开大学许檀教授，中国社会科学院经济所史志宏研究员，中国社会科学院经济所赵伟洪博士的非常好的意见，以及得到了为本书审稿的五位专家的精当点评。本书中的分布图，由吕洁帮助完成。同时，本书也得到原《北京社会科学》主编齐大之提供的注释，山西大学杨建庭博士提供的资料，罗畅博士提供的资料，及罗畅所赠其翻译的文章未刊稿，马国英博士赠未刊大作。房契部分由中国社会科学院近代史研究所张小林研究员提供。笔者在此一并深表谢意！

此外，台北"故宫博物院"藏《军机处档折件》，中研院史语所藏《明清史料》的史料是已经出版的《明清档案》中未收入的部分，得到中研院史语所邱仲麟研究员的帮助，博士生颜瑞均帮助复制，并由复旦大学历史系教授张海英联系帮助。细谷良夫「八旗米局攷—清朝中期の八旗経濟をめぐって—」一文，由日本九州大学人文科学府东洋史学研究室童德琴女士帮助复制。孙晓莹的日文博士论文，也得到作者指点。这些在国内找不到资料，能得到他们的帮助，笔者更为感激！

全书在北京社会科学院高福美副研究员及中国第一历史档案馆利用部的各位馆员的帮助下完成。笔者也表示感谢！

最后，笔者对为本书提供服务的编辑人员，特别表示谢意！

邓亦兵
2019 年 7 月于北京

清纪年表

清①		干支	公元
世祖（爱新觉罗·福临）顺治	一	甲申	1644
	二	乙酉	1645
	三	丙戌	1646
	四	丁亥	1647
	五	戊子	1648
	六	己丑	1649
	七	庚寅	1650
	八	辛卯	1651
	九	壬辰	1652
	十	癸巳	1653
	十一	甲午	1654
	十二	乙未	1655
	十三	丙申	1656
	十四	丁酉	1657
	十五	戊戌	1658
	十六	己亥	1659
	十七	庚子	1660
	十八	辛丑	1661
圣祖（爱新觉罗·玄烨）康熙	一	壬寅	1662
	二	癸卯	1663
	三	甲辰	1664
	四	乙巳	1665
	五	丙午	1666
	六	丁未	1667
	七	戊申	1668
	八	己酉	1669
	九	庚戌	1670
	十	辛亥	1671
	十一	壬子	1672
	十二	癸丑	1673
	十三	甲寅	1674
	十四	乙卯	1675
	十五	丙辰	1676
	十六	丁巳	1677
	十七	戊午	1678
	十八	己未	1679
	十九	庚申	1680
	二十	辛酉	1681
	二十一	壬戌	1682
	二十二	癸亥	1683
	二十三	甲子	1684
	二十四	乙丑	1685
	二十五	丙寅	1686
	二十六	丁卯	1687
	二十七	戊辰	1688
	二十八	己巳	1689
	二十九	庚午	1690
	三十	辛未	1691
	三十一	壬申	1692
	三十二	癸酉	1693
	三十三	甲戌	1694
	三十四	乙亥	1695
	三十五	丙子	1696
	三十六	丁丑	1697
	三十七	戊寅	1698

清纪年表

	三十八	己卯	1699		十一	癸丑	1733
	三十九	庚辰	1700		十二	甲寅	1734
	四十	辛巳	1701		十三	乙卯	1735
	四十一	壬午	1702	高宗（爱新觉罗·弘历）乾隆	一	丙辰	1736
	四十二	癸未	1703		二	丁巳	1737
	四十三	甲申	1704		三	戊午	1738
	四十四	乙酉	1705		四	己未	1739
	四十五	丙戌	1706		五	庚申	1740
	四十六	丁亥	1707		六	辛酉	1741
	四十七	戊子	1708		七	壬戌	1742
	四十八	己丑	1709		八	癸亥	1743
	四十九	庚寅	1710		九	甲子	1744
	五十	辛卯	1711		十	乙丑	1745
	五十一	壬辰	1712		十一	丙寅	1746
	五十二	癸巳	1713		十二	丁卯	1747
	五十三	甲午	1714		十三	戊辰	1748
	五十四	乙未	1715		十四	己巳	1749
	五十五	丙申	1716		十五	庚午	1750
	五十六	丁酉	1717		十六	辛未	1751
	五十七	戊戌	1718		十七	壬申	1752
	五十八	己亥	1719		十八	癸酉	1753
	五十九	庚子	1720		十九	甲戌	1754
	六十	辛丑	1721		二十	乙亥	1755
	六十一	壬寅	1722		二十一	丙子	1756
世宗（爱新觉罗·胤禛）雍正	一	癸卯	1723		二十二	丁丑	1757
	二	甲辰	1724		二十三	戊寅	1758
	三	乙巳	1725		二十四	己卯	1759
	四	丙午	1726		二十五	庚辰	1760
	五	丁未	1727		二十六	辛巳	1761
	六	戊申	1728		二十七	壬午	1762
	七	己酉	1729		二十八	癸未	1763
	八	庚戌	1730		二十九	甲申	1764
	九	辛亥	1731		三十	乙酉	1765
	十	壬子	1732		三十一	丙戌	1766

帝王	年	干支	公元	帝王	年	干支	公元
	三十二	丁亥	1767		六	辛酉	1801
	三十三	戊子	1768		七	壬戌	1802
	三十四	己丑	1769		八	癸亥	1803
	三十五	庚寅	1770		九	甲子	1804
	三十六	辛卯	1771		十	乙丑	1805
	三十七	壬辰	1772		十一	丙寅	1806
	三十八	癸巳	1773		十二	丁卯	1807
	三十九	甲午	1774		十三	戊辰	1808
	四十	乙未	1775		十四	己巳	1809
	四十一	丙申	1776		十五	庚午	1810
	四十二	丁酉	1777		十六	辛未	1811
	四十三	戊戌	1778		十七	壬申	1812
	四十四	己亥	1779		十八	癸酉	1813
	四十五	庚子	1780		十九	甲戌	1814
	四十六	辛丑	1781		二十	乙亥	1815
	四十七	壬寅	1782		二十一	丙子	1816
	四十八	癸卯	1783		二十二	丁丑	1817
	四十九	甲辰	1784		二十三	戊寅	1818
	五十	乙巳	1785		二十四	己卯	1819
	五十一	丙午	1786		二十五	庚辰	1820
	五十二	丁未	1787	宣宗（爱新觉罗·旻宁）道光	一	辛巳	1821
	五十三	戊申	1788		二	壬午	1822
	五十四	己酉	1789		三	癸未	1823
	五十五	庚戌	1790		四	甲申	1824
	五十六	辛亥	1791		五	乙酉	1825
	五十七	壬子	1792		六	丙戌	1826
	五十八	癸丑	1793		七	丁亥	1827
	五十九	甲寅	1794		八	戊子	1828
	六十	乙卯	1795		九	己丑	1829
仁宗（爱新觉罗·颙琰）嘉庆	一	丙辰	1796		十	庚寅	1830
	二	丁巳	1797		十一	辛卯	1831
	三	戊午	1798		十二	壬辰	1832
	四	己未	1799		十三	癸巳	1833
	五	庚申	1800		十四	甲午	1834

	十五	乙未	1835		八	己巳	1869
	十六	丙申	1836		九	庚午	1870
	十七	丁酉	1837		十	辛未	1871
	十八	戊戌	1838		十一	壬申	1872
	十九	己亥	1839		十二	癸酉	1873
	二十	庚子	1840		十三	甲戌	1874
	二十一	辛丑	1841	德宗（爱新觉罗·载湉）光绪	一	乙亥	1875
	二十二	壬寅	1842		二	丙子	1876
	二十三	癸卯	1843		三	丁丑	1877
	二十四	甲辰	1844		四	戊寅	1878
	二十五	乙巳	1845		五	己卯	1879
	二十六	丙午	1846		六	庚辰	1880
	二十七	丁未	1847		七	辛巳	1881
	二十八	戊申	1848		八	壬午	1882
	二十九	己酉	1849		九	癸未	1883
	三十	庚戌	1850		十	甲申	1884
文宗（爱新觉罗·奕詝）咸丰	一	辛亥	1851		十一	乙酉	1885
	二	壬子	1852		十二	丙戌	1886
	三	癸丑	1853		十三	丁亥	1887
	四	甲寅	1854		十四	戊子	1888
	五	乙卯	1855		十五	己丑	1889
	六	丙辰	1856		十六	庚寅	1890
	七	丁巳	1857		十七	辛卯	1891
	八	戊午	1858		十八	壬辰	1892
	九	己未	1859		十九	癸巳	1893
	十	庚申	1860		二十	甲午	1894
	十一	辛酉	1861		二十一	乙未	1895
穆宗（爱新觉罗·载淳）同治	一	壬戌	1862		二十二	丙申	1896
	二	癸亥	1863		二十三	丁酉	1897
	三	甲子	1864		二十四	戊戌	1898
	四	乙丑	1865		二十五	己亥	1899
	五	丙寅	1866		二十六	庚子	1900
	六	丁卯	1867		二十七	辛丑	1901
	七	戊辰	1868		二十八	壬寅	1902

	二十九	癸卯	1903		三十四	戊申	1908
	三十	甲辰	1904	爱新觉罗·溥仪宣统	一	己酉	1909
	三十一	乙巳	1905		二	庚戌	1910
	三十二	丙午	1906		三	辛亥	1911
	三十三	丁未	1907				

注：① 1616 年女真族建州部首领爱新觉罗·努尔哈赤统一女真各部，在赫图阿拉（今辽宁新宾西南）建立政权，国号为金。1636 年爱新觉罗·皇太极在留都盛京（今辽宁沈阳）改国号为大清。1644 年顺治帝爱新觉罗·福临入关，定都北京，逐步统一全国。1911 年被孙中山领导的民主革命推翻。自 1616 年起，共 296 年；自 1636 年皇太极改国号起，共 276 年；自 1644 年福临入关起，共 268 年。

图书在版编目(CIP)数据

清代前期政府与北京粮食市场研究/邓亦兵著.--北京：社会科学文献出版社，2019.10
　　国家社科基金后期资助项目
　　ISBN 978-7-5201-3708-9

　　Ⅰ.①清… Ⅱ.①邓… Ⅲ.①粮食市场-行政干预-研究-中国-清前期　Ⅳ.①F729.49

　　中国版本图书馆CIP数据核字(2018)第240321号

国家社科基金后期资助项目
清代前期政府与北京粮食市场研究

著　　者／邓亦兵

出 版 人／谢寿光
组稿编辑／陈凤玲
责任编辑／宋淑洁

出　　版／社会科学文献出版社·经济与管理分社（010）59367226
　　　　　　地址：北京市北三环中路甲29号院华龙大厦　邮编：100029
　　　　　　网址：www.ssap.com.cn
发　　行／市场营销中心（010）59367081　59367083
印　　装／三河市龙林印务有限公司
规　　格／开　本：787mm×1092mm　1/16
　　　　　　印　张：21.75　字　数：345千字
版　　次／2019年10月第1版　2019年10月第1次印刷
书　　号／ISBN 978-7-5201-3708-9
定　　价／128.00元

本书如有印装质量问题，请与读者服务中心（010-59367028）联系

▲ 版权所有 翻印必究